Lola Pons Rodríguez (ed.)

Historia de la Lengua y Crítica Textual

Lola Pons Rodríguez (ed.)

Historia de la Lengua
y Crítica Textual

Iberoamericana · Vervuert · 2006

Bibliographic information published by Die Deutsche Bibliothek

Die Deutsche Bibliothek lists this publication in the Deutsche Nationalbibliografie;
detailed bibliographic data are available on the Internet at <http://dnb.ddb.de>.

La publicación de este libro ha recibido una ayuda a la investigación
de la Consejería de Innovación, Ciencia y Empresa de la Junta de Andalucía
en el marco del III Plan Andaluz de Investigación.

ISBN 84-8489-263-8 (Iberoamericana)
ISBN 3-86527-286-X (Vervuert)

Depósito Legal:

Cubierta: Marcelo Alfaro
Impreso en España por
The paper on which this book is printed meets the requirements of ISO 9706

Índice

Pertenezco a una promoción muy conocida, la que acabó en 1968, porque muchos de nosotros nos quedamos en la universidad. Esto fue debido a los méritos académicos de muchos y también a que tuvimos la oportunidad de encontrar plaza en la universidad, en plena expansión y masificación. En pocos momentos de la historia académica española hubo tantas posibilidades para los jóvenes doctores.

Viene esto a cuento porque creo que estamos asistiendo al nacimiento de una nueva generación de filólogos, muy preparada, con mucho entusiasmo, muy creativa, de la que son buenos exponentes los autores de los estudios que se recogen en el presente libro. Deseo de corazón que tengan la fortuna que tuvimos nosotros y puedan seguir con sus carreras universitarias. Lo merecen.

No voy a hablar de los contenidos. Ya lo hace mi admirada discípula Lola Pons con su proverbial justeza (pese a que todos sean amigos suyos). Pero sí quiero decir que me parece un libro muy rico y muy sugerente, como era de esperar de tan jóvenes sabios.

Manuel Ariza Viguera

INTRODUCCIÓN
LA HISTORIA DE LA LENGUA
Y LA HISTORIA DE LAS TRANSMISIONES TEXTUALES

LOLA PONS RODRÍGUEZ

Entre los condicionamientos particulares de la Historia de la Lengua como disciplina está el tipo de fuentes en que se basan los estudios, la *base de datos* sobre la que se trabaja para extraer conclusiones. Todo estudioso de la historia de la lengua en cualquiera de sus planos está atado y asegurado en sus interpretaciones del decurso histórico por lo que dicen los textos, por las soluciones lingüísticas que sus productores escogieron y por las que desecharon. Los textos son –por forzosa metonimia– nuestros hablantes, representan a la lengua de quienes los escribieron y encarnan a nuestros informantes pretéritos, ya perdidos. Nuestra construcción crítica tiene que descansar inevitablemente en ellos, pues ellos son nuestras fuentes. De esta forma, cabe considerar que la Historia de la Lengua como disciplina es, más específicamente y por fuerza, la historia de los fenómenos mostrados por los textos, por lo que es legítimo defender que hacemos, más que *historia de la lengua*, una *historia de la lengua de los textos*, un estudio de la *historia lingüística de los textos*, o, más bien, de sus testimonios.

Asumiendo estos hechos, no será descabellado pensar como previsible que alguna vez, como historiadores de la lengua, nos hayamos parado a reflexionar sobre nuestro modo de acceder a las fuentes y el peso que la historia previa de esas fuentes y su preparación y constitución textual posterior tienen para nuestras conclusiones. Ciertamente, al lingüista histórico no le interesa tanto como a otros estudiosos textuales la reconstrucción de un original perdido (el *texto*, del que el *testimonio* es sólo una muestra de recepción) sino la caracterización de hecho de los rasgos del testimonio, desde las grafías al léxico. Este interés factual, por el testimonio, ha dado lugar a la asunción generalizada en gran parte de la filología española de la idea de que la edición de textos como praxis preparatoria que se destina a constituir el objeto de estudio conlleva soluciones distintas según la finalidad que se quiera dar al producto editorial final (análisis literario, análisis lingüístico, análisis histórico...). Intenciones de análisis lingüístico, particularmente, se piensan que están reñidas, que casan mal, con cualquier tipo de intervención en el testimonio (muy a menudo confundido con el *original*). Esto explica la muy generalizada opción del bedierismo en la lingüística histórica española, la sacralización del paleografismo –aplicado, en consecuencia, a la transcripción o estudio exclusivos del *bon manuscrit*– y, a resultas de todo esto, la marginación de la crítica textual en tanto que conjunto metodológico destinado fundamentalmente a reconstruir el original concebido por el autor. Esa marginación supone la omisión o el rechazo de los rudimentos prácticos sostenidos en toda una disciplina, la crítica textual, que se asienta en un cuerpo sólido de reflexiones teóricas que han ido formulándose desde Lachmann hasta la actualidad.

El título de esta monografía, *Historia de la Lengua y Crítica Textual*, ilustra sobre nuestro interés por conectar ambas disciplinas (si es que pueden ser deslindadas) ofreciendo muestras de hasta qué punto están relacionadas. Efectivamente, en esa pretendida *historia de la lengua* que no puede evitar ser *historia lingüística de los textos* son aspectos de especial relevancia desde un punto de vista metodológico el acceso a la fuente y la búsqueda del menor grado de intervención, mediación o intermediación posible en ese acceso. Partiendo de estos antecedentes (generales y, por tanto, generalizadores) se ha querido en este volumen poner a prueba esos presupuestos metodológicos tan asentados. Aquí se presentan los trabajos de siete jóvenes autores que asumieron el encargo de reflexionar y proponer nuevas miradas en torno a la compleja cuestión de qué relaciones puede contraer la historia de la lengua con la crítica textual y la ecdótica como disciplinas que se ocupan de la reconstrucción del original de una obra y de su presentación al lector. Más específicamente, se les pidió que trabajasen a partir de estos objetivos:

(I) Plantear una discusión general sobre los problemas metodológicos de acceso a nuestras fuentes y los modos en que construimos nuestra *base de datos* lingüística (con finalidad historicista o sincronista).

(II) Valorar cuál es el nivel de *informatividad* que podemos dar a los datos extraídos de las fuentes y el grado de *representatividad* que se debe otorgar a ellos.

(III) Describir cuál es el grado de *intermediación* que se produce entre el testimonio y la construcción crítica que se levanta sobre él, así como evaluar si las conclusiones científicas que obtenemos de nuestra base de datos son más científicas si hay una menor intermediación entre testimonio y fuente preparada para el lector o estudioso.

Son tres objetivos de gran amplitud, cuya acometida parcial daría muy posiblemente para más de una monografía. La autoría plural de este volumen así como el escaso análisis que se ha dedicado a estas cuestiones en el seno de la filología española (con excepciones señeras como los trabajos de Margherita Morreale, Jean Roudil, Germán Orduna, Alberto y José Manuel Blecua, Ramón Santiago, Manuel Ariza, José Antonio Pascual, Pedro Sánchez-Prieto, Inés Fernández-Ordóñez y otros autores en cuya lectura nos apoyamos) hacía razonable reducir el ámbito de discusión a cuestiones más concretas y a cronologías cerradas a fin de dar cuenta de esos objetivos. Los siete estudios aquí recogidos recorren varias etapas históricas del español: la filología de los textos primomedievales, la construcción crítica de la historia del castellano cuatrocentista y su dependencia de la edición de textos como método de construcción de un canon, la correspondencia privada de los siglos XVI y XVII conservada en el Archivo de Indias de Sevilla, la documentación oficial madrileña en la época de la precapitalidad, los textos literarios del Renacimiento y las consecuencias de sus estratos de redacción, la historiografía lingüística del siglo XVIII y la filología de la imprenta, y, por último, las limitaciones que conlleva la edición de corpus orales en la lingüística contemporánea.

La lectura de estos siete trabajos revela, como era esperable, que la discusión de base está levantada en torno al concepto de (inter)mediación como contingencia metodológica de toda construcción crítica y que sólo a partir de ese parámetro puede abordarse una discusión más general sobre la constitución de nuestra base de datos o su grado de informatividad. Como tal, la intermediación es examinada en este libro de acuerdo a dos planos.

En primer lugar, la intermediación se da de forma constitutiva en la propia historia textual de las fuentes. Incluso en aquellas que se nos conservan en tradiciones únicas (un único testimonio de una única obra), el texto es un concepto movedizo: los testimonios reflejan estados varios de la recepción de la obra: hay una cadena de transmisión que va desde el primer copista o el corrector de imprenta al editor actual (en definitiva, el *copista más moderno* que tiene la obra, como repetidamente se ha señalado). La historia de la transmisión puede ser la historia de una lengua, la *historia de la lengua de la obra*. En busca del original perdido, pretendido por el autor, la crítica textual opera filiando testimonios a partir de sus variantes, habitualmente centrándose en cambios en la sustancia del contenido y apenas atingentes a la forma lingüística. Partiendo de que el concepto *variante*, fundamental en esta manera de operar en crítica textual, tiene como subclase el apenas empleado de *variante lingüística*, y observando que la *variante* es una unidad de análisis conocida y muy manejada en la lingüística actual, en este volumen se quiere mostrar la convergencia de *crítica textual* y *lingüística* (más concretamente, historia de la lengua) a partir de esa unidad, cuya aplicación nos permite diferenciar, a partir de la observación de qué se varía de copia a copia, estratos de difusión de cambios lingüísticos en marcha y zonas de gramática susceptibles al cambio donde se concentran las intervenciones. A este nivel de análisis (la intermediación como característica de la transmisión textual y las implicaciones explicativas de las variantes lingüísticas) se dirigen los trabajos de tres de los autores invitados a participar: Javier Rodríguez Molina, Daniel M.

Sáez Rivera y Álvaro S. Octavio de Toledo y Huerta. Sus artículos en este libro observan la relevancia lingüística que pueda tener esa sucesión de intermediarios en la historia textual: el autor que ocasiona con sus correcciones distintos niveles de composición, las correcciones de los copistas, las modernizaciones de los *descripti* etc.

El otro ámbito de (inter)mediación sometido a discusión es el que se presenta por parte del editor o por parte del propio investigador. La discusión sobre criterios ecdóticos con relevancia para la lingüística histórica se ha centrado en la pertinencia de la intermediación del editor. En esa línea, se someterán a discusión algunos de los supuestos tenidos por evidentes en el ámbito de la modernización gráfica, como es el de la pretendida heterogeneidad de la puntuación de los textos preacadémicos. Y, además de este plano, se someten a juicio otros como el de la eliminación de rasgos de variación sintáctica a consecuencia de algunas modernizaciones gráficas. En general, el problema se puede situar en la intermediación en términos de mayor o menor grado de representación de rasgos del acto lingüístico original, discusión que se puede hacer extensiva a cualquier base de datos en proceso de constitución: los *criterios de edición* que anteceden a casi toda constitución textual son en buena medida *criterios de transcripción*, esto es, decisiones selectivas sobre el *todo* del acto lingüístico original. Y la mediación no queda ahí: la construcción crítica está también mediatizada, condicionada, por nuestros juicios de valor sobre qué fuentes son representativas o cómo se agrupan. Esos juicios de valor son necesarios por propedéuticos pero peligrosos porque nos crean clichés y pueden convertir nuestra necesidad cognitiva de aprehender la realidad de acuerdo a categorías en meras proyecciones mediatizadas (y es voz emparentada con la de *mediación*). A este segundo plano de la intermediación se dedican los trabajos de María Elena Bédmar Sancristóbal, Marta Fernández Alcaide, Araceli López Serena y el mío propio dentro del libro.

La disposición de los trabajos sigue el orden cronológico de la época de la historia del español de que se ocupan. A la historia de la lengua castellana medieval están dedicados los dos primeros artículos del volumen. El primero, "Tradición manuscrita y gramática histórica: los tiempos compuestos en los textos medievales", corresponde a Javier Rodríguez Molina. Se defiende en este estudio la necesidad de estudiar en la investigación sobre la evolución lingüística testimonios que se nos conserven en copias más coetáneas a la fecha de composición del texto. Pero este desiderátum no supone en absoluto desechar los otros testimonios, los más alejados de la fecha de composición o los más sometidos a la intervención de los copistas intermediados. De una parcela concreta de la gramática histórica, la sustitución de *ser* por *haber* en los tiempos compuestos, tenemos noticia a través de las sucesivas modernizaciones que los copistas medievales practican en las obras que transcriben. La alternancia entre *ser* y *haber* parece configurarse en toda transmisión textual medieval como una zona de variación tendente a la intervención del copista. Esas intervenciones ayudan a describir la historia interna de este proceso y la progresiva difusión de *haber* en predicados finales inacusativos, según tipos de verbos, etc. Desde esa perspectiva, la intermediación que supone el acto de copia es relevante para el estudioso de la lengua. Pero esa intermediación puede distorsionar las conclusiones si se toman como fuente de estudio de un texto ediciones que transcriben copias. Con la exhaustiva investigación realizada por Javier Rodríguez, se prueba que, en la constitución de los corpus, el filólogo debe aplicarse a serlo de forma escrupulosa para separar los testimonios originales propios de la época en que se escribe el texto y nacidos de un ámbito geográfico determinado de los testimonios que transmiten esos originales y que los alteran. En ese sentido, Javier Rodríguez ofrece en su trabajo abundantes ejemplos de estudios que han extraído sus datos de ediciones modernizadas de textos medievales, con la tergiversación que de ello se puede colegir. Justamente el que haya planos de la lengua tendentes a la variación textual justifica que se revise el tópico de que sólo hay que estudiar lo que está en el testimonio y que todo lo que reconstruya pertenece al plano de lo ideal. El trabajo de Rodríguez Molina defiende y argumenta en contra del conservacionismo por sistema y a favor del intervencionismo razonado, de la crítica textual también necesaria para el historiador de la lengua. No hay que sacralizar la paleografía ni hay tampoco que demonizar al editor, lo que supone desechar la idea de que el historiador de la lengua es por defecto conservador.

En el segundo trabajo incluido en el libro, "Canon, edición de textos e historia de la lengua cuatrocentista", he tratado de mostrar cómo la edición de los textos, las recuperaciones textuales –condicionadas muy a menudo por aspectos extralingüísticos como las preferencias estéticas de una época o los gustos intelectuales de los editores– pueden tener consecuencias de enorme calado para los trabajos de investigación lingüística. Entre los condicionamientos externos que operan en nuestro acceso textual se encuentra el azar de la conservación de los escritos, pero una mirada a los corpus empleados para los trabajos de lingüística histórica revela que sobre la colección de lo conservado se instala la selección de lo preferido. Hay preferencias personales, y hay, sobre todo un canon consuetudinario de qué obras se estudian para la historia de la lengua, un canon determinado en buena parte por las ediciones de las obras literarias. En los trabajos sobre la lengua castellana cuatrocentista se comprueba que hay un canon académico de qué textos que sirven tradicionalmente de fuente lingüística, canon en gran parte condicionado por las creencias consolidadas en la historiografía literaria.

A historia de la lengua en textos de los siglos XVI y XVII se dedican los tres trabajos que siguen. El estudio de María Elena Bédmar Sancristóbal, "Problemas de edición de textos manuscritos modernos: la puntuación", se acerca a los problemas gráficos y de puntuación que presentan los manuscritos y a su conflictiva presentación crítica. Por eso, su trabajo subraya la encrucijada en que se encuentra todo editor, comprometido tanto con un principio científico de exhaustividad como con la exigencia de facilitar la legibilidad de la obra al lector. Desechado el paleografismo servil, Elena Bédmar propone un conservadurismo prudente, sustentado en los usos gráficos de la tradición escritural implicada, que revele el valor geosocial de las grafías y tome en consideración su posible irrelevancia fonética. Asimismo, revisando el conocido concepto de Scoles, previene del riesgo de mantener los llamados *alógrafos connotativos*, sólidos referencialmente sólo cuando se trabaja con originales autógrafos. La puntuación ha sido una de las esferas menos atendidas por los historiadores de la lengua y una de las más alegremente obviadas por los editores de textos, que se justificaban esgrimiendo el alto grado de variación interna, caos y desorden que observaban en la puntuación de manuscritos. Esas pretendidas oscilaciones de la puntuación parecen no ser tales ni tantas si se estudian globalmente y se caracterizan. En el artículo de Bédmar se describen de forma exhaustiva los entornos discursivos en que son utilizados los signos de puntuación dentro del *corpus* de documentación madrileña con que ella trabaja. Resulta especialmente interesante esta parte de la contribución, habida cuenta del escaso acercamiento en España a la ladera práctica de la puntuación en la extensa bibliografía de estudios lingüísticos de textos. Verdaderamente, la modernización gráfica es uno de los aspectos más discutidos y polémicos; recuérdese el disenso dentro del ámbito de la edición siglodoresca –la más fecunda en ejercicio teórico sobre ecdótica de la actual filología hispánica– entre partidarios y detractores de la cadena sonora como límite para la conservación gráfica.

Otro ámbito de modernización, indiscutido por desapercibido, es el de la modernización sintáctica. El trabajo de Marta Fernández Alcaide, "Variación sintáctica y edición de manuscritos: ejemplos en la documentación indiana", investiga en la sintaxis de las cartas privadas de españoles en América conservadas en el Archivo de Indias de Sevilla, un fondo aún poco observado pese a sus apasionantes posibilidades de investigación lingüística. También en este caso estamos ante problemas de *dispositio textus*, examinados en sus implicaciones sintácticas y discursivas, en concreto a partir de ejemplos en los que la puntuación o acentuación de un editor previo ha deturpado la interpretación sintáctica (con todos los resbalones interpretativos que ello puede ocasionar al filólogo que utilice esas ediciones) o no ha considerado casos de posibles dobles lecturas. Igualmente, Marta Fernández ofrece algunas iniciativas sobre el problema de la acentuación gráfica en la edición documental y presenta también propuestas para dar cuenta de una realidad no siempre tenida en cuenta en los estudios sobre muestras no literarias: existe la variación textual entre traslados documentales y copias codicológicas. También un corpus epistolario como el manejado por Fernández Alcaide puede presentarnos copias de documentos con diferencias desde el testimonio original, diferencias que habrá que integrar en la presentación textual pues revelan, al cabo, casos de variación lingüística.

El quinto capítulo del libro corresponde a Álvaro S. Octavio de Toledo y Huerta, especialista en procesos de gramaticalización en la historia del español, quien revisa la variación morfosintáctica que revelan las variantes de los dos manuscritos del *Crotalón* en su trabajo "*Varia lectio* y variación morfosintáctica: el caso del *Crotalón*". Tales dos manuscritos fueron obra de una misma mano –posiblemente, la del autor o la de un copista bajo su supervisión directa– y compuestos de manera casi inmediata en el ecuador del siglo XVI. Se muestran en este trabajo qué tipo de opciones morfosintácticas podían estar presentes en el uso escrito de un productor lingüístico singular en esa época, y se ponen en relación los fenómenos de variación que manifiestan esas variantes con los procesos de cambio más conocidos en el tránsito de las postrimerías del castellano medieval a los inicios del español clásico, según la intuición de que la notable coincidencia de aquellos con éstos hace de la variación individual contenida en las variantes del *Crotalón* un reflejo bastante preciso de la variación lingüística general en la prosa culta de su tiempo. Las conclusiones que revela el *Crotalón* son comparadas con las variantes lingüísticas de otros textos de la época, como el *Lazarillo* o las *Cartas de relación* de Cortés. El trabajo de Álvaro Octavio de Toledo indaga, pues, en una fuente de datos poco explorada para el español: las variantes textuales.

La escasa atención que se presta a todo fenómeno de historia lingüística posterior al siglo XVII quiere ser vencida en este volumen con la inclusión de dos trabajos dedicados a ámbitos cronológicos tradicionalmente obviados. El artículo de Daniel M. Sáez Rivera, "Crítica textual, historiografía lingüística e historia de la lengua: *prop(r)io-mismo* a partir de la *Nouvelle grammaire espagnole* de Francisco Sobrino", tiene, además, la interesante peculiaridad de que reflexiona sobre la mediación en todos sus planos dentro de la investigación de historiografía lingüística. En primer lugar, el canon de los autores que se estudian tradicionalmente en historiografía lingüística y el tipo de edición (sobre todo, paleográfica y facsimilar) que se suele practicar para dar a conocer los productos metalingüísticos del español. En segundo lugar, examina la mediación y las variantes que puede haber entre testimonios de gramáticas, testimonios que también se deben filiar en *stemma* con extracción de variantes, de las que se pueden sacar conclusiones trascendentes para la historia de la lengua, dado que los distintos estados cronológicos por los que pasa el proceso de composición o de copia pueden revelar procesos de cambio lingüístico. Esta vinculación entre crítica textual, historia de la lengua e historiografía lingüística es ilustrada con un ejemplo práctico. A partir de la cadena de *conflationes* y *variationes* que constituye en el siglo XVIII la transmisión impresa de la obra de Francisco de Sobrino, el establecimiento de un *stemma* ayuda a tasar la relevancia lingüística de las variantes separativas y filiativas aparecidas en torno a las alternancias *prop(r)io-mismo/mesmo* como refuerzo pronominal, una alternancia injerida en nuestro idioma quizá por influencia externa y de cuyo aumento y decadencia informan algunas ediciones de la *Nouvelle grammaire espagnole* de Sobrino.

Cierra el libro el trabajo de Araceli López Serena "La edición como construcción del objeto de estudio. El ejemplo de los corpus orales". Sorprenderá que un libro que en parte contiene en su título el sintagma *Historia de la lengua* termine con un estudio que reflexiona sobre los problemas planteados en la edición de corpus orales en los siglos XX y XXI. Como editora, me felicito de haber podido contar con un trabajo de esa naturaleza para cerrar esta monografía; no deben lingüística diacrónica y lingüística sincrónica observarse como realidades separadas en sus respectivos objetos de estudio y distintas en sus métodos de análisis. Hay lecciones metodológicas que nos sirven tanto para la transcripción de conversaciones como para la edición de testimonios pretéritos. La lectura del trabajo de Araceli López nos muestra la imposibilidad radical de ser completamente fieles en la transcripción de corpus orales: todo intento de recreación, de marcado de todos y cada uno de los aspectos que intervinieron en una manifestación verbal estará siempre superado por la propia realidad. No existe un grado unánimemente satisfactorio de reproducción del original en transcripciones orales: un mapa a escala 1:1 de la realidad, como se refleja en la cita inaugural de su trabajo, es tan fiel como la realidad... pero tan grande como esa misma realidad.

De la lectura de estos siete trabajos parece colegirse la remoción casi completa del paradigma tradicional en que la historia de la lengua era disciplina ancilar para el *fin filológico por excelencia* que se depositaba en la edición de textos; parece que es ahora la ecdótica la que ayuda a la historia de la lengua, y que ambas sacan provecho mutuamente de sus datos. En todos los casos esta monografía evita convertirse en una quejumbrosa acumulación de problemas y complicaciones relacionadas con la edición de textos y la historia de la lengua, los siete trabajos recogidos asumen con valentía el reto de proponer vías de solución, nuevos prismas críticos y diferentes posibilidades al investigar al tiempo que abren interrogantes, cuestionan certezas que por comodidad explicativa podemos tener asumidas sin demasiada reflexión crítica y llenan ámbitos vacíos o apenas trabajados en la investigación lingüística.

Las conclusiones generales de este esfuerzo por mostrar la necesaria vinculación entre Historia de la Lengua y Crítica Textual son varias. En primer lugar, creo que queda subrayada en estas páginas la necesidad de redefinir la dimensión de la edición de textos dentro de la Historia de la Lengua: la ecdótica no puede considerarse mera técnica propedéutica previa a la construcción crítica y meramente encaminada a la disposición del material objeto de estudio, sino que debemos entenderla como una parte de la hermenéutica del estudioso de la lingüística histórica. En segundo lugar, parece necesario que en esa redefinición no quede obviada la crítica textual, todo cuyo edificio teórico no puede entenderse meramente levantado para apoyar la búsqueda de un original perdido sacralizado por el estudioso del contenido del texto. Como parte crucial de ese constructo teórico está la *variante textual*, rentabilísima herramienta de análisis para aplicar a la historia de la lengua entendida como historia lingüística de los textos. En tercer lugar, se ha desvelado que hay siempre entre informante y analista una mediación, proyectada por el analista, que es epistemológicamente irrenunciable como herramienta cognitiva necesaria y legítima, pero que no debería plasmarse en ninguna limitación cuantitativa ni cualitativa de la base de datos que no esté justificada o sólo lo esté consuetudinariamente. En ese sentido, la construcción crítica previa ha de entenderse como un conjunto de referencias orientadoras, pero no como una herencia inamovible.

Agradezco a la Junta de Andalucía la ayuda concedida a través de la Consejería de Innovación, Ciencia y Empresa (Plan Andaluz de Investigación) para la publicación de este libro, algunos de cuyos trabajos fueron expuestos en versión inicial en la mesa redonda sobre *Edición de Textos e Historia de la Lengua* que coordiné en el IV Congreso Nacional de la Asociación de Jóvenes Investigadores en Historia de la Lengua e Historiografía Lingüística celebrada en marzo de 2004 en la Universidad Autónoma de Madrid. Esta monografía fue presentada como proyecto en curso en las *I Jornadas sobre Edición de Textos e Historia de la Lengua* que organicé en la Universidad de Sevilla en octubre de 2005 y en cuya celebración fue fundamental el apoyo de la Dra. Elena Leal Abad y del director del Departamento de Lengua Española de mi Universidad, el profesor Rafael Cano Aguilar. Les agradezco a ambos su ayuda. Gracias también a Johannes Kabatek, de la Universidad de Tubinga, cuya cariñosa colaboración ha sido muy importante en el proceso de edición de esta monografía, y a Manuel Ariza, mi maestro, que gustosamente aceptó mi invitación de escribir la presentación a esta obra.

Por último, gracias a los seis compañeros que conmigo comparten la autoría de este libro: Álvaro, Araceli, Daniel, Elena, Javier y Marta. Me felicito de su colaboración, les agradezco su confianza en este proyecto y su entrega científica. Estas páginas son el testimonio de una amistad común que anhelo dé tantos frutos académicos como alegrías personales nos ha dado hasta ahora.

Sevilla, enero de 2006

Tradición manuscrita y gramática histórica: los tiempos compuestos en los textos medievales*

Javier Rodríguez Molina

1. Presentación

La correcta interpretación de los cambios lingüísticos producidos en épocas pretéritas depende en no pequeña medida de la cantidad y calidad de los materiales escritos al alcance de los investigadores. La compleja transmisión textual que rodea a muchas de nuestras obras medievales y los múltiples problemas filológicos que dichas obras plantean deberían haber sido dos motivos más que suficientes para que la discusión metodológica acerca de la representatividad y fiabilidad de las fuentes disponibles ocupase un lugar privilegiado dentro de la disciplina de Historia de la Lengua. Lamentablemente, a lo largo del siglo xx la lingüística histórica española ha prestado escasa atención a este tipo de consideraciones metodológicas, y pocos son hoy los investigadores que poseen una conciencia clara de la importancia que la transmisión textual encierra a la hora de emprender estudios lingüísticos[1].

Para aquellos que no concebimos la historia de la lengua desvinculada de la historia de los textos, el estudio conjunto de los aspectos lingüísticos y filológicos de los testimonios antiguos es un camino de doble sentido que arroja beneficios mutuos para ambas disciplinas. En este artículo pretendo analizar desde esta perspectiva, lingüística y filológica, uno de los más interesantes fenómenos de la sintaxis diacrónica del verbo español: la alternancia de *ser* y *haber* como auxiliares de los tiempos compuestos en español antiguo[2].

---

* Este trabajo ha sido financiado por una beca FPU (AP2002-0363) de la Secretaría de Estado de Universidades. Quisiera manifestar mi agradecimiento hacia Inés Fernández-Ordóñez, Araceli López, Lola Pons y Pedro Sánchez-Prieto, cuyas críticas y observaciones me han ayudado, y mucho, a redactar este texto.

[1] Dicha importancia ha sido puesta de relieve especialmente por Inés Fernández-Ordóñez (2001, 2002, en prensa) y Pedro Sánchez-Prieto (1996, 1998, 2001, 2002, 2006) en una serie de publicaciones que constituyen una guía imprescindible para el estudio de la historia de la lengua desde unos presupuestos metodológicos válidos y fiables.

[2] Utilizaré el concepto 'tiempo compuesto' como una mera etiqueta terminológica para referirme indistintamente a las construcciones *ser/haber* + participio, aun cuando considere que *haber* + participio es propiamente un 'tiempo anterior' y *ser* + participio una perífrasis resultativa (Rodríguez Molina 2004a, 2006).

La estructura de este trabajo es como sigue: en primer lugar, abordaré este fenómeno desde una perspectiva teórica (§ 2), para a continuación esbozar una serie de cuestiones metodológicas que considero imprescindibles para una correcta apreciación y valoración de los ejemplos antiguos de *haber* como auxiliar de predicados inacusativos (§ 3). El núcleo del trabajo (§ 4) consiste en un exhaustivo análisis de la alternancia de auxiliares en las tradiciones manuscritas medievales. En (§ 5) me ocupo de los problemas que plantean a la gramática histórica las obras conservadas en testimonios múltiples de los cuales ninguno es el original y en (§ 6) ofrezco algunas reflexiones sobre la viabilidad de la reconstrucción lingüística en la edición de textos y los problemas que plantea el uso de lecciones reconstruidas en gramática histórica.

2. La doble auxiliaridad verbal en español antiguo

La gramática del español antiguo presenta un doble sistema de auxiliaridad: se auxiliaban con *haber* los verbos transitivos e intransitivos inergativos, con *ser* los verbos intransitivos inacusativos, de forma similar a como se comportan actualmente estos mismos auxiliares en italiano o en francés[3]. Dicho sistema, vigente durante todo el período medieval, sufrió una paulatina reestructuración entre los siglos XV-XVII, que culminó con la generalización de *haber* a todo tipo de predicados y la extinción de la auxiliaridad con *ser* (Lapesa 2000: 785; Octavio de Toledo 2002: 380-381).

El avance de *haber* a costa de *ser* parece ser un fenómeno de raigambre muy antigua, puesto que es ya posible encontrar ejemplos, aunque muy minoritarios, de verbos inacusativos auxiliados con *haber* en el *Poema de Mio Cid* (*PMC*) o en las obras de Gonzalo de Berceo. Las causas de la desaparición de la auxiliaridad con *ser* no están todavía suficientemente claras, y menos conocido aún es el proceso que siguió este cambio lingüístico, aunque Pountain (1985) y Aranovich (2003) ofrecen hipótesis muy sugerentes al respecto. Por mi parte, creo de interés ofrecer algunas ideas acerca de cómo debería abordarse este problema en relación con la etapa más antigua del proceso.

---

[3] Entre los trabajos dedicados a la selección del auxiliar en español antiguo sobresalen García Martín (2001: 106-118), Elvira (2001), Aranovich (2003) y Romani (2006), todos ellos conectados en mayor o menor medida con la hipótesis inacusativa, de la que Mendikoetxea (1999) presenta un excelente panorama. Yo mismo he dedicado un trabajo a esta cuestión (Rodríguez Molina 2006). Estudios anteriores basaban la alternancia *ser*/*haber* en el carácter transitivo/intransitivo del verbo, aunque todos ellos hacían notar las excepciones a esta dicotomía. Véanse los valiosos trabajos de Benzing (1931), Larochette (1939), Molho (1975), Yllera (1980), Company (1983), Aleza (1987), Andrés-Suárez (1994: 36-84) o Lapesa (2000).

Desde un punto de vista teórico, el problema más inmediato radica en la delimitación de los ejemplos que debemos considerar como 'sustituciones'. Los trabajos que atribuyen la alternancia *ser/haber* al carácter transitivo/intransitivo del verbo operan con un concepto de sustitución muy amplio, ya que consideran todo verbo intransitivo auxiliado con *haber* como ejemplo de sustitución[4]. Sin embargo, creo que a partir de la hipótesis inacusativa es posible restringir sustancialmente el número de ejemplos candidatos a ser considerados como sustituciones. Según la clasificación ofrecida en Rodríguez Molina (2006), podemos establecer tres tipos de supuestos: a) *haber* como auxiliar de verbos intransitivos inergativos (1); b) *Ser/haber* como auxiliares de estructuras con alternancia diatética (y semántica) inacusativa/transitiva (2); c) *Ser/haber* como auxiliares de predicados inacusativos sin alternancia diatética transitiva/inacusativa (3). Solo los ejemplos de (3) deberían considerarse verdaderas sustituciones e indicios claros del cambio *ser* > *haber* como auxiliar de predicados inacusativos[5].

1) Poco avié andado aún de la carrera (Berceo, *Milagros* 186a)
2) resucitó el fraire que era ya passado (Berceo, *Milagros* 95c)/el mal que *é passado* contar no lo podría (Berceo, Milagros 296b)
3) Tornan ſe coɴ las dueñas a Valençia an entrado (*PMC* 2247)/Con aqueſtas Riquezas tantas a Valençia ſon entrados (*PMC* 1792)

El siguiente problema sería establecer una clasificación pormenorizada y detallada de los tipos de verbos intransitivos que exigían la auxiliación con *ser*, en la línea de Elvira (2001) o Aranovich (2003). Aunque en este trabajo utilizaré un concepto muy amplio de verbo inacusativo, creo que debería afinarse muy mucho en la distinción entre unos y otros verbos al enfrentarnos al fenómeno de la intransitividad escindida. Al estudiar la sustitución de *ser* por *haber*, sería aconsejable separar convenientemente los verbos inacusativos pronominales de los no pronominales, tal y como ha sugerido Aranovich (2003). También habría que investigar aparte el comportamiento de los verbos *ser*, *estar* y *haber*[6], por-

---

[4] Ejemplos muy citados son 'Quando ouo corrido todos ſe marauillauaɴ' (*PMC* 1590) y 'Non viene ala pueent ca por el agua apaſſado' (*PMC* 150). En el primer caso *correr* es un verbo intransitivo inergativo, en el segundo creo que nos encontramos frente a un ejemplo de transitividad preposicional (*cf. PMC* v. 201). Yo no los consideraría sustituciones.

[5] En Rodríguez Molina (2006) pueden leerse los argumentos a favor de no considerar como verdaderas sustituciones *ser* > *haber* los ejemplos del tipo de (1) y (2).

[6] En español antiguo, estos tres verbos se auxiliaban de forma casi exclusiva con *haber*, aunque no faltan ejemplos –esporádicos– de *ser* y *estar* auxiliados con *ser*; fenómeno dialectal de raigambre aragonesa vinculado al oriente peninsular (Yllera 1980: 237). Por ello, creo conveniente no considerar como sustituciones aquellos ejemplos donde *haber* auxilia a alguno de

que presentan características propias (Romani 2006). Y, por último, sería conveniente estudiar detalladamente el comportamiento concreto de cada verbo, los esquemas sintácticos en los que entra en relación con el auxiliar seleccionado, la posibilidad o no de generar participios resultativos, etc.

3. Problemas metodológicos

3.1. *HABER* COMO AUXILIAR DE PREDICADOS INACUSATIVOS: EVIDENCIAS TEXTUALES I

El avance de *haber* como auxiliar de predicados inacusativos es un fenómeno que ha despertado el interés de los gramáticos desde hace más de un siglo. En efecto, estudios anteriores han constatado la existencia de este tipo de ejemplos desde los textos más antiguos. Esta lista recoge todos los ejemplos anteriores al reinado de Alfonso X (1252) citados en los principales trabajos que se han ocupado de este problema[7]. Incluyo tanto verbos pronominales como no pronominales, pero no doy ejemplos de *haber*, *ser* y *estar* auxiliados con *haber*[8]:

Libro de Alexandre (abrevio *Alex*; Willis 1934, numeración conjunta)

4) eſſa noche nin eſ dia non auia folgado (32 O) ➔ eꞃa noche njn eſe dia nunca auja folgado (ms. P) [Elvira 2001, no cita P]

5) commo ſy oujeſen todos venjdos a perdon (224 P) ➔ cuemo ſe fueſſen todos uenidos a perdon (ms. O) [Larochette 1939: 403 (no cita O); Yllera 1980: 232 (cita también a O)]

6) Elçides ſy non oujes a Eſpaña paſado (256 P) ➔ Achilles ſe non ouieſſe a Eꞃpanna paſſado (ms. O) [Larochette 1939: 403, no cita O)]

7) disieles a las gentes que ꝺe oujeſen quedadas (430 P) ➔ dezie a las ỹentes que ſouieſſen quedadas (ms. O) [Yllera 1980: 243 (cita también O); Aleza 1987: 104, Andrés-Suárez 1994: 79 (no citan O)]

---

estos tres verbos, dado que parece que precisamente era *haber* el auxiliar canónico utilizado en estos casos.

[7] Benzing (1931); Larochette (1939); Yllera (1980: 220-246); Company (1983); Aleza (1987); Andrés-Suárez (1994: 36-84); Lapesa (2000); Elvira (2001); García Martín (2001: 106-118); Aranovich (2003) y Romani (2006).

[8] Las adiciones entre corchetes son mías. Para descripciones pormenorizadas de todos los manuscritos citados en este trabajo, remito al breve listado que figura en la bibliografía, a las ediciones de cada texto y a los capítulos correspondientes de Alvar y Lucía Megías (2002). Cito siempre por la edición más utilizada por los investigadores. En la lista de manuscritos señalo la fecha de composición o copia de cada manuscrito; en la bibliografía de las ediciones, la fecha aproximada de redacción del texto.

8) q*ue* aujen grandes pueblos de Greſçia arribados (452 P) ➜ que auie grandes pueblos al puerto allegados (ms. O) [Benzing 1931: 402, no cita O]

9) Ouiera hỹ contida por poco grant mazella (884 O) ➜ oujera ỹ por poco contido tal ma*n*cilla (ms. P) [Elvira 2001, no cita P]

10) maſ por eſo ơi Dario no*n* ſe oujeſe callado (1679 P) ➜ maſ por eſſo ſe Dario no*n* ouieſſe q*ue*dado (ms. O) [Larochette 1939: 403, no cita O]

11) q*ue* todos ơus eſfuerços le auje*n* falleſçido (1723 P) ➜ ca todos ſus eſforçios le auie*n* fallido (ms. O) [Benzing 1931: 409, no cita O]

12) tanto auje co*n* todos en grañt amor entrado (1944 P) ➜ tanto auie co*n* todos en gr*a*nt amor entrado (ms. O) [Benzing 1931: 403, no cita O]

13) a tal ſeñal avedes a v*ues*tro rreỹ llegado (2624 P) ➜ a tal ſinal auedes a u*os*tro Reỹ llegado (ms. O) [Benzing 1931: 402, no cita O]

14) Tornaro*n* a la caſa onde auje ơalljdo (2494 P) ➜ tornaro*n* a la caſa onde auien exido (ms. O) [Larochette 1939: 403, no cita O]

Poema de Mio Cid (abrevio *PMC*; Menéndez Pidal 1980 edición crítica)[9]

15) Ahora davan çebada, ya la noch avie entrado (827) ➜ ms. Agora daua*n* çeuada ya la noch era entrada [Yllera 1980: 231, advierte que es corrección de Menéndez Pidal, pero la acepta; Aleza 1987: 96, citado erróneamente como v. 830]

16) Al terçer día todos juntados s'an (1113) ➜ ms. Alterçer dia todos iuntados ſon [Yllera 1980: 242-243 (advierte que es correción de Menéndez Pidal, pero la acepta); Aleza 1987: 104 (citado erróneamente como Cid 1068); Andrés-Suárez 1994: 79 y García Martín 2001: 111]

17) Arribado an las naves, fuera eran exidos (1629) ➜ ms. Arribado an las naues fuera eran exidos [Benzing 1931: 402; Yllera 1980: 231; Aleza 1987: 97; Lapesa 2000: 784]

18) Toda esta ganançia en su mano a rastado (1733) ➜ ms. Toda eſta ganançia en ſu mano a raſtado [Benzing 1931: 410]

19) Tal tienda commo esta, que de Maruecos [sic] ha passado (1789) ➜ ms. Tal tienda com*m*o eſta q*ue* de Maruecos eſ paſſada [Yllera 1980: 231, advierte que es correción de Menéndez Pidal, pero la acepta]

20) ſata la çintura el espada llegado ha (2424) ➜ ms. Fata la çintura el eſpada legado ha [Larochette 1939: 403; Yllera 1980: 231; Company 1983, Aleza 1987: 96]

21) Tórnanse con las dueñas, a Valençia an entrado (2247) ➜ ms. Tornan ſe co*n* las dueñas a Valençia an entrado] [Benzing 1931: 403; Larochette 1939: 403; Yllera 1980: 231; Company 1983; Aleza 1987: 96; Lapesa 2000: 784; García Martín 2001: 109]

---

[9] Todos los ejemplos del *Poema de Mio Cid* citados en transcripción paleográfica proceden de la edición de Menéndez Pidal, contrastada con el facsímil editado por el Ayuntamiento de Burgos (1982). He eliminado los signos de puntuación a la transcripción de Menéndez Pidal, con el ánimo de ofrecer un texto abierto y no interpretado (véase Martín 2000).

22) Destos amos la razón ha fincado (3372) → ms. Deſtos amos la Razon finco
    [Aleza 1987: 95]

Calila y Dimna (abrevio *Calila*; Keller y White 1967)

23) Sy yo me oviese llegado al leon (51, 948 ms. A) → igual en B [Yllera 1980: 243;
    Aleza 1987: 104, no citan B]
24) E la muger avia una mançeba que se avia enamorado de un omne (62 1176-77
    ms. A) → Falta en B [Yllera 1980: 243; Aleza 1987: 104, no citan B]
25) E fueronse amos fasta que llegaron al leon. E vieron a Sençeba que avia entrado
    al leon, e violo de la guisa que le dixo Digna (Cal 111, 1674 ms. B) → E luego
    Sençeba fuese para el leon e violo en la manera que le dixera Dina ms. A [Ben-
    zing 1931: 422, no cita A (utiliza la edición de Gayangos)]
26) e toparon con aquel fisico que se avia alabado que era sabio de melezinar. E el
    mando traer las arcas del fisico muerto (150, 2537 ms. A) → e vino ay aquel
    omne que se alabava de fisico e sabio de melezinas e de confasiones, e mando
    traer las arcas en que estavan las melezinas del fisico muerto ms. B [Yllera 1980:
    243, no cita B]
27) Mas a my me ha acaeçido tanto de mal que me pesa porque estas en tamaña cuyta
    (258, 4288, ms. A) → mas es acaesçido tanto de mal que me non plaze porque
    estas asy ms. B [Benzing 1931: 436, no cita B (utiliza la edición de Gayangos)]

Cantar del cerco de Zamora[10]

28) En la tienda del buen rey en ella/se habia amparado (vv. 5-6) [Aranovich 2003:
    18]
29) El buen rey se habia apartado/con voluntad de facer/lo que a nadie es excusado
    (vv. 52-54) → et el rey apartosse a fazer aquello que la natura pide et que ell
    omne non lo puede escusar (*Estoria de España* II, p. 511) [Aranovich 2003: 18]
30) De esa suerte murio el rey/por haberse confiado (vv. 101-102) [Aranovich 2003: 18]

Otros textos

31) Partyendo nos de Dios a se de nos partydo (*Fernán González* 100c) [Aranovich
    2003]

---

[10] Aranovich no declara ni la edición ni la fuente de donde toma estos ejemplos. Conjetu-
ro los registra a través de alguna colección de romances, pues a un romance (y no a ningún
cantar de gesta del siglo XII) pertenecen estos ejemplos. Reig (1947: 300-302) edita este
romance a través del *Cancionero de Romances*, Medina, 1570, fol. 32, que es por donde cito
yo. Tanto la separación entre versos como la indicación del número de verso son mías, pues
Aranovich los cita como si fueran prosa.

32) A San Martin de Torres ovyeron allegado (*Fernán González* 101d) [Benzing 1931: 402; Larochette 1939: 403; Yllera 1980: 232]

33) Cuando d'esto te *abrás partido*/Nos te daremos buen marido (María Egipciaca 111) [Yllera 1980: 243; Aleza 1987: 104 (citado erróneamente como v. 100); Lapesa 2000: 785]

34) e fallaron que havian venido y los onse jueses (*Bocados de oro* 161, 1-2) → ý venido (oqS) [Yllera 1980: 232, Aleza 1987: 97, García Martín 2001: 110]

35) E non havia tornado por los malos vientos que havia fecho (*Bocados* 159, 5-6) → havia tardado hgp [Larochette 1939: 403]

36) Auemos en el prologo nos mucho detardado (Berceo, *Vida de Santa Oria*, 10a) → Auemos enel p̄logo mucho detardado (ms. *F*, igual en la edición de Uría 1976) [Aleza 1987: 104, transcribe erróneamente el texto]

37) e dellas ay que las prenden después que *aya llovido* sobrellas caçando e dízenles l[l]ovedizas (*Libro de los Animales que caçan*, p. 14) [Romani 2006]

Como puede observarse, el *Libro de Alexandre* (once ejemplos) y el *Poema del Mio Cid* (ocho ejemplos) descuellan como fuentes más utilizadas, seguidos por el *Calila y Dimna* (cinco casos). La notable coincidencia entre los ejemplos y los textos empleados por cada investigador proviene del hecho de que la mayoría de estos trabajos tomen el grueso de sus datos de Yllera (1980) o Benzing (1931), más que de la consulta directa de los testimonios.

3.2. Copias y originales. El problema de la representatividad
   de las fuentes

Una distinción fundamental en crítica textual es la existente entre los conceptos de 'texto' y 'testimonio' (Sánchez-Prieto 1998, 2006). Aunque cada manuscrito o testimonio conserva un texto, rara vez se conserva 'el texto', esto es, el texto concreto que el autor escribió. Si quiere obtener resultados fiables, la lingüística diacrónica debe analizar testimonios y no textos, puesto que 'el texto' es un concepto ideal, escurridizo por naturaleza, al que resulta sumamente problemático adscribir unas coordenadas lingüísticas o temporales claras. Por el contrario, todos los testimonios conservados de una obra, aun cuando no representen fielmente el texto, se encuentran, debido a su materialidad, firmemente anclados en una realidad lingüística y temporal concreta. La gramática histórica, en definitiva –es importante insistir en ello– debe analizar testimonios, no textos.

Pero no todos los testimonios resultan igualmente válidos. A efectos lingüísticos, capital es la distinción entre original y copia. Podemos caracterizar como original todo manuscrito fechado (o que podamos datar con seguridad) contemporáneo del autor y autorizado por él[11]. Según este criterio, el códice *E¹* (Escorial Y-I-2) que conserva la *Estoria de España* (*EE*) de Alfonso X sería un testimonio original, porque procede de la cámara regia y es contemporáneo de la fecha de redacción del texto h. 1270-74. Por el contrario, ninguno de los dos códices (conocidos como *A* y *B*) en los que se conserva el *Calila y Dimna* es el original, porque fueron copiados más de siglo y medio después de la redacción original, que suponemos en 1251.

El concepto de 'original' ha suscitado un profundo debate en los últimos tiempos, y hoy distinguimos entre [O], el texto nacido de la voluntad del autor, y O, el ejemplar concreto del que proceden los testimonios conocidos. No siempre [O] = O; ya que O puede presentar 'errores' reconstruibles a partir de la tradición (Sánchez-Prieto 1996, 2001 y 2002: 56; Fernández-Ordóñez 1993: 33, 2001: 395)[12]. Mientras que el crítico textual está especialmente interesado en [O], al lingüista lo que principalmente le interesa es O; concretamente, la variedad lingüística de O. El eterno conflicto entre la realidad y el deseo se refleja, en el caso de la filología medieval española y en relación con las etapas más antiguas, en una desoladora carencia de testimonios originales. En efecto, muchos de los más notables textos medievales no se conservan sino en copias tardías realizadas largo tiempo después de la que se supone redacción original. Paradigmáticos en nuestras letras son los casos del *Poema de Mio Cid*, *El Libro de Buen Amor* o *El Conde Lucanor*.

Junto a los bien conocidos errores inherentes al proceso de copia, la transmisión textual conlleva, en mayor o menor medida, la modificación lingüística del testimonio original. Por ello, el recurso a fuentes originales o a copias cercanas al original es, sin duda, el procedimiento más seguro a la hora de establecer generalizaciones lingüísticas sobre los textos antiguos (Fernández-Ordóñez 2006). Aunque la crítica textual no ha desarrollado todavía una teoría que permita calcular la distancia lingüística entre el original y los testimonios conservados (Fernández-Ordóñez 2001), un aspecto de la transmisión manuscrita es seguro: generalmente, aquellos fenómenos que muestran inestabilidad diacrónica y dan lugar

---

[11] Al hablar de 'original' en la Edad Media nos referimos normalmente a testimonios 'apógrafos' y no 'autógrafos', puesto que en rarísimas ocasiones se conservan manuscritos de pluma del autor.

[12] Véase también Sánchez-Prieto (2006), trabajo donde se plantean una serie de imprescindibles consideraciones teóricas y metodológicas sobre el concepto de 'estado de lengua' del original. Hay que tener en cuenta, dice el autor, que el estado de lengua que ofrecen testimonios originales como los códices alfonsíes no es homogéneo, sino fruto de una heterogeneidad lingüística mediatizada por la dispar procedencia geográfica de los copistas y la labor de los 'ayuntadores'.

a cambios lingüísticos son también los más proclives a verse sometidos a transformación a lo largo del proceso de copia[13]. En consecuencia, debemos extremar nuestras precauciones a la hora de derivar estados lingüísticos previos a partir de copias contenidas en manuscritos muy posteriores a la fecha de redacción del testimonio original. Sirvan, a título de ejemplo, las certeras precisiones efectuadas por Fernández-Ordóñez (2001) a propósito del leísmo en textos medievales.

Cuando podemos documentar numerosos ejemplos de un fenómeno lingüístico determinado, el uso de fuentes no originales que puedan arrojar ejemplos problemáticos no afecta, por lo general, de forma crucial a nuestras conclusiones. Sin embargo, cuando examinamos cambios lingüísticos incipientes, como es el caso del avance de *haber* como auxiliar de predicados inacusativos, los ejemplos disponibles suelen ser escasos, por lo que el uso de documentación no original y de ejemplos problemáticos puede viciar de forma decisiva nuestra interpretación de los hechos lingüísticos.

No deja de resultar llamativo el hecho de que a excepción de uno (37), todos los ejemplos de sustituciones *ser* > *haber* citados por los investigadores (véase el § 3.1) provengan de textos de los que no se conserva el testimonio original. Caso extremo y singular constituye la cita de tres ejemplos *se* + *haber* + participio del *Cantar del Cerco de Zamora* que recoge Aranovich (2003: 18), quien los sitúa nada menos que en el siglo XII. Es muy posible que el *Cantar del cerco de Zamora*, hoy perdido, se cantara ya en el siglo XII, pero la forma lingüística de los testimonios indirectos que nos han transmitido este poema épico –entre ellos, el romance del siglo XVI del que Aranovich toma sus datos– se ha ido remozando con el correr de los siglos, y en modo alguno podemos inferir que porque este romance enlace temáticamente con un poema épico del siglo XII sus particularidades lingüísticas sean también las de esa centuria[14]. Lingüísticamente, el sistema de auxiliaridad que translucen estos ejemplos es propio del siglo XVI. Considerar que estos tres ejemplos reflejan un aspecto de la sintaxis del castellano del siglo XII es una suposición tan arriesgada como incorrecta.

El *Poema de Mio Cid*, el *Libro de Alexandre* y el *Libro de Calila y Dimna* parecen ser, a juzgar por mis datos, tres de las obras más antiguas preferidas por los estudiosos. El hecho de que todos estos textos estén caracterizados por una complicada historia textual ayuda poco a garantizar la fiabilidad y representativi-

---

[13] Transformación que no tiene por qué ser necesariamente lineal, sino que puede ser multidireccional, en función del dialecto del copista, la cronología de la copia o las preferencias normativas de la mano que transcribe un manuscrito.

[14] La prosificación de este poema contenida en la versión retóricamente amplificada de la *Estoria de España* de 1289 no coincide lingüísticamente con la del romance utilizado por Aranovich; véase (29). De los otros dos ejemplos no hay rastro alguno en la *Estoria*.

dad de los datos lingüísticos en ellos contenidos[15]. Resumo brevemente: el códice del *Poema de Mio Cid* es un manuscrito del siglo XIV, más de un siglo posterior a su antígrafo de 1207; otro tanto puede decirse del *Libro de Alexandre*, pues sus dos manuscritos, *O* (finales del s. XIII-principios del XIV) y *P* (s. XV), aparte de mostrar notables divergencias entre sí, presentan un texto bastante alejado de lo que debió ser el original (Marcos Marín 2002, Sánchez-Prieto 2002: 71). Aunque el *explicit* del *Calila* fecha el libro en 1251, lo cierto es que ninguno de los dos manuscritos conservados gravita en torno a esa fecha, ya que ambos son copias tardías: la más antigua, el manuscrito *A*, data de finales del siglo XIV o principios del XV, mientras que *B* (terminado de copiar en 1487) pertenece ya a finales del siglo XV (Lacarra 2002).

Sorprende cómo otros textos, que a priori gozaban de mayor fiabilidad por su carácter de testimonios originales, han sido marginados o relegados en lo que a la investigación de esta evolución diacrónica se refiere. ¿Ha influido el hecho de utilizar documentación no original en la reconstrucción histórica del fenómeno lingüístico que nos ocupa? A la luz de los datos que nos ofrecen los manuscritos, la respuesta a este interrogante solo puede ser afirmativa. Veamos dos casos ilustrativos que muestran positivamente que la alternancia de auxiliares es un fenómeno sujeto a la intervención lingüística del copista.

El primero de ellos proviene del conocido romance que empieza "Guarte, guarte, rey don Sancho, no digas que no te aviso,/que del cerco de Çamora un traydor avía salido". En la versión interpolada o *Refundición del Sumario de los Reyes de España* del despensero de la reina doña Leonor, copiada antes de 1485 y que se conserva en un manuscrito del siglo XV se citan unos versos octosílabos casi idénticos a los del romance publicado a mediados del XVI: "Rrey don Sancho, rrey don Sancho, no digas que no lo digo,/de la cibdad de Çamora un traydor era sallido"[16]. Y las mismas palabras del caballero sabariego al rey don Sancho aparecen prosificadas en la *Estoria de España* (II, *PCG* p. 510, 6b): "Digouos que daqui de la villa salio agora un traydor que dizen Vellid Adolffo...". Estos tres testimonios enlazan temáticamente con un antiguo y hoy per-

---

dido poema épico del siglo XII, pero muestran divergencias en sus soluciones lingüísticas (*salió ~ era sallido ~ avía salido*). No cabe duda de que el *avía salido* del romance impreso en el XVI es una innovación sobre un *era sallido* de versiones anteriores, tal y como nos lo atestigua el mismo romance copiado en el siglo XV.

El segundo ejemplo de interés nos lo ofrece la *Gran Conquista de Ultramar* [h. 1295], obra de la que se hizo una edición a principios del siglo XVI (Salamanca: Hans Giesser, 1503). El impreso moderniza sistemáticamente como *haber* + participio ejemplos que en el manuscrito más antiguo conservado (conocido como *J*, copiado a finales del siglo XIII) presentan *ser*: la edición cambia *eran fuydos* en *hauian huydo, era fallescida* en *hauia ya faltado* y *eran fincados* en *hauian quedado* (tomo estos ejemplos de Harris-Northal 1996: 138).

4. Los tiempos compuestos en la transmisión textual

Como hemos visto, la realidad de los hechos observados nos muestra que los copistas sustituían unas formas verbales por otras, transformando así la sustancia lingüística de los textos que transcribían. Tanto Sánchez-Prieto (1998: 63-64) como Fernández-Ordóñez (2002) catalogan la alternancia de tiempos verbales como variantes lingüísticas, aun cuando la triple correlación entre *salió ~ es salido ~ ha salido* no figure específicamente en los repertorios de variantes por ellos recopilados[17].

El objetivo de este apartado es mostrar empíricamente que los tiempos compuestos son un fenómeno que se ve alterado en el proceso de transmisión y copia de los manuscritos. Los lingüistas no deberían pasar por alto este hecho, puesto que la existencia de este tipo de sustituciones condiciona de forma decisiva la relevancia que debamos conceder a los ejemplos de *haber* como auxiliar de predicados inacusativos contenidos en textos no originales.

---

[16] Tomo todos los datos de Catalán (2001: 628-629). El primer romance se cita según la versión de Diego Pisador: *Libro de música de vihuela*. Salamanca 1552, fol. 4v. En el *Cancionero de Romances* impreso en Anvers (1550) la variante es 'ha salido' (cito por la ed. de Rodríguez Moñino 1967).

[17] Aunque específicamente entraría dentro de la 'variación en la sintaxis de los tiempos' citada por ambos autores, creo de interés acotar un espacio de variación lingüística propio para los tiempos compuestos que considere no solo la alternancia de auxiliares sino también la concordancia del participio con el objeto directo. La interpolación de elementos (entre auxiliar-participio) y el cambio de orden de constituyentes (auxiliar-participio o participio-auxiliar) son fenómenos más generales no circunscritos específicamente a los tiempos compuestos.

Los datos citados a continuación provienen del análisis y despojo de un amplio corpus constituido por diez obras (nueve textos del siglo XIII y uno del siglo XIV) y la tradición manuscrita de ellas derivada[18]. Se estudian tanto las sustituciones de auxiliares dentro de los tiempos compuestos como las sustituciones de tiempos simples por compuestos. Sustituciones de este tipo ocurren tanto en predicados inacusativos del tipo ejemplificado en (3) como en predicados similares a (2), donde la sustitución de auxiliares implica también un cambio en la diátesis y en la transitividad de la cláusula. Esta clase de alternancias diatéticas, ejemplificadas en *según es dicho en la estoria/según ha contado la estoria* eran bien frecuentes en la lengua medieval. Las sustituciones similares a (3), por el contrario, no implican cambio alguno, ni en la diátesis ni en la transitividad, puesto que el predicado sigue siendo inacusativo tras la sustitución de auxiliares (ejemplos de este tipo son *es salido* > *ha salido* y *salió* > *ha salido*). Diacrónicamente, son estos los ejemplos más interesantes, por lo que me ha parecido conveniente, siguiendo los criterios expuestos en § 2, separar los ejemplos de sustituciones en estructuras inacusativas similares a (3) del resto de los predicados en el listado que proporcionaré a continuación.

4.1. SUSTITUCIONES *SER* ➜ *HABER* COMO AUXILIARES DE TIEMPOS COMPUESTOS

Procederé en primer lugar a una breve caracterización de la situación textual que presentan algunas de las obras examinadas y a continuación presentaré los ejemplos documentados, discriminando por tipo de verbo en los casos en los que el predicado final no es inacusativo. Cito siempre por el texto seleccionado por cada editor y a continuación ofrezco las variantes que muestra la tradición manuscrita de la obra en cuestión (según el aparato de variantes de las ediciones consultadas).

---

[18] He examinado directamente y en su totalidad las variantes del *Libro de Alexandre*, de tres obras de Berceo (*Vida de San Millán de la Cogolla* (*VSM*), *Vida de Santo Domingo de Silos* (*VSD*) y *Milagros de Nuestra Señora*), de la *Versión primitiva* de la *Estoria de España* (*EE*) de Alfonso X (según la edición de la *Primera Crónica General* (*PCG*) de Menéndez Pidal 1977, caps. 1-565 y 566-616), de la *Versión retóricamente amplificada de 1289 de Sancho IV de la Estoria de España* (según la edición de Menéndez Pidal 1977, *PCG*, Caps. 628-728, 733-896 y 963-1034), de la *Versión Crítica de la Estoria de España* (desde Pelayo hasta Ordoño II, Fernández-Ordóñez 1993), de la segunda parte de la *General Estoria* (*GE2*, Solalinde, Kasten y Oelschläger 1957, tomo I) de los *Libros de Salomón* de la III parte de la *General Estoria* (*GE3;* Sánchez-Prieto y Horcajada Diezma 1994) y de la *Crónica del Rey don Pedro y del Rey don Enrique* (*CRP*, según la edición de Orduna 1994-1997). Solo parcialmente he consultado la versión crítica de la *Estoria de España* (de Ordoño II en adelante, Campa 1995) y el *Calila y Dimna* (Keller y White 1967).

La sustitución de auxiliares es un fenómeno que podemos documentar con cierta frecuencia en los manuscritos tardíos que copian obras cuyo original se remonta al siglo XIII, como es el caso de las *estorias* alfonsíes o de los poemas del mester de clerecía. Estas sustituciones son especialmente frecuentes en el *Libro de Alexandre*, obra en la que es siempre el manuscrito *P* el que presenta *haber* allí donde *O* muestra *ser*. Es importante subrayar este dato, porque parece indicar que el cambio *ser > haber* es unidireccional.

La tradición manuscrita derivada de la *Estoria de España* de Alfonso X en sus dos versiones (*Primitiva* y *Crítica*) también nos ofrece varios ejemplos de sustituciones. De la redacción primitiva (h. 1270-1274) conservamos un elevado número de testimonios directos, entre ellos dos códices de la cámara regia, conocidos como E^1 y E^2, que sirvieron de base a la edición de Menéndez Pidal (1977), desafortunadamente bautizada como *Primera Crónica General* (*PCG*). Si bien el manuscrito E^1 es originario del *scriptorium* alfonsí, E^2 es un códice facticio de tiempos de Alfonso XI en el que se cosieron y compilaron diversos materiales post-alfonsíes (con la excepción de los folios 2rb-17, que originariamente pertenecían a E^1). Entre ellos destaca un manuscrito de la época de Sancho IV que conserva una *Versión retóricamente amplificada de la Estoria de España* (h. 1289). De la versión crítica (1282-84) no se conserva el arquetipo alfonsí, solo testimonios tardíos, entre los que destaca, por su valor textual, el manuscrito *Ss*, códice del siglo XV que ha servido de base a las ediciones críticas de Fernández-Ordóñez (1993) y Campa (1995)[19].

Otra obra redactada por voluntad de Alfonso X que presenta numerosos ejemplos de sustituciones es la segunda parte de la *General Estoria*, que se ha transmitido en trece testimonios, ninguno de ellos alfonsí (Fernández-Ordóñez 2000b). Entre ellos destaca el manuscrito *K* (principios del siglo XIV), que deriva de un estado primitivo del original y contiene un texto cercano a él, aun cuando está incompleto, pues solo contiene la primera mitad de *GE2*. Este testimonio constituye el manuscrito elegido para la forma lingüística del primer volumen (*GE2*-I) de la edición de Solalinde, Kasten y Oelschläger (1957-61)[20].

---

[19] La transmisión de la *Estoria de España* semeja una intrincada selva textual, a cuyo desbrozamiento han dedicado Diego Catalán y su equipo del *Seminario Menéndez Pidal* largos años de estudio (véanse Catalán 1962, 1997 y los trabajos reunidos en Fernández-Ordóñez 2000). Afortunadamente, desde hace poco contamos con la imprescindible guía de Fernández-Ordóñez (2000a); trabajo donde se ponen en claro las relaciones existentes entre las diferentes familias de manuscritos y se ofrece una detallada descripción de cada testimonio.

[20] Si bien la elección de *K* como manuscrito base en *GE2*-I está justificada, la elección del manuscrito *N* en el segundo volumen (*GE2*-II) resulta más problemática (Fernández-Ordóñez 2000b). Por lo tanto, he examinado únicamente *GE2*-I que, como ya he mencionado, toma como base el manuscrito *K*.

Si volvemos nuestra atención al siglo XIV, la transmisión de las obras del canciller Pero López de Ayala ofrece también varios ejemplos de sustituciones. La *Crónica del Rey don Pedro y del Rey don Enrique su hermano* (obra terminada en la última década del siglo XIV) ha llegado hasta nosotros en dos versiones, conocidas como *Vulgar* y *Primitiva* (también llamada *Abreviada*), de las que en total se conservan veinticuatro manuscritos (Orduna 2002). La tradición conocida deriva de un arquetipo perdido que ya contenía errores de copia, por lo que deducimos que los códices más antiguos conservados son al menos unos treinta años posteriores a la muerte del canciller. Esta *Crónica*, en su redacción *Vulgar*, ha sido editada críticamente por Orduna (1994-1997), quien toma como manuscrito base para la forma lingüística del texto el códice *L-G*, un manuscrito del siglo XV. Tras la *collatio*, Orduna selecciona nueve códices (los mss. *L-G*, *A*, *B*, *D*, *K*, *W*, *X*, *Y* y *Z*, todos ellos del siglo XV, salvo *Y*, que es del siglo XVI) sobre los que construir el texto crítico.

Sustituciones *ser* > *haber* cuyo predicado final con *haber* es inacusativo

38) cuemo ſe fueſſen todos uenidos a perdon (*Alex* 224d, O) ➔ commo ſy oujeſen todos venjdos a perdon (P)

39) Fu el Reỹ uenido çerca de la çiudat (*Alex* 2533a, O) ➔ Auje el Reỹ venjdo çerca de la çibdat (P)

40) Furon luego con el tantos bonos paſſados (*Alex* 2039 O) ➔ Ovo luego con el tantos buenos paſados (P)

41) El ſu grant coraçon non era abaxado (*Alex* 1042 O) ➔ El ſu buen coraçon non auje abaxado (P)

42) Ante que fueſſe el braço al cuerpo deçendido (*Alex* 1040 O) ➔ Ante que oujes braço al cuerpo deſtendido (P)

43) caỹo entre los otros que eran ỹa golpados (*Alex* 531d O) ➔ creo que en comedio otros ovo colpados (P)

44) El mayordomo fue al conde por pagarle ell auer; mas quando el conde et el uinieron a la cuenta, fallaron que tanto era ya puiado, auiendo a ser doblado cada dia segund la postura, que quantos omnes en Espanna auie que lo non podrien pagar (*EE* II *Versión ret. ampl. de 1289*, f 76r, *PCG* p. 422, 25-28a) ➔ mas quando fizieron la cuenta fallaron que tanto auie creſçido que quantos auie en el mundo non lo podien pagar (O)

45) Los françeses, quando supieron que Carlo Magno auia dexado el rreyno et era entrado en orden (*EE Versión Crítica*, p. 403, 42a) ➔ auia entrado (SlO); era metido en (LD)

46) apegosse le ell amor del e cresciol mas con el dolor de lo que fue repoyada (*GE2* 166, 26b) ➔ de aver sydo rrepochada Φ

47) Et otrossi los vestidos e lo que calçauamos, todo lo auemos ya fallido (*GE2* 47, 7b) ➔ lo…ya] nos ha I, fallidos λ, falleçido N fallesçido OR rasgado J

48) Ca yua a Segura, do estaua alçado el maestre de Santiago don Fadrique su hermano (*CRP* I, 151, 7/4) ➜ a Segura, a donde estaua el maestre don Fadrique que
   se auia alçado con segura (Z)

49) E fallo ý la rreyna doña Iohana su muger e el infante don Iohan su fijo, que eran
   venidos de Burgos (*CRP* II, 295, 5/3) ➜ auian venido (DZ)

Sustituciones *ser* > *haber* cuyo predicado final con *haber* no es inacusativo

- *Verba dicendi*

   50) Ca quiero ỹo fincar con eſtas que ſon contadas (*Alex* 1492d O) ➜ ca qujero ỹo
      fincar con las que he contadas (P)

   51) Opa, pero que eres arçobispo letrado, respondere a esto que dicho es (*EE Versión
      Crítica*, p. 360, 37) ➜ responderte he yo a esto que (aquesto O) que tu as dicho
      (SlOL) tu dizes (D)

   52) Avn sin estos lugares que aqui son dichos priso el otros muchos (*EE Versión Crí-
      tica*, p. 391, 48a) ➜ aqui auemos dicho tomo (SlO)

   53) Et y estando, muryo, asy commo ya de suso es dicho (*EE Versión Crítica*, p. 473,
      84d) ➜ como auemos dicho (O)

   54) Ca so estas cosas que dichas son pasaron (*EE Versión Crítica*, p. 533, ø2) ➜
      saluo estas cosas que (que de suso O) avemos dichas (d. que pasaron Sl) SlO

   55) E los dexo alli en sos regnos cuemo es ya contado (*GE2* 65, 15a) ➜ como aves
      oydo (I)

   56) e touieron todos aquellos fechos que dichos son de Venus (*GE2* 210, 15a) ➜
      dichos auemos (ω)

   57) de quien es dicho quel pusieron nonbre Hermafrodito (GE2 220, 4a) ➜ de quien
      auemos dicho (O)

   58) Queremos contar lo que departieron los nuestros sabios sobresta razon de Pers-
      seo e de las otras perssonas que aqui son nonbradas (*GE2*, 289, 33a) ➜ que ave-
      mos dicho (I)

   59) Et que contescieron fasta alli los fechos que dichos son (*GE2* 307, 33a) ➜ que
      avemos contado (I)

   60) E connosçieron como aquella era segunt que les fueran dichas las fechuras de las
      serpientes (*GE2* 371, 4a) ➜ segunt las sennas que les auian dicho de aquellas
      serpientes (I)

   61) Como es contado ante desto en esta estoria (*GE2* 317, 24b) ➜ como aves oydo
      en esta estoria (I)

- *Otros verbos*

   62) quand avedes cobrado lo qe era perdido (Berceo *VSM* 236d) ➜ que habiedes
      perdido (L)

63) de q*u*anto tu af dicho somos mucho pagados (*Alex* 772b O) ➔ de q*u*anto tu af
    dichō af nos muchō pagados (P)

64) Al Reỹ Alexandre fe a por affijado (*Alex* 1671b O) ➔ al rreỹ Alixandre ɔele ha
    ap*r*ofiiado (P)

65) si fouieres quedado feras fano aỹna (*Alex* 909c O) ➔ fy efo oujeres pagado
    feras fano aỹna (P) [error paleográfico]

66) Et acordaron como fiziessen sobre aquel riepto que era fecho (*EE* II, *Versión ret.
    ampl. de 1289*, f. 157v-158, *PCG* p. 515, 45b) ➔ que auia fecho (F); que auien
    fecho (OP)

67) Et Yucef Abentexefin pues que fue librado desta batalla, fuesse luego pora allend
    mar (*EE* II, *Versión ret. ampl. de 1289*, f. 192v, *PCG* p. 558, 30a) ➔ pues que Y.
    A. ouo esta batalla vençida pasose alliende mar (FO)

68) Dixole que se fuese para Valladolid e tomasse a la dicha doña Blanca, su esposa
    […] por su muger, segund que era desposado (*CRP* I, 86, 6/14) ➔ s. q. la auia
    desposada (AWK, *om.* D)

69) E para esto que el rrey le fiziese juramento de conplir todo lo que les era prome-
    tido (*CRP* II, 204, 7/7) ➔ les avia prometido (AWDZ)

70) et desque las redes fueron paradas (*GE2* 162, 37a) ➔ ouieron parado (I)

4.2. Sustituciones tiempo simple ➔ tiempo compuesto

A los datos presentados en la sección anterior hay que añadir la variación existente entre *ser/haber* y los tiempos simples en la transmisión textual, fenómeno
este mucho más frecuente que el anterior y que se mantiene muy vivo en español
clásico; especialmente en la alternancia entre *canté/he cantado* (Octavio de Toledo, en este volumen). En los ejemplos documentados (cuyo predicado final es
inacusativo) procedentes de arquetipos textuales originales del siglo XIII siempre
los manuscritos más antiguos presentan tiempos simples, mientras que los más
tardíos los sustituyen por *haber* + participio (71-85).

71) en Verceo fui nado, cerca es de Madriz (Berceo *VSM* 19b) ➔ he nascido (O)

72) E en todo esto auia le ya creçido el cabello a Sanson (*GE2* 182b14) ➔ auie le
    (N), auial (π) ya creçido (Nπ) creçiera (RPΦ) [tomo el dato de Fernández-Ordó-
    ñez 2002: 136]

73) Los françeses, quando supieron que Abdelmelic viniera contra ellos fasta los
    montes Pireneo (*EE Versión Crítica*, p. 401, 48) ➔ A. venia c. ellos (SlO); q. lo
    sop. que auia llegado (*omite* contra ellos y Abd. D)

74) Avn no llegara Carlos a ellos, que fincara en la villa durmiendo (*EE Versión Crí-
    tica*, p. 428, 58b) ➔ que avia fincado dorm. en la posada (D)

75) E fue mucho espantado, et pregunto a los porteros que fazien los moros que entra-
    ran (*EE Versión Crítica*, p. 477, 171) ➔ f. aquellos m. q. alli auien entrado (O)

76) Despues que el Çid entro en ellas en la huerta (*EE Versión Crítica* cap. CCCXXXIII, p. 580, Campa 1995) ➔ ouo entrado (KVR-L)

77) et mas uso digo, que si a algun de uso contesçiesse esto que a mi, yo non querria uiuir un dia mas fasta quel non uengasse (*EE* II, *Versión ret. ampl. de 1289*, f. 85r, *PCG* p. 433, 32b) ➔ *add.* mi contesçio yo (YZG); a mi a contescido yo (T); min acaeçeu (A)

78) E pues que se asolazo Digna con el leon (*Calila* cap. III, p. 57, ms. A) ➔ se ovo asolazado (B)

79) Otrossi que podria seer commo por muchas vegadas ya contesçio (*CRP* I, 319, 10/20) ➔ ya ha acaesçido (ADZ)

80) E tornaremos a las razones de los gentiles, que cuentan las estorias que contescieron a essa sazon (*GE2* 52, 12b) ➔ ouieron contesçido (M)

81) e uenie a beuer en ella, e muchas otras uezes ueniera ya y dantes (*GE2* 197, 14b) ➔ uezes auia uenido y (I)

82) Pero quel plazie mucho por quel ueye salir bueno e entendudo pues quel criara (*GE2* 272, 25b) ➔ avie salido (ω) [posible influencia de la paleografia]

83) Et por ques enamoro della Neptuno por los cabellos mas que por otra fermosura de su cuerpo (*GE2* 287, 19b) ➔ que se auia enamorado (O)

84) E se le murio assi (*GE2* 370, 27b) ➔ que asi se le auia muerto (I)

85) ¡Lecho muy malo, dos recebist, e da dos! Amos uenimos aqui (*GE2* 426, 30b) ➔ da…uen] de dos auemos venido (L)

Sustituciones tiempo simple > tiempo compuesto cuyo predicado final con *haber* no es inacusativo

- *Verbos de percepción y conocimiento intelectual*

86) Dixo que non uira tan eſtranna Riqueza (*Alex* 2142b, O) ➔ Dixo que nunca auja viſto tan eſtraña Riqueſa (P)

87) Que nunca uiran taleſ poderes aiuntados (*Alex* 1046d O) ➔ que nunca tantos poderes avjen viſto juntados (P)

88) Gaaliana non conosçio avn a Carloſ, que avn nunca lo anteuiera (*EE Versión Crítica*, p. 426, 13) ➔ q. nunca lo avia (a. avn L) visto (SlOLD)

89) Pero aſmo de lidiando morir (*Alex* 1418a O) ➔ Pero auja aſmado de ljdiando morir (P)

90) E el rrey don Pedro desque oyo estas rrazones que el prinçipe le fizo dezir (*CRP* II, 199, 8/33) ➔ desque ouo oido (AWDZ)

91) Que avn fasta aqui non sabien los moros lo que les rrendie España (*EE Versión Crítica*, p. 374, 15a) ➔ auien sabido (LD, *omite* fasta aqui L)

92) Et los mandaderos fueron a Leon et mostraron al rey tod aquello por que yuan (*EE* II, *Versión ret. ampl. de* 1289, f. 117r, *PCG* p. 469, 36b) ➔ fueron alla et pues que ouieron demostrado al rey (TG)

93) Que non fallamos razones de los gentiles que de contar sean, saluo ende lo que oyestes que uos auemos contado de la Biblia (*GE2* 52, 4b) ➔ auedes oydo (M)

94) Que sabie mas ya que non Athlas mismo que gelo ensennara (*GE2* 284, 41b) ➔
gelo avie mostrado (Φ)

95) Ca oyera dantes como uenie Persseo otrossi muy apoderado pora demandar le el
tuerto que fiziera a su auuelo (*GE2* 288, 27b) ➔ oyeran (K) auia oydo (I) oyeron (M)

96) E entiendo bien en tus palabras que aquel qui te aca enuio que non quiso recab-
dar por ti mucho de su fazienda (*GE2* 350, 18a) ➔ entendo K he entendido (λ)

97) et ninguna de quantas personas oydes (*GE2* 440, 36a) ➔ auedes oydo (I)

• *Verbos de donación, adquisición y pérdida*

98) Loado ſea Dios q*ue* nos dio tal ſennor (*Alex* 2536b O) ➔ loado ſeas Dios q*ue*
nos has dado tal ơeñor (P)

99) et esta Liria dieragela el rey de Valencia quandol viniera ayudar (*EE* II, *Versión
ret. ampl. de* 1289, f. 195v, *PCG* p. 561, 5b) ➔ auia gela dada (FO)

100) Despues que supieron commo el rrey cobrara la villa de Toro (*CRP* I, 233,
37/37) ➔ auia tomado a toro (D)

101) Otrossi tomaron la parte del rey don Ferrando de Portogal, Çibdat Rodrigo e
Alcantara (*CRP* II, 298, 5/8) ➔ auian tomado (Z)

102) Estaua muy quexado diziendo que el rrey don Enrrique non cunpliera luego que
cobrara el rreyno de Castilla algunas cosas que eran acordadas entre el rrey de
Aragon e el (*CRP* II, 189, 1/2) ➔ ouiera cobrado (DZ)

103) El enperador otrosy auie guerra con moros, ca pues los moros conquirieran a
España (*EE Versión Crítica*, p. 465, 6) ➔ moros avian conquerido (SlOL)

104) e se menbraua del desden que del tomara (*GE2* 171, 40a) ➔ auia auido (I)

105) Et agora quando uin, oue muy grant gozo (*GE2* 400, 12a) ➔ ca yo he auido
muy grant gozo (I)

106) quel metio en poder todos sus thesoros por que fallara que despendiera bien lo
quel diera (*GE2* 437, 13b) ➔ desp.] avia gastado (Φ)

• *Verba dicendi*

107) de ſuſo ſi vos ne*m*bra aſſỹ lo oỹſtes cuntar (*Alex* 723a O) ➔ De ơuſo ſy vos mjen-
bra lo oujemos contado (P) [posible influencia de la paleografía en la sustitución]

108) Asy como dixiemos ya de suso (*EE Versión Crítica*, p. 397, 44a) ➔ dix. a escu-
so (SlO); commo ya oystes de s. (L); segund auedes oydo (D)

109) Et luego que esto dixo, dio al cauallo de las espuelas (*EE Versión Crítica*, p.
429, 116) ➔ esto ovo dicho (D)

110) *Asy como ya de suso dexymos* (*EE Versión Crítica*, p. 471, 1) ➔ *omite* (Ss); asy
como (c. vos Sl) ya desuso dexymos (~ ya dex. de suso O; ~ auemos dicho D)
SlODL

111) Estando ya las azes pora lidiar unas cerca otras, ueno el cauallero que dixiemos
que dizien Aluar Hannez ant el rey don Sancho (*EE* II, *Versión ret. ampl. de*

1289, f. 145v, *PCG* p. 501, 16a) ➜ vn cauallero que abemos ya dicho que dizen Alvar Aynez veno ante (F)

112) E començo luego a dar grandes uozes, e el toro a reburdiar como Perillo dixiera al rey (*GE2* 25, 7b) ➜ Per. ... rey] el auia dicho (I)

113) E assi cuemo te dix (*GE2* 37, 17a) ➜ te he dicho (J)

114) Et tanto uos contamos aqui de la razon del saber de Hermes (*GE2*, 39, 26b) ➜ avemos contado (J)

115) E fue ende espantada, como dixiemos (*GE2* 335, 17a) ➜ auemos dicho (JλN)

116) Dixo otra uez Pollinices a Thideo las razones que dixiemos antes quel dixiera (*GE2* 346, 28b) ➜ E Pollinices le torno a dezir lo que primero le auia dicho (I)

117) Pues que dixo las razones que fasta aqui auemos dichas, callosse (*GE2* 408, 17a) ➜ dixo] ouo dicho (IL) ouo dichas (Φ)

118) Jepte, con sanna e con pesar de lo que dixiemos quel auien fecho sus fijos mismos en su tierra (*GE2* 453, 8a) ➜ de lo que le avien dicho y fecho sus fijos (Φ)

- *El verbo hacer*

119) nunqua te lo perdone Dios por tal fecho como este que tu aqui feziste contra nos (*EE* II, *Versión ret. ampl. de 1289*, f. 90v, *PCG* p. 440, 27b) ➜ feziste (EA), has fecho (IYTZ)

120) Et que despues con el grant pesar que tomo de la fuerça quel fiziera Juppiter (*GE2* 106, 26) ➜ auia fecho (IΦ) aviea fecha (L)

121) Que estudies en paz e non se trauaiasse de fazer tuerto a qui gele non fazie (*GE2* 288, 24a) ➜ auie fecho (I)

122) El rey cuedando que fiziera bien (*GE2* 327, 4a) ➜ feziera (M) auia fecho (I)

- *El verbo matar*

123) la reyna de Leon querie muy mal a los castellanos por quel mataran a su padre (*EE* II, *Versión ret. ampl. de 1289*, f. 72v, *PCG* p. 417, 23b) ➜ quel auien muerto a su padre (T)

124) El Çid entendio estonces que nemiga auie fecho, o por ventura que matara al rey el que assi yua fuyendo (*EE* II, *Versión ret. ampl. de 1289*, f. 154r, *PCG* p. 511, 40a) ➜ o que auia muerto al rey pues que ansy (FO)

125) bien entiendo que la tu mano e el mio amor te an muerto (*GE2* 199, 39b) ➜ ha muerto (IL) mato (K)

126) Pues, por que tu mateste muchos buenos omnes sobre tales demandas como estas que les fazies (*GE2* 333, 7b) ➜ has muerto (I)

- *El verbo poner*

127) Quebranto el pleito et la postura que pusiera con ellos Tarif (*EE Versión Crítica*, p. 364, 13) ➜ auie puesto (SlO)

128) E el rrey don Enrrique estaua en el rreal que pusiera sobre la çibdat de Toledo
(*CRP* II, 258, 25/24) ➔ auia puesto (D)

• *El verbo enviar*

129) Onde dixo aquella ora Josue a los dos uarones que oyestes que enuiara por
uerruntes (*GE2* 21, 11a) ➔ vinieran (J), auia enviado (I)
130) Et gradesciol, segunt dize Josepho, lo que fiziera a los sos mandaderos que
enuiara el a catar la cibdat e la tierra (*GE2* 21, 16b) ➔ que el auia enviado a (I)
131) Ca el rey lo enbiara defender quel non acogiessen en ninguna posada en toda la
uilla (*EE* II, *Versión ret. ampl. de 1289*, f. 164v, *PCG* p. 523, 30b) ➔ lo auie ya
embiado defender (O), lo auia ya defendido (F)

• *El verbo mandar*

132) E dixieron al rey e a la reyna que fecho auien lo que les mandaran (*GE2* 327,
3a) ➔ mandauan (KΦ) auian mandado (I)
133) De guisa que quanto Moysen mandara a Josue non dexo ell ninguna cosa que lo
non tanxiesse (*GE2* 45, 20b) ➔ mando (λJMωR), le auia mandado (I)

• *El verbo enseñar*

134) Et mando les fazer como uos dixiemos que ensennara Dios a el por el angel
(*GE2* 20, 17a) ➔ uos…a el] Dios le auie ensennado (I)
135) Cogiosse por ell agua a arriba, poro ensennara a sos escuderos que fuessen a la
fuent (*GE2* 62, 36a) ➔ auia ensennado (I)

• *Otros verbos*

136) Mas pero yo non fuera y aquellos dias que andit a caça (*GE2* 406, 5a) ➔ non
avia y estado algunos dias (Φ)
137) Pero sopo despues que fuera ocasion e conssejaronle que non matasse ningunos
omnes por ello (*CRP* II, 367, 6/6) ➔ que auia seydo ocasion (D)
138) E como nave que passa el agua ondeante, que pues que la passare non falla
omne el rastro de la passada (*GE3*, Sab, 5, 10) ➔ la passare (RY8); han pasado
(BN)
139) El qual non quisiera entregar el castillo de Segura (*CRP* I, 189, 10/9) ➔ non
auia querido (Z)
140) E dixol que de las ganancias et de las riquezas que ganaran amos en España que
non donara ende lo medio, et que ascondiera ende muchas dellas (*EE Versión
Crítica*, p. 356, 28) ➔ que muchas ha ascondido (~ ascondio D) LSlO
141) Este Zama que vos dixiemos lidio muchas vezes con los françeses (*EE Versión
Crítica*, p. 374, 18) ➔ auia lidiado (D)

142) et yo venturado fuesse que los nauarros non me fallasen desarmado (*EE* II, *Versión ret. ampl. de 1289*, f. 68r, *PCG* p. 411, 7b) ➜ me ouiessen fallado desarmado (T)

143) Sopo Josue cuemo los de Gabaon, a quien el segurara (*GE2* 47, 34b) ➜ asegurara (LMO) aseguraua (Φ), auia asegurado (I)

144) Ca nunqua alli caçara aun ninguno si non la reyna Diana (*GE2* 149, 35b) ➜ ca non auia caçado alli ninguno (I)

145) Et dizen que ouo luego lluuia a muy grand abondo (*GE2* 23, 16b) ➜ auia (I), avie (avien Φ) avido (λ)

146) A uuestra hermana uos leuaron robada (*GE2* 59, 18a) ➜ uso han lleuado (Iλ)

147) Estremeçiosse como aquel que ouiera grant lazeria e grant miedo de sus enemigos (*GE2* 354, 38a) ➜ aquel que avia pasado (I) tenia (Φ)

4.3. Sustituciones *haber* ➜ *ser* como auxiliares de tiempos compuestos

Una vez examinados todos estos fenómenos, tan solo resta dar respuesta a una última cuestión, que atañe a la existencia de la sustitución inversa de auxiliares, esto es, *haber* > *ser*. Las intervenciones lingüísticas de los copistas no siempre devienen en modernizaciones, puesto que es un hecho conocido que estos también arcaizaban conscientemente el lenguaje del modelo que copiaban. Por ello, hay que plantearse la posibilidad de que en los siglos XV o XVI los copistas pudieran trastocar un *ha venido* en *es venido*, con la intención de reproducir un uso más arcaico y medieval del sistema de auxiliares. No obstante, la documentación que he manejado excluye esta posibilidad, ya que no he encontrado ningún caso de sustitución *haber* > *ser* con predicados inacusativos similares a (3). Sin embargo, lo que la documentación sí refleja son cuatro casos de sustitución en predicados diatéticamente alternantes (2). Estos ejemplos se concentran fundamentalmente en una obra, la segunda parte de la *General Estoria*, y en uno de sus manuscritos, el códice *I*, terminado de copiar en 1481.

148) Quando lo que buscava ovo bien recabdado (Berceo, *VSM*, 24b) ➜ era bien recaudado (L)

149) Desque esto ouo fecho alli (*GE2* 65, 19a) ➜ fue fecho (Iλ)

150) Despues que esta nemiga ouo fecha (*GE2* 252, 9b) ➜ fue fecha (I)

151) Et faziel como auemos dicho (*GE2* 331, 38b) ➜ es dicho (I)

En el corpus aparecen otros ejemplos similares que, no obstante, resultan problemáticos por una u otra razón. En (152-53) es muy posible que el cambio de auxiliares se deba más a un despiste visual (por la semejanza entre *es* 'ser' y *e* 'haber') que a verdadera voluntad de sustitución lingüística por parte del copista.

La lección *fueron* de *O* y *L* en el ejemplo (154) me hace pensar en un posible error por anticipación de la forma *fueron* que se halla pospuesta a *contadas*. No me atrevo a calificar como sustitución *haber > ser* los ejemplos (155-57) procedentes de la *Crónica del Rey don Pedro*, puesto que todos los manuscritos son del siglo XV y, por tanto, contemporáneos. Esto quiere decir que, a priori, no podemos certificar que ninguno de ellos muestre un estado lingüístico más antiguo que los demás, lo que hace imposible establecer si la lección más antigua es la que presenta *ser* o es la que presenta *haber*[21]. Análoga observación cabe hacer para (158): ¿representa la lección de *R* al arquetipo o es una innovación propia de este manuscrito? No hay manera de saberlo.

152) Et yo el castiello e perdudo (*EE* II, *Versión ret. ampl. de 1289*, f. 37r, *PCG* p. 375, 7b) ➔ et el castiello es perdido (T), et el castiello he perdido (B)

153) "Señor, el rrey mi señor es vuestro amigo e quanto por su partida, non será guerra nin entiende al fazer saluo esto que dicho he" (*CRP* II, 297, 64/51) ➔ dicho es (BL-G)

154) Todas estas provinçias que aquí auemos contado fueron de cristianos (*EE Versión crítica*, p. 382, 63) ➔ contadas (SlO); a. fueron contadas (O); omite aquí (D); contadas todas fueron (L)

155) Segund dicho auemos (*CRP* II, 35, 4/5) ➔ dicho es (ADZ); dicho he (W)

156) E el prínçipe lo fizo saber al rrey de Ingla terra su padre, commo dicho auemos (*CRP* II, 151, 7/16) ➔ commo dicho es (B, *om.* D)

157) Commo el rrey don Enrique sopo commo el rrey don Pedro e el prínçipe de Gales auian ya pasados los puertos (*CRP* II, 159, 1/1) ➔ eran ya pasados (WDZ)

158) et son estas que aqui auemos contadas las estorias e las razones de los gentiles (*GE2* 239, 30a) ➔ aqui son escriptas (R) contado (IΦ)

4.4. *SUSTITUCIONES TIEMPO COMPUESTO* ➔ *TIEMPO SIMPLE*

Este tipo de intervenciones lingüísticas es más frecuente que la sustitución de *haber > ser*, como se desprende del hecho de que haya encontrado doce ejemplos claros, frente a los cuatro examinados en la sección anterior. Tampoco en este caso la sustitución afecta a predicados inacusativos similares a (3). De nuevo, es la segunda parte de la *General Estoria* (y dentro de ella el manuscrito *I*) la obra que presenta la práctica totalidad de las sustituciones de este tipo.

---

[21] No obstante, Orduna (1994: LXX) señala que los mss. *B*, *L-G* y *W* se muestran más conservadores en sus características lingüísticas, y puede que más cercanos a la lengua del siglo XIV que el resto de los testimonios.

159) ¡loado sea a ti, Sennor! que me has dado los regnos que fueran de mio padre (*EE* II, *Versión ret. ampl. de 1289*, f. 149v, *PCG* p. 506, 12a) → que me das los regnados (F)

160) Et luego que los ovieron enuiados (*GE2* 115, 36b) → enbiaron (M) enviado (IΦ)

161) Et si lo departieres, bien; si non, ten por cierto que perdida as la uida (*GE2* 332, 25b) → perdido as (λ) perderas (I)

162) Qvando el senescal e los que con el yuan ouieron tomado sus armas e subieron en sus cauallos (*GE2* 351, 10b) → tomaron (I)

163) Et bien entiendo que si el ende ouiera el poder, que tolluda uos ouiera la uida (*GE2* 356, 8b) → vos tolliera (I)

164) de la que auemos ya dicho que se uino con ell (*GE2* 446, 22b) → deximos (I)

165) Por el luengo tienpo que las non auie uistas (*GE2* 374, 15a) → viera (I)

166) E dixieron assi: que si aquellos dos hermanos uiuido ouiessen, que nunqua paz ouieran entre si (*GE2* 385, 42a) → uiuido ou.] uiuieran (I)

167) Et yo en todo esto non soltara el mio can, que me auie dado mi mugier donna Procris (*GE2* 407, 7b) → diera (I)

168) E dixol ella aun despues esto que diremos sobre lo quel auie dicho (*GE2* 414, 20a) → dicho auie (J) dixo (I)

169) Mas Josue assi los cercaua que pues que los tenie cercados nunqua se partie dalli nin se leuantaua dent, fasta que non auie presa la cibdat, e mataua a ellos (*GE2* 72, 4a) → auie presa] prendia (I)

170) et assi me saco de sentido que dado ouiera conmigo en la mar, si yo non me ouiesse tomado a una cuerda de las de la naue (*GE2* 179, 19b) → ouiera tomado (M), asiera (I), ouiera tornado (K) tenido (ω) asido (Φ)

Al igual que sucedía en el apartado anterior, en este tipo de sustituciones también aparecen algunos casos sujetos a discusión. Las modificaciones de los manuscritos *I* y *J* en (171-72) parecen estar motivadas por la paleografía: confusión *auedes* ~ *vedes* en el primer caso (muy frecuente en los manuscritos) y falta de comprensión del texto por el copista en el segundo, como evidencia el espacio en blanco dejado en el texto. En cuanto a (173), me da la sensación de que el copista ha trastocado las formas verbales, por memorización inversa de la pericopa. Más difícil de ponderar resulta la lección de (174).

Por sí sola, la variante *dixo* (174) de los manuscritos *YTZG* no nos dice nada, pero si la ponemos en relación con el mismo texto conservado casi de forma idéntica en la *Versión crítica* podemos establecer una sugerente conexión: "Et luego que esto *dixo*, dio al cauallo de las espuelas" (Fernández-Ordóñez 1993: 429, 116). La *Versión crítica* y la llamada 'Versión Vulgar' (donde se integran la rama *GTZ* y el manuscrito *Y*) presentan *dixo*, mientras que la lección de E^2 es *ouo dicho*. Pudiera darse el caso de que el original alfonsí de la *estoria* presentase también *dixo*, como de hecho presentan tanto la *Versión crítica* como la 'Vulgar' (más cercanas al arquetipo primitivo que el amplificado texto de E^2). Vistas las cosas de esta manera, la forma *ouo dicho* correspondería a una innovación del copista que en época de Sancho IV elaboró la versión retóricamente amplificada contenida en E^2. De ser así, el cambio no sería tiempo compuesto > tiempo simple, sino viceversa, y nada de extraordinario habría en este ejemplo. De nuevo, dejo en cuarentena los ejemplos procedentes de la crónica de Ayala (175-77), ante la imposibilidad de discriminar la lección primigenia debido a la contemporaneidad de los testimonios.

171) Nin los de Leui fizieron otrossi, segund auedes oydo (*GE2* 129, 25a) → vedes que (e λ) oystes (oydes λ) Iλ [posible confusión paleográfica]

172) A me contescido lo peor que nunca podrie (*GE2* 251, 17b) → a me] hame (IΦ), *om. dejando un espacio en blanco* (J), contesçio me (J)

173) Quando vio que Persseo non se yua por las menazas quel auie fechas yl fazie aun (*GE2* 282, 10b) → que fazia el yl avie fecho aun (Φ)

174) Et luego que esto ouo dicho, dio de las espuelas al cauallo (*EE* II, *Versión ret. ampl. de 1289*, f. 89r, *PCG* p. 439, 2a) → esto dixo dio (YTZG)

175) E commo quier que este condado le ouiera dado al rrey don Enrrique el rrey don Iohan de Françia (*CRP* II, 231, 26/26) → dio (ADZ)

176) Otrosi les auia fecho vna bastida de partes del monesterio de Sand Pedro Martir fasta el monesterio de Santa Clara (*CRP* II, 74, 14/13) → fiziera otra bastida (DZ)

177) Otrossi por quanto el castillo de Requena, que ouiera estado por el rrey don Pedro, tomara la boz del rrey de Aragon (*CRP* II, 295, 7/5) → estaua (AWDZ)

4.5. LOS TIEMPOS COMPUESTOS EN LA TRANSMISIÓN TEXTUAL: CONCLUSIONES

Los datos muestran fehacientemente que la sustitución de *ser* por *haber* y la de tiempos simples por tiempos compuestos (no solo en predicados inacusativos, sino en todo tipo de predicados) en el proceso de copia es un fenómeno en el que incurrían los copistas medievales con cierta frecuencia. La siguiente tabla sintetiza gráficamente toda la información expuesta en los apartados anteriores. En ella se recoge el número total de sustituciones clasificadas por tipo y obra[22].

---

[22] Las claves para leer la tabla son: *S* = *ser* + participio; *H* = *haber* + participio; *TS* = tiempo simple; *TC* = tiempo compuesto. La marca *Inc.* vale por 'inacusativo'. Se entiende que cuando no aparece esta marca debe leerse 'predicado final no inacusativo'. Recuérdese que el *Calila y Dimna* solo ha sido examinado de forma parcial. Los datos de esta tabla no incluyen los ejemplos problemáticos comentados en los § 4.3 y 4.4.

	Ser > Haber		T. simple > compuesto		*Haber > Ser*		T. compuesto > simple	
OBRAS	S > H Inc.	S > H	TS > TC Inc.	TS > TC	H > S Inc.	H > S	TC > TS Inc.	TC > TS
Alex	6	4	0	4	0	0	0	0
VSM	0	1	1	0	0	1	0	0
VSD	0	0	0	0	0	0	0	0
Milag	0	0	0	0	0	0	0	0
EE Prim.	1	0	0	0	0	0	0	0
EE Crit.	1	4	4	9	0	0	0	0
EE 1289	0	2	1	8	0	0	0	1
GE2	2	7	7	32	0	3	0	11
GE3	0	0	0	1	0	0	0	0
CRP	2	2	1	7	0	0	0	0
Calila	0	0	1	0	0	0	0	0
TOTAL A	12	20	15	61	0	4	0	12
TOTAL B	32		76		4		12	

Los cambios *ser* > *haber* y tiempo simple > tiempo compuesto parecen ser unidireccionales en los predicados inacusativos (3). Esta conclusión se desprende del hecho de que no se hayan documentado sustituciones inversas con este tipo de predicados. Donde los manuscritos más antiguos presentan *es venido* o *vino*, los más tardíos, en caso de sustituir, muestran *ha venido*. Del fenómeno contrario no hay constancia documental. En los predicados alternantes (2) la unidireccionalidad del cambio es más discutible. A la vista del número de ejemplos, no cabe duda de que la tendencia general de los copistas consistía en la sustitución de *es dicho* por *habemos dicho* y de *dixo* por *ha dicho*. No obstante, el corpus muestra algunos ejemplos (escasos) de sustituciones inversas, si bien es cierto que estas se concentran fundamentalmente en una obra, la segunda parte de la *General Estoria*, y en uno de sus manuscritos, el manuscrito *I*. Este concentra catorce de los dieciséis casos (el 87,5 %) de sustituciones inversas documentados. Como puede apreciarse, este tipo de sustituciones inversas es una *rara avis* muy difícil de avistar en los textos medievales.

Son los manuscritos e impresos de los siglos XV y XVI los más proclives a efectuar estas sustituciones, modernizando antiguas estructuras *ser* + participio o tiempos simples en *haber* + participio. Los copistas del siglo XIV, por el contrario, son muy poco dados a este tipo de intervenciones lingüísticas: por ejemplo, el manuscrito *F* en el que hacia 1330 se copió la mayor parte de las obras de Berceo no trastoca ninguna de las lecciones de *Q*, pues sus lecturas de tiempos compuestos y tiempos simples coinciden con las de *I*.

De un total de 124 sustituciones documentadas, solo once se encuentran en manuscritos del siglo XIV, lo que constituye un exiguo 8,87 %. Estas sustituciones se distribuyen así: tres casos TS > TC en el manuscrito *J* de *GE2*, dos casos de TS > TC en los manuscritos *M* y *N* de *GE2* (en uno de los casos de *N* coincide con *J*), un caso de TC > TS en el manuscrito *M* de *GE2* y tres casos de TS > TC en el manuscrito *T* de la *Estoria de España*; manuscrito que no está claro si es del siglo XIV o del XV. El resto de sustituciones (113, un 91,13 % del total) se localiza en manuscritos e impresos de los siglos XV y XVI[23].

Me parece un dato significativo el hecho de que las sustituciones con predicados alternantes se concentren fundamentalmente en los mismos verbos o grupos de verbos, tal y como se puede apreciar en los datos expuestos anteriormente. En un trabajo anterior (Rodríguez Molina 2004a) he estudiado los tipos de verbos con los que se combinaba *haber* para formar tiempos compuestos y, curiosamente, coinciden notablemente con los tipos de verbos más proclives a ser modificados por los copistas y aquí reseñados. En la época más antigua *haber* apenas se combinaba con participios de verbos de percepción o con los verbos *ser* y *poder*, por lo que debe entenderse que los copistas también tendían a flexionar como compuestos tiempos simples usuales en el siglo XIII pero que posteriormente resultaban arcaicos. Esto quiere decir que la dirección de los cambios efectuados por los copistas no es aleatoria, sino que sigue unos patrones determinados. Por un lado, parece que los copistas cambiaban un tiempo simple por uno compuesto principalmente en aquellos verbos de los que más se usaban sus tiempos compuestos, acomodando así la lengua de las obras que copiaban a los patrones de naturalidad lingüística de la lengua de su época. Por otro lado, observamos que se sustituyen tiempos simples de verbos que en el XIII apenas se flexionaban como compuestos (verbos de percepción o los verbos *ser* y *poder*) o las siempre inestables formas en *–ra*, que pasan a flexionarse como compuestos en numerosas ocasiones.

Un parámetro de análisis que debe ser tenido en cuenta radica en los tiempos verbales que se ven sustituidos con mayor frecuencia. Dentro de los cambios TS > TC y TC > TS hay que señalar la preponderancia de las formas en *–ra*, que son

---

[23] Si bien hay que tener en cuenta que en la tradición derivada de las obras del corpus hay más manuscritos del XV que del XIV.

las que acaparan mayor número de sustituciones: 37 sobre 76 casos de TS > TC y 5 sobre 12 casos de TC > TS. Las formas en *–ra*, en sus varios usos y funciones a lo largo del período medieval, son las que mayor inestabilidad presentan en las tradiciones manuscritas y en la diacronía de la lengua, pues *avía/oviera dado* alterna tanto con *diera* y *dio* como con *daría* y *daba*[24].

4.6. *HABER* COMO AUXILIAR DE PREDICADOS INACUSATIVOS: EVIDENCIAS TEXTUALES II

Hemos tenido ocasión de comprobar cómo la evolución diacrónica y la actitud de los copistas parecen seguir la misma dirección: es *haber* el elemento que reemplaza a *ser* en las estructuras inacusativas y no al revés. Puesto que existen indicios claros de que la alternancia *ser/haber* como auxiliares de predicados inacusativos es un fenómeno que puede verse alterado en la transmisión textual, nuestra conclusión no puede ser otra que señalar el inevitable carácter problemático y dudoso de todo ejemplo de este tipo que provenga de un testimonio no original.

Tal y como hemos observado en el § 3.1, los ejemplos más antiguos de sustituciones (34 casos en total) proceden todos ellos, salvo uno, de testimonios que, debido a su carácter de copias tardías, no cumplen satisfactoriamente los requisitos de representatividad y fiabilidad mínimamente exigibles a un manuscrito para ser utilizado como fuente de datos lingüísticos (Fernández-Ordóñez 2006). A este hecho hay que unir la circunstancia de que seis de estos ejemplos presentan variantes entre los testimonios conservados (5, 7 y 24-27), cuatro de ellos son reconstrucciones editoriales (15-16, 19 y 22), otros cuatro son potencialmente dudosos (8, 10, 13 y 32), generalmente por motivos paleográficos y, por último, tres de ellos (28-30) son ejemplos de un romance del siglo XVI erróneamente considerados como del siglo XII. En conclusión, el 50 % de los ejemplos resulta poco o nada fiable, y el otro 50 % restante proviene de fuentes no originales, por lo que también podemos cuestionarnos su fiabilidad y representatividad.

Aunque en las etapas más antiguas la carencia de manuscritos originales nos obliga, indefectiblemente, a echar mano de copias (tal es el caso del *Poema de Mio Cid*, donde se plantea la disyuntiva de la copia o la nada; ¿qué texto hay comparable del siglo XII?), en la primera mitad del siglo XIII poseemos ya una nómina de testimonios originales y copias coetáneas lo suficientemente repre-

---

[24] Este es un aspecto de la sintaxis medieval que todavía no ha sido estudiado satisfactoriamente en toda su complejidad, ya que generalmente se ha limitado únicamente a la alternancia *diera/avía dado*.

sentativa como para poder evitar la utilización lingüística de textos tan problemáticos como el *Libro de Alexandre* o el *Calila y Dimna*. Los ejemplos que cito a continuación (178-186) provienen todos ellos de un corpus compuesto por testimonios originales (o copias cercanas al original)[25] anteriores a 1250:

178) eruth uino anoemi su suegra. e contol todo lo quel *auje contido* con booz ela onor quel fizo (FAZ 77r, 19a)[26]

179) *Ovo* muchas de yentes en un rato *venidas* [igual F y M] (Berceo, *Milagros* 364c)

180) e udieron la cosa que *avié contecida* [igual F y M] (Berceo, *Milagros* 216b)

181) el día en que fuera la eglesia sagrada/*avié* grand clericía por la fiesta *plegada* [aplegada SE] (Berceo, *VSD* 667b-c)

182) trecientos e sesenta annos *avié passado*/qe sant Millán muriera e qe fue soterrado (Berceo, *VSM* 364b)

183) Pero fueron en cabo certeros de la cosa/qe lis *avié valido* la sue [*sue* falta en ISLO] vertud gloriosa (Berceo, *VSM* 359b)

184) quando las cevaren, que les non *aya* en las bocas *fincado* olor o sabor alguno de la melezina sobredicha (*LAC* II, p. 183)

185) pónganles agua tibia delant después que *oviere passado* el día quanto un ora (*LAC* II, p. 127)

186) e dellas ay que las prenden después que *aya llovido* sobrellas caçando e dízenles l[l]ovedizas (*LAC* I, p. 14)

Llamativa resulta la escasez de ejemplos, no obstante el considerable volumen textual analizado[27]. Los datos aquí expuestos manifiestan una notable afini-

---

[25] Las obras consultadas (despojadas en su totalidad) han sido: el *Liber Regum* (Cooper 1960), el *Auto de los Reyes Magos* (Sánchez-Prieto 2003), la *Fazienda de Ultramar* (ms. 1997 Bib. Univ. Salamanca), el *Fuero de Madrid* (Archivo de la Villa 1932), la *Disputa del Alma y el Cuerpo* (Franchini 2000), la *Razón de Amor* (Franchini 1993), el *Tratado de Cabreros* (Wright 2000), el cuaderno que conserva las *Cortes de Toledo de 1207* (Hernández 1988), el *Fuero de Alcalá* (Torrens 2002), tres obras de Gonzalo de Berceo: la *Vida de San Millán de la Cogolla* (Dutton 1967), la *Vida de Santo Domingo de Silos* (Ruffinatto 1978) y los *Milagros de Nuestra Señora* (Baños 1997) y el anónimo *Libro de los Animales que caçan* (Fradejas 1987). Aunque el manuscrito *I* que conserva las obras de Berceo data del siglo XVIII, podemos afirmar que –al menos en lo relativo a los tiempos compuestos– representa fielmente el estado lingüístico del perdido códice medieval *Q* (copiado c. 1260). En cualquier caso, las obras de Berceo (solo las que proceden de *Q*) resultan a todas luces testimonios lingüísticos más fiables que los muy problemáticos *Libro de Alexandre* y *Libro de Apolonio*. Listo las referencias bibliográficas del corpus al final del trabajo.

[26] En el ejemplo (178) Lazar edita 'e contol todo lo que el avie contido con Booz'; en mi opinión, debería haber editado 'todo lo que·l auje contido con Booz'.

[27] Tal vez podríamos sumar a esta lista la lección del f. 74v de la *Fazienda de Ultramar*: 'Refpondio el angel del feñor e dixieron le enla andemos enla era hetoda la tierra efta aque-

dad en cuanto a esquemas sintácticos y tipos léxicos de participios: únicamente aparecen *contido* (2), *passado* (2), *fincado* (1), *llovido* (1), *valido* (1), *llegado* (1) y *venido* (1). Respecto a estos dos últimos ejemplos (179) y (181), tal vez deberíamos preguntarnos si en realidad el verbo *haber* no funciona aquí más bien como impersonal (la concordancia del participio favorece esta interpretación) antes que como verbo auxiliar. Frente a los datos recopilados en el § 3.1, hay que reseñar la ausencia de casos *se* + *haber* + participio (predicados inacusativos) en mi corpus. Los ejemplos (7) y (16) figuran en numerosos trabajos gramaticales como las primeras documentaciones de esta estructura, conclusión que debe ser revisada a la luz de los datos que acabo de exponer.

A estos ejemplos podemos añadir, aunque con las reservas pertinentes por tratarse de una copia tardía, los cuatro casos que nos ofrece el códice de Vivar (187-190). El *Poema de Mio Cid* es el texto medieval más citado por los gramáticos, privilegio que debe no sólo a su notable antigüedad, sino también al enorme prestigio del que goza esta obra desde la monumental edición –gramática incluida– de Menéndez Pidal (1976-1980).

187) Arribado an las naues fuera eran exidos (*PMC* 1629)
188) Fata la çintura el eſpada legado ha (*PMC* 2424)
189) Tornan ſe co*n* las dueñas a Valençia an entrado (*PMC* 2247)
190) Toda eſta ganançia en ſu mano a raſtado (*PMC* 1733)

Si bien se mira, el *Poema de Mio Cid* no es, ni mucho menos, el texto más adecuado para efectuar estudios lingüísticos (Catalán 2001: 436-37); no obstante, el prestigio al que acabo de aludir (su inclusión en el canon, *cf.* Pons en este volumen), unido al hecho de que no dispongamos de testimonios lingüísticos comparables de su misma época, justifican la inclusión de este texto en la mayoría de los trabajos de lingüística histórica española.

---

dada', si interpretamos la secuencia como '[yo] he [verbo *haber*] toda la tierra esta aquedada'; claro que también cabe la lectura 'he [conjunción] toda la tierra está aquedada'. El pasaje es muy oscuro, y tampoco ayuda la edición de Lazar: Respondi*[eron] al angel del Sennor e dixeronle: (en la) "andemos en la *tierra e hé toda la tierra esta aquedada"'. Indico con un asterisco (*) las enmiendas de las que Lazar deja constancia en su edición. También admite discusión el siguiente ejemplo del *Fuero de Alcalá*: 'Filio, si non oviere VIII años, el I parient oviere morto e con el otro oviere partido, no lo aduga el parient a premia a derecho mais adúgalo el qui lo toviere' (Torrens 2002: 474), donde yo creo que *oviere morto* no es un tiempo compuesto sino una perífrasis resultativa (compárese con el esp. act. '*tengo* un abuelo *muerto* y uno vivo').

5. Gramática histórica y testimonios plurales: el *Libro de Alexandre*

La transmisión textual del *Libro de Alexandre* es, en muchos sentidos, un paradigma de los problemas que plantea el uso con fines lingüísticos de textos conservados en múltiples testimonios. Ejemplos como (38-39) obligan al investigador a preguntarse acerca de la relación que guarda el estado de lengua de los dos manuscritos conservados del *Alexandre* con el estado de lengua del original perdido del siglo XIII. ¿Qué lección se halla más cercana al original, *fuessen venidos* u *ouiessen venidos*? ¿Deberíamos contabilizar 224d *P ouiessen venidos* entre los casos de sustitución anteriores a 1250?

En el supuesto de que las lecciones de los diversos testimonios no coincidan entre sí, ¿qué opción debemos tomar? ¿Qué variante sancionar como la lingüísticamente más antigua? Una opción es considerar que las lecciones divergentes responden a diferentes soluciones o variantes lingüísticas. Tal convicción parece ser hoy la más extendida entre los investigadores, que se limitan, en el mejor de los casos, a seleccionar como fuente el manuscrito más antiguo (por ejemplo, el manuscrito *O* del *Libro de Alexandre*). En la mayoría de las ocasiones, probablemente el manuscrito más antiguo refleje también las soluciones lingüísticas más antiguas, sobre todo si este fue copiado en fecha no muy posterior a su original.

En el caso del *Alexandre*, los historiadores de la lengua (pero no todos los editores de la obra) han señalado siempre la mayor proximidad de *O* a la lengua del siglo XIII, por lo que parece preferible optar por este manuscrito a la hora de utilizar el *Libro de Alexandre* como fuente de datos lingüísticos. Respecto a (38-39) y, por extensión, a todos los ejemplos del *Alexandre* recogidos en el § 3.1, considero preferible atenernos a las soluciones lingüísticas de *O*, porque es siempre la rama representada por *P* la que innova formas con *haber* a partir de construcciones que en *O* aparecen con *ser* (38-43, 63-65) y la que comete diversos errores paleográficos (7, 194-197) que desvirtúan las soluciones originarias. Así lo entienden también Nelson y Marcos Marín, quienes editan los tiempos verbales de (38-39) según el manuscrito *O* (por el contrario, Cañas opta por las lecciones de *P*).

No obstante, creo necesario recordar que incluso optando por el testimonio más antiguo y lingüísticamente más fiable, este puede presentar tanto soluciones innovadoras como errores particulares[28]. Por ello, antes de dar por buenas las

---

[28] Una buena muestra de esta complejidad nos la ofrece el siguiente pasaje de la segunda parte de la *General Estoria*: "E enbio estonçes por aquellos prínçipes de los filisteos con quien auie fecho su postura sobre Sanson" (*GE2*, 181b35, tomo el dato de Fernández-Ordóñez 2002: 136), donde los manuscritos presentan divergencias en la concordancia del participio: *auie fecha* R (códice de finales del s. XIII), *tenie fecha* π (códice del s. XV), *auie fecho NP*Φ² (N es

lecciones de *O* es preciso realizar una criba filológica y ser conscientes, en todo momento, del hecho de que *O* es una copia tardía y no una fuente original, lo cual nos obliga a proceder con suma cautela a la hora de establecer generalizaciones sobre la lengua de este testimonio.

Volviendo a la selección del manuscrito base como fuente de datos lingüísticos, hay que precisar que con no poca frecuencia los manuscritos más antiguos resultan ser también los más fragmentarios y deturpados, circunstancia que ha llevado a privilegiar otros testimonios, textualmente más completos, con el objeto de entresacar los datos lingüísticos. Esta primacía del criterio textual por encima de consideraciones lingüísticas ha conducido, en el caso del *Libro de Alexandre*, al uso preeminente de *P* por encima de *O* como manuscrito representante de la lengua de la obra[29]. Curiosamente, no todos los que de este modo se conducen acompañan el texto de *P* con la variante de *O*. E, incluso cuando se hacen constar las variantes de los dos testimonios, se suelen sancionar como variantes equipolentes las lecciones de ambos manuscritos (prefiriendo siempre *P*), sin cuestionarse generalmente la posibilidad de que una sea más antigua que la otra o de que haya error paleográfico de por medio[30].

Pero desde el momento en que existe una relación genética entre testimonios diversos, podemos sospechar que no siempre las variantes lingüísticas de dos manuscritos emparentados se encuentran en variación libre. De modo análogo a lo que sucede con las variantes textuales, es posible jerarquizar ciertas variantes lingüísticas y establecer su genealogía. Otra cosa es que nuestro conocimiento actual de la historia de la lengua y de la crítica textual no nos permita establecer este tipo de jerarquías con toda la precisión que sería deseable. En casos como el *Alexandre* o el *Calila*, limitarnos a la selección de un único testimonio se revela como una opción insuficiente y reduccionista.

Porque aún en el supuesto de que todos los manuscritos coincidan entre sí en una lección dada, ello no implica que necesariamente el original tuviese que con-

---

un códice del s. XIV, *P* está fechado en 1405 y *Φ* es también del s. XV). ¿Concordaba o no el participio en el 'original' de la *GE*? No lo podemos saber. Un estudio lingüístico basado en la edición sólo computaría la forma *auie fecho*, pero desde un punto lingüístico *auie fecho/auie fecha* son lecciones equipolentes. Y *tenie fecha* es un interesantísimo caso de variación lingüística.

[29] Así sucede en los trabajos de Benzing, Larrochette, Yllera, Aleza y Andrés-Suárez, quienes citan sus ejemplos del *Alexandre* a través del manuscrito de París. Con mayor prudencia que los anteriores se maneja Elvira, quien utiliza *O* (véase § 3.1).

[30] Situación extensiva a los ejemplos (23-27) del *Calila*, de los que ningún investigador proporciona las variantes del otro manuscrito, ¡y eso que todos (salvo Benzing, que cita por el texto de la BAE editado por Gayangos) utilizan la edición de Keller y White, que editan ambos manuscritos separadamente en la misma página!

cordar con ellos en ese punto en concreto. A los conocidos efectos de la poligé-
nesis en el error y la contaminación textual hay que sumar la posibilidad de que
manuscritos emparentados coincidan de forma independiente en una innovación
lingüística respecto de su arquetipo[31]. Y perdido el arquetipo, no hay modo alguno (conjeturas aparte) de separar con plena certeza las lecciones coincidentes
originarias de las que no lo son, especialmente si no conocemos bien las relaciones estemáticas entre testimonios de la obra en cuestión (esto es, casi siempre
cuando de textos medievales se trata). Veamos el siguiente ejemplo del *Libro de
Alexandre*, donde a primera vista ambos manuscritos presentan un auxiliar *haber*
flexionado en pretérito imperfecto de subjuntivo:

maſ por eſo ơi Dario non ſe oujeſe callado (*Alex* 1679 P)
maſ por eſſo ſe Dario non ouieſſe quedado (*Alex* 1679 O)

Pues bien, creo que ni *O* ni *P* reflejan la solución lingüística originaria, porque en ambas ramas de la tradición manuscrita la acción de la copia ha distorsio-
nado la lección primigenia. La comparación de este pasaje con otros similares
nos lleva a postular una primitiva forma *soviesse quedado*, solución sabiamente
adoptada por Nelson en su edición[32]. Es frecuente que el copista (o los copistas)
de la rama representada por *P* modernice *quedado* en *callado* y que segmente
erróneamente *sovo* en *se ovo* (190-193). Por otra parte, la lección de *O* no se
entiende tal cual y, a la vista de *P*, exige reconstruir una ese perdida en *ouiesse*;
enmienda apoyada por las estrofas 405c y 909c del manuscrito de Osuna. Quien
quisiera tomar este ejemplo como muestra de *se* + *haber* + participio estaría ele-
vando un error paleográfico a la categoría de lección genuina. Precaución, por
tanto, ante los cantos de sirena que nos impelen a dar por buena una lección por
el mero hecho de que esta sea idéntica o muy similar en todos los manuscritos
conocidos.

La correcta apreciación de las soluciones lingüísticas de una obra conservada
en testimonios múltiples solo puede establecerse contra el fondo de la tradición
textual, labor en la que no cabe prescindir de códice alguno, siquiera de los *descripti* (Sánchez-Prieto 1996: 44). Ni el manuscrito más antiguo (a falta de origi-

---

[31] Aspecto que suele pasarse por alto y que ha sido comentado perspicazmente por Rico
(2001: 543): "Por principio, solo donde el texto presenta problemas cabe reconocer una detur-
pación e intentar repararla; donde no, siempre habremos de dudar si una lectura 'buena' es
también auténtica, y no la ocurrencia feliz de un componedor o la distracción afortunada de un
copista" [o fruto de la reformulación lingüística, cabría añadir también].

[32] Frente a Nelson, Marcos Marín (1987) y Cañas (1988) editan *s'ouiesse quedado* y *s'o-
viesse callado*, respectivamente.

nal, se entiende) refleja siempre los usos lingüísticos genuinos ni las divergencias lingüísticas entre dos manuscritos obedecen en todo momento a variación libre ni, por descontado, el *bon manuscrit* (desde el punto de vista textual) es necesariamente espejo fiel de las soluciones lingüísticas originarias. La lingüística histórica reciente se ha construido, por lo general, de espaldas a toda consideración filológica sobre los textos antiguos y, en este sentido, creo que la siguiente cita de Orduna (2000: 68) refleja una convicción muy arraigada entre los investigadores que actualmente se dedican a la gramática histórica:

> En el caso de la escuela de lingüistas históricos agrupados junto a Jean Roudil y los CLHM, *Cahiers de linguistique hispanique médiévale*, la predilección por el manuscrito único está justificada porque buscan en el texto sus valores como testimonio de lengua. Esto mismo explica la utilización de sólo un testimonio, fielmente reproducido, hasta en sus defectos, por el Seminario Hispánico de Estudios Medievales de Madison [...]

Palabras que puedo compartir cuando se trata de manuscritos originales[33], pero de las que discrepo, por lo hasta ahora dicho y por lo que luego se dirá, cuando nos las habemos con testimonios diversos, de los cuales ninguno es el original. En estas condiciones, optar por un único manuscrito frente a los demás implica el desentendimiento de los múltiples problemas que la transmisión textual plantea; problemas que siguen existiendo aun cuando no se quieran ver.

¿Qué hacer con los ejemplos del *Calila* citados por los investigadores como ejemplos de sustitución sobre la base del testimonio de un único manuscrito? Únicamente en (23) coinciden los manuscritos *A* y *B*, mientras que en (24-27) hay diferencias entre las lecciones de ambos manuscritos. En uno de los casos falta el texto de *B* (¿cómo dar por buena entonces la lección de *A*?) y en los otros cuatro *A* y *B* divergen frontalmente. El margen de error (cuatro ejemplos problemáticos o discutibles de cinco citados) se me antoja excesivo como para asegurar la fiabilidad de estos datos. Otra buena muestra de las consecuencias negativas que esta actitud genera la podemos observar en el ejemplo (7) arriba citado y que reproduzco aquí de nuevo (Alex 430c):

dezie a las ỹentes qᵘe ſouieſſen qᵘedadas (*Alex* 405c O)
disieles a las ge*n*tes que ơe oujeſen qᵘedadas (*Alex* 414c P)

---

33 Sin que ello haga innecesarias las ediciones críticas, pues no hay copia sin error (el original también puede presentar errores, véase *supra* § 3.2.). Y aun poseyendo el testimonio original, tampoco debemos desdeñar las copias, puesto que nos proporcionan información preciosa sobre posteriores evoluciones lingüísticas y fenómenos de variación sincrónica (Sánchez-Prieto 1998: 82; Octavio de Toledo, en este volumen).

La lección del manuscrito de París figura como uno de los primeros ejemplos de *se* + *haber* + participio (inacusativo) en numerosos trabajos (7), en los que, o bien ni siquiera se hace mención del manuscrito de Osuna, o bien se cita la variante de *O* como lección equipolente, sin establecer qué posible relación pudiera haber entre ambos testimonios. Afortunadamente, creo que en este caso particular podemos establecer la filiación de las lecciones y percatarnos de que la lectura de *P* corresponde a un error paleográfico, por no haber entendido bien el copista del siglo XV (en *P* o en un códice anterior de esta rama) el arcaico y ya desusado pretérito *soviessen*, mal segmentado en *se oviessen*. La cuestión, en fin, ya fue solucionada satisfactoriamente por Alarcos (1948) y Nelson (1979) en sus ediciones críticas, donde señalan el carácter erróneo de la lección de *P*, que corroboran con pasajes similares del propio *Libro de Alexandre* en los que el copista de *P* yerra al transcribir el pretérito del verbo *seer*[34].

Este error marcadamente paleográfico es bien frecuente, y a los testimonios aducidos por Nelson y Alarcos puedo añadir algunos más. Ya a finales del XIII se tenía a esta forma verbal por arcaica, puesto que los copistas tendían a sustituir *sovo* y derivados por los pretéritos correspondientes de los verbos *ser* o *estar*[35]. En siglos posteriores, tal forma ya no se entendía, y de ahí los yerros del copista que en el siglo XVII sacó la copia conocida como *L* a partir de un manuscrito relacionado con *Q* que contenía la *Vida de San Millán de la Cogolla* de Gonzalo de Berceo. Este manuscrito *L* lee *se hubiese* y *se oviesen* allí donde *I* presenta *soviesse* y *soviessen*[36]. También en la segunda parte de la *General Estoria* encuentro confusiones paleográficas parecidas: mala segmentación de *soviesse* en *se ouiese* (*GE2* 244, 3b y 363, 11b) y en *se veyese* (*GE2* 151, 23a).

A la vista de estos datos, no se comprende cómo monografías de gramática histórica recientes siguen citando la lección de 414c *P* entre las primeras docu-

---

[34] Nelson remite a las estrofas 67c, 76c, 549d, 550d, 909c, 995c y 1434a para observar la fragilidad de *sovo* y derivados. Inexplicablemente, Marcos Marín (1987: 155) edita *s'ouiessen quedadas*. Como argumento de apoyo podemos aducir además el hecho de que en la primera mitad del siglo XIII *quedar(se)* se auxiliaba generalmente con *ser/seer*; cf. Berceo *VSD* 163a y 566c, *VSM* 241c y *Milagros* 731d.

[35] Véase Berceo *VSM* 64b, 69d y 146b, *VSD* 49b, 150b, 163a, 502a y 566c, *Milagros* 751b y Alfonso X *GE2* 45, 34a, *GE2* 93, 9a; *GE2* 144, 6b, *GE2* 155, 10b, *GE2* 201, 10b, *GE2* 269, 27a, *GE2* 286, 21b, *GE2* 323 1b, *GE2* 342, 36a, *GE2* 344, 30a, *GE2* 347, 38b, *GE2* 350, 1b, GE2 374, 22a, *GE2* 383, 36b, *GE2* 404, 10b y *GE2* 433, entre otros.

[36] Los ejemplos en *VSM* 241c, sobre el ms. *I* ('Mas plus se li valiera qe soviesse qedado') y *VSM* 201d ('Dormien ambos sos ojos tan bien asegurados/como si de mil omnes soviessen aguardados'). No descarto que en (32) se haya podido producir el mismo error paleográfico que en los ejemplos que acabo de reseñar, leyéndose mal * *sovieron allegados* en *ovyeron allegados*.

mentaciones del fenómeno que nos ocupa, sin plantearse las relaciones que en este caso pueden existir entre *O* y *P*. Los lingüistas, cuando utilizan el *Libro de Alexandre*, lo hacen fundamentalmente a través de la transcripción paleográfica de Willis (1934), pero rara vez consultan las ediciones críticas existentes. En mi opinión, y frente a los que afirman lo contrario, todavía no se ha inventado procedimiento mejor que la crítica textual para editar, comprender y dar a leer los textos, por cuanto lecciones como la que acabamos de ver solo encuentran satisfactoria respuesta en el marco de la transmisión manuscrita.

Pretender obviar la existencia de esta transmisión o limitarse a ofrecer una transcripción superpuesta de todos los testimonios no hace justicia a la realidad de los textos medievales y, como hemos visto, puede llevar a conclusiones parciales en un análisis lingüístico. En este caso (Alex 430c) un error paleográfico da lugar a una lección espuria que a su vez se erige en primera documentación de un fenómeno dado; como consecuencia de haber obviado la colación crítica entre los manuscritos, confundiendo la distinción –a mi juicio fundamental– entre texto y testimonio. En este caso, creo que es posible establecer con firmeza y sólidos argumentos cuál es la lección correcta, pero mi pregunta es: ¿cuántas variantes lingüísticas no originarias debidas a la transmisión o errores solapados bajo la cómoda etiqueta de lecciones equipolentes escapan a nuestra comprensión? ¿Cuántas de ellas aparecen en trabajos de gramática histórica como ejemplos genuinos de la lengua del siglo XIII cuando probablemente son muy posteriores?

6. Reconstrucción lingüística y crítica textual

El problema de la reconstrucción lingüística reviste notable interés para el editor de textos medievales. Aunque hoy en día la crítica textual de orientación neolachmaniana rechaza la reconstrucción lingüística del original tal y como la entendían los filólogos de finales del siglo XIX, sí que admite la intervención lingüística en casos de *emendatio* (Sánchez-Prieto 1998: 67, 2006). Incluso los críticos reacios a toda intervención textual aceptan como procedimiento ecdótico la reconstrucción lingüística cuando la transmisión textual ha deturpado seriamente el texto.

Son este tipo de *loci critici* aquellos que plantean mayores problemas a los editores de textos, porque la variante lingüística, que en otros lugares se muestra indiferente para la fijación del texto, adquiere en ellos valor textual. En estos casos, el conocimiento lingüístico puede darnos las pistas para preferir una enmienda a otra o para atisbar el sentido correcto de un pasaje controvertido. En numerosas ocasiones, allí donde el juicio del editor claudica, la gramática histórica desbroza la senda que conduce a la lección correcta. Peter Dembowsky (1994: 91) ha expresado con claridad meridiana una máxima que merece ser impresa en la portada de los manuales de crítica textual: "a bad linguist, or at least a bad language specialist, will always be a bad editor". Sin embargo, de nuevo la realidad se superpone a los deseos, y lo cierto es que, lamentablemente, las cuestiones lingüísticas preocupan cada vez menos a los editores, pues el campo de la edición de textos se encuentra hoy en manos de los estudiosos de la literatura, especialistas que, salvo honrosas excepciones, por lo general no poseen una sólida formación en lingüística histórica.

Alecciona e inquieta comprobar cómo el progreso en el conocimiento de la historia de la lengua ha rescatado de las profundidades de los aparatos críticos muchos de los supuestos errores que corrían por la filología española; errores que en realidad eran lecciones genuinas[37]. Sigamos con el pretérito del verbo *seer* y el *Libro de Alexandre*, una vez identificado el comportamiento de los copistas ante esta forma verbal (§ 5). Junto al ya conocido ejemplo (7), hay en el *Alexandre* diversas lecciones enfrentadas que obligan al editor a decantarse por una de ellas, pues afectan a la sustancia textual[38]:

191) touo qʋe ſyl fallaſe qʋe vengado ſe oujera (*Alex* 549)
     touo qʋe ſſil fallaſſe ueɲgado en ſeria [NE vengado en[d soviera]; MM uenga-
     do se ouiera; CA uengado en soviera; AL vengado *en* soviera]
192) ſy eſo oujeres pagado ſeras ſano aỹna (*Alex* 909)
     si ſouieres quedado ſeras ſano aỹna [NE si sovieres quedado; MM si eso ouie-
     res pagado; CA si sovieres quedado]
193) Firme ſe ouo el rreỹ non dio por ello nada (*Alex* 1009)
     Firme ſouol Reỹ non dio por ello nada [NE sovo el rey; MM s'ouo el rey; CA se
     ovo'l rey]
194) Dario en eſti comedio noɲ ſe ouo de vagar (*Alex* 1434)
     Dario en eſ comedio noɲ ſeuo en uagar [NE non [sovo] de vagar; MM non
     s'ouo *en* uagar; CA non s'ovo de vagar]

Dependiendo de la lectura que elijamos, el sentido del texto será uno u otro (de la mayoría de las lecciones de *P* resulta más bien un sinsentido, como podrá comprobarse tras una lectura atenta de los pasajes involucrados). Entre los edito-

---

[37] Sánchez-Prieto (1996: 33-34) cita numerosos ejemplos de este tipo y acertadamente concluye: "una adecuada comprensión de los usos lingüísticos proporcionaría en muchos casos un texto notablemente distinto del publicado (por la tendencia del editor a enmendar lo que en realidad no son errores)".

[38] Cito primero *P*, debajo *O* y entre corchetes a los editores: AL = Alarcos, NE = Nelson, MM = Marcos Marín y CA = Cañas.

res modernos, Nelson es el único que ofrece una solución coherente en la totalidad de los supuestos citados, ya que en todos ellos opta por editar la variante de *O* (que siempre corresponde al pretérito *sovo*) frente a los dislates de *P*. La coherencia de este editor corre pareja con la coherencia cronológica, pues en todos los casos el manuscrito más antiguo presenta el verbo *seer*, mientras que el más moderno ofrece soluciones dispares. Atribuir las lecciones de *P* a errores paleográficos me parece la opción más aconsejable en estos casos; hipótesis que se halla refrendada por nuestro conocimiento de la gramática histórica y del comportamiento de los copistas (§ 5).

La aplicación de la crítica textual –unida, por supuesto, al conocimiento de la gramática histórica– permite a Nelson discernir con claridad las lecciones correctas y rescatar el sentido primigenio del texto más allá de las veleidades de la transmisión. Un caso paradigmático nos lo brinda (191) donde, aunque errónea, la variante de *P* nos conduce a reconstruir un hipotético **soviera* en el arquetipo (la lección *seria* de *O* merma la rima en *–era* de la estrofa). Ejemplos como estos deberían hacer reflexionar seriamente a los partidarios del manuscrito único, pues solo la comparación de los testimonios nos permite establecer la genealogía de los errores, explicarlos y situar cada testimonio en el lugar que le corresponde.

Otro caso interesante sobre el que aplicar las observaciones precedentes sobre la alternancia de auxiliares se encuentra en los versos 180-181 (líneas 97-98 fol 125v) de la *Razón de Amor*. Franchini basa su segmentación de *sea fartado* en *se á fartado* en el hecho de que las dos relativas de los versos 181 y 182 se hallan en un nivel sintáctico diferente (la primera sería presuposición de la segunda). Argumenta, además, que si leyéramos *ssea*, esta lección constituiría el único caso de hiato sin yod intercalada en el texto.

> N oeſ homne tan ſenado/que de tiſ ſea fartado/que no aya perdio elſ ſeſſo y el Recabdo (Franchini 1993: 50, según el ms.) [Morel-Fatio y Franchini (*s*)*se a fartado*; Menéndez Pidal, London y Barra Jover *ssea fartado*]

Por razones gramaticales, hay que rechazar la lectura de Morel-Fatio y Franchini, puesto que, como ya hemos visto, no hay ejemplos de *se* + *haber* + participio (inacusativo) antes de 1250. Además, hay que tener en cuenta que las oraciones subordinadas de relativo con antecedente inespecífico, como es el caso, exigen en español el verbo en subjuntivo; hecho este que nos obliga a no dar por buena la lectura de Franchini. Hay que recordar también que, como verbo intransitivo pronominal, *fartar(se)* se auxiliaba con *ser* (*PMC* 1794, *GE4* f. 34r, 14; f. 102v, 12 y f. 139r, 57). En definitiva, me parece que la opción más respetuosa con la gramática medieval es leer (con Menéndez Pidal, London y Barra Jover) *ssea* como pretérito imperfecto de subjuntivo y no como tiempo compuesto.

Al hilo de la reconstrucción lingüística nos sale al encuentro un interesante supuesto metodológico, que podemos ejemplificar con algunas de las sustituciones *ser* > *haber* anteriormente citadas (15-16, 19, 22). Como se desprende del cotejo con el manuscrito, dichos ejemplos no pertenecen al códice, sino que obedecen a la intervención textual de algún editor. ¿Qué crédito merecen las lecciones que, de este modo reconstruidas, sirven a fines lingüísticos? En mi opinión, ninguno. El alcance de una enmienda debe circunscribirse *única y exclusivamente* a la lección conflictiva que la vio nacer. Extrapolar una enmienda dada a ámbitos distintos del pasaje que le dio existencia provoca la aparición de un círculo vicioso donde una lección reconstruida origina una ley gramatical que a su vez sirve de apoyo para reconstruir otros textos (Cerquiglini 1989: 93-94).

Paradigma de este modo de proceder es el *Poema de Mio Cid*, texto en el que las preconcepciones métricas y lingüísticas de muchos editores han dado lugar a la restauración y enmienda de muchos pasajes sin una base gramatical firme en la que apoyarse. En el caso de la alternancia de auxiliares, Menéndez Pidal (1976: § 169) sentenció, apoyándose en sus propias enmiendas al poema, que "el autor de El Cid usaba más el auxiliar *auer* que sus copistas". A la luz de los datos expuestos en § 4, esta afirmación de Menéndez Pidal debe ser leída con escepticismo. Tal y como he expuesto en otro trabajo (Rodríguez Molina 2004b) es preferible y aconsejable rechazar las enmiendas de don Ramón y otros editores posteriores consistentes en restaurar un auxiliar *haber* allí donde el códice de Vivar presenta *ser* o un tiempo simple; enmiendas que en muchos casos resultan gramaticalmente inaceptables. Tal es el caso del ya mencionado ejemplo (7), que reproduzco aquí de nuevo:

Al terçer día todos juntados s'an (*PMC* 1113, ed. Menéndez Pidal, Smith, Montaner)
Alterçer dia todos iuntados ſon (*PMC* 1113, códice de Vivar)

La enmienda introducida por los editores con el objetivo de solucionar una irregularidad métrica da lugar a una irregularidad gramatical, porque ni hay ejemplos anteriores a 1250 de *se* + *haber* + participio ni el verbo *juntarse* se auxiliaba generalmente con *haber* a lo largo de los siglos XII y XIII (§ 4). Por supuesto, tampoco podemos dar por buenas de cara a su inclusión en trabajos de gramática histórica aquellas lecciones reconstruidas por los editores, como sucede con este verso 1113, que podemos ver citado en numerosas ocasiones como primer ejemplo de *se* + *haber* + participio (inacusativo) en la lengua medieval[39].

---

[39] Citan este ejemplo como *juntado s'an* Yllera (1980: 242-243, advierte que es correción de Menéndez Pidal, pero la acepta), Aleza (1987: 104, citado erróneamente como Cid 1068), Andrés-Suárez (1994: 79) y García Martín (2001: 111).

El editor está en su derecho –y aun en su deber, me atrevería a añadir– de ofrecer su hipótesis editorial[40]; ahora bien, lo que no se le puede consentir al gramático es que nos dé gato por liebre y nos haga pasar por verdaderas soluciones lingüísticas que no pasan de ser correcciones editoriales. Toda enmienda (a falta de evidencia documental que la ratifique), reviste siempre y en todo momento un carácter provisional, por lo que en estos casos harían bien los gramáticos en aplicar la máxima *in dubio pro codice*. Al utilizar para fines lingüísticos este tipo de ejemplos, corremos el riego de estar citando una lección que nunca existió como tal, y lo mismo puede decirse de las teorías y conclusiones que establezcamos a partir de dicho ejemplo.

La cuestión se complica con el hecho, muy generalizado, de citar este tipo de ejemplos sin advertencia explícita de su carácter enmendaticio. Como si de códices medievales se tratara, muchas veces estas lecciones espurias pasan de un trabajo a otro, perpetuando como ejemplo del códice lo que no pasa de ser una reconstrucción editorial (15-16, 19 y 22). No puedo menos que reiterar mi enorme reticencia a la hora de utilizar ejemplos reconstruidos, e invitar a los que hagan uso de ellos a que señalen claramente que lo que están citando es una lección reconstruida y no una lección original[41].

7. Conclusiones

A lo largo de este trabajo me he ocupado del análisis de algunas cuestiones metodológicas que considero fundamentales para el correcto análisis del fenómeno de la doble auxiliaridad. Los tiempos compuestos son una parcela de la gramática sometida a modificación por los copistas. A la alternancia diacrónica tiempos simples ~ *haber* + participio ~ *ser* + participio hay que sumar la alternancia de estas tres formas verbales en la tradición manuscrita derivada de los textos medievales; fenómeno poco frecuente en el XIV, pero que aumenta considerablemente a partir del siglo XV. Esta alternancia es un fenómeno que debería calificarse de 'variante lingüística', con las repercusiones que ello tiene a la hora de editar un texto (Sánchez-Prieto 1998; Fernández-Ordóñez 2002).

---

[40] Aún en el caso de que con el tiempo una enmienda se revele como incorrecta, no por ello deja de resultar positiva y rendir servicio a la práctica editorial. Por incorrectas que sean, muchas veces las enmiendas de otros editores hacen luz sobre problemas textuales anteriormente no considerados, o bien proporcionan pistas valiosísimas para retomar la senda que conduce a la lección correcta.

[41] No está de más recordar que la gramática histórica cuenta desde hace mucho tiempo con una herramienta conceptual (el asterisco *) para marcar el uso de material reconstruido.

Dado que las sustituciones de *ser* por *haber* y de tiempos simples por tiempos compuestos son dos fenómenos claramente sujetos a variación textual en el proceso de copia de los manuscritos, debemos extremar nuestras precauciones a la hora de utilizar testimonios no originales (y, por supuesto, lecciones reconstruidas) en el estudio lingüístico de este fenómeno. De lo contrario, corremos el riesgo de identificar erróneamente con un estado lingüístico caracterizado como original ejemplos que son fruto de la transmisión textual. Frente a la vaga conciencia de que la intermediación de la copia es un problema menor, la realidad de los hechos nos impele a considerar muy seriamente esta contingencia en toda su complejidad antes de emprender estudio lingüístico alguno sobre los textos antiguos. Si queremos asegurar la fiabilidad y representatividad de nuestros datos, no nos queda más remedio que ceñirnos al estudio de testimonios originales localizados en el tiempo y el espacio.

Pretender un acercamiento a la lengua antigua alejado de toda reflexión crítica sobre la transmisión textual que existía en la Edad Media puede llevar a los estudios de gramática histórica a conclusiones parciales o equivocadas. Pretender editar cualquier texto medieval sin una sólida formación en gramática histórica e historia de la lengua significa haber comprendido poco del difícil arte de la crítica textual. La filología, es cierto, no siempre nos permite alcanzar la verdad textual, pero ayuda a detectar los errores. Y, ante la carencia de otras evidencias, no es cosa pequeña poder deslindar lo imposible de lo improbable.

8. Bibliografía: manuscritos e impresos citados

8.1. ALFONSO X, *ESTORIA DE ESPAÑA* (EN SUS DOS VERSIONES)
     Y TRADICIÓN DERIVADA

A ms. 8817, Biblioteca Nacional (Madrid). Códice del siglo XIV.

B ms. 2022, Biblioteca de la Universidad de Salamanca. Códice del siglo XV.

D ms. 9559, Biblioteca Nacional (Madrid). Códice del siglo XV.

E¹ ms. Y-I-2, Biblioteca del Monasterio de San Lorenzo (El Escorial, Madrid). Códice del *scriptorium* alfonsí.

E² ms. X-I-4 Biblioteca del Monasterio de San Lorenzo (El Escorial, Madrid). Códice facticio de mediados del siglo XIV.

F ms. 2628, Biblioteca de la Universidad de Salamanca. Códice del siglo XV.

G ms. X-I-II, Biblioteca del Monasterio de San Lorenzo (El Escorial, Madrid). Códice del siglo XV.

I ms. 10134ter, Biblioteca Nacional (Madrid). Códice de finales del siglo XIV o del siglo XV.

L ms. 1298, Biblioteca Nacional (Madrid). Códice de los siglos XIV o XV.

K (*Crónica de Veinte Reyes*) ms. 2211, Biblioteca de la Universidad de Salamanca. Códice del siglo XVI.

O-ed. 1541 Zamora, Agustín de Paz y Juan Picardo (a costa de Juan de Espinosa), 1541. Es la edición de Florian de Ocampo.

P *(Crónica de Castilla)* ms. Esp. 12, Bibliothèque Nationale de France (París). Códice del siglo XV.

Sl *(Crónica General Vulgata)* ms. 39, Biblioteca de la Caja de Ahorros de Salamanca. Códice del siglo XV.

Ss ms. 40, Biblioteca de la Caja de Ahorros de Salamanca. Códice del siglo XV.

T ms. M-550, Biblioteca Menéndez y Pelayo (Santander). Códice de finales del siglo XIV o del siglo XV.

VR-L (Crónica de Veinte Reyes) ms. X-II-24, Biblioteca del Monasterio de San Lorenzo (El Escorial, Madrid). Códice del siglo XVI.

Y ms. Y-II-II, Biblioteca del Monasterio de San Lorenzo (El Escorial, Madrid). Códice del siglo XV.

Z ms. X-I-7, Biblioteca del Monasterio de San Lorenzo (El Escorial, Madrid). Códice del siglo XV.

8.2. ALFONSO X, *GENERAL ESTORIA*

BN (*GE3*) ms. 7.563, Biblioteca Nacional (Madrid). Códice del siglo XV.

I (*GE2*) ms. IV 1165, Bibliothèque Royale Albert Ier (Bruxelles). Códice del siglo XV, fechado en 1481.

J (*GE2*) ms. M-562, Biblioteca Menéndez y Pelayo (Santander). Códice de finales del siglo XIV.

K (*GE2*) ms. 10.237, Biblioteca Nacional (Madrid). Códice del siglo XIV.

L (*GE2*) ms. 2616, Biblioteca de la Universidad de Salamanca. Códice del siglo XV.

M (*GE2*) ms. Y-III-13, Biblioteca del Monasterio de San Lorenzo (El Escorial, Madrid). Códice del siglo XIV.

N (*GE2*) ms. O-I-11, Biblioteca del Monasterio de San Lorenzo (El Escorial, Madrid). Códice del siglo XIV.

O (*GE2*) ms. Y-III-22, Biblioteca del Monasterio de San Lorenzo (El Escorial, Madrid). Códice del siglo XV.

Φ (*GE2*) ms. Y-I-7, Biblioteca del Monasterio de San Lorenzo (El Escorial, Madrid). Códice del siglo XV.

P (*GE2*) ms. Y-I-1, Biblioteca del Monasterio de San Lorenzo (El Escorial, Madrid). Códice del siglo XV, fechado en 1405.

Q (*GE2*) ms. X-I-2, Biblioteca del Monasterio de San Lorenzo (El Escorial, Madrid). Códice del siglo XVI.

π (*GE2*) ms. V-II-1, Biblioteca del Monasterio de San Lorenzo (El Escorial, Madrid). Códice del siglo XV.

R (*GE2* + GE3) ms. CXXV$^{2/3}$, Biblioteca Pública de Évora. Códice de finales del siglo XIII o principios del XIV.

U (*GE*4) ms. Urb. Lat. 539, Biblioteca Apostólica Vaticana. Códice del *scriptorium* alfonsí fechado en 1280.

Y8 (*GE*3) ms. Y-I-8, Biblioteca del Monasterio de San Lorenzo (El Escorial, Madrid).
Códice del siglo XV.

8.3. ALFONSO X, *CALILA Y DIMNA*

A ms. h-III-9, Biblioteca del Monasterio de San Lorenzo (El Escorial, Madrid). Códice de
finales del siglo XIV o principios del XV.

B ms. X-III-4, Biblioteca del Monasterio de San Lorenzo (El Escorial, Madrid). Códice
del siglo XV, terminado de copiar en 1487.

8.4. GONZALO DE BERCEO

I ms. 110, Archivo del Monasterio de Silos. Copia Ibarreta. Copia del siglo XVIII, realizada entre 1775 y 1779. Contiene todos los poemas de Berceo salvo la *Vida de Santo
Domingo*. *Milagros* (1-142, 146-505, 530-611) y *VSM* fueron copiados de Q.

F ms. 4 y 4b, Biblioteca de la Real Academia Española (Madrid). Códice del siglo XIV,
copiado h. 1330. Contiene *Milagros*, *VSM* y *VSD*.

L ms. 56, Archivo del Monasterio de Silos (*Papeles varios*, tomo XXX, fols. 244r-272v).
Copia del siglo XVIII.

M ms. 13.149, Biblioteca Nacional (Madrid) y Archivo de Silos (tomo 36 de los *Papeles
de la Congregación de Valladolid*). Copia de Mecolaeta. Copia del siglo XVIII.

O Archivo del Monasterio de Silos (*Papeles* de la congregación de Valladolid, tomo 36,
fols. 173r-182v). Copia del siglo XVIII.

Q Biblioteca del Monasterio de San Millán de la Cogolla (hoy perdido). Códice de la
segunda mitad del siglo XIII, copiado h. 1260.

S ms. 12, Biblioteca del Archivo de Silos. Códice de finales del siglo XIII. Contiene la
Vida de Santo Domingo de Silos.

8.5. PEDRO LÓPEZ DE AYALA, *CRÓNICA DEL REY DON PEDRO*

A ms. 9-26-1/4764, Biblioteca de la Real Academia de la Historia (Madrid). Códice del
siglo XV.

B ms. 9-26-1/4765, Biblioteca de la Real Academia de la Historia (Madrid). Códice de
mediados del siglo XV.

D ms. 10.219, Biblioteca Nacional (Madrid). Códice del siglo XV.

K ms. K-II-20, Biblioteca del Monasterio de San Lorenzo (El Escorial, Madrid). Códice
del siglo XV.

L-G ms. 463, Fundación Lázaro Galdiano (Madrid). Códice del siglo XV.

W ms. 57, Biblioteca de la Memorial Library of the University of Wisconsin (Madison). Códice del siglo XV.

X ms. x-I-5, Biblioteca del Monasterio de San Lorenzo (El Escorial, Madrid). Códice del siglo XV.

Y ms. Y-I-14 Biblioteca del Monasterio de San Lorenzo (El Escorial, Madrid). Códice del siglo XVI.

Z ms. Z-III-15, Biblioteca del Monasterio de San Lorenzo (El Escorial, Madrid). Códice del siglo XV.

8.6. *LIBRO DE ALEXANDRE*

O ms. V-5-nº 10 Biblioteca Nacional (Madrid). Códice del siglo XIV o muy a finales del siglo XIII.

P ms. Esp. 488 Bibliothèque Nationale de France (París). Códice del siglo XV.

8.7. *BOCADOS DE ORO*

o ms. 8.405, Biblioteca Nacional (Madrid). Códice del siglo XV.

q ms. 6.545 Biblioteca Nacional (Madrid). Códice del siglo XV.

S Sevilla, Meinardo Ungut y Stanislao Polono, 1495 (16 de mayo).

8.8. OTROS

Auto de los Reyes Magos, ms. Vitrina 5-9, Biblioteca Nacional (Madrid). Códice escrito entre 1200 y 1210.

Disputa del Alma y el Cuerpo, carp. 279, n. 22 Archivo Histórico Nacional (Madrid). Pergamino de 1201.

Fazienda de Ultramar, ms. 1997, Biblioteca de la Universidad de Salamanca. Códice del primer cuarto del siglo XIII (h. 1210-1235).

Fuero de Alcalá de Henares, legajo 25, Archivo Municipal de Alcalá de Henares. Códice de la primera mitad del siglo XIII (h. 1235).

Fuero de Madrid, Archivo Municipal de la Villa (Madrid).

Gran Conquista de Ultramar, Edición impresa, Salamanca, Hans Giesser, 1503 (21 de junio).

Gran Conquista de Ultramar, J, ms. 1187, Biblioteca Nacional (Madrid). Códice de la última década del siglo XIII o principios del XIV.

Libro de los animales que caçan, ms. Res. 270 Biblioteca Nacional (Madrid). Códice de la segunda mitad del siglo XIII.

Poema de Fernán González, ms. b-IV-21, Biblioteca del Monasterio de San Lorenzo (El Escorial, Madrid). Códice del siglo XV, entre 1460-1480.

Poema de Mio Cid, ms. Vitr. 7-17, Biblioteca Nacional (Madrid). Códice del siglo XIV.

Razón de Amor, ms. lat. 3576 (fols. 124r-126r), Bibliothèque Nationale de France (Paris). Escritura de h. 1250-1260.

Vida de Santa María egipcíaca, ms. K-III-4, Biblioteca del Monasterio de San Lorenzo (El Escorial, Madrid). Códice del siglo XIV.

9. Bibliografía: textos y ediciones

9.1. EL *POEMA DE MIO CID* (*PMC*) [H. 1140]

AYUNTAMIENTO DE BURGOS (1982): *Poema de Mio Cid*. Edición facsímil del manuscrito del marqués de Pidal depositado en la Biblioteca Nacional. Burgos: Ayuntamiento de Burgos, 2 vols.

MARCOS MARÍN, F. A. (1997): *Cantar de Mio Cid*. Madrid: Biblioteca Nueva.

MENÉNDEZ PIDAL, R. (1976-1980[5] [1908-1911]): *Cantar de mio Cid. Texto, gramática y vocabulario*. Madrid: Espasa-Calpe.

MONTANER, A. (1993): *Cantar de Mio Cid*. Estudio Preliminar de Francisco Rico. Barcelona: Crítica.

RIAÑO, T./GUTIÉRREZ AJA, Mª C. (1998): *Cantar de Mío Cid, Tomo I.- Transcripción Paleográfica. Tomo II.- Fecha y Autor del Cantar, Códice y fecha del manuscrito. Tomo III.- Versión modernizada*. Burgos: Diputación Provincial.

SMITH, C. (1985 [1972]): *Poema de mio Cid*. Madrid: Cátedra.

9.2. EL *LIBRO DE ALEXANDRE* (*ALEX*) [1202-1238]

ALARCOS LLORACH, E. (1948): *Investigaciones sobre el Libro de Alexandre*. Madrid: CSIC.

CAÑAS MURILLO, J. (1988): *Libro de Alexandre*. Madrid: Cátedra.

MARCOS MARÍN, F. A. (1987): *Libro de Alexandre. Estudio y edición*. Madrid: Alianza.

NELSON, D. A. (1979): Gonzalo de Berceo, *El "Libro de Alixandre". Reconstrucción crítica*. Madrid: Gredos.

WILLIS, R. S. Jr. (1934): *El Libro de Alexandre. Text of the Paris and Madrid Manuscripts prepared with an introduction by Raymond S. Willis*. Princeton: Princeton University Press.

9.3. GONZALO DE BERCEO

BAÑOS, F. (1997): Gonzalo de Berceo, *Milagros de Nuestra Señora*. Estudio preliminar de I. Uría. Barcelona: Crítica [entre 1245-1255]. Edición basada en *I*.

DUTTON, B.(1984[2] [1967]): *La "Vida de San Millán de la Cogolla" de Gonzalo de Berceo (Estudio y edición crítica)*. London: Tamesis Books [h. 1230]. Edición basada en *I*.

RUFFINATTO, A. (1978): *La Vida de Santo Domingo de Silos de Gonzalo de Berceo. Estudio y edición crítica*. Logroño: Instituto de Estudios Riojanos [h. 1236]. Edición basada en *S*.

URÍA MAQUA, I. (1976): *El Poema de Santa Oria de Gonzalo de Berceo*. Logroño: Instituto de Estudios Riojanos.

9.4. ALFONSO X EL SABIO

CAMPA, M. de la (1995): *La "Crónica de veinte reyes" y las "Versiones crítica" y "concisa" de la "Estoria de España". Ediciones críticas y estudio*. Madrid: Universidad Autónoma de Madrid, tesis doctoral inédita [1282-84].

FERNÁNDEZ-ORDÓÑEZ, I. (1993): *'Versión Crítica' de la 'Estoria de España'. Estudio y edición desde Pelayo hasta Ordoño II*. Madrid: Fundación Ramón Menéndez Pidal y Universidad Autónoma de Madrid [1282-84].

GAYANGOS, P. de (1860): "Calila y Dymna". *Escritores en prosa anteriores al siglo XV*. Madrid: Rivadeneyra.

KELLER, J. E./WHITE, R. (1967): *El Libro de Calila e Digna*. Madrid: CSIC [1251].

MENÉNDEZ PIDAL, R. (1977³ [1906]): Alfonso X, *Estoria de España I y II: Primera crónica general. Estoria de España que mandó componer Alfonso el Sabio y se continuaba bajo Sancho IV en 1289*. Madrid: Seminario Menéndez Pidal y Gredos, [h. 1270-1274].

SÁNCHEZ-PRIETO BORJA, P./HORCAJADA DIEZMA, B. (1994): Alfonso el Sabio, *General Estoria Tercera Parte. Libros de Salomón*. Madrid: Gredos [1270-80].

SOLALINDE, A. G./KASTEN, Lloyd A./OELSCHLÄGER, V. R. B. (1957): Alfonso el Sabio, *General Estoria. Segunda Parte*. Madrid: CSIC [1270-1280].

9.5. LA *RAZÓN DE AMOR* [1ª MITAD S. XIII]

BARRA JOVER, M. (1989): "Razón de Amor: texto crítico y composición", en: *Revista de Literatura Medieval* 1, 123-153.

FRANCHINI, E. (1993): *El manuscrito, la lengua y el ser literario de la Razón de Amor*. Madrid: CSIC.

LONDON, G. H. (1965-66): "The *Razón de Amor* and *The Denuestos del agua y el vino*. New Readings and Interpretations", en: *Romance Philology* 19, 28-47.

MOREL-FATIO, A. (1887): "Textes castillans inédits du XIIIe siécle", en: *Romania* 16, 364-382.

9.6. OTROS TEXTOS

ALVAR LÓPEZ, M. (1970): *Vida de Santa María Egipcíaca. Estudios. Vocabulario, edición de los textos*. Madrid: CSIC [primera mitad s. XIII].

ARCHIVO DE LA VILLA (1932): *Fuero de Madrid*. Madrid: Artes Gráficas Municipales [h. 1202].

COOPER, L. (1960): *El Liber regum. Estudio lingüístico*. Zaragoza: Institución «Fernando el Católico» [1194-1198].

FRADEJAS RUEDA, J. M. (1987): *Libro de los animales que cazan (Kitāb al-ŷawārih)*. Madrid: Casariego [1250].

HERNÁNDEZ, F. J. (1988): "Apéndice: Las Cortes de Toledo de 1207", en: *Las Cortes de Castilla y León en la Edad Media. Actas de la Primera Etapa del Congreso Científico sobre la Historia de las Cortes de Castilla y León, Burgos, 30 de septiembre a 3 de octubre de 1986*. Valladolid: Cortes de Castilla y León, vol. I, 221-263 [1207].

KNUST, H. (1879): *Mittheilungen aus dem Eskurial*. Tübingen: Gedruckt für den Litterarischen Verein in Stuttgart [*Bocados de Oro*, 66-394].

LAZAR, M. (1965): Almerich, Arcidiano de Antiochia, *La Fazienda de Ultra Mar, Biblia Romanceada et Itinéraire Biblique en prose castillane du XIIe siècle*. Introduction, édition et glossaire par M. Lazar, Université Hébraique de Jérusalem. Salamanca: Acta Salmanticensia [principios siglo XIII].

MARDEN, C. C. (1904): *Poema de Fernán González. Texto crítico con introducción, notas y glosario*. Baltimore: The Johns Hopkins University Press [h. 1250].

ORDUNA, G. (1994-1997): Pero López de Ayala, *Crónica del Rey Don Pedro y del Rey Don Enrique, su hermano, hijos del rey don Alfonso Onceno*, Edición crítica y notas de G. Orduna. Estudio preliminar de G. Orduna y J. L. Moure. Buenos Aires: Secrit, 2 tomos (1994 tomo I, 1997 tomo II).

RODRÍGUEZ-MOÑINO, A. (1967): *Cancionero de Romances (Anvers, 1550). Edición, estudio, bibliografía e índices*. Madrid: Castalia.

SÁNCHEZ-PRIETO BORJA, P. (2003): "¿Rimas anómalas en el *Auto de los Reyes Magos*?", en: *Revista de Poética Medieval* 16/1, 149-219 [finales siglo XII, principios siglo XIII].

TORRENS ÁLVAREZ, Mª J. (2002): *Edición y estudio lingüístico del fuero de Alcalá (Fuero Viejo)*. Alcalá de Henares: Fundación Colegio del Rey [h. 1235].

WRIGHT, R. (2000): *El Tratado de Cabreros (1206): Estudio sociofilológico de una reforma ortográfica*. London: Department of Hispanic Studies Queen Mary and Westfield College [1206].

10. Bibliografía: referencias secundarias

ALEZA IZQUIERDO, M. (1987): *Ser con participio de perfecto en construcciones activas no oblicuas (español medieval)*. Valencia: Universitat de València.

ALVAR EZQUERRA, C./LUCÍA MEGÍAS, J. M. (eds.) (2002): *Diccionario Filológico de Literatura Medieval Española. Textos y transmisión*. Madrid: Castalia.

ANDRÉS-SUÁREZ, I. (1994): *El verbo español. Sistemas medievales y sistema clásico*. Madrid: Gredos.

ARANOVICH, R. (2003): "The Semantics of Auxiliary Selection in Old Spanish", en: *Studies in Language* 27: 1, 1-37.

BENZING, J. (1931): "Zur Geschichte von *ser* als Hilfszeitwort bei den intransitiven Verben im Spanischen", en: *Zeitschrift für romanische Philologie* 51, 385-460.

CATALÁN, D. (1962): *De Alfonso X al conde de Barcelos. Cuatro estudios sobre el nacimiento de la historiografía romance en Castilla y Portugal.* Madrid: Gredos.

— (1997): *De la silva textual al taller historiográfico alfonsí. Códices, crónicas, versiones y cuadernos de trabajo.* Madrid: Fundación Ramón Menéndez Pidal y Universidad Autónoma de Madrid.

— (2001): *La épica española. Nueva documentación y nueva evaluación.* Madrid: Fundación Ramón Menéndez Pidal.

CERQUIGLINI, B. (1989): *Éloge de la variante. Histoire critique de la philologie.* Paris: Seuil.

COMPANY COMPANY, C. (1983): "Sintaxis y valores de los tiempos compuestos en el español medieval", en: *Nueva Revista de Filología Hispánica* 32:2, 235-257.

DEMBOWSKY, P. (1994): "Is there a new textual philology in old french? Perennial problems, provisional solutions", en: Paden, W. D. (ed.): *The Future of the Middle Ages. Medieval Literature in the 1990s.* Gainesville: University Press of Florida, 87-112.

ELVIRA GONZÁLEZ, J. (2001): "Intransitividad escindida en español: el uso auxiliar de *ser* en español medieval", en: *Estudios de Lingüística* 15, 201-245.

FERNÁNDEZ-ORDÓÑEZ, I. (1993): *'Versión Crítica' de la 'Estoria de España'. Estudio y edición desde Pelayo hasta Ordoño II.* Madrid: Fundación Ramón Menéndez Pidal y Universidad Autónoma de Madrid.

— (2000a): "La transmisión textual de la "Estoria de España" y de las principales "Crónicas" de ella derivadas", en: Fernández-Ordóñez, I. (ed.): *Alfonso X el Sabio y las Crónicas de España.* Valladolid: Universidad de Valladolid y Centro para la Edición de los Clásicos Españoles, 219-264.

— (2000b): "Antes de la *collatio*. Hacia una edición crítica de la *General estoria* de Alfonso el Sabio (segunda parte)", en: Ward, A. (ed.): *Teoría y práctica de la historiografía medieval.* Birmingham: University of Birmingham Press, 124-148.

— (2001): "Hacia una dialectología histórica. Reflexiones sobre la historia del leísmo, el laísmo y el loísmo", en: *Boletín de la Real Academia Española* 81, Cuaderno 284, 389-464.

— (2002): "Tras la *collatio* o cómo establecer correctamente el error textual", en: *La Corónica* 30:2, 105-180.

— (2006): "La Historiografía medieval como fuente de datos lingüísticos. Tradiciones consolidadas y rupturas necesarias", en: *Actas del VI Congreso Internacional de Historia de la Lengua Española.* Madrid: Arco/Libros, vol. II, 1779-1807.

GARCÍA MARTÍN, J. M. (2001): *La formación de los tiempos compuestos en español medieval y clásico.* Valencia: Universitat de València.

HARRIS-NORTHALL, R. (1996): "Printed Books and Linguistic Standardization in Spain: The 1503 *Gran Conquista de Ultramar*", en: *Romance Philology* 50/2, 123-146.

LACARRA, M. J. (2002): "Calila e Dimna", en: Alvar, C./Lucía Megías, J. M. (eds.): *Diccionario Filológico de Literatura Medieval Española. Textos y transmisión.* Madrid: Castalia, 231-235.

LAPESA, R. (2000): "Morfosintaxis histórica del verbo español", en: *Estudios de morfo-sintaxis histórica del español*, vol. II. Madrid: Gredos, 730-885.

LAROCHETTE, J. (1939): "Les aspects verbaux en espagnol ancien", en: *Revue des langues romanes* 68/8, 327-421.

MARCOS MARÍN, F. A. (2002): "Libro de Alexandre", en: Alvar, C./Lucía Megías, J. M. (eds.): *Diccionario Filológico de Literatura Medieval Española. Textos y transmisión*. Madrid: Castalia, 754-762.

MARTIN, G. (2000): "Gestas de arena", en: Pattison, D. G. (ed.): *Textos épicos castellanos: problemas de edición y crítica*. London: Queen Mary & Westfield College, 23-33.

MENDIKOETXEA, A. (1999): "Construcciones inacusativas y pasivas", en: Bosque, I./Demonte, V. (eds.): *Gramática descriptiva del español*. Madrid: Espasa-Calpe, vol. II, 1575-1629.

MOLHO, M. (1975): *Sistemática del verbo español. (Aspectos, modos, tiempos)*. Madrid: Gredos.

OCTAVIO DE TOLEDO Y HUERTA, Á. S. (2002): "Noticias sobre la evolución de los tiempos compuestos en gramáticas españolas del Siglo de Oro", en: Esparza Torres, M. A./ Fernández Salgado, B./Niederehe, H.-J. (eds.): *Actas del III Congreso Internacional de la Sociedad Española de Historiografía Lingüística (Vigo, 7-10 de febrero 2001)*. Hamburg: Helmut Buske Verlag, 375-389.

— (2006): "*Varia lectio* y variación morfosintáctica: el caso del *Crotalón*", en: Pons Rodríguez, L. (ed.): *Historia de la Lengua y Crítica Textual*.

ORDUNA, G. (2000): *Ecdótica. Problemática de la edición de textos*. Kassel: Reichenber-ger.

— "Pero López de Ayala", en: Alvar, C./Lucía Megías, J. M. (eds.): *Diccionario Filoló-gico de Literatura Medieval Española. Textos y transmisión*. Madrid: Castalia, 875-912.

POUNTAIN, C. J. (1985): "Copulas, verbs of possession and auxiliaries in old spanish: The evidence for structurally interdependent changes", en: *Bulletin of Hispanic Studies* 62, 337-355.

REIG, C. (1947): *El Cantar de Sancho II y Cerco de Zamora*. Madrid: CSIC.

RICO, F. (2001): "Lecturas en conflicto: de ecdótica y crítica textual", en: Funes, L./Moure, J. L. (eds.): *Studia in honorem Germán Orduna*. Alcalá de Henares: Universidad de Alcalá, 543-556.

RODRÍGUEZ MOLINA, J. (2004a): "Difusión léxica, cambio semántico y gramaticalización: el caso de *haber* + participio en español antiguo", en: *Revista de Filología Española* 84, 169-209.

— (2004b): "*In dubio pro codice*: tiempos compuestos y enmiendas editoriales en el *Poema de Mio Cid*", en: *Boletín de la Real Academia Española* 86, Cuaderno 289, 131-171.

— (2006): "*Ser* + participio en español antiguo: perífrasis resultativa, no tiempo com-puesto", en: Bustos Tovar, J. J. de/Girón Alconchel, J.L.: *Actas del VI Congreso Internacional de Historia de la Lengua Española*. Madrid: Arco/Libros, vol. II, 1059-1072.

ROMANI, P. (2006): "Capítulo 3. Tiempos de formación romance I. Los tiempos compuestos", en: Company, C. (ed.): *Sintaxis histórica del español. Primera parte: La frase verbal*. México, D.F.: FCE y UNAM, 241-346.

SÁNCHEZ-PRIETO BORJA, P. (1996): "Problemas lingüísticos en la edición de textos medievales (sobre la relación entre crítica e historia de la lengua)", en: *Incipit* 16, 19-54.

— (1998): *Cómo editar los textos medievales. Criterios para su presentación gráfica*. Madrid: Arco/Libros.

— (2001): "Sobre el concepto de original (el caso de la *General estoria* de Alfonso el Sabio)", en: Funes, L./Moure, J. L. (eds.): *Studia in honorem Germán Orduna*. Alcalá de Henares: Universidad de Alcalá, 571-582.

— (2002): "Génesis y transmisión de los textos medievales castellanos", en: *La Corónica* 30:2 [Critical Cluster: Editar la literatura española (Edad Media y Renacimiento)], 47-103.

— (2003): "¿Rimas anómalas en el *Auto de los Reyes Magos*?", en: *Revista de Literatura Medieval*, 16/1, 149-219.

— (2006): "La lengua como problema en la edición de textos medievales", en: R.Santiago/Valenciano, A./Iglesias, S. (eds.): *Tradiciones discursivas: edición de textos orales y escritos*. Madrid: Editorial Complutense (Colección I.Universitario Menéndez Pidal), 117-62.

YLLERA, A. (1980): *Sintaxis histórica del verbo español: las perífrasis medievales*. Zaragoza: Universidad de Zaragoza.

CANON, EDICIÓN DE TEXTOS E HISTORIA
DE LA LENGUA CUATROCENTISTA

LOLA PONS RODRÍGUEZ

¡Mirad si no han de ser ellos locos, pues los cuerdos
canonizan sus locuras!

(Quijote II, 32)

0. Introducción

Es obvio reconocer que todo trabajo sobre *canon* gestado en los últimos diez años
está directa o indirectamente entroncado con el ensayo de Harold Bloom *El canon
occidental* (1994), en el sentido de que fue el texto del crítico estadounidense el
que desencadenó (merced a una polémica en cierto sentido engrandecida, *alimen-
tada* por el mercado editorial) un intenso debate sobre la licitud de los criterios
que han maniobrado en la selección tradicional del canon literario de Occidente.
En efecto, al referirnos a *canon* aludimos a una forma de organizar y seleccionar
la realidad a partir de una operación de selección cuyas raíces son primariamente
valorativas. Para Bloom esa valoración ha de estar realizada en virtud de términos
estéticos, ahistóricos y radicalmente subjetivos. Hoy, con suficiente distancia histórica, leemos el libro de Bloom en clave de manifiesto contra la extensión en los
ámbitos académicos norteamericanos de los *cultural studies*, los círculos de *poli-
tical correctness* y la investigación de la cultura de minorías. Contra un intento de
rearme argumental de la tradición literaria desde la perspectiva anglosajona, como
el de Bloom, cabe entender que surja una reacción, una vindicación airada desde
sectores contrarios a la ideología dominante (resumida en la del 'hombre blanco
occidental'), sectores que reclaman sus *cuotas de poder*; la discusión es, en suma,
de *canonicistas* vs. *resentidos*. Esto tiene (tuvo) sentido en los Estados Unidos,
pero el eco de esta polémica en la investigación española fue otro.

En España, el debate sobre el canon se ha alejado de esa "vertiente social"
(Romero Tobar 1998: 47) y se ha orientado a la investigación sobre la gestación
del *canon* y su constitución histórica. Aun existiendo trabajos de elucubración
metateórica sobre las implicaciones del término *canon* (trabajos que son herederos o que se sitúan en la línea de los nacidos en las universidades norteamerica-

nas), la investigación pronto se redirigió (incluso en ámbitos de Teoría de la Literatura) al estudio de la historiografía de la literatura, es decir, hacia la investigación de la praxis de la historia literaria. La cuestión de fondo parece seguir siendo la misma, esto es, *¿por qué estudiamos los textos que estudiamos?*, pero difiere el tipo de causa por la que inquirimos: si lo que parece interesar a defensores y, sobre todo, detractores de Bloom es un por qué *eficiente* y *finalista*, en el sentido de que la cuestión va hacia *a quién compete* hacer un canon y *para qué* desarrollarlo, lo que ha interesado en investigaciones sobre historia literaria del español es *qué causas formales* han alimentado los paradigmas. Es esa línea de investigación sobre el canon –auspiciada en la hispanística española a raíz de la obra de Bloom pero desprovista de su sentido de discusión sociopolítica– la que se pretende aprovechar en el trabajo que aquí presento.

Mi objetivo es indagar en los efectos filológicos que pueda tener para la historia de la lengua española la existencia de un canon de la literatura española, de qué manera ese canon literario orienta nuestro horizonte epistémico y en qué sentido limita la base de datos que empleamos en nuestros análisis. Ceñiré mi observación al canon literario del siglo XV castellano para mostrar primero de qué forma es presentada esta centuria en los textos clásicos de historia de la literatura y qué presupuestos históricos informan esas descripciones; en segundo lugar veré en qué sentido ese modo de presentación es heredado por las historias de la lengua y, por último, a través de qué textos es representado el Cuatrocientos castellano en los trabajos específicos de investigación en Lingüística Histórica. En este último aspecto se revelará la encontradiza relación que se da entre los textos editados y los textos estudiados lingüísticamente.

Presentación de una época, *representación textual* de esa época, y, en un sentido menos descriptivo y más interpretativo, *representatividad* de esa representación textual de época son, pues, los ejes de este trabajo. En § 1 se ofrecen algunas precisiones históricas y terminológicas sobre el *canon* (literario y lingüístico); y después se rastrea el canon que está en la base de algunos manuales de historia de la literatura (§ 2), de historia de la lengua (§ 3) y de investigaciones concretas sobre aspectos del español histórico (§ 4). En § 5 se concluye con una recapitulación que aspira a (re)abrir[1] debate en el seno de la filología española sobre el grado de informatividad que debemos dar a los datos y qué tipo de *historia de la lengua* debemos construir.

---

[1] La alternativa entre *abrir* y *reabrir* se explica por lo ya señalado por Barra (2001: 179): "El desarrollo de las gramáticas formales ha ido siempre acompañado de una polémica sobre lo que debe considerarse un dato legítimo en lingüística. Cierto es que, lamentablemente, esta polémica se ha reducido al ámbito privado o a observaciones de refilón provocadas más por una actitud previa que por una discusión pública".

1. El canon de textos. Canon literario y canon lingüístico. El acceso intermediado a los datos

Varias son las características que pueden entenderse como definitorias de cualquier canon: (a) un canon formaliza –clasifica, agrupa, discrimina– una realidad que se siente como un *continuum* informe; (b) esa formalización se plasma en un paradigma de obras internamente jerarquizado que (c) es el resultado de un proceso de institucionalización (y a la inversa, todo proceso de institucionalización da lugar a la creación de un canon[2]); por ello (d) funciona como un rígido discurso de autoridad y debe legitimarse, (e) tendiendo a ser un repertorio cerrado, limitado en sus constituyentes y (f) aspirando a ser permanente, inmutable por el tiempo.

No detallaré el significado primigenio ni los valores actuales de la voz *canon* (datos que pueden encontrarse en trabajos como los de Adams 1998, Harris 1998, Kermode 1998, Mignolo 1991, Pozuelo 1995 o Sullá 1998 entre otros) y tampoco el traspaso que se ha hecho del término desde campos como el eclesiástico o el legal hacia el literario. Centrándome en este último ámbito, sí me interesa destacar el distinto sentido que el *canon de autores* tuvo desde la Antigüedad hasta la Edad Media y desde el Renacimiento en adelante. El canon manejado hasta el Humanismo fue "un canon clásico, heredado del período helénico" (Ruiz 2004: 28); cierto es que hubo modificaciones –García Gual (1996: 5) las califica de "conmociones en tiempos de penuria intelectual"– pero era fundamentalmente acrónico, en el sentido de que se establecía una total verticalidad en el sentido de la admiración estética de los autores hacia los *auctores* canonizados por la tradición. Desde el Renacimiento, el tributo al pasado canonizado ha de lidiar también con la conciencia de un presente digno de admiración. El canon emergente del Renacimiento entra en competencia con el viejo canon esencialista medieval. El siglo XV, centuria que aquí servirá de banco de pruebas sobre los efectos filológicos del canon literario, es precisamente punto de inflexión en esa evolución de un sentido de canon a otro. Escritos de Santillana como la *Deffunsión de don Enrique de Villena* y, sobre todo, el *Prohemio-carta al Condestable de Portugal* funcionan como primeras evidencias de un canon no acrónico. Según Ruiz (2004: 31), el *Prohemio* de López de Mendoza exhibe ya una "germinal historiografía". En él Santillana alaba el *Libro de Alexandre*, el *Buen Amor*, el *Rimado*

---

[2] En este sentido, resultan muy pertinentes las reflexiones de Foucault (1969) sobre los condicionamientos de aparición de *formaciones discursivas* y cómo éstas necesitan ciertas *superficies de emergencia* y *rejillas de especificación* por las que se dilucidan relaciones internas de contacto y filiación.

de Palacio, los *Proverbios* de Sem Tob y a un grupo de poetas cancioneriles coetáneos (Gerena, Villasandino, Imperial, Calavera, Pérez de Guzmán, Ferrán Manuel de Lando...). Desde el siglo XV, pues, el canon se expande también horizontalmente e integra en él a autores contemporáneos: Santillana era ya considerado modelo imitable en el propio siglo XV (*vid.* al respecto Gómez Moreno 1994: cap. VIII). Con todo, la pérdida de la acronía del canon sólo se consuma en el Renacimiento.

Ahora bien, las características (a) a (f) pueden ser cumplidas por el canon eclesiástico –dado el dogmatismo en cuanto a contenidos que le es inherente-, pero la realidad del canon literario[3] es muy otra, ya que, aunque tienda a la inmutabilidad como paradigma, no puede evitar ser cambiante. Teniendo en cuenta que está basado en principios estéticos y que se funda sobre los gustos de una época, el canon literario está sujeto a lo variable y lo tornadizo de los gustos, a los vaivenes estéticos de cada etapa. Esto limita su rentabilidad funcional, ya que resulta ser un elemento manipulable:

> La historiografía, si de un lado actúa como un elemento canonizador, con la explicitación de la conciencia histórica introduce un principio, ya que no de desintegración absoluta, sí de relativización del canon, que deja de manifiesto su naturaleza histórica, es decir, su condición de constructo producido por los intereses, postulados e instrumentos de cada época, de donde resulta su carácter dinámico y cambiante (Ruiz 2004: 32).

Muy compleja se presenta la cuestión de la relación terminológica entre *canon* y *clásico,* teniendo en cuenta que *clásico* puede entenderse como sinónimo de canónico o como perteneciente a un movimiento de clasicismo. Para Curtius (1948: 365): "Toda creación de cánones literarios tiene que llevar a cabo una selección de clásicos", lo que implica que un canon no es más que el conjunto de clásicos; para otros autores la diferencia es meramente de ámbito: el canon está establecido como autoridad por las instituciones, en tanto que el segundo término no responde a las exigencias estéticas de un lector individual (Dahlström 2004). La aplicación de esta disquisición terminológica al español es en extremo complicada[4] y no interesa para el análisis que aquí nos compete.

---

[3] Con la acepción de 'catálogo de autores', la voz *canon* se encuentra desde el siglo IV aplicada a la literatura cristiana; para el ámbito de la filología la introdujo por primera vez, según Curtius (1948: 365) el filólogo polaco David Ruhken (1723-1798). Con todo la nueva voz sólo era un nuevo nombre que entraba en una vieja discusión, la *querelle des anciens et des modernes,* los debates sobre lo *antiguo* y lo *anticuado,* redivivos con la Ilustración.

[4] Toda vez que el propio Curtius rechaza la existencia de clasicismo en España. El nombre de *Siglo de Oro* (que abarcaría de la muerte de Garcilaso a la de Calderón) sería una *pecu-*

Otro aspecto interesante es la consideración de qué herramientas culturales se desarrollan para coadyuvar a la formación del canon[5]. ¿Qué consecuencias tiene en la praxis el ingreso de un autor o de una obra en un listado canónico? La principal es que se incorpora a los índices académicos de lo que se debe estudiar y transmitir en escuelas y universidades; esa entrada en la tradición escolar y pedagógica propiciará la aparición de copias, ediciones, uso de fragmentos antologados[6], fragmentos comentados, epitomización... Claro que la relación entre tradición escolar y difusión es más de recíproca influencia que de filiación genética[7], y a veces es la redención editorial de un texto (que puede responder a factores de todo tipo: económicos, de fuerzas históricas, ideológicos) la que propicia el acceso al canon. En cualquier caso, la práctica filológica provoca y, al tiempo, reproduce el canon. En palabras de Frank Kermode (1988):

> Como no tenemos experiencia alguna de un texto venerable que asegure su propia perpetuidad, podemos decir con sensatez que el medio en el cual sobrevive es el comentario. Todo comentario sobre dichos textos varía de una generación a otra porque responde a diferentes necesidades: la necesidad de seguir hablando es esencial, la necesidad de hacerlo de forma diferente es igualmente urgente y no menos porque la provisión de comentarios es un deber que ahora corresponde a una profesión particular, una profesión que, de cualquier manera hasta hace poco tiempo, ha tendido a juz-

---

liaridad de su canon. Por otro lado, cabe preguntarse: ¿cómo pueden ser *canónicos* autores prerrenacentistas si es *clásico* es el XVI? Los escritos literarios del siglo XV y previos se destinan a ser, salvo, quizá, *Celestina*, "clásicos imposibles". El clásico por excelencia para la literatura española ha quedado fijado (pero en fecha moderna, *vid.* Núñez/Campos 2005: 78) en el *Quijote*, obra sobre la cual versaron recientemente (diciembre 2005) en la Universidad Complutense de Madrid unas Jornadas de Teoría Literaria tituladas precisamente *El Quijote, centro del canon occidental*.

[5] Romero Tobar (1998: 50-51) las resume en *estructuras informales de dinámica social* ("desde (..) las tertulias o grupos de trabajo hasta las manifestaciones simbólicas de la colectividad cuando llega a sacralizar en un culto secularizado el valor modélico de autores concretos, de determinados textos o géneros literarios") y *estructuras en el orden de la producción escrita* ("la industria editorial en sus más refinadas ofertas (selecciones y guías orientativas de los críticos literarios famosos) o en la producción uniformemente acelerada de objetos de consumo e instrumentos de consulta (diccionarios, enciclopedias, registros bibliográficos...), sea, en fin, la institución escolar con su secuela de clasificaciones y modelos dignos de imitar. A este último ámbito de fijación del *canon* pertenecen *Gramáticas, Poéticas* y *Retóricas* de la tradición clásica y los modernos instrumentos en que mejor se refleja la práctica educativa de la institución literaria: las *antologías* y las *historias de la literatura*".

[6] Sobre la antología como necesaria *intervención del individuo* dentro de la literatura *vid.* Guillén (1985: 428).

[7] *Vid.* Dahlström (2004) que se pregunta si la *agenda editorial* está establecida por el canon o más bien lo conforma. Igualmente, en la agenda editorial habría que incluir la labor de los profesores, los críticos, los lectores, también todos ellos orientadores del canon.

gar los logros de sus miembros por su capacidad para decir algo nuevo acerca de los textos canónicos sin deformarlos.

En la descripción que se inicia a partir del siguiente epígrafe sobre la representación del siglo XV en historias de la literatura, historias de la lengua e investigaciones específicas de lingüística diacrónica, se observará cómo el trabajo de los analistas se hace sobre lo que se conoce o sobre aquello a lo que se puede acceder con fiabilidad y con los criterios estéticos en vigor en cada época[8]. Historiadores de la lengua e historiadores de la literatura, en el desarrollo de un método filológico de trabajo, comparten un procedimiento: necesitan acudir a fuentes pretéritas. Pero sobre ese procedimiento metodológico se ciernen diversas restricciones que de forma nada inocente orientan la dirección y las fuentes de su trabajo.

En efecto, todo investigador –de la literatura, la lengua o cualquier otra disciplina– que pretende rescatar datos de épocas pasadas mediante documentación escrita, parte de la restricción de que el corpus ya se encuentra preseleccionado por el propio devenir material de la conservación de los documentos. Es decir, de todo lo potencialmente aprovechable, ha de quedarse exclusivamente con lo disponible, con lo que ha perdurado. En ese sentido, la base de datos *potencial* –todo lo que virtualmente podría entrar a ser considerado dentro de la realidad observada que se refiera a un conjunto de hechos separado del presente del investigador– está obligada a circunscribirse de forma automática a *lo accesible*. Esa es la primera restricción, pero funciona sólo en el plano de lo ontológico. Hay más restricciones: lo accesible está, a su vez, condicionado por lo asequible. El acceso al documento –manuscrito o impreso– está orientado por el grado de obstáculos, de separaciones e interposiciones que haya entre el objeto que se desea estudiar y el investigador. Por esta segunda restricción, cabe entender que lo que no se conoce, lo que yace en el fondo de una biblioteca o de un archivo documental, aquello que no está ni siquiera catalogado, no entre a formar parte de esa base de datos que utiliza con finalidad diversa el estudioso. *Lo que no se conoce no se estudia*, evidentemente, pero esta afirmación tan trivial empieza a dejar de serlo si consideramos *ex negativo* que *lo que sí se conoce a veces tampoco se*

---

[8] *Vid.* algunas reflexiones sobre este asunto en Pons/Kabatek (2006). Queda fuera del análisis las obras metalingüísticas históricas nacidas en el ámbito de la enseñanza de español, alguna de las cuales muestra datos curiosos. Así, James Howell (1660) cita en su *Lexicon tetraglotton al* Marqués de Santillana por sus *Proverbios*; Pedro de Pineda (1750) da como buen autor español al Tostado y John Stevens, en la primera década del XVIII avisaba ya de la importancia de La *Celestina* que en parte tradujo. Agradezco a Daniel Sáez Rivera su insustituible orientación en el logro de estos datos.

estudia. Porque hay muchos documentos, hay muchos textos escritos, manuscritos o impresos, de los que sí sabemos, de los que hay catalogación, edición, e incluso comento, pero que tampoco se estudian, porque su nula o escasa presencia en el canon ha hecho que el acceso a ellos sea difícil: hay que ir al manuscrito porque la edición no resulta fiable, o hay una edición fiable que es demasiado antigua como para figurar en la biblioteca de trabajo o la edición fiable y moderna que existe no ha gozado de buena distribución, o bien existen todas las condiciones de óptimo acceso, pero, pese a ello, sigue sin entrar en el canon de lo estudiable.

Las discusiones de la última década en torno al término *canon* han partido del concepto de *canon literario*, entendido éste como "una lista o elenco de obras consideradas valiosas y dignas por ello de ser estudiadas y comentadas" (Sullá 1998: 13). Con todo, el término tiene también, históricamente, una valencia lingüística. Lo que sincrónicamente definimos como una selección de lo *estudiable* y *comentable* era también en la Antigüedad (desde la filología alejandrina) una selección de lo *imitable*. Cuando Aulo Gelio emplea, tardíamente pero por primera vez para la historia, el término *clásico* en el sentido de *modelo de imitación* está revelando que un criterio fundamental de valoración (de entrada en el canon, pues) en la Antigüedad era el uso lingüístico[9]. Lo canónico era, en primer lugar, ejemplarizante en sus características lingüísticas. Y ese carácter de *auctoritas linguae*, de texto emanador de una cierta norma lingüística, se mantuvo muchos siglos después. Los textos funcionaban por un lado como patrones de referencia, modelos emisores centrífugos, pero también eran, por otro lado, *modelos garantes*, descritos como muestras de un ideal estatismo lingüístico ya pretérito, consagrados como moldes antonomásicos que simbolizaban una retención de usos pretéritos mejores. Eran *dechados* lingüísticos, esto es, modelos canónicos centrípetos. Piénsese en el concepto de *autoridad* que tiene la RAE en su primer diccionario, o cómo ese diccionario dio lugar a que la propia institución publicase en 1874 un *Catálogo de los escritores que pueden servir de autoridad en el uso de los vocablos y de las frases de la lengua castellana*.

La redención editorial que tiene lugar con la literatura tenida por canónica termina desembocando en el uso de los textos consagrados como ejemplos en manuales y en lexicografía: un efecto lingüístico primario de la fijación de un canon autorial está justamente en la selección de obras que se toman como fuentes lexicográficas[10]: "Lo que pretende, entonces, el autor de un diccionario al

---

[9] Curtius (1948: 352).

[10] Piénsese en cómo usamos las citas del *Diccionario de Autoridades* para rescatar la *biblioteca ideal* de los académicos fundacionales, y, cómo, incluso, empleamos ese repertorio de citas y el hecho de que en ellas se incluya a Quevedo o Góngora para descartar que la RAE

invocar la autoridad de un determinado escritor o texto, no es mostrar o reflejar todos los usos, sino los mejores, los que merecen ser imitados" (González Zapatero 2002: 895).

Esa valencia lingüística de la realidad del *canon* está más diluida en lo moderno, pero no por ello deja de darse. Es en el aspecto lingüístico donde la palabra *canon* revela un sentido más fuertemente preceptivo e imperativo: el canon, contemplado desde el ángulo de lo literario, puede reducirse al ámbito de lo que se debe leer y, en consecuencia, admirar; considerado desde el prisma de su efecto lingüístico, se entiende que lo canónico tiene un valor de prescripción de uso. Es posible, pues, defender la existencia de un *canon lingüístico* que actúa junto con el *canon literario*.

Aludo con *canon lingüístico*[11] primariamente a la potencial autoridad en cuanto a uso idiomático (léxico, sintáctico, de tipología textual, de recursos discursivos) que posee todo texto consagrado como prestigioso dentro de un paradigma humanístico. Desde este prisma, el canon lingüístico funciona dentro de un sistema en el que persiste la *imitación* como procedimiento artístico de creación, y funciona en un viaje que va desde los textos *bendecidos* por la tradición hasta los que deben ser nuevamente generados. Otra acepción para este mismo término se verá en § 4.2.(I).

2. Mirando la lengua cuatrocentista (I): el canon de la historia de la literatura española

La observación de cómo se forma y cuál es el canon literario cuatrocentista encierra la interesante peculiaridad de que es a partir del mismo siglo xv cuando comienza a gestarse un canon literario castellano. Esta labor empieza con Santillana, a cuyos gustos ya me he referido *supra*, y sigue con Nebrija y Juan del Encina. Ya desde la propia Baja Edad Media aparece consagrada la figura de

se fundara contra la estética posbarroca (Fries 1989). De hecho, son esas *autoridades* del primer diccionario la que asignan a la Academia un papel renormativizador respecto al pasado literario, y precisamente una prueba de la mutabilidad del canon lingüístico está en la renovación y consolidación de la nómina de autores del diccionario académico hecha a fines del xix.

[11] Son muy escasas las muestras de uso de este sintagma: González Zapatero 2002, Escavy 2005. El trabajo citado de Escavy plantea la posibilidad y necesidad de un *canon* en los estudios de Historiografía Lingüística del español con vistas a "poner unos límites al objeto de reflexión, para determinar el objeto de la Historiografía Lingüística" (pág. 439). También el de González Zapatero versa sobre un episodio de la historiografía lingüística del español (la renovación del canon autorial por parte de Pagés (1902-1932) en su *Gran diccionario de la lengua castellana*).

Juan de Mena como poeta de apreciable interés: no lo cita el Marqués, que al hablar de contemporáneos parece circunscribirse a sus predecesores por edad (su abuelo Pero González de Mendoza, su tío Fernán Pérez de Guzmán..., Santillana era casi 15 años mayor que el poeta de Córdoba), pero sí Nebrija, quien lo utiliza repetidamente como autoridad en su *Gramática* (Terracini 1979: 134) y Juan del Encina en su *Arte de poesía castellana*[12]. El prestigio de Mena queda asegurado por la labor de comento del comendador griego Hernán Núñez. Pero la construcción de un canon literario medieval queda rota durante la consolidación del periodo áureo. La reivindicación de un presente literario que se siente memorable y la renovación de la poética lírica dan en un coyuntural olvido de la Edad Media literaria (salvando siempre a Mena, referencia constante de forma ininterrumpida, y con hitos de comentario como el de El Brocense). En ese sentido, el *Diálogo de la lengua* significa prácticamente el cierre de esa iniciada reflexión sobre la literatura medieval, pese a que sus juicios sean mayoritariamente negativos: Valdés, como ha destacado Pérez Priego (1996: 8) "construye el canon sobre lo que conoce impreso en Italia", dentro de ese canon accesible, que se limita a la centuria inmediatamente anterior, censura el *Laberinto* de Mena en tanto que alaba sus composiciones amorosas del *Cancionero general*, critica algunos aspectos de la obra de Diego de Valera y de la *Crónica de Juan II,* menciona las bondades y los inconvenientes de *Cárcel de amor*, de *Amadís* y otras novelas de caballería, elogia el Teatro de Encina, a la *Celestina* y, sobre todo, ensalza a Manrique, cuyas coplas "son muy dignas de ser leídas y estimadas, assí por la sentencia como por el estilo"[13]. Prácticamente hasta bien entrado el siglo XVIII no hay apenas más reflexiones ni más selecciones del corpus literario medieval hispánico (*vid.* Pérez Priego 1996 y Aradra Sánchez 2000).

En el siglo XVIII y hasta bien entrado el XIX ("siglo medievalista por excelencia", Sanmartín 2004), la mirada a la literatura medieval española estaba dominada secularmente por un sentimiento de recuperación documental arqueológica, los textos medievales eran, como decía Quintana en 1807 (*Poesías selectas castellanas*) "venerables antiguallas". En el acercamiento a esa *colección de antigüedades* se advierten inexcusables preferencias por autores y obras y también el peso del propio imaginario que tenía el siglo XVIII (como después lo tuvo el XIX) de la Edad Media. Extractando del panorama de Historias de la literatura y colecciones antologadas de los siglos XVIII y XIX que ofrece Aradra Sánchez (2000: § 2.3) a propósito de la *apertura del canon literario medieval castellano* los auto-

---

[12] Más datos sobre su ensalzamiento en el siglo XV y después pueden verse en Lida (1950: 325-398).

[13] Cito por la edición de Cristina Barbolani en Cátedra (Madrid, 1998: 240).

                    Lola Pons Rodríguez

res y obras cuatrocentistas mencionados por casi una docena de autores, tenemos los siguientes resultados:

TABLA 1
Autores cuatrocentistas citados en la primera historiografía literaria española

TEXTO	AUTORES (U OBRAS) CUATROCENTISTAS QUE FIGURAN
Gregorio Mayans, *El Orador christiano* (1733).	Gómez Manrique, Juan de la Encina, Mena.
Ignacio Luzán, *Poética* (1737).	Manrique, Mena, Cartagena, Rodrigo Cota, Santillana.
Antonio Capmany, *Filosofía de la elocuencia* (1812²).	Hernando del Pulgar.
Antonio Capmany, *Theatro histórico-crítico* (1786-1794).	López de Ayala, Gómez de Cibdadreal, Alfonso de la Torre, Pérez de Guzmán, Fernando del Pulgar, Mosén Diego de Valera.
Luis José Velázquez, *Orígenes de la Poesía Castellana* (1754).	Mena, Villena, Pérez de Guzmán, Santillana, Alvar García de Santamaría, Bachiller Gómez de Ciudad Real, Rodrigo de Cota, Diego de San Pedro, Juan Alfonso de Baena, Gómez Manrique, Jorge Manrique, Bachiller de la Torre, Juan de la Encina y Hernando del Castillo.
Tomás Antonio Sánchez, *Colección de poesías castellanas anteriores al siglo XV* (1779-1790).	Santillana, Mena, Cancioneros.
Giambattista Conti *Colección de poesías castellanas* (1782-1790).	*Proverbios* de Santillana, *Laberinto* de Mena.
Plan de Estudios del Colegio Imperial de Calatrava (1790, Jovellanos).	Hernán Gómez de Cibdadreal, *Laberinto* de Mena, *Coplas* de Manrique.
Munárriz, *Lecciones sobre Retórica* (1798-1801).	Mena, Fernando de Rojas.

Texto	Autores (u obras) cuatrocentistas que figuran
García de Arrieta, *Principios filosóficos de la literatura*, (1797-1805).	Manrique, Mena, Fernando de Rojas.
Manuel José Quintana, *Poesías selectas castellanas* (1807).	Mena, Ayala, Manrique.
Sánchez Barbero, *Principios de Retórica* y *Poética* (1805).	López de Ayala, Macías, Juan Rodríguez del Padrón, Enrique de Villena, Juan de Mena, Rodrigo Cota, Santillana, Manrique.
Gómez Hermosilla, *Arte de hablar en prosa y verso* (1826).	Jorge Manrique.

Los autores más citados son, por este orden: Juan de Mena, Jorge Manrique y el Marqués de Santillana. Sorprende, sobre todo por contraste con la situación que se da en el siglo XX, la escasez de menciones a la *Celestina* (sólo dos) y la ausencia de menciones al *Corbacho*. Algunas presencias y algunas ausencias se explican por el estado editorial de algunos textos, por ejemplo, la novela sentimental es reeditada de forma tardía, bien entrado el XIX; como afirma Aradra (2000: 190): "La recepción de la literatura medieval en este periodo constituye un buen ejemplo de cómo en algunos momentos históricos la reedición puntual de determinados textos se puede convertir en el instrumento vertebrador de un nuevo canon o, como sucede en este caso, de la apertura del canon literario vigente". Todo este proceso de creación del canon medieval español coincide, además, con la institucionalización como disciplina de la historia de la literatura desde el siglo XVIII[14].

---

[14] Como afirma Mignolo (1998: 243): "Si no cabe duda de que las historias literarias son recursos útiles en la formación del canon, existen, en cambio, muchas preguntas sobre su estatuto epistémico. Los estudios literarios (de los que la historia de la literatura es una dimensión) han conseguido su posición como disciplina hace muy poco". Las divisiones que se hacen en las historias de la literatura para considerar qué forma parte de lo literario y qué no también son cambiantes. Tacca (1984: 201) llama la atención sobre el hecho de que los manuales de historia de la literatura griega incluían en sus páginas los escritos de Euclides y Arquímedes, y que las historias de la literatura francesa del siglo XIX incluían en sus páginas a historiadores y filósofos.

Tras este periodo inicial de construcción del canon entre el XVIII y los inicios del XIX, puede apuntarse la influencia de la estética romántica y de las historias de la literatura española venidas de Alemania que ven en la literatura medieval el reflejo de un tiempo idealizado de caballeros y damas (Romero Tobar 1996): se resucita el *Romancero*, se subraya la importancia de las crónicas caballerescas, del *Cid*, pierde el siglo XV el cierto protagonismo que había tenido hasta entonces dentro de toda la configuración canónica medieval, un protagonismo simplemente venido de su carácter temporalmente postrero y de su mayor cercanía a la época áurea, un protagonismo reforzado, en fin, por los juicios eruditos de Santillana en su *Prohemio*, obra reeditada desde el siglo XVIII en varias ocasiones (Aguilar Piñal 1994).

A fines del siglo XIX tiene lugar la construcción del canon escolar de literatura española, y en él, la Edad Media cobra peso específico (aun cuando todavía Clarín la postergue a la hora de comentar las historias literarias de su tiempo, *cf.* Sanmartín 2004) y pierde su connotación de preciosa reliquia arcaica. En esa construcción, operan como criterios selectivos las tendencias ideológicas y estéticas de los movimientos culturales castellanistas del 98 y el Modernismo: el *Cid*, Berceo (que Menéndez Pelayo en su *Antología de poetas castellanos* prefería por más didáctico y deleitoso a los cancioneros bajomedievales), Hita y Manrique (en un segundo plano, López de Ayala, el Romancero) representan en cada cronología la obra más encomiásticamente valorada por los intelectuales de la época, empeñados en una *actualización del pasado* (Mainer 1998: 272); "[e]ste canon medieval que fijan modernistas y noventayochistas es el que sucintamente prevalecerá en adelante, apuntalado asimismo por las investigaciones de la Escuela de Filología Española" (Pérez Priego 1996: 9). Y ése es el canon que, básicamente, hemos heredado generacionalmente hasta hoy[15]. Para el siglo XV, la nómina se ha

---

[15] Así, dando un notable salto desde ese canon finisecular al que hoy podemos observar en la red Internet observamos la casi total coincidencia de la nómina canónica de autores. El canon de literatura medieval que se observa en la red en función del número de páginas que ofrecen resultados de búsqueda acerca de obras de literatura medieval ha sido observado por Isasi/Pérez Isasi (2003), quienes conciben a la *Internet como referéndum*, en el sentido de que a través de su consulta se puede observar cuáles son los textos más populares. Circunscritos al ámbito de la literatura medieval hispánica, "el centro del canon" lo ocupan "por su abundante presencia en prácticamente todos los recursos de búsqueda" (Isasi/Pérez Isasi 2003:141) *Mío Cid*, Berceo, Hita, Jorge Manrique y *La Celestina*, en tanto que "en un espacio algo más alejado del centro se encontrarían otros autores, entre los que cabría citar al Marqués de Santillana, Juan de Mena o don Juan Manuel". Esta concentración está fuertemente orientada por el propio canon literario del estudiante de Secundaria y Bachillerato, donde pedagógicamente Mena resulta más difícil de enseñar. Hay que decir que los diversos recuentos que desarrollan los autores se realizaron en 2003, por lo que es de esperar que algunos de los vínculos hayan modificado su contenido, cambiado sus opciones, y que las cifras que se aportan respecto a

ampliado y ha acogido, junto con las coplas manriqueñas, a *Celestina* (que para la época realista era considerada una obra naturalista) y Mena. Se ha construido, y está plenamente asentado, un canon de la literatura española.

Como veremos, las historias de la literatura en sus índices de autores comentados y glosados están de alguna forma preconizando qué autores deben ser estudiados desde el punto de vista lingüístico, pero su influencia va más allá. Además de influir en el elenco, las caracterizaciones que se hacen de los textos literarios, sus adscripciones genéricas o las descripciones sobre el estilo de un autor pueden pasar de ser categorías de historiografía literaria (necesarias en buena medida para poder explicar la realidad de acuerdo a un sistema, *vid.* López Bueno 1990: 138) a categorías de representatividad lingüística. Por ello, conviene también detenerse en las apreciaciones que se encuentran en los manuales de historia de la literatura sobre las grandes líneas intelectuales del siglo XV.

Sobre buena parte de la historia de la literatura (y también de la lengua) del último siglo ha influido notablemente la panorámica cultural e ideológica descrita por el historiador holandés Johan Huizinga en *El otoño de la Edad Media*[16]. La descripción estética de una época cortesana amante de la ostentación estética, el retorcimiento en las galanuras, la representación externa cuasi manierista, influyó en la percepción de los fenómenos literarios del Cuatrocientos. Así lo vemos en la *Historia de la literatura* de Valbuena (1968), un relato historiográfico completamente ideologizado, en el que la clave de la interpretación de la literatura cuatrocentista la da precisamente un símil con la historia del arte:

> Coincide la nueva generación con la época del gótico llamada "flamígero", en que los adornos engalanan y transforman el espíritu severo del estilo de los siglos XIII y XIV [...] Realmente, es exacta la frase de "pórtico del Renacimiento español (Valbuena 1968: 243)[17].

Todo se observa desde el prisma de un siglo XV extremoso, abigarrado, con pretensión incumplida de clásico[18]. Así, se entiende la igualación tácita que se

---

resultados en cuanto términos de búsqueda sean hoy sustancialmente distintas. Se puede ver Lucía Megías (2002 y 2003b) para una presentación guiada de las páginas web de interés romanístico.

[16] *Herfsttij der middeleuwen*, 1919. Primera edición en español *El otoño de la Edad Media: estudios sobre las formas de vida y del espíritu durante los siglos XIV y XV en Francia y en los Países Bajos*. 1ª ed. *Revista de Occidente* (1930). Traducción de la edición alemana de José Gaos.

[17] Posteriormente, el capítulo XV se titula "El estilo plateresco de la literatura: la poesía de la época de los Reyes Católicos".

[18] Y, al comentar algún aspecto biográfico de alguna figura cuatrocentista, se incide en esa idea de siglo excéntrico, de desequilibrios y desviaciones en todos los sentidos. Por ejemplo,

hace entre siglo XV y siglo XVII, un tópico historiográfico que recorre toda la historia literaria del siglo XX (Menéndez Pelayo ve en la *Historia de dos amadores* rasgos casi *culteranos*) y en el que hasta ahora apenas se había reparado. En las páginas de Valbuena, el siglo XV se representa como un paralelo al XVII, y, a consecuencia, por exigencias de los tópicos canónicos, los dos *estandartes* literarios[19] de ambas centurias están condenados a parecerse, por lo que Mena resulta ser un correlato medieval de Góngora:

> Su renovación del vocabulario y la sintaxis es hermana de la del poeta barroco. [...] Pero del mismo modo que en el siglo XV el primitivismo a veces ingenuo era muy diverso de la seguridad técnica del XVII –en el arte flamenco, sobre todo, puede notarse esto-, así el poeta castellano peleaba con una lengua ruda, con un verso violento, a diferencia de Góngora que tenía por delante a Garcilaso y Herrera. Mena es más que nada un precursor, un valor histórico, que hay que situar en su tiempo, mientras que Góngora es el gran artista culto, definitivo, universal (Valbuena 1968: 263).

Y en él hay, como en Góngora, dos estilos, el "ligero, amoroso, de juego y de circunstancias" y otro culto, colmado de rasgos latinizantes. Esta interpretación del siglo XV convierte en típicamente cuatrocentista a la escuela de Mena[20] pero supone dejar fuera de ese panorama de ornamento estético, de exhibición cortesana, a dos grandes obras: *Corbacho* y *Celestina*. La solución está en convertir a ambos textos en antecedentes del *tradicional realismo español* que se desplegó con mayor vitalidad en el XVI. De esta forma, pasan de ser dos grandes discontinuidades literarias a dos muestras predecesoras del XVI. Valbuena (1968: 298) dice de *El Corbacho* que "revela la plena entrada del arte realista y satírico de nuestra pintura y literatura de la Edad de Oro". Toda la literatura del siglo XV está en Valbuena explicada a partir de su valor precursor de la literatura áurea;

---

tras contar los avatares de Garci Fernández de Gerena –conversión musulmana, matrimonio con una mora juglaresa a la que abandona después por su cuñada– afirma Valbuena (1968: 216): "¡Qué tipo más notable de bajas pasiones y propósitos de renovación espiritual, de complejos íntimos, que podrían tratar de definirse con las teorías de Freud! La época ofrecía muchos casos semejantes!". Al comentar la línea de sucesión dinástica, declara: "Indudablemente toda la leyenda del "Impotente" y de la "Beltraneja" revela a qué grados de abyección se llegó en la Castilla del siglo XV", aunque, eso sí, añade pundonorosamente: "Esto no quita nada a la grandeza efectiva de la España del reinado siguiente, aun basándose en tan delicado punto hereditario" (Valbuena 1968: 308).

[19] De Mena dice que tiene un estilo "eruditonacional" (p. 262) y que "fué [sic] el primer poeta puro".

[20] Se demuestra que ocurre lo que resume la frase del *Quijote* que se ha expuesto en el inicio de este trabajo, que hay todo un despliegue de canonización de esas aparentes *locuras* lingüísticas.

ascendientes literarios de Quevedo y Calderón son las coplas del *Provincial* y las censuras de Palencia; comparable al mundo ideal de Calderón son Manrique y su tío Gómez Manrique. Se muestra aquí una tendencia de la historia literaria como ciencia: en ella se tiende a clasificar y agrupar fenómenos y autores, quedándose fuera lo inconexo. Se buscan ingredientes aglutinantes, y se abusa a veces (Mainer 1998[21]) del concepto generación o de las agrupaciones cronológicas aglutinantes.

De descripciones como la que figura en el manual de Valbuena que acabo de comentar se coligen creencias sobre el alcance conclusivo de algunos tipos de datos lingüísticos. Muy habitualmente nos encontramos juicios de valor sobre la legitimidad uso de un determinado dato lingüístico en función del grado de *realismo* que, en un análisis literario, se le concede al texto en que se inserta. En el manual de Díez Borque (1982: 181) se habla de la lengua del *Corbacho* en términos de "prosa castiza que lleva a los terrenos literarios toda la expresividad del lenguaje familiar coloquial". Y, para una época posterior, a todos nos resultan familiares consideraciones sobre la lengua del *Lazarillo* como muestra próxima al habla natural de su tiempo; en cambio, a otros testimonios prosísticos del XVI, como la novela de caballerías, se los considera portadores de rasgos lingüísticos inauditos en el habla cotidiana de esa centuria[22]. ¿No hay tras estas caracterizaciones –que, repito, están apuntando a la legitimidad, a la informatividad, a la representatividad de un dato lingüístico– una transmisión de marcas canónicas de la literatura española? Al respecto de la novela picaresca y su reflejo de una "realidad nacional" que interesaba, ha afirmado Romero Tobar (1998: 59):

[L]a troquelación de la idea de "picaresca" por la crítica del siglo XIX, coincidente *per causam* con la marea ascensional de las culturas nacionalistas, insistió en las marcas de genuina correspondencia de sus protagonistas con el "carácter español", en el valor documental que aportaban sus textos sobre la sociedad de los siglos XVI y XVII (el "realismo español") y en la neta oposición que presentaba respecto a las otras tendencias narrativas contemporáneas ("novelas caballeresca" y "pastoril"), fieles reflejos estas últimas de una literatura de signo idealista.

---

[21] "Lo peor es la consagración de "características" de grupo o de época que invitan a la uniformidad, a la simplificación y, a la larga, a esconder debajo de la alfombra lo que no se ajusta a lo previamente acordado" (Mainer 1998: 290).

[22] Cano (1998: nota 2) llama la atención sobre el hecho de que "los prejuicios con que se ha analizado la literatura española" han dado lugar a creencias erróneas sobre el coloquialismo de ciertos textos quinientas o "la creencia de Menéndez Pidal de que estilo de Antonio de Guevara respondía al discurso hablado habitual en los cortesanos de principios del XVI".

3. Mirando la lengua cuatrocentista (II): el canon de las historias de la lengua

Se han despojado varios manuales de historia de la lengua española para observar en ellos el repertorio de autores citado. Los resultados se exponen en la tabla[23] *infra* y arrojan las conclusiones esperables: las mayores coincidencias se dan en aquellos autores bendecidos por la canónica tradición de la historiografía literaria:

TABLA 2
Autores citados en diversos manuales de historia de la lengua española

AUTOR	MANUAL DONDE SE CITA
Álvarez de Villasandino	Alatorre 2002.
Álvarez Gato, Juan	Alatorre 2002.
Cancionero de Baena	Alatorre 2002; Lapesa 1980; Menéndez Pidal 2005.
Cancionero de Stúñiga	Lapesa 1980.
Cartagena, Alonso de	Cano 1988; Lapesa 1980; Menéndez Pidal 2005.
Chinchilla, Pedro de	Menéndez Pidal 2005.
Condestable de Portugal	Lapesa 1980; Menéndez Pidal 2005.
Corral, Pedro del	Cano 1988.
Cota, Rodrigo	Alatorre 2002.
Crónica de don Ál. de Luna	Cano 1988; Menéndez Pidal 2005.
Crónica de Juan II	Cano 1988; Menéndez Pidal 2005.
Díaz de Games, Gutierre	Cano 1988; Menéndez Pidal 2005.
Díaz de Toledo, Pero	Lapesa 1980.
Dueñas, Juan de	Menéndez Pidal 2005.

---

[23] Con esta convención: en esta tabla se computan los casos de mención a un autor, y no a cuál de sus obras, por la alternante utilización dentro del material consultado de referencias meras a autor o específicas a una de sus obras.

Autor	Manual donde se cita
Encina, Juan del	Menéndez Pidal 2005.
Enríquez del Castillo, Diego	Menéndez Pidal 2005.
Escavias, Pedro de	Menéndez Pidal 2005.
Flores, Juan de	Alatorre 2002.
García de Salazar, Lope	Menéndez Pidal 2005.
Gómez Manrique	Cano 1988; Menéndez Pidal 2005.
Imperial, Francisco	Alatorre 2002; Lapesa 1980.
López de Córdoba, Leonor	Cano 1988.
Lucena, Juan de	Cano 1988; Lapesa 1980; Menéndez Pidal 2005.
Luna, Álvaro de	Alatorre 2002.
Manrique, Jorge	Alatorre 2002; Cano 1988; Menéndez Pidal 2005.
Marqués de Santillana	Alatorre 2002; Cano 1988; Lapesa 1980; Menéndez Pidal 2005.
Martínez de Toledo, A.	Alatorre 2002; Cano 1988; Lapesa 1980; Oliver Asín 1939.
Mena, Juan de	Alatorre 2002; Cano 1988; Lapesa 1980; Menéndez Pidal 2005; Oliver Asín 1939.
Montoro, Antón de	Menéndez Pidal 2005.
Mosé Arragel	Lapesa 1980.
Nebrija, E. Antonio	Alatorre 2002; Cano 1988; Lapesa 1980.
Pérez de Guzmán, Fernán	Cano 1988; Menéndez Pidal 2005.
Pulgar, Hernando del	Alatorre 2002; Cano 1988.
Rodríguez de Lena, Pero	Menéndez Pidal 2005.
Rodríguez del Padrón	Alatorre 2002; Cano 1988; Lapesa 1980; Menéndez Pidal 2005.

TABLA 2 (Cont.)

AUTOR	MANUAL DONDE SE CITA
Rojas, Fernando de	Alatorre 2002; Cano 1988; Lapesa 1980; Menéndez Pidal 2005.
San Pedro, Diego de	Alatorre 2002; Cano 1988; Lapesa 1980.
Sánchez de Badajoz, Garci	Alatorre 2002.
Torre, Alfonso de la	Menéndez Pidal 2005.
Torroella, Pere	Alatorre 2002; Lapesa 1980.
Valera, Diego de	Menéndez Pidal 2005.
Villena, Enrique de	Alatorre 2002; Cano 1988; Lapesa 1980; Menéndez Pidal 2005; Oliver Asín 1939.

En cuanto al modo de presentación, sí hay grandes diferencias y se percibe una cierta evolución ideológica conforme avanza el decurso cronológico. Para Oliver Asín (1939) el siglo xv es, como lo era para Valbuena, un predecesor del Barroco, mas sin los recursos de que disponía la época áurea ("someten entonces la prosa y el verso a un tratamiento, tan intenso y a veces tan violento, de adaptación al vocabulario y a la sintaxis latina, como no se ha de ver ya hasta Góngora", Oliver 1939: 74). Y también está en su manual esa idea de extravagancia estética transmitida desde Huizinga y sólo aquilatada en España después de que apareciese el libro de Lida sobre Mena: así, para Oliver Asín los cambios por latinización son *extravagantes, exagerados*: "El Castellano no podía asimilar una tan indigesta y pedantesca carga de latinismos, no menos forzar desmesuradamente su sintaxis tradicional". Por último, se representa en el texto de Oliver Asín una especie de *contienda lingüística* vivida en la Baja Edad Media entre la innovación lingüística y la *innovación popular* del *Corbacho*, del que, con todo, se admite su "discreta latinización" y el trato artístico al que sometió al habla popular.

El siglo xv es abordado por Lapesa en el capítulo décimo de la *Historia de la lengua*: "Transición del español medieval al clásico", organizado en los epígrafes *Los albores del humanismo (1400-1474), El español preclásico (1474-1525)* y *El castellano, objeto de atención y estudio*. La descripción está orientada, como se ve, cronológicamente. Bajo "Los albores del humanismo" caben los nombres de Imperial, Villena (calificados ambos como "paladines de la nueva orientación" de la que dice "Las galas cultistas resultaban postizas cuando faltaba aún preparación para vestirlas"), Mena, Santillana, Alonso de Cartagena y Pero Díaz de Toledo. Pero también, como *albores de humanismo* se califican al *Corbacho* y a los *Refranes* de Santillana, representantes del "lenguaje popular", que deben su aparición escrita por una parte a "la creciente intervención del pueblo en la vida nacional" pero también al interés del Renacimiento por la espontaneidad y naturalidad. Especialmente interesante es la separación de un periodo de *español preclásico* con un fin de arco temporal en 1525. De nuevo con metáforas de vestiduras y ropajes, se habla del despojo de demasías formales y la adquisición de una *elegancia culta*, representada por Palencia, Nebrija, San Pedro, en menor medida Lucena y, sobre todo, con el exponente de *La Celestina*, que se interpreta como una confluencia de "la tendencia sabia de los humanistas y la popular del *Corbacho*", esta vez interpretado el *Corbacho* como una muestra extra-humanista, no integrado en el modelo renacentista como se hacía antes. Con todo, se admite la admiración que aún suscitaba Mena entre los hombres de este periodo.

Cano Aguilar (1988) trata del siglo XV en el capítulo sexto de *El español a través de los tiempos*. Curiosamente se repite para la obra de Martínez de Toledo y para la de Rojas, puntos inicial y final de la exposición sobre historia externa del siglo, la misma caracterización de doble exponencialidad en cuanto a nivel lingüístico. Se dice del Corbacho que es (p. 203) "obra de extraordinaria riqueza lingüística (culta y popular)" y de *Celestina* que es (p. 204) "exponente de lenguaje retórico y popular hábilmente manejados".

La aparición de los materiales de la *Historia de la lengua española* de Ramón Menéndez Pidal nos brinda un interesantísimo recurso para conocer la idea que el maestro de la escuela de filología española tuvo acerca de la lengua cuatrocentista y su peso dentro del decurso idiomático. Al integrar la particular nómina de autores del XV que aparecen en su obra dentro la tabla *supra*, se observa la mayor pluralidad de autores citados en la *Historia* de don Ramón. Con todo, es necesario trasladar la jerarquía que el propio Pidal impuso a ese repertorio. Los que merecen sección aparte son, además del *Cancionero de Baena*, Villena, Santillana, Mena, Pérez de Guzmán, Juan de Lucena y Gómez Manrique. La lista de los privilegiados descriptivamente es, pues, absolutamente canónica. Particularmente interesante es la imagen lingüística y cultural que se da del siglo XV en la obra pidaliana.

En primer lugar, se concibe un siglo XV que es absolutamente preáureo. Sobre todo, se enfatizan los rasgos que tiene en común con el siglo XVII, y esos caracteres comunes son particularmente relevantes: Menéndez Pidal interpreta un siglo XV en paralelo al XVII y hasta encuentra en la época bajomedieval un trasunto de las escuelas poéticas que historiográficamente tanto han servido para representar a la literatura barroca española. Así, ya al principio de sus materiales sobre el XV, afirma que en esa época "La Andalucía, pasado siglo y medio de su reincorporación a la cultura románica, produce por primera vez una escuela poética, como después tantas veces produjo" (Menéndez Pidal 2005: 601). A esa escuela adscribe Pidal a Imperial (al que llama "animador del naciente grupo"), fray Lope del Monte, Gonzalo Martínez de Medina, fray Pedro de Colunga, Gómez Pérez Patiño, Ruy Páez de Ribera, todos ellos poetas del *Baena*. Su extinción la achaca a su lejanía (no sólo física) de la corte, por lo que, según él, "la reforma principal del estilo literario no se consumó en Andalucía, sino en Castilla". El desconocimiento de esta parte del material de Pidal ha hecho que esa idea de una escuela sevillana cuatrocentista no se encuentre en ninguna historia lingüística del español. Habría que matizar mucho la existencia de tal grupo.

En esa línea de parangones con el XVII, la tesis de Menéndez Pidal es que el siglo XV es una época de artificiosidad y que *todas las épocas de artificiosidad se parecen* (*cf.* Menéndez Pidal 2005: 609), para lo que aporta ejemplos como las menciones metafóricas a las estaciones (y ahí liga a Mena y a Góngora), el uso antonomásico de antropónimos clásicos (y ahí se hermanan Manrique y toda la Edad de Oro), los hipérbatos de Villena, renovados por Góngora... Lo interesante de esta concepción preáurea del siglo XV es que Pidal, aun resaltando el fuerte parecido estético de la Baja Edad Media con el XVII, no concibe el XVI como paréntesis. Al hablar de la poesía satírica del XVI, de su sobrestimación de la novedad, afirma: "Todo este complejo movimiento de innovación, de ruptura con la tradición expresiva medieval, si no tiene mucho de renacimiento, prepara el camino para el renacimiento verdadero". Esto es, Menéndez Pidal saca al siglo XV de su caracterización tradicionalmente parentética y aislada, y únicamente señala que es una interrupción respecto a la labor de integración del romance iniciada por Alfonso X.

Con todo, su idea del Cuatrocientos es muy moderna en otros aspectos. Así la ligazón de los cambios estéticos del XV a la particular situación sociohistórica del Reino de Juan II, tesis que ha reaparecido en lo moderno como particular vía de explicación a una corriente de época (*vid.* Eberenz 2006 y Pons en prensa) se encuentra ya en Pidal, cuando afirma que "No se aplica la literatura, como en tiempos de Alfonso X o de don Juan Manuel, a exponer el orden perfecto e inmutable dentro del cual Dios formó el universo; más bien le preocupa el desorden moral que parece gobernarlo todo" (Menéndez Pidal 2005: 610). Igualmente, sigue siendo muy actual la defensa de que el latinismo léxico cuatrocentista no fue un revestimiento inútil ("Fue sin duda este cultismo del siglo XV un aluvión torrencial y revuelto, pero luego la sedimentación eliminó la parte turbia, quedando el resto incorporado al idioma" Menéndez Pidal 2005: 619). También es reveladora la implícita periodización que practica, abriendo con Manrique una "nueva edad" en la que se acaba el *fastuoso y barroco despliegue de vitalidad* previo.

4. Mirando la lengua cuatrocentista (y III): el canon de los estudios empíricos

Tras observar qué textos cuatrocentistas privilegian las monografías de historia de la lengua y de historia de la literatura, cabe preguntarse hasta qué punto afecta la existencia de un *catálogo privilegiado* de autores y su interpretación a un segundo tipo de trabajos de lingüística histórica. Examinaré, en esta parte ya final del trabajo, un conjunto de 95 trabajos empíricos que versan sobre distintos aspectos de historia del castellano[24]. En la tabla 4 (*vid.* Anexo) aparece la lista de obras empleadas como fuente y los autores que las emplean. De la observación de los datos allí expuestos, se obtienen detalles muy reveladores sobre cómo el canon literario y las ediciones de los textos influyen en la manera que tenemos de hacer la historia de la lengua.

Como afirma Company en las palabras preliminares a la primera parte de la *Sintaxis histórica de la lengua española,* de reciente aparición, "toda elección de corpus y de ediciones críticas puede ser conflictiva y cuestionable" (p. XXV); en ese sentido, someter a examen los textos que se utilizan como corpus en los trabajos de investigación lingüística es un ejercicio que aquí se realiza con el objetivo de llamar la atención a los investigadores de ciertas rutinas consolidadas que podrían ser revisables; entiéndanse los comentarios que aquí se hacen como puntos de partida para el debate.

4.1. Estudios empíricos sobre un único texto cuatrocentista

En primer lugar, me fijaré en un grupo de trabajos empíricos cuyo uso de fuentes no está volcado en la tabla susodicha, por estudiar una sola obra: se profundizará en qué autores o qué obras han merecido estudios lingüísticos específicos o se emplean como corpus único para extraer datos lingüísticos, y en qué medida esto podría estar relacionado con factores internos o externos a la lengua.

Cuando la atención lingüística se concentra en un solo autor, nos encontramos con obras repetidamente estudiadas: *Corbacho*, *Laberinto* y *Celestina*. Esa terna aparecerá repetidamente en todas las conclusiones que extraigamos de este primer nivel de análisis. Así, sobre el *Corbacho*, hay análisis del plano sintáctico

---

[24] Se ha trabajado en esta parte con 95 estudios de los cuales 18 son libros o tesis doctorales y el resto capítulos de libros, parte de actas o artículos en revistas. Los temas de los que versan estos estudios son grafemática y ortografía, morfología y morfofonética verbal, sintaxis y léxico. Sus fechas de publicación van de 1930 a 2006.

(González Muela 1954; Araluce-Cuenca 1985; Vázquez León 1992) y léxico (Mancho Duque 1988). Y entre los primeros estudios lingüísticos sobre el siglo XV se encuentran trabajos sobre esta obra[25]. Otro texto repetidamente estudiado en lo lingüístico ha sido *La Celestina*: Ariza/Abruñedo (1977) han estudiado el adjetivo; Dietrick (1992) los perfiles sociolingüísticos de los nexos adversativos; Girón (2004b) resitúa el estado de la cuestión lingüística de esta obra; Martínez Marín (1978 y 1983) el uso de las oraciones compuestas y los nexos relativos. Sobre Mena, están los trabajos de investigación léxica de Gordillo (1992) y Azofra (2002); sobre cualquier trabajo de investigación que se realice en torno a este autor se proyectará siempre la sombra de la magistral monografía de M. Rosa Lida (1950).

Además de estos trabajos sobre las tres obras más veces estudiadas monográficamente, nos encontramos con obras cuatrocentistas que han merecido estudios lingüísticos completos o con intención de ser abarcadores: *Andanzas e viajes* de Tafur (Larkin 1965), *Victorial o Crónica de don Pero Niño* (Miranda Poza 1992), *Claros varones de Castilla* (Domingo y Benito 1992), *Amadís de Gaula* (Avalle 1996) y *Virtuosas e claras mugeres* (Pons 2003)[26]. Por distintas razones se ha estudiado con exclusividad el español de las *actas inquisitoriales* de los siglos XV y XVI (Vila 1990; Eberenz; Eberenz/De la Torre 2003), colección documental sobre la que volveré más adelante.

Una figura especialmente interesante por su proyección histórica, como la de Colón, ha recibido, obviamente, mucha más atención lingüística. Sobre la adscripción lingüística del Almirante (catalán, portugués, italiano...) se ha escrito mucho, en buena medida porque se intentaba, mediante la lengua, establecer su origen: tras el estudio de Pidal (1940) incidiendo en el lusismo del descubridor, han aparecido otros que apoyan dicha hipótesis (Darbord 1994) o

---

[25] Así, los de E. von Richthofen (1941): "Alfonso Martínez de Toledo und sein Arcipreste de Talavera", en: *Zeitschrift für Romanische Philologie*, 414-534; Richthofen (1956): "Zum Wortgebrauch des Erzpriesters von Talavera", en: *Zeitschrift für Romanische Philologie*, 108-114. Otros trabajos tempranos sobre lengua cuatrocentista son los de Lida (1945) sobre Mena, López Estrada (1946) sobre *Generaciones y semblanzas* y el de W. Schmid (1951): *Der Wortschatz des Cancionero de Baena*. Bern: Francke.

[26] Estos trabajos se inscriben en una tradición muy arraigada en la filología española, la de los estudios lingüísticos de textos. El punto de partida para esa tradición está en el monumental trabajo de Ramón Menéndez Pidal sobre el *Mio Cid*, una investigación amplísima en la que se concilia la adscripción de un texto a un género y el esclarecimiento de sus partes más oscuras con la descripción de sus aspectos lingüísticos. El estudio de *Mio Cid* muestra una concepción totalizadora de la disciplina filológica, consideradas lingüística y literatura como integrantes de un mismo ámbito de *ciencias del espíritu* que ayudaban a describir las relaciones entre individuo y lenguaje.

la refutan parcialmente (Gutiérrez Cuadrado 1994). También hay trabajos sobre aspectos lingüísticos de los textos colombinos: Lope Blanch (1999) y Girón (2004b). Pero, salvo el caso de Colón (sobre cuya inclusión dentro de esta centuria sería lícito discutir) la referencialidad biográfica no se ha impuesto sobre el gusto estético: figuras históricas del siglo xv que fueron autores de textos apenas son citadas. Sea el caso de don Álvaro de Luna cuyo tratado doctrinal-argumentativo *Virtuosas e claras mugeres* (1446) conservado en copias manuscritas desde el siglo xvi al xix, fue atendido descriptivamente por Amador de los Ríos y editado por dos veces a entre el final de xix y el principio del xx pero que, pese a ello, apenas figura como fuente de datos. Lo mismo ocurre con Benedicto Luna cuyo *Libro de las consolaciones* no está excesivamente estudiado en lo lingüístico.

Por último, hay estudios aislados sobre cuestiones muy concretas de una obra determinada: Chevalier (1970) estudia el uso de conectores en la *Crónica de los RRCC*; Cortés Parazuelos (1997) examina la expresión de la concesividad en el *Doctrinal de los cavalleros* de Alonso de Cartagena (comparándolo con las *Partidas* que se integran también dentro de la obra de El Burgense); también profundiza en la concesividad, reducida al empleo del nexo *comoquier*, García Antezana (1969) dentro de la *Crónica de don Álvaro de Luna*. Díaz Montesinos/Villena Ponsoda (2004) analizan el uso de los pronombres personales átonos de tercera persona en *Relación de los hechos del condestable Miguel Lucas de Iranzo* (a través no de una edición interpuesta, sino del manuscrito BNM 2092); González Calvo (1988) estudia los mecanismos gradativos en Santillana; por último, Herrero (1996), escruta los procedimientos de derivación y composición empleados por Juan de Lucena para la introducción de léxico en el *Diálogo de vita beata*.

4.2. ESTUDIOS EMPÍRICOS SOBRE MÁS DE UN TEXTO.

Los estudios empíricos que se asientan sobre un corpus que va más allá de una obra resultan mucho más interesantes en cuanto al tema que aquí tratamos. En esos corpus plurales se hace necesario aplicar un criterio de selección que descubre muchas de las preferencias y revela algunas pautas historiográficas de interés. La conclusión más elemental de una primera observación a esa tabla 3 es que, evidentemente, hay textos más usados que otros en los análisis. Igualmente, se advierten ausencias y presencias llamativas, zonas genéricas bien representadas y otras muy descompensadas. Expongo a continuación los perfiles más relevantes en cuanto a preferencias de uso y peso del canon que se extraen de un análisis de esa tabla, agrupados en los siguientes puntos:

(i)   Obras favorecidas por la exégesis.
(ii)   Autoridad de autor vs. autoridad de género.
(iii)   Obras postergadas en la exégesis.
(iv)   La expulsión de los poetas.
(v)   El siglo XV dura un siglo.
(vi)   Ausencias llamativas pese a/por las ediciones.
(vii)   Equilibrios y desequilibrios.
(viii)   La expulsión del siglo XV.
(ix)   Los textos cuatrocentistas y sus testimonios.

(I) *Obras favorecidas por la exégesis. El núcleo del canon*

Si aislamos aquellas obras que son empleadas como fuente por más de un autor[27]
tenemos la siguiente jerarquía (a la izquierda, el número de veces en que se
emplea como fuente la obra dada):

TABLA 3
Obras del XV más estudiadas como fuentes empíricas. Prelación numérica

	OBRAS
Más de veinte	*Celestina, Corbacho.*
Doce-quince	*Claros varones.*
Diez-doce	*Laberinto de Fortuna*; *Generaciones y semblanzas, Cárcel de amor.*
Nueve	*Obras del Marqués de Santillana.*
Siete	*Siervo libre de amor.*
Seis	*Teatro de Encina.*
Cinco	*Victorial, Amadís, Gramática* de Nebrija, *Andanzas* de Tafur, *Doze trabajos* de Villena, *Arnalte y Lucenda.*
Cuatro	*Coplas de Vita Christi, Embajada a Tamorlán, Crónica RRCC* de Pulgar, *Consolación* de Villena, *Libro de los gatos, Crónica del moro Rasis.*

---

[27] Cuantificamos como una vez las ocasiones en que la emplea un mismo estudioso, sin
discernir si la usa en un solo trabajo o en más de uno.

Los resultados son francamente llamativos: las obras más estudiadas en los trabajos empíricos son, por este orden, *Celestina* (veintiséis referencias) y *Corbacho* (veintidós referencias). Sigue la prosa historiográfica más "clásica", y, a continuación, el arte mayor del *Laberinto* y la poesía de Santillana. Muy por debajo aparecen las referencias a novela sentimental, libros de viajes y otra prosa historiográfica. Las coincidencias con la nómina de autores y obras de las historias de la literatura y de la lengua es tanta que no puede ser casual.

Vemos cómo el prototipo de obra utilizada en los estudios empíricos sobre el siglo XV parece ser este:

— texto favorecido en historia literaria,
— accesible por ediciones recientes,
— primariamente en prosa o, si no es el caso, en arte mayor.

Las tres primeras obras generarían el núcleo del canon lingüístico: *Celestina* y *Corbacho* cumplen las tres primeras características; Mena también, con la salvedad del arte mayor. La aparición en primera línea de textos historiográficos revela también una profunda huella de los manuales de historia de la lengua y de las preferencias por la historia que manifestó desde sus comienzos la escuela de filología española (Fernández-Ordóñez 2006; Garatea Grau 2005[28]). Hay, pues, una innegable relación de influencia entre el canon literario cuatrocentista y los estudios lingüísticos sobre el español del Cuatrocientos. Si al principio de este trabajo he definido *canon lingüístico* como la imposición de usos lingüísticos que emanaba (al menos hasta el Romanticismo) de la asunción de un canon de autores imitable, ahora, por ampliación metonímica, me refiero también con ese sintagma de *canon lingüístico* a la conversión *totus pro parte* de los elementos lingüísticos *normativamente prescriptivos* que emanan de ese paradigma en elementos *normativamente descriptivos*. Esto es, el canon lingüístico no sólo ocasiona que en determinados momentos se prescriba que hay que emplear las palabras como lo hizo un autor canónico sino que termina dando lugar a la creencia de que ese autor canónico representa la manera de usar las palabras en una determinada época. De la prescripción de lo prestigioso se pasa, pues, a privilegiar la

---

[28] Refiriéndose a las obras historiográficas, afirma Fernández-Ordóñez (2006): "El corpus de datos sobre el que se ha construido nuestro conocimiento del español medieval es un conjunto, en cierto sentido, cerrado. Son siempre unas pocas y las mismas obras las que vemos repetirse en multitud de monografías. La selección estuvo condicionada, sin duda, por la impronta de las preocupaciones e intereses de don Ramón y de sus discípulos, y por sus gustos literarios, y tras su estela han marchado la mayor parte de los trabajos planteados posteriormente".

descripción de lo prestigioso. Tenemos una serie de obras consolidadas como *lengua permanente del siglo XV* y ese canon académico es responsabilidad de la existencia de un canon literario para esa época; es, en suma, uno de sus efectos filológicos.

(II) *Autoridad de autor vs. autoridad de género*

Se observa también un reparto desequilibrado en la alternativa entre seleccionar *obras completas* de autores u *obras más destacadas* para efectuar los estudios. Vemos que el Marqués de Santillana, en bloque, desde las *Serranillas* a *Ponza* o *Bías*, es tomado por diversos autores como fuente de estudio, pero, en cambio, de Mena se selecciona por lo general exclusivamente el *Laberinto*[29] y no al Mena en prosa de la *Ylíada en romance*. De alguna manera está interfiriendo en este caso la percepción histórica que tenemos del *Laberinto* como obra cumbre de Mena, expresión antonomásica de los gustos de la época. La magnitud de Mena en su época fue mayor a la de Santillana, y esa es también la visión que nos dan las historias de la literatura. En resumen, para la interpretación lingüística del XV la autoridad no está tanto en la autoría, sino en obras concretas (*Corbacho, Laberinto* etc)[30]. O, por mejor decir, en géneros, tradiciones discursivas concretas[31].

---

[29] Hay que añadir un dato más: en algunos de los trabajos ese Mena al que se recurre es el del *Laberinto* o el de la *Coronación*, pero a través de Lida (*cf.* Alvar/Mariner 1967 que tomando datos de Lida hablan del cultismo tanto en Mena como en Manrique; lo mismo García Macho 2004 que estudia a través de bibliografía interpuesta a Mena, Santillana y otros). El papel fundamental de la investigadora M. Rosa Lida en la difusión de la obra de Mena es similar al de Lapesa con Santillana.

[30] "Certainly the editions shape the societal images of the edited authors. The decision to include every textual fragment by an author signals a higher degree of canonicity than does a selected work edition. Decisions to include certain genres at the expense of others or to exclude art forms other than the purely literary by an author in scholarly edition have other impacts on the historical perception of the author" (Dahlström 2004: 135).

[31] Una de las adquisiciones terminológicas más relevantes para la lingüística histórica de los últimos años ha sido el concepto de *tradición discursiva*, entendida ésta como un "molde histórico-normativo, socialmente establecido, que se respeta en la producción del discurso" (Jacob/Kabatek 2001). Pues bien, como se ha puesto de manifiesto por esa lingüística de las variedades, de raíz alemana, hemos tendido a construir una historia de la lengua sostenida sobre corpus, sobre fuentes en las que no discriminábamos tradiciones discursivas, tipos de textos. Porque, pese a que la tradición discursiva de un texto ha influido en la elección de unas obras frente a otras, después no se han tratado los datos obtenidos como posibles rasgos caracterizadores de un estilo o un género, sino como caracterizadores de época. Una excepción es el trabajo de Sánchez Jiménez (2002) con un corpus casi por completo historiográfico. Herrero (2003) analiza los conectores consecutivos en un corpus dialógico del XV y el XVI.

Así, está desplazada, respecto al modelo de "tradición discursiva subversiva" que representa el *Corbacho*, la prosa religiosa de su autor. De Diego de San Pedro se estudia lingüísticamente su ficción sentimental (*Cárcel de amor* y, menos, *Arnalte*, pese a la muy diferente retórica que hay tras cada obra) pero se margina por completo su obra religiosa (*Las siete angustias de N. Sra, Sermón*), ambas editadas por Whinnom hace ya más de 30 años[32] y que, pese a su escasa extensión, especialmente en el caso del *Sermón*, resulta muy útil examinar, ya que esa obra religiosa muestra un estilo muy distinto de la obra sentimental (no hay más que un tipo de latinismo sintáctico, por ejemplo, el *como* con subjuntivo). Y la misma prelación de la novela sentimental por encima de otros géneros de escritura se observa en Rodríguez del Padrón, de quien sólo interesa, de nuevo, su ficción sentimental (*Siervo libre de amor* y, en posición menos aventajada, el *Triunfo de las donas*), pero se olvidan sus tratados nobiliarios *Cadira de honor* y *Bursario*, ambos con ediciones ya en el siglo xix[33].

(iii) *Obras postergadas en la exégesis*

Si el núcleo del canon lo conforman los textos canonizados por la historia de la literatura o por las preferencias filológicas de escuela, en el último nivel, en la periferia del canon, están los textos que no son literarios. Volviendo a la tabla, apenas figuran en ella textos cancilleriles, documentos notariales... Cierto es que los *Orígenes del español* (1926) de Menéndez Pidal abrieron muy tempranamente para la filología española el interés por los textos no literarios: colecciones diplomáticas, fueros, documentación notarial... Pero la histórica vinculación entre filología y literatura[34] no se ha perdido, y parece todavía difícilmente supe-

---

[32] Whinnom, Keith (ed.)(1973[1971]): Diego de San Pedro, *Obras completas*, i, ii. Madrid: Castalia. También Whinnom, K. y D. Severin (eds.)(1979): Diego de San Pedro, *Obras completas*, iii. Madrid: Castalia.

[33] Ambas se encuentran en Paz y Meliá, A. (ed.)(1884): *Obras de Juan Rodríguez de la Cámara (o del Padrón)*. Madrid: Sociedad de Bibliófilos españoles; Hernández Alonso, C. (1982): *Obras completas de Juan Rodríguez del Padrón*. Madrid: Editora Nacional; y el *Bursario* también en Saquero, P.; T. González (eds.) (1984), Madrid: ucm.

[34] Para cuya historia puede verse Cano (1991: 57 y *passim*), quien pone de manifiesto (p. 71) el carácter *insustituible* de la lengua literaria como corpus, basándose en la discontinuidad y en el absoluto formularismo de otros tipos de corpus como el epistolar o el jurídico: "el lingüista ha de intentar ver en ella [=la lengua literaria] la evolución del sistema lingüístico, no el desarrollo de los modos estilísticos peculiares del autores, épocas o géneros. [...] el lingüista ha de considerar la lengua literaria ante todo como muestra, todo lo especial que se quiera, del hecho lingüístico general".

rable ese prejuicio de que es la lengua literaria el único registro digno de ser estudiado, aun cuando parece estar ya asumido de forma general que la lingüística histórica no tiene como único objetivo describir la lengua de los grandes literatos. Efectivamente hay excepciones, hay publicaciones que estudian la lengua de los documentos notariales, oficiales, administrativos del siglo XV pero son casi todos ellos trabajos dedicados a zonas dialectales del castellano, particularmente el solar aragonés: así, los estudios que emplean como corpus la recopilación de Coloma Lleal *El castellano del siglo XV en la Corona de Aragón. Texto y Vocabulario*, como el de Garachana (1997) sobre el uso de *aver* y *tener* en 200 cartas de la Cancillería de la Corona de Aragón. También Porcar Miralles (1988) que hace un estudio de las oraciones condicionales en documentos notariales altoaragoneses (*Documentos Lingüísticos del Alto Aragón* de T. Navarro Tomás) del XIII al XV inclusive, comparados con los datos de los *Documentos Lingüísticos de España*. Vila Rubio (1990) estudia la sintaxis coloquial e histórica de una serie de documentos inquisitoriales del Archivo Provincial de Zaragoza a fines del XV. Y Terrado (1991) edita y estudia un corpus de documentos notariales aragoneses fechados de 1407 a 1496.

Pero no sólo están en la periferia del canon los textos de administración jurídica, notarial o de reglamentación local. También están entre las obras menos citadas (o incluso no citadas) aquellas pertenecientes al género tratadístico. Pese a que en la Edad Media puede ser a menudo tan complejo dirimir qué obras son literarias y cuáles no deben considerarse como tales, las fuentes no incluyen apenas obras expositivas, textos doctrinales, compilaciones didácticas...[35] Y esto, en una época como el siglo XV en la que el tipo de discurso en que cristaliza más abundantemente la prosa es la tratadística.

La gran excepción la ofrecen los corpus usados en los distintos trabajos sobre español preclásico desarrollados por el profesor de la Universidad de Lausana Rolf Eberenz, en los que se emplean junto con obras literarias y tratadísticas, fragmentos de actas de la Inquisición, secciones de normas de tipo administrativo, documentación notarial... Además de la pluralidad de fuentes, se observa una pulcra atención a las distintas tradiciones discursivas (él habla de la *lengua colo-*

---

[35] En la tabla 4 figura con la abreviatura CB las obras que han formado parte del "Corpus Básico" de los artículos de la *Sintaxis Histórica* dirigida por Company, corpus, que según figura en la introducción a la obra está integrado por "textos diversos, pertenecientes a géneros distintos: *exempla*, crónica, novela, teatro, notariales, etc, ya que si en la diversidad se encuentran pautas recurrentes de comportamiento lingüístico, ello es garantían de que los datos y generalizaciones obtenidas definen la lengua de una época y no son conclusiones dependientes de la estilística de un texto". La observación de qué textos se han despojado para el siglo XV deja ver, de nuevo, una ausencia llamativa de obras tratadísticas o documentales.

quial vs. la *lengua elaborada*)[36] y un apreciable interés por el castellano de zonas distintas al reino que dio origen a la lengua.

(IV) *La expulsión de los poetas*

Se observa también una clara postergación de la poesía como fuente de estudios. Apenas se emplea el *Cancionero de Baena* (excepción es el trabajo de Santiago 1992), no figura el de *Stúñiga* ni el de la *Colombina*, muy poco la poesía satírica... Cierto es que esto no debería extrañarnos, ya que es casi un "universal" en los trabajos empíricos de esta clase que no se empleen muestras de género lírico por sentirlas más artificiales y alejadas de la lengua natural[37], aunque aquí hay una paradoja tan interesante como irónica, y es que, la terna *Corbacho-Celestina-Mena* es una de las constelaciones más empleadas como fuentes de trabajo, y también Santillana se sitúa en posiciones muy acrecentadas. La conclusión es clara: se ha privilegiado en la presentación al tipo de poesía que se ha sentido como más representativa de la época cuatrocentista, el arte mayor, un tipo de verso que favorecía justamente la entrada de cambios lingüísticos por presión latinizante, ubicables todos ellos en el lado de lo escritural y el ámbito de la distancia comunicativa (Pons, en prensa).

---

[36] En Eberenz (2000: 8), uno de los principales trabajos monográficos sobre español cuatrocentista, afirma: "Con ello [la selección de corpus] ambicionábamos ampliar un tanto el horizonte de la historia de la lengua, que tradicionalmente solía privilegiar las obras de alto vuelo literario, en detrimento de otras manifestaciones lingüísticas. Hemos incluido algunos géneros de textos más, que no suelen formar parte del canon literario, aún sabiendo que con ellos tampoco llegaríamos a abarcar todas las múltiples formas de la comunicación que vehicula la lengua (..) de hecho, la historia de la lengua se ve reducida a apoyarse en escritos conservados gracias a su valor estético o a su interés para la memoria colectiva".

[37] Así se lee en alguno de los trabajos consultados: "El corpus de la investigación llevada a cabo ha sido extraído de una serie de obras en prosa, porque entendemos que es la prosa –como libre de los condicionamientos que impone a la poesía toda versificación: ritmo, metro etc.– el género literario que refleja más fielmente la lengua hablada común" (Meilán 1991: 13). O Martínez Díez (1988: 523): "Los textos que hemos tomado como base de estudio son *Generaciones y semblanzas* de Fernán Pérez de Guzmán y *Claros varones de Castilla* de Fernando del Pulgar [...] Ambos tienen en común, por una parte, el estar escritos en prosa, lo que nos exime de sacar falsas conclusiones sobre el comportamiento de ciertas formas verbales que podrían estar condicionadas por la exigencia del verso o de la rima". (Curiosamente entre ambos autores hay también bastantes coincidencias de corpus). Lo mismo declara explícitamente Herrero (1998: 201) para su análisis de las causales cuatrocentistas: "Los textos utilizados son en su mayoría textos escritos en prosa, lo que supone un menor distanciamiento de la lengua hablada, aunque también incluimos tres en verso".

Comparable con este fenómeno es el tópico recurso a dos obras cuatrocentistas, *Corbacho* y *Celestina*, como muestras genuinas de la *oralidad medieval*, sin advertir su fortísima impronta letrada, además del grado de ficcionalización de las variedades lingüísticas que puede darse en todo texto literario. Lo curioso es que para este asunto pareciera también haberse forjado un *canon lingüístico* de los textos literarios pretendidamente cercanos a la oralidad: *Corbacho, Celestina, Lozana* (pese a la interferencia que pueden suponer para este último caso los italianismos de interlengua del autor)... dejando fuera las muestras, por ejemplo, de las actas de Inquisición que, aun con el velo de la reproducción intermediada, pueden resultar más fiables para ese inasible cometido de buscar los rasgos de lo hablado en los textos históricos.

(v) *El siglo XV dura un siglo*

Y esto es una afirmación perogrullesca que a menudo no parece estar asumida en la bibliografía crítica, dada la escasa atención que se da a la cronología interna de los textos cuatrocentistas. Se toman como corpus textos que son unos de principios del siglo y otros de las postrimerías de la Baja Edad Media. La diferencia de cronología entre Ayala y *Celestina* es casi de un siglo, y debe ser tenida en cuenta[38]. Otros casos son más complicados: el *Amadís de Gaula* tuvo una versión primitiva que debió de remontarse a principios del siglo XIV y lo que manejamos es una refundición preparada por Garci Rodríguez de Montalvo a fines del XV; el *Libro de los gatos* es datado por parte de la crítica en el siglo XIV.

Además, en el propio siglo XV los mismos autores muestran cierta progresión estilística[39], a lo que habría que sumar que la elección de determinadas obras pertenecientes a ciertas tradiciones discursivas pueden estar deturpándonos la visión general de la lengua. Así, Mena en el proemio que escribe para las *Virtuosas e claras mugeres* de don Álvaro de Luna latiniza muy poco en el léxico y depura el

---

[38] De hecho, en uno de los trabajos despojados (Espinosa 1995) se adscribe la *Celestina* al periodo de estudio del siglo XVI.

[39] Eberenz (1991) separa en la lengua un *núcleo* y una *periferia*, dos ámbitos distintos en los que se dan los cambios, De 1200 a 1650, según él, los cambios se dan en el núcleo; más concretamente de 1200 a 1450 (siempre según Eberenz) las estructuras lingüísticas se mantienen con relativa estabilidad; de 1450 a 1650 sobreviene una etapa media "marcada por una transformación más rápida y perceptible de los parámetros fonológicos y morfosintácticos" (Eberenz 1991: 106). A partir de 1650 los cambios se dan, según Eberenz, en la periferia (léxico, formación de palabras, fraseología). Esta división de Eberenz no es coincidente con la de Lapesa, que separaba el siglo en 1474.

latinismo en la sintaxis. Sánchez de Vercial representa el estilo de un primer siglo xv (y un tipo de tradición discursiva más volcada a la necesidad de ser comprendida por todos, la cuentística) no contagiado de afán de erudición alguno. Si empleamos como modelo al Mena del *Laberinto de Fortuna* tenemos una muestra de escritura de un asunto moral, con utilización de personajes heroicos y estilo, en consecuencia, transido de latinización. Pero en cambio, sus *Coplas de los pecados mortales* están escritas en un estilo que no quiere ser el estilo alto de las retóricas sino llano, adecuado para el propósito de enseñar un tema religioso. No estamos más que ante la tripartición estilística de la *rota Virgilii*, pero sucede que a veces nos empeñamos en ver sólo una sección de esa rueda. Volviendo a la cuestión de la cronología, al final de la centuria se percibe una fuerte selección y depuración de rasgos, y todavía hasta 1550 esos rasgos se pueden encontrar en la prosa literaria (Pons en prensa: nota 4). En cierto sentido, parece que el siglo xvi empieza lingüísticamente en 1550. Hasta esa fecha perviven aún rasgos latinizantes del xv.

(vi) *Ausencias llamativas, pese a/por las ediciones*

Ciertas lagunas en la documentación empleada resultan francamente llamativas: así, ¿dónde queda el lenguaje de las traducciones cuatrocentistas? Algunas no están editadas, pero otras sí (*vid.* Alvar 2004 para referencias recientes sobre tan vasto campo). Por otro lado, no siempre ocurre que la dignificación editorial de un texto provoque su entrada en el canon lingüístico. Hay una fortísima tendencia al inmovilismo en este tipo de canon, la que en cambio no se observa en el canon literario. Obras cuatrocentistas con ediciones fiables y conocidas desde hace décadas no figuran como corpus en ninguno de los trabajos despojados. Tal es el caso tan llamativo de Diego de Valera, cuya producción intelectual fue extensísima –tomando los datos del DFLME se cuentan 17 obras más una traducción– y de quien sólo se utilizan dos textos y por un par de autores: Algeo emplea la *Crónica de los RRCC* (que apareció en la misma *Colección de Crónicas Españolas* donde publicó Carriazo otros textos cronísticos muy empleados como la *Crónica de Juan II*) y Eberenz el *Doctrinal de príncipes*. ¿Dónde quedan las obras de Valera editadas por Mario Penna en 1959, hace ya más de 45 años? En el volumen *Prosistas castellanos del siglo xv* figuraban editadas 11 de esas 17 obras. ¿Por qué no han sido incluidas en los estudios lingüísticos[40]? Valdés cen-

---

[40] Los dos volúmenes de *Prosistas castellanos del siglo xv,* el primero realizado por Penna (BAE 116, 1959), el segundo por Fernando Rubio (BAE 171, 1964).

suraba a Valera en el *Diálogo de la lengua*, lo llamaba *hablistán, parabolano*, pero sería exagerado defender el peso de esa crítica en la desaparición de Valera del canon.

Igualmente ocurre con los Lucena, padre e hijo: el *Diálogo de vita beata* de Juan de Lucena fue editado por vez primera en 1892[41], y sólo lo emplea uno de los trabajos consultados; la *Repetición de amores* de Luis de Lucena cuenta con una primera edición de 1953[42] pero no existe para los trabajos de investigación lingüística hasta Eberenz. Ninguna de estas obras "invisibles", claro está, figura en el canon; y ello es así por la tradición discursiva, por el género textual en el que se inscriben. La historiografía de la literatura ha privilegiado, curiosamente, en cuanto a capacidad de encajar en lo canónico a grandes anomalías literarias del Medievo y a la poesía. ¿Dónde queda la tratadística, la sermonística? Son también prosa, y, a lo mejor, incluso caben dentro del marbete de lo literario. Sea o no así, ¿por qué no incluirlas como base de datos lingüísticos?

Hay otros casos inexplicables: de Teresa de Cartagena se estudia la *Arboleda de los enfermos* pero no la segunda de sus obras, que está editada conjuntamente con la primera[43], la *Admiraçión operum dey*. A Pedro de Escavias sólo lo utiliza como fuente Eberenz en su obra sobre el condestable Iranzo, aun existiendo una edición de 1972, hecha por Michel García, donde se editan otras obras de Escavias como su *Repertorio de príncipes de España* y siendo hoy una figura bastante conocida tras la monografía publicada por Avalle-Arce, también en 1972, sobre *El cronista Pedro de Escavias*.

Obras recuperadas textualmente en fecha más reciente aún no han logrado penetrar en el canon lingüístico, como ocurre con el *Doctrinal de caballeros* de Cartagena, con dos ediciones de 1995[44].

Una omisión tan llamativa como censurable es la de Alonso Fernández de Madrigal, El Tostado, de cuya amplia obra sólo encontramos una muestra, y estudiada por un único autor. La figura de El Tostado ha sido destacada por no pocos autores como ejemplo de la cultura prerrenacentista viva en la Castilla del

---

[41] Paz y Meliá, A. (ed.) (1892), en: *Opúsculos literarios de los siglos XIV a XVI*. Madrid: Sociedad de Bibliófilos Españoles, 103-205. Hay otra edición posterior, de 1950: Bertini, G. M.: *Testi spagnoli del secolo XV°*. Torino: Gheroni, 97-182.

[42] Ornstein, Jacob (ed.) (1953): Luis de Lucena, *Repetición de amores*. Chapel Hill: University of North Carolina Press.

[43] Cartagena, Teresa de: *Arboleda de los enfermos. Admiraçión operum dey*. Lewis Joseph Hutton (ed.) (1967): Anejo XVI del BRAE. Madrid. Sobre esta autora, por su condición femenina, se ha escrito el único trabajo sobre canon en el sentido social del término que conozco para la Edad Media castellana: Ochoa de Eribe (1999).

[44] Viña Liste, J. (ed.) (1995), Santiago de Compostela: Universidad de Santiago de Compostela; Fallows, Noel (ed.) (1995), Newark (Delaware): Juan de la Cuesta.

XV, pero de esa recuperación editorial no parece haberse colegido su introducción como fuente de datos lingüísticos. El Tostado fue elogiado y gozó de una gran consideración ya en vida, y a su muerte la reina Católica y el cardenal Cisneros acometieron la impresión de sus principales obras (*vid.* DFLME, §7). Si, pese a estos antecedentes, no se cuenta la figura de El Tostado dentro de los cánones del medievo que se generaron desde el XVIII es porque la construcción de ese canon estuvo basada en factores lingüísticos (potencialmente, todo lo escrito en vernáculo castellano) y no territoriales (los castellanos que escribían en latín quedaban fuera)[45]. La mayor parte de la obra de Madrigal es latina, pero hubo también autotraducciones de alguna de ellas que están editadas como el *Breviloquio de amor y amiçiçia*[46] y que siguen quedando fuera de los estudios empíricos.

(VII) *Equilibrios y desequilibrios*

La base de análisis puede estar descompensada en algunos de los trabajos empíricos estudiados, en el sentido de que pierda o gane representatividad alguna de las centurias. Muchas de las publicaciones consultadas recopilan datos lingüísticos específicos de un corpus que empieza antes del siglo XV y acaba después de él (habitualmente desde el primer castellano medieval al español clásico). No es inhabitual que en todo ese arco el siglo XV sea justamente la centuria con menor representación en cuanto a volumen de datos y obras despojadas. Así, Barrett (1931) estudia para un análisis del indefinido *hombre* veintiuna obras que van del XII al XVI, sólo dos de ellas (*Corbacho* y *Celestina*) son cuatrocentistas; en González Ollé (1998) el corpus lo componen obras que van de Alfonso X a novelas actuales, en total cincuenta y ocho obras de las que sólo una es del XV, la *Celestina*.

En menos casos, encontramos el fenómeno inverso, el análisis se hace sobre corpus muy limitados en los que se incluyen obras del siglo XV y no de otras centurias. Así ocurre en Company (1994a) cuyo corpus es exclusivamente *Cid, Celestina,* los *Documentos Lingüísticos de la Nueva España* y corpus actuales.

La utilización del siglo XV como documentación lexicográfica no es objeto de estudio en este trabajo, pero sólo a modo ilustrativo, parece oportuno incluir el

---

[45] Como afirma Mainer (1998: 273), la historia literaria española "se construye sobre la atribución de la hegemonía artística y social a las obras escritas en un dialecto románico vacilante que hemos dado en llamar español, con manifiesto olvido de las obras latinas y de los auténticos usos coetáneos de la lengua escrita".

[46] Edición de Pedro M. Cátedra (2002) en *Tratados de amor en el entorno de Celestina (siglos XV-XVI).* Madrid: Sociedad Estatal España Nuevo Milenio, págs. 11-30.

dato de que Clavería/Torruella (2005) han analizado el corpus empleado por Corominas para su diccionario etimológico y han hallado como autores medionados a Berceo, Alfonso X e Hita, por este orden, dentro del periodo medieval, pero junto con ellos, también figuran varios nombres cuatrocentistas (entre paréntesis, veces en que está presente): Juan de Mena (81, es el cuarto después de Berceo y el Rey sabio), Pedro Guillén de Segovia (80), Baena (65), Enrique de Villena (48), Alfonso Martínez de Toledo (42), López de Ayala (40), Santillana (40), Alfonso de la Torre (29), Gutierre Díez de Games (26), Ruy González de Clavijo (15) y Alfonso Álvarez de Villasandino (139).

(VIII) *La expulsión del siglo XV*

A veces nos encontramos con una *expulsión del siglo XV* de los trabajos de investigación empírica. Algunos de ellos, pese a mostrar (en su título o en el cuerpo del texto) la voluntad de estudiar algún aspecto del castellano medieval, obvian por completo la inclusión de alguna obra cuatrocentista. Por ejemplo Suárez Fernández (1999), para estudiar el funcionamiento del *adjetivo destacado en castellano medieval y clásico* emplea textos que van del *Cid* a la *Arcadia* de Lope, Quevedo y Góngora, pero hay en el corpus un salto desde Berceo y el *Apolonio* a Garcilaso, y ello aunque, como afirma la misma autora, hay un cambio en las frecuencias de uso entre castellano medieval y clásico, por lo que es de suponer que la Baja Edad Media proporcionaría datos reveladores.

Otros estudios directamente plantean análisis del castellano medieval o del castellano antiguo en los que no hay cabida para textos posteriores al siglo XIV. Narbona (1987: 12) excluye en su análisis de las consecutivas al siglo XV por representar "en muchos aspectos un cambio muy profundo respecto de la centuria anterior", aunque ofrece algunos ejemplos de *Corbacho* y *Celestina*. Elvira (1994: 168) declara que su estudio describirá "el desenvolvimiento de *(un)o* en etapas anteriores de la historia de nuestra lengua" con textos que van del *Fuero de Madrid* y el *Liber regum*, al *Libro de la caza* y *Zifar*[47]. Se estudian también los DLE de Menéndez Pidal, aunque sin especificar qué centurias. MacPherson (1967: 241) en un artículo que, según su título anuncia, tratará el estudio de la concordancia de los participios de pasado en *old spanish*, declaradamente señala trabajar con un corpus que se agota en el XIV. Suárez Fernández (1995) estudia "los verbos denominativos en castellano medieval" con muestras que van del

---

[47] La misma situación se halla en Elvira (1988) donde se estudia "la posición del sujeto en español antiguo" con *Fazienda, Liber regum, PCG, Lucanor, Historia troyana* y *Zifar*.

Cid al *Buen Amor*[48]. Los ejemplos de Mosteiro (1999) sobre nexos causales acaban en el *Rimado de Palacio* debido, según el autor, a la nueva etapa italianista que se abre después.

Un dato también significativo es el hecho de que en algunos de los estudios empíricos analizados no se especifica qué corpus se ha manejado. Montero (1991: nota 11) estudia la concesión pleonástica del XII al XVII (cerca de 9.000 ejemplos) en un corpus de más de 100 obras cuyos títulos y autores no se exponen. Lo mismo ocurre en otros trabajos de este mismo autor: Montero (1992a, 1992b, 1992c).

Con todo, no me gustaría que estas afirmaciones que aquí expongo sirvieran para defender únicamente la tesis de la necesariedad de ampliación de la base de datos con que operamos al realizar estudios lingüísticos sobre el español histórico. No se trata de eso, o, al menos, no meramente[49]: el objetivo es que trabajemos con exhaustividad filológica a la hora de elegir la base de datos. No se trata de aumentar la cantidad, sino también, y sobre todo, de perseguir la calidad de los datos y de catalogarlos según sus tradiciones discursivas. Si el objetivo fuese sólo más cantidad, bastaría con olvidarnos del papel y empezar a trabajar con el enorme, extensísimo, banco de datos académico, el CORDE. Efectivamente, CORDE tiene en su haber un considerable número de textos cuatrocentistas. Pese a este volumen de cifras, como demuestra Lucía Megías (2003a) es un corpus problemático[50].

---

[48] La tradición del *comentario filológico de textos*, heredera de la docencia magistral de Lapesa, puede ser incluida dentro de esa tendencia de expulsión del siglo XV, al menos teniendo en cuenta algunos de los manuales. El manual sobre *comentario filológico de textos* de Ariza 1998, se comenta un fragmento del *Poema de santa María Egipcíaca*, un texto del siglo XIV, un soneto de Garcilaso y un análisis lingüístico-cronológico de cinco textos que van de la Edad Media a la actualidad, donde tampoco se incluye ninguno cuatrocentista. En otro libro de comentarios de textos medievales no literarios, Cano (1998) también excluye al siglo XV, esta vez justificando de manera expresa la ausencia de esa centuria en un libro de comentarios de textos medievales no literarios: "Los textos analizados pertenecen a lo que convencionalmente se considera *escritura no literaria*: textos jurídicos, prosa científica y técnica, carta privada [...] Estos tipos de textos constituyeron tradiciones bien definidas en la lengua escrita medieval; más tarde, el siglo XV, junto a espectaculares modificaciones estilísticas y a una mucho más intensa presencia de lo latino como modelo lingüístico, introducirá nuevos tipos textuales; de ahí que haya quedado excluido de nuestro estudio" (p. 7). En Cano, 2000, sí se incluye un comentario del *Prólogo a las Traducciones de Séneca* de Alonso de Cartagena, que precede a sendos comentarios a Garcilaso y Quevedo, los tres integrados bajo un macrocapítulo titulado *Orígenes y constitución del español clásico*, del que el siglo XV representa *los antecedentes*.

[49] Efectivamente, es deseable una ampliación en el cuerpo de datos. De esta opinión es también Barra (2001: 184), quien propone que la base documental debería estar formada por todos los documentos existentes, a fin de eliminar dudas de constatación.

[50] El problema principal es la "alarmante heterogeneidad de ediciones". Vid en Lucía Megías (2003: §3.1) las propuestas que hace el autor para mejorar este banco de datos.

(IX) *Los textos cuatrocentistas y sus testimonios. Problemas de crítica textual*

Cuestión que merecería un trabajo aparte, por su importancia y extensión, es la fiabilidad que se puede conceder a las ediciones con que trabajamos. ¿Hasta qué punto nos están ofreciendo más bien *estados textuales* que no *estados lingüísticos*? ¿Hasta qué punto hay una correlación entre ambos? La discusión resulta irrenunciable, aunque apenas podamos aportar detalles. En 2003, en el *Congreso Internacional de Historia de la Lengua Española*, la profesora Inés Fernández-Ordóñez promovió un interesante debate sobre la utilización de ediciones de historiografía medieval como fuente de datos lingüísticos: evidenció cómo algunas de esas fuentes (sobre todo cronísticas) que empleamos como portadoras de rasgos lingüísticos de época, se conservan en testimonios alejados de su fecha de escritura (aunque hay casos particularmente interesantes en que esto no ocurre y hay testimonios contemporáneos) y a veces muestran incluso refundiciones entre testimonios, refundiciones que hoy consideramos como *unitarias* por la mera tradición escolar previa[51].

Plantearé sólo algunos problemas al hilo de algunas de las obras que aparecen tras el análisis de los estudios empíricos. En primer lugar, entre esos textos incluidos como fuente de datos lingüísticos se ha filtrado un texto apócrifo: las *Epístolas* de un pretendido bachiller Fernán Gómez de Cibdareal (supuestamente 1425-1454, en realidad una falsificación del siglo XVII). Esta superchería es empleada por Davis (1934) y también, como fuente secundaria, por Jörnving (1962) y, como se vio en la tabla *supra* mereció también atención en los primeros repertorios de historia de la literatura española. Otras obras se estudian a través de ediciones que merecerían ser revisadas: la *Crónica de don Álvaro de Luna* se sigue estudiando a través de la edición de Carriazo (1940), la única hoy disponible sobre cuya tradición manuscrita habría que hacer bastantes precisiones (*cf.* Montero Garrido 1994). El estado editorial de las *Memorias* de Leonor López de Córdoba también debe ser profundamente revisado.

Estos ejemplos son sólo una selección de todas las cuestiones de crítica textual con implicaciones para el análisis lingüístico. Como vemos, las distintas copias de los manuscritos pueden estar revelándonos estados cronológicos diferentes, con sus consecuentes cambios lingüísticos. A ello hay que sumar, como afirma Barra (2001:184) que "normalmente trabajamos con las 'últimas' copias

---

[51] *Vid.* sobre el problema de editar testimonios aislados de su tradición textual y el peligro de obviar el carácter mixto (manuscrito+impreso) o unitario (manuscrito/impreso) de algunas tradiciones, las reflexiones de Lucía (1999) a propósito de las ediciones del texto cuatrocentista del *Doctrinal de cavalleros* de Alonso de Cartagena.

modernas (a las que llamamos 'edición crítica') y que estas ediciones no están ni mucho menos exentas de errores de lectura y de transcripción".

5. Recapitulación

Estudiosos de la literatura y de la historia de la lengua tienen en común su carácter de intérpretes de textos, de ahí que en tantas ocasiones se haya criticado ese prurito de especialización que tanto ha desvinculado la literatura de la lengua. Ahora bien, aun reconociendo una comunidad de intereses y una consiguiente necesidad de compartir conocimientos, hay que admitir la diferencia de objetivos. En la conocida terminología dicotómica documento/monumento, al lingüista histórico le corresponde mirar los textos como documentos (en todo caso, aprovechando la recuperación de ese contexto perdido, que la literatura nos recupera al estudiarlos como monumentos), documentos a través de los cuales caracterizar el devenir de la lengua, documentos, en fin, que deben funcionar, salvando el anacronismo y sin defensa alguna de inmanencia, como una base de datos.

La interferencia del canon literario en los estudios de lingüística histórica nos condiciona de forma muy evidente, como he tratado de probar aquí, a estudiar preferentemente como documentos los textos que ya han sido consagrados como monumentos; la representación lingüística del siglo XV en los estudios de historia del español está, como se ve, mediatizada en buena medida por su presentación literaria canonizada. Y no sólo eso: también heredamos muchas de las explicaciones literarias de índole estética y las hacemos pasar por categorías de informatividad lingüística, buscando con los datos lingüísticos legitimar la propia constitución del canon.

He intentado dar algunas respuestas a la pregunta que planteé en las primeras líneas de este trabajo: *¿por qué estudiamos los textos que estudiamos?* Por una práctica consuetudinaria, estamos una y otra vez repitiendo el análisis de unos mismos textos, restringiéndonos absurdamente la base de datos y jerarquizándola también inexplicablemente. Si el canon eclesiástico era inherentemente rígido y el canon literario inherentemente flexible, la paradoja está en que ese canon lingüístico que parece derivarse de las prelaciones por determinadas obras como suministradoras de datos empíricos es un canon consuetudinario, que aún no ha superado la etapa de la antología como base de datos. La Historia de la Lengua, si parte de la constricción empírica de que nunca podrá recurrir a la competencia de los hablantes de la época, debe aspirar a construirse sobre la base de datos holística, que incluya a todo lo potencialmente accesible debidamente discriminado por criterios de tradición discursiva.

Corpus utilizado

CORPUS PARA *EL CANON DE LAS HISTORIAS DE LA LITERATURA*

DEYERMOND, A. D. (1973): *Historia de la literatura española. 1. La Edad Media*. Barcelona: Ariel.

DÍEZ BORQUE, J. M. (1982): *Historia de la literatura española, I, Edad Media*. Madrid: Taurus.

GÓMEZ REDONDO, F. (2002): *Historia de la prosa medieval castellana III, Los orígenes del humanismo. El marco cultural de Enrique III y Juan II*. Madrid: Cátedra.

PEDRAZA JIMÉNEZ, F./RODRÍGUEZ CÁCERES, M. (1981): *Manual de literatura española. I. Edad Media*. Madrid: Cénlit Ediciones.

VALBUENA, Á. (1968): *Historia de la literatura española*. Barcelona: Gustavo Gili.

CORPUS PARA *EL CANON DE LAS HISTORIAS DE LA LENGUA*

ALATORRE, A. (1995): *Los 1001 años de la lengua española. Tercera edición, algo corregida y muy añadida*. México, D.F.: Fondo de Cultura Económica.

ARIZA VIGUERA, M. (1998): *El comentario filológico de textos*. Madrid: Arco/Libros.

CANO AGUILAR, R. (1988): *El español a través de los tiempos*. Madrid: Arco/Libros.

— (1998): *Comentario filológico de textos medievales no literarios*. Madrid: Arco/Libros.

— (2000): *Introducción al análisis filológico*. Madrid: Castalia.

— (coord.) (2004): *Historia de la lengua española*. Barcelona: Ariel.

LAPESA, R. (1980): *Historia de la lengua española*. Madrid: Gredos.

MENÉNDEZ PIDAL, R. (2005): *Historia de la lengua española*. Madrid: Fundación R. Menéndez Pidal-RAE.

OLIVER ASÍN, J. (1939[3]): *Iniciación al estudio de la historia de la lengua española*. Zaragoza: Heraldo de Aragón.

CORPUS PARA *EL CANON DE LOS ESTUDIOS EMPÍRICOS.*

ALGEO, J. E. (1969): *Mood on the Concessive Clause in Medieval Ibero-Romance*. UMI: Dissertations.

ARALUCE-CUENCA, J. R. (1985): *Sintaxis de la paremia en el Arcipreste de Talavera*. Madrid: Porrúa.

AVALLE ARCE, J. B. de. (1996): "La lengua del *Amadís de Gaula*", en: *Actas del III Congreso Internacional de Historia de la Lengua Española* I. Madrid: Arco/Libros, 611-620.

AZOFRA SIERRA, M. E. (2002): "Latinismos artificiales en el siglo XV", en: *Boletín de la Real Academia Española* 82, 47-57.

BARRA JOVER, M. (2002): *Propiedades léxicas y evolución sintáctica. El desarrollo de los mecanismos de subordinación en español*. La Coruña: Toxosoutos.

BARRETT BROWN, C. (1931): "The disappearance of the indefinite *hombre* from Spanish", en: *Language* 7, 265-177.

BOGARD, S. (1994): "Las oraciones causales en el español medieval", en: *Nueva Revista de Filología Hispánica* 42, 1-28.

BOGARD, S./COMPANY, C. (1989): "Estructura y evolución de las oraciones completivas de sustantivo en el español", en: *Romance Philology* 43, 258-271.

CABRERA MORALES, C. (1992): "Aproximación al estudio diacrónico de las oraciones concesivas en el s. XV: Estado de la cuestión en el "Oraçional" de Alonso de Cartagena", en: Bartol, J. A. *et al.* (eds.): *Estudios filológicos en homenaje a Eugenio de Bustos Tovar*. Salamanca: Universidad, 167-181.

CANO AGUILAR, Rafael (1992): "Nuevas precisiones sobre *como*+subjuntivo", en: *Actas del II Congreso Internacional de Historia de la Lengua Española*. Madrid: Pabellón de España, 333-345.

— (1992b): "La sintaxis española en la época del Descubrimiento", en: Bartol, J. A. *et al.* (eds): *Estudios filológicos en homenaje a Eugenio de Bustos Tovar*. Salamanca: Universidad, 183-197.

CHEVALIER, J.-C. (1970): "*Otrosí* et *asimesmo*. Étude sémantique et syntaxique d'après la *Crónica de los Reyes Católicos* por su secretario", en: *Bulletin Hispanique* 72, 376-385.

COMPANY COMPANY, C. (1991): "La extensión del artículo en el español medieval", en: *Romance Philology* 44, 402-424.

— (1994a): "*Su casa de Juan*: estructura y evolución de la duplicación posesiva en español", en: Penny (ed.): *Actas del Primer Congreso Anglo-Hispano*. Madrid: Castalia-Junta de Andalucía, 73-86.

— (1994b): "Semántica y sintaxis de los posesivos duplicados en el español de los siglos XV y XVI", en: *Romance Philology* 48, 111-135.

— (2001): "Gramaticalización, debilitamiento semántico y reanálisis. El posesivo como artículo en la evolución sintáctica del español", en: *Revista de Filología Española* 81, 49-87.

— (2002): "Gramaticalización y dialectología comparada. Una isoglosa sintáctico-semántica del español", en: *Dicenda. Cuadernos de Filología Hispánica* 20, 29-38.

— (dir.) (2006): *Sintaxis histórica de la lengua española. Primera parte: La frase verbal*, México, D.F.: Fondo de Cultura Económica.

CORRAL CHECA, M. A. (1992): "Una aportación más a los estudios de las grafías que contendían en los albores del Renacimiento", en: *Actas del II Congreso Internacional de Historia de la Lengua Española*. Madrid: Pabellón de España, 225-235.

CORTÉS PARAZUELOS, M. H. (1993): "*Bipolares* al servicio de la *concesividad*: Causales, condicionales y adversativas", en: *Verba* 20, 221-254.

— (1997): "La expresión de la concesividad en una obra didáctica del siglo XV: *Doctrinal de los cavalleros* (comparación con las *Siete Partidas*) ", en: *Anuario de Estudios Filológicos* 20, 81-102.

                                  Lola Pons Rodríguez

DARBORD, B. (1994): "Presencia del portugués en el español escrito por Cristóbal Colón", en: Berchem, T./Laitenberger, H. (coords.): *Lengua y literatura en la época de los descubrimientos*. Ávila: Junta de Castilla y León-Consejería de Cultura y Turismo, 247-257.

DÍAZ MONTESINOS, F./VILLENA PONSODA, J. A. (2004): "Condicionamientos internos en la variación de los pronombres personales átonos en *Los hechos de don Miguel Lucas de Iranzo*", en: *Revista de Filología Española* 84, 95-127.

DIETRICK, D. (1992): "Estudio sociolingüístico de la adversatividad en *La Celestina*", en: *Actas del II Congreso Internacional de Historia de la Lengua Española*. Madrid: Pabellón de España, 359-370.

EBERENZ, R. (1982): "Las conjunciones temporales del español. Esbozo del sistema actual y de la trayectoria histórica en la norma peninsular", en: *Boletín de la Real Academia Española* 62, 289-385.

— (1998): "Discurso oral e historia de la lengua: algunas cuestiones de la deixis adverbial en el español preclásico", en: W. Oesterreicher *et al.* (eds.): *Competencia escrita, tradiciones discursivas y variedades lingüísticas. Aspectos del español europeo y americano en los siglos XVI y XVII*. Tübingen: Gunter Narr, 405-425.

— (2000): *El español en el otoño de la Edad Media. Sobre el artículo y los pronombres*. Madrid: Gredos.

EBERENZ, R./DE LA TORRE, M. (2003): *Conversaciones estrechamente vigiladas. Interacción coloquial y español oral en las actas inquisitoriales de los siglos XV a XVII*. Zaragoza: Libros Pórtico-Hispánica Helvética.

ELVIRA, J. (1988): "La posición del sujeto en español antiguo", en: *Actas del I Congreso Internacional de Historia de la Lengua Española*. Madrid: Arco/Libros, 339-346.

— (1994): "Un(o) en español antiguo", en: *Verba* 21, 167-182.

ENRIQUE-ARIAS, A. (2005): "Evolución histórica de la posición de los marcadores de objeto en español desde una perspectiva tipológico-funcional: un estudio de corpus", en: Pusch, C. D./Kabatek, J./Raible, W. (eds.): *Romanistische Korpuslinguistik II. Romance Corpus Linguistics II. Korpora und diachrone Sprachwissenschaft. Corpora and Diachronic Linguistics*. Tübingen: Gunter Narr Verlag, 375-386.

ESPINOSA ELORZA, R. M. (1995): "Adverbios aditivos en la lengua medieval y clásica", en: *Verba* 22, 585-594.

— (1996-1997): "Los sintagmas no progresivos en textos medievales y clásicos. Revisión crítica", en: *Anuario de Lingüística Hispánica* 12-13, 41-54.

FOLGAR, C. (1997): "*Decir*+cláusula completiva objeto en español. Algunos aspectos de su diacronía", en: *Moenia* 3, 377-410.

GARACHANA CAMARERO, M. (1997): "Acerca de los condicionamientos cognitivos y lingüísticos de la sustitución de *aver* por *tener*", en: *Verba* 24, 203-235.

GARCÍA ANTEZANA, J. (1967): "Un aspecto estilístico de la oración concesiva en la *Crónica de don Álvaro de Luna*", en: *Boletín de la Real Academia Española* 27, 499-509.

GARCÍA GONZÁLEZ, J. (1992): "Algunas consideraciones sobre la colocación del adjetivo atributivo en el siglo XV", en: *Actas del II Congreso Internacional de Historia de la Lengua Española*. Madrid: Pabellón de España, 455-461.

García-Macho, M. L. (2004): "Análisis de algunas particularidades sintácticas en la historia del español de los siglos XV y XVI", en: Corrales Zumbado, C. *et al.* (eds): *Nuevas aportaciones a la historiografía lingüística. Actas del IV Congreso Internacional de la SEHL*. Madrid: Arco/Libros, 607-619.

Girón Alconchel, J. L. (1988): "Las oraciones interrogativas indirectas en el tránsito del español medieval al clásico", en: *Actas del I Congreso Internacional de Historia de la Lengua Española*. Madrid: Arco/Libros, 1, 401-415.

— (2004a): "La expresión de la modalidad en *Apelación final de C. Colón al rey Fernando* (códice español I de la biblioteca John Carter de la Universidad de Brown", en: *Cahiers de Linguistique et de Civilisation Hispaniques Médiévales* 27, 55-69.

— (2004b): "La lengua de la *Celestina*. Notas para un estado de la cuestión", en: *Lengua, variación y contexto. Estudios dedicados a Humberto López Morales*. Madrid: Arco/Libros, 997-1015.

González Calvo, J. M. (1988): "La expresión de la superlación en el Marqués de Santillana", en: *Actas del I Congreso Internacional de Historia de la Lengua Española*. Madrid: Arco/Libros, 417-433.

— (1994) [1998]: "Algunas consideraciones sobre la inserción de palabras entre *haber* y *participio,* y cuestiones conexas, en los siglos XV y XVI", en: *Variaciones en torno a la gramática española*. Cáceres: UEx-CajaDuero, 283-296.

GonzálezMuela, J.(1954): *El infinitivo en El Corbacho*. Granada: Universidad de Granada.

Gordillo Vázquez, M. C. (1992): "El cultismo léxico en el prerrenacimiento: una aportación", en: *Actas del II Congreso Internacional de Historia de la Lengua española*. Madrid: Pabellón de España, 1091-1098.

Gutiérrez Cuadrado, J. (1994): "Volviendo sobre la lengua de Colón", en: Berchem, T./Laitenberger, H. (coords.): *Lengua y literatura en la época de los descubrimientos*. Ávila: Junta de Castilla y León-Consejería de Cultura y Turismo, 221-245.

Herrero Ruiz de Loizaga, F. J. (1996): "Formación de palabras en el *Diálogo de vita beata* de Juan de Lucena", en: *Actas del III Congreso Internacional de Historia de la Lengua Española*. Madrid: Arco/Libros, 349-355.

— (1998): "Las oraciones causales en el siglo XV", en: *Boletín de la Real Academia Española* 78, 199-273.

— (2003): "Conectores consecutivos en el diálogo de los siglos XV y XVI (1448-1528)", en: *Dicenda. Cuadernos de Filología Hispánica* 21, 59-102.

— (2005): *Sintaxis histórica de la oración compuesta en español*. Madrid: Gredos.

Iglesias Recuero, S. (2000a): "Oralidad y escritura en la Edad Media: observaciones sobre la historia de *ca* y *que*", en: *Oralia* 3, 277-296.

— (2000b): "La evolución histórica de *pues* como marcador discursivo hasta el siglo XV", en: *Boletín de la Real Academia Española* 80, 209-307.

Imhoff, B. (1998): "On the Chronology and recession of the old spanish –ie imperfect", en: *La Corónica* 26.2, 243-255.

Javens, C. (1964): *A Study of Old Spanish Syntax: The fifteenth century*. The University of North Carolina at Chapel Hill, UMI-University Microfilms Inc., Ann Arbor Michigan.

JÖRNVING, R. (1962): "El elativo en –ísimo en la lengua castellana de los siglos XV y XVI", en: *Studia Neophilologica* 24/1, 57-85.

LARKIN, J. B. (1965): *A morphological and syntactical study of fifteenth century spanish prose*. The University of North Carolina at Chapel Hill, UMI-University Microfilms Inc., Ann Arbor Michigan.

LOPE BLANCH, J. M. (1999): "La estructura sintáctica del discurso en el *Diario* de Colón", en: *Bulletin Hispanique* 101 (2), 375-385.

MACPHERSON, I. R. (1967): "Past participle agreement in old Spanish: transitive verbs", en: *Bulletin of Hispanic Studies* 44, 241-254.

MANCHO DUQUE, M. J. (1988): "Estudio de dos formaciones adjetivas derivadas en el *Corbacho*", en: *Actas del I Congreso Internacional de Historia de la Lengua Española*. Madrid: Arco/Libros, 515-522.

— (1989) "Las formaciones adjetivas en –oso en cuatro tratados médicos del s. XV", en: Borrego, J. *et al.* (eds.): *Philologica II. Homenaje a D. Antonio Llorente*. Salamanca: Universidad, 321-332.

MARTÍNEZ DÍEZ, M. C. (1988): "El morfema verbal de "anterioridad" en el español del siglo XV", en: *Actas del I Congreso Internacional de Historia de la Lengua Española*. Madrid: Arco/Libros, 523-531.

MARTÍNEZ GARCÍA, H. (1997): "Oraciones finales, causales y explicativas en el castellano antiguo", en: *Verba* 24, 179-202.

MARTÍNEZ MARÍN, J. (1978): *Sintaxis de La Celestina. I. La oración compuesta*. Granada: Universidad de Sevilla.

— (1983): "Uso y frecuencia de los relativos en *La Celestina*", en: *Revista de Filología Española* 63, 123-140.

MEILÁN GARCÍA, A. (1992): "El verbo *ser* como auxiliar en la prosa (pre) renacentista", en: *Actas del II Congreso Internacional de Historia de la Lengua Española*. Madrid: Pabellón de España, 653-663.

MÉNDEZ GARCÍA DE PAREDES, E. (1995): *Las oraciones temporales en castellano medieval*. Sevilla: Universidad.

MENÉNDEZ PIDAL, R. (1940): "La lengua de Cristóbal Colón", publicado en 1942 como libro, Espasa Calpe.

MONTERO CARTELLE, E. (1991): "La trayectoria y el origen del pleonasmo en la expresión concesiva del castellano medieval y clásico", en: *Homenaxe ó profesor Constantino García* vol. 1, 321-336.

— (1992a), "Origen, cronología y capacidad de combinación modal de la conjunción concesiva *comoquier que*", en: Bartol Hernández, J. A./García Santos, J. F/De Santiago Guervós, J.(eds.): *Estudios filológicos en homenaje a Eugenio de Bustos Tovar*. Salamanca: Universidad, vol. 2, 657-666.

— (1992b): "La trayectoria cronológica y modal de la expresión concesiva *maguer(a) que*", en: *Actas del II Congreso Internacional de Historia de la Lengua Española*. Madrid: Pabellón de España, 701-710.

— (1992c): "Tendencias en la expresión de la concesividad en el castellano medieval", en: *Verba* 19, 107-128.

Moreno Fernández, F. (1987): "B y V en interior de palabra (posición no intervocálica) durante los siglos xiii, xiv y xv", en: *Revista de Filología Española* 67, 35-48.

Mosteiro Louzao, M. (1999): *Las conjunciones de causa en castellano medieval. Origen, evolución y otros usos.* Santiago de Compostela: Universidad de Santiago de Compostela.

Narbona Jiménez, A. (1978): *Las proposiciones consecutivas en español medieval.* Granada: Universidad de Granada.

Pons Rodríguez, L. (2003): *Edición y estudio lingüístico de "Virtuosas e claras mugeres" (1446) de don Álvaro de Luna.* Tesis doctoral inédita. Sevilla.

Porcar Miralles, M. (1988): "Formas de indicativo en la prótasis condicional (documentos notariales ss. xiii-xv", en: *Actas del I Congreso Internacional de Historia de la Lengua Española.* Madrid: Arco/Libros, 573-581.

Pountain, C. J. (1985): "Copulas, Verbs of Possession and Auxiliaries in Old Spanish: The Evidence for Structurally Interdependent Changes", en: *Bulletin of Hispanic Studies* 62, 337-355.

— (1998): "Learned Syntax and the Romance Languages: the 'Accusative and Infinitive' construction with Declarative Verbs in Castilian", en: *Transactions of the Philological Society* 96:2, 159-201.

Ricós Vidal, A. (1992): "La función del complemento agente de la construcción ser+participio en el español del siglo xv", en: *Actas del II Congreso Internacional de Historia de la Lengua Española.* Madrid: Pabellón de España, 785-793.

— (1995): *Uso, función y evolución de las construcciones pasivas en español medieval. (Estudio de ser+participio y se+ forma verbal).* Valencia: Universidad de Valencia.

— (2002): "Construcciones impersonales en el español medieval y clásico: estructuras con *omne, se* y *uno*", en: *Actas del V Congreso Internacional de Historia de la Lengua Española.* Madrid: Gredos, 945-958.

Rini, J. (1999): "The Rise and Fall of Old Spanish 'y'all': *vos todos* vs.*vos otros*", en: Blake, R.J/Ranson, D./Wright, R. (eds): *Essays in Hispanic Linguistics.* Newark, Delaware: Juan de la Cuesta, 209-221.

Rivarola, J. L. (1976): *Las conjunciones concesivas en español medieval y clásico. Contribución a la sintaxis histórica española.* Tübingen: Max Niemeyer.

Romero Cambrón, Á. (1996): "Las construcciones comparativas del español en el marco románico", en: *Actas del III Congreso Internacional de Historia de la Lengua Española.* Madrid: Arco/Libros, 545-553.

Sánchez Jiménez, S. U. (2002): "La expresión de la finalidad en la Edad Media", en: *Dicenda* 20, 285-323.

Sánchez Lancis, C. (2001): "The Evolution of the Old Spanish Adverbs *ende* and *y*: A Case of Grammaticalization", *Catalan Working Papers of Linguistic* 9, 101-108.

Santiago, R. (1992): "Derivados en –or y en –ura en textos medievales", en: *Actas del II Congreso Internacional de Historia de la Lengua Española.* Madrid: Pabellón de España, 1337-1353.

Seifert, E. (1930): "*Haber* y *tener* como expresiones de la posesión en español", en: *Revista de Filología Española* 17, 233-276; 345-389.

Suárez Fernández, M. (1995): "Estudio valencial de los verbos denominativos en castellano medieval", en: *Moenia* 1, 383-409.

— (1999): "El adjetivo destacado en castellano medieval y clásico: su funcionamiento en la frase", en: *Moenia* 5, 307-319.

TERRADO PABLO, J. (1991): *La lengua de Teruel a fines de la Edad Media*. Teruel: Instituto de Estudios Turolenses.

VÁZQUEZ LEÓN, A. (1992): "Estudio de la partícula como en la obra Arcipreste de Talavera o Corbacho", en: *Actas del II Congreso Internacional de Historia de la Lengua española*. Madrid: Pabellón de España, 875-880.

VILA RUBIO, N. (1990): *Aspectos de la sintaxis coloquial en documentos aragoneses del siglo XV*. Zaragoza: Departamento de Cultura y Educación.

Bibliografía

AGUILAR PIÑAL, F. (1994): "La primera impresión del *Proemio e carta* del Marqués de Santillana", en: *Art and Literature in Spain: 1600-1800. Studies in honour of Nigel Glendinning*. Madrid/London: Tamesis Books, 25-33.

ALVAR EZQUERRA, C. (2004): "Promotores y destinatarios de traducciones en Castilla durante el siglo XV", en: *Cahiers de Linguistique et de Civilisation hispaniques médiévales* 27, 127-140.

CANO AGUILAR, R. (1991): "Perspectivas de la sintaxis histórica española", en: *Anuario de Letras* 29, 53-81.

— (1998): "Lenguaje espontáneo y retórica epistolar en cartas de emigrantes españoles a Indias", en Oesterreicher, W./Stoll, E./Wesch, A.(eds.): *Competencia escrita, tradiciones discursivas y variedades lingüísticas. Aspectos del español europeo y americano en los siglos XV y XVI*. Tübingen: Gunter Narr, 375-404.

DAHLSTRÖM, M. (2004): "Text och tradition. Om textedering och kanon bilding (Text and Tradition. on the Text Editing and the Creation of a Literary Canon", en: *Literary Linguistics Computing* 19 (1), 134-136.

BARRA JOVER, M., (2002): "Corpus diacrónico, constatación e inducción", en: Jacob, D./Kabatek, J. (eds.): *Lengua medieval y tradiciones discursivas en la Península Ibérica*. Madrid/Frankfurt: Iberoamericana/Vervuert, 177-197.

BLOOM, Harold (1996): *El canon occidental: la escuela y los libros de todas las épocas*. Barcelona: Anagrama.

BLOOM, Harold *et al.* (1998): *El canon literario*. Madrid: Arco/Libros.

CLAVERÍA NADAL, G./TORRUELLA I CASAÑAS, J. (2005): "Base de datos para un corpus de documentaciones léxicas" en: Pusch, C. D./Kabatek, J./Raible, W. (eds.): *Romanistische Korpuslinguistik II. Romance Corpus Linguistics II. Korpora und diachrone Sprachwissenschaft. Corpora and Diachronic Linguistics*. Tübingen: Gunter Narr Verlag, 215-228.

CURTIUS, E. R. (1948): *Europaische Literatur und lateneisches Mittelalter*, trad. al esp., 1955, *Literatura europea y Edad Media latina*. México, D.F.: Fondo de Cultura Económica.

DFLME= *Diccionario Filológico de la Literatura Medieval Española*, dirigido por C. Alvar y J. M. Lucía Megías. Madrid: Castalia, 2002.

EBERENZ, R. (1991): "*Castellano antiguo y español moderno*: reflexiones sobre la periodización en la historia de la lengua", en: *Revista de Filología Española* 79-106.

— (2006): "Cultura lingüística y cultivo del castellano en el otoño de la Edad Media", *Actas del VI Congreso Internacional de Historia de la Lengua Española*. Madrid: Arco/Libros.

ESCAVY ZAMORA, R. (2005): "El canon y la historiografía lingüística", en: *Actas del IV Congreso de Historiografía Lingüística (Tenerife)*. Madrid: Arco/Libros, 439-452.

FERNÁNDEZ-ORDÓÑEZ, I. (2006): "La Historiografía medieval como fuente de datos lingüísticos. Tradiciones consolidadas y rupturas necesarias", en: *Actas del VI Congreso Internacional de Historia de la Lengua española (Madrid, 2003)*. Madrid: Arco/Libros, vol. II, 1779-1807.

FOUCAULT, M. (1969): *L'archéologie du savoir*. Paris: Éditions Gallimard. Versión española de A. Garzón del Camino en México, Siglo XXI Editores, 12ª edición de 1987.

FRIES, D. (1989): *Limpia, fija y da esplendor. La Real Academia Española ante el uso de la lengua*. Madrid: SGEL.

GARATEA GRAU, C. (2005): *El problema del cambio lingüístico en Ramón Menéndez Pidal. El individuo, las tradiciones y la historia*. Tübingen: Gunter Narr.

GARCÍA GUAL, C. (1996): "Sobre el canon de los clásicos antiguos", en: *Ínsula* 600, 5-6.

GÓMEZ MORENO, Á. (1994): *España y la Italia de los humanistas. Primeros ecos*. Madrid: Gredos.

GONZÁLEZ-ZAPATERO REDONDO, B. (2002): "La construcción de un canon lingüístico en los diccionarios de autoridades del español de finales del XIX y comienzos del XX", en: Esparza, M. A./Fernández Salgado, B./Niederehe, H.-J. (eds.): *Actas del III Congreso Internacional de la Sociedad Española de Historiografía Lingüística (Vigo, 7-10 de febrero 2001)*, tomo 2. Hamburg: Helmut Buske Verlag.

GUILLÉN, C. (1985): *Entre lo uno y lo diverso*. Barcelona: Crítica.

HARRIS, W. V. (1998): "La canonicidad", en: Sullá, E. (comp.): *El canon literario*. Madrid: Arco/Libros, 37-60.

ISASI, C./PÉREZ ISASI, S. (2003): "Unas notas sobre el canon de la literatura medieval en Internet", *Letras de Deusto* 100, 33, *La edición digital*, 127-152.

KERMODE, F. (1988): *Formas de atención*. Barcelona: Gedisa.

— (1998): "El control institucional de la interpretación", en: Sullá, E. (comp.): *El canon literario*. Madrid: Arco/Libros, 91-112.

LIDA, Mª R. (1950): *Juan de Mena, poeta del Prerrenacimiento español*. México, D.F.: Centro de Estudios Lingüísticos y Literarios del Colegio de México (2ª edición aumentada, 1984).

LÓPEZ BUENO, B. (1990): "*Jano* vs. *Proteo*: sobre la historiografía de la poesía barroca", en: *Templada lira. 5 estudios sobre poesía del Siglo de Oro*. Granada: Editorial don Quijote, 135-160.

LUCÍA MEGÍAS, J. M. (1999): "*Doctrinal de los cavalleros* de Alonso de Cartagena o: Los límites de la edición de un testimonio", en: *Cultura neolatina* 69, 3-4, 329-348

— (2002): *Literatura románica en Internet I: los textos*. Madrid: Castalia.

— (2003a): "La *informática humanística*: notas volanderas en el ámbito hispánico", en: *Incipit* 23, 91-114.

— (2003b): "Literatura románica en Internet. 1. Los textos. Primera addenda (enero 2002-enero 2003)", en: *Revista de Literatura Medieval* 15/1, 81-125.

MAINER, J. C. (1994): "La invención de la literatura española", en: AAVV, *Literaturas regionales de España*. Zaragoza: Institución Fernando el Católico, 23-43.

— (1998): "Sobre el canon de la literatura española del siglo XX", en: Sullá, E. (comp.): *El canon literario*. Madrid: Arco/Libros, 271-299.

MARCOS MARÍN, F. (1995): "La periodización", en: *Homenaje a Félix Monge. Estudios de lingüística hispánica*. Madrid: Gredos, 325-333.

MARTÍNEZ ALCALDE, M. J./QUILIS MERÍN, M. (1996): "Nuevas observaciones sobre periodización en la historia de la lengua española", en: *Actas del II Congreso Internacional de Historia de la Lengua Española*. Madrid: Pabellón de España, 873-886.

MIGNOLO, W. (1991): "Canon a(nd) cross-cultural boundaries (or whose canon are we talking about", en: *Poetics today* 12, 1-28; traducción española: "Los cánones y (más allá de) las fronteras culturales", en: Sullá, E. (coord.): *El canon literario*. Madrid: Arco/Libros, 237-270.

NARBONA JIMÉNEZ, A. (1992): "Notas sobre la sintaxis coloquial y realismo en la literatura narrativa española", en: Bartol, J. A. *et al.* (eds.): *Estudios filológicos en homenaje a Eugenio de Bustos Tovar*. Salamanca: Universidad, 667-673.

NÚÑEZ RUIZ, G./CAMPOS FERNÁNDEZ-FÍGARES, M. (2005): *Cómo nos enseñaron a leer*. Madrid: Akal. Estudio preliminar de J. C. Rodríguez.

OCHOA DE ERIBE, M. (1999): "El yo polémico de Teresa de Cartagena en la *Admiración de las obras de Dios*: las argucias del débil por entrar en el canon", en: *Letras de Deusto* 29, 179-188.

PÉREZ PRIEGO, M. A. (1996): "Formación del canon literario medieval castellano", en: *Ínsula* 600, 7-9.

PONS RODRÍGUEZ, L. (en prensa): "Una reflexión sobre el cambio lingüístico en el siglo XV", en: *Actas del V Congreso Andaluz de Lingüística General. Homenaje a J. A. de Molina Redondo*.

PONS, L./KABATEK, J. (2006): Reseña del CD-ROM *Retóricas españolas del siglo XVI escritas en latín*. Edición digital: M. Á. Garrido Gallardo (ed.): Consejo Superior de Investigaciones Científicas. Fundación Ignacio Larramendi, en: *Zeitschrift für Romanische Philologie*.

POZUELO YVANCOS, J. M. (1995): *El canon en la teoría literaria contemporáneo*. Valencia: Episteme.

— (1996): "Canon: ¿estética o pedagogía?", en: *Ínsula* 600, 3-4.

POZUELO YVANCOS, J. M./ARADRA, R. M. (2000): *Teoría del canon y literatura española*. Madrid: Cátedra.

RIDRUEJO, E. (1994): "¿Un reajuste sintáctico en el español de los siglos XV y XVI?", en: *Actas del Primer Congreso Anglo-Hispano*. Tomo 1: Lingüística. Madrid: Castalia-Junta Andalucía, 49-60.

ROMERO TOBAR, L. (1996a): "Algunas consideraciones del canon literario durante el siglo XIX", en: *Ínsula* 600, 14-16.

— (1996b): "La historia de la literatura española en el siglo XIX (Materiales para su estudio)", en: *El Gnomo* 5, 151-183.

— (1998): "Las Historias de la Literatura y la fabricación del canon" en: Pont, J./Sala-Valldaura, J. M. (eds.): *Canon literari,* 47-64.

RUIZ PÉREZ, P. (2004): "En los inicios del canon lírico áureo", en: *Voz y letra: Revista de Filología Moderna* 15 1, 25-52.

SANCHEZ LANCIS, C. (1998): "Una reflexión global sobre el cambio gramatical en el español preclásico", en Ruffino, G.(ed.): *Atti del XXI Congreso Internazionale di Linguistica e Filologia Romanza,* vol. 1. Tübingen: Max Niemeyer, 349-360.

— (1999): "Cambio morfológico y periodización en español preclásico", en: *Estudi general* 17, 173-199.

SANMARTÍN BASTIDA, R. (2003): *Imágenes de la Edad Media: la mirada del realismo.* Madrid: CSIC.

— (2004): "De Edad Media y medievalismos: Propuestas y perspectivas", en: *Dicenda. Cuadernos de Filología Hispánica* 22, 229-247.

SCHWARTZ, L. (1996): "Siglos de Oro: cánones, repertorio, catálogos de autores", en: *Ínsula* 600, 9-12.

SULLÁ, E. (1998): "El debate sobre el canon literario", en: Sullá, E. (comp.): *El canon literario.* Madrid: Arco/Libros, 11-34.

TACCA, Ó. (1985): "Historia de la Literatura", en: Borque, J. M. (ed.): *Métodos de estudio de la obra literaria.* Madrid: Taurus, 187-228.

TERRACINI, L. (1979): *Lingua come problema nella letteratura spagnola del Cinquecento.* Torino: Stampatori.

Anexo

TABLA 4
El canon de los estudios empíricos

TÍTULO	AUTORES QUE EMPLEAN LA OBRA
*Apariciones	Eberenz 1998, Eberenz 2000.
Asistencia a los pobres	Eberenz 2000.
Evolución de la industria textil castellana	Eberenz 1994, Eberenz 2000.
Judaizantes castellanos	Eberenz 1994, Eberenz 1998, Eberenz 2000.
Judíos de Toledo	Eberenz 1994, Eberenz 1998, Eberenz 2000, Eberenz 2002.
Mercedes del rey	Eberenz 1994, Eberenz 2000.
Movimientos antiseñoriales	Eberenz 1994.
Normas sobre edificaciones	Eberenz 2000.
Proceso de señorialización de las tierras de Talavera	Eberenz 1994, Eberenz 2000.
Sevilla en la Baja EM	Eberenz 2000.
Sevilla, fortaleza y mercado	Eberenz 2000.
Toledo en el siglo XV	Eberenz 2000.
Visita de las villas de Toledo	Eberenz 2000.
Alonso del Campo, *Auto de la Pasión*	Eberenz 2000.

(Con * figuran títulos de colecciones documentales o antologías modernas orientadas a ilustrar algún aspecto histórico de la vida cuatrocentista.)

Tabla 4 (Cont.)

Título	Autores que emplean la obra
Álvarez Gato, Juan	Eberenz 2000.
Álvarez, Fernando, *Regimiento contra la peste*	Herrero 2005.
Arévalo	Rivarola 1976.
Bernáldez, Historia de los RR	Jörnving 1962.
Cancionero de Baena	Eberenz 2000, Rivarola 1976, Seifert 1930.
Cancionero de Stúñiga	Rivarola 1976.
Cartagena, Alonso de; *Discurso Basilea*	Eberenz 2000, Eberenz 2002.
Cartagena, Alonso de; *Libros de Tulio*	Herrero 2005.
Cartagena, Alonso de; *Oracional*	Eberenz 2000, Herrero 2005, Iglesias 2000.
Cartagena, Alonso de; *Retórica*	Eberenz 1994, Eberenz 2000, Eberenz 2002, Pountain 1998.
Celestina	Algeo 1969, Barra 2002, Barrett 1931, Cano 1992a, CB2006, Company 1985-1986, Company 1991, Company 1994a, Company 1994b, Company 2001, Company 2002, Cortés Parazuelos 1993, Eberenz 1982, Eberenz 1994, Eberenz 1998, Eberenz 2000, Espinosa 1995, Espinosa 1996-1997, Espinosa 1998, García González 1992, González Calvo 1994, González Ollé 1998, Herrero 1998, Herrero 2003, Herrero 2005, Iglesias 2000, Iglesias 2002, Javens 1964, Jörnving 1962, Meilán 1991, Méndez 1995, Moreno 1987, Pountain 1985, Pountain 1998, Ricós 1992, Ricós 1995, Ricós 2002, Rini 1999, Rivarola 1976, Sánchez Lancis 2001, Santiago 1992, Seifert 1930.
Centón epistolario de Gómez de Cibdareal	Davis 1934.

                                Lola Pons Rodríguez

TABLA 4 (Cont.)

TÍTULO	AUTORES QUE EMPLEAN LA OBRA
Chirino, A de, *Menor daño de la medicina*	Eberenz 1994, Eberenz 2000, Mancho 1989.
Comedia de Lucas Fernández	Iglesias 2000.
Coplas de la panadera	Herrero 1998.
Córdoba, fray Martín de; *Jardín de nobles donzellas*	Eberenz 1994, Eberenz 1998, Eberenz 2000, Eberenz 2002.
Cortes de Madrid	Rivarola 1976.
Cortes de Palenzuela	Rivarola 1976.
Cortes de Santa María de Nieva	Rivarola 1976.
Cortes de Valladolid	Rivarola 1976.
Cortes de Zamora	Rivarola 1976.
Covo, D. *Tratado de los apostemas*	Mancho 1989.
Crónica anónima de Enrique IV	CB 2006, Company 2001, Sánchez 2002.
Crónica de D. Álvaro de Luna	Algeo 1969, Eberenz 1994, Eberenz 2000, Eberenz 2002.
Crónica de Juan II	Eberenz 2000, Eberenz 2002.
Crónica del halconero de Juan II	Eberenz 1994, Eberenz 2000.
Crónica del moro Rasis	Barra 2002, Herrero 1998, Herrero 2005, Iglesias 2000, Méndez 1995.
Crónica incompleta RRCC	Ricós 1995.
Cuenca, Actas municipales	Herrero 1998, Herrero 2005.
Díaz de Games, Gutierre, *Victorial*	Algeo 1969, Iglesias 2000, Eberenz 1994, Eberenz 1998, Eberenz 2000, Eberenz 2002, Iglesias 2002, Ricós 1992, Ricós 1995, Ricós 2002.

TABLA 4 (Cont.)

TÍTULO	AUTORES QUE EMPLEAN LA OBRA
Documentos andaluces (HSoc)	Enrique 2005.
Documentos Lingüísticos de Castilla (s. xv)	Company 1985-1986, Moreno 1987.
Documentos turolenses	Herrero 1998, Terrado 1991.
Encina, *Teatro*	CB 2006, González Calvo 1994, Herrero 1998, Herrero 2005, Iglesias 2000, Ricós 2002, Rivarola 1976, Seifert 1930.
Enríquez del Castillo, *Crónica de Enrique IV*	Sánchez 2002.
Escavias, Pedro de, *Los hechos del condestable don Miguel Lucas de Iranzo*	Eberenz 2000.
Fernández de Madrigal, Alonso; *Paradoxas*	Herrero 2005.
Fernández Pecha, Pedro; *Soliloquios*	Eberenz 1994, Eberenz 2000, García Macho 2004.
Flores, Juan de; *Grimalte y Gradisa*	Herrero 1998, Herrero 2005, Meilán 1991.
Flores, Juan de; *Grisel y Mirabella*	Javens 1964.
Flores, Juan de; *Triunfo de amor*	Iglesias 2000.
Fontes Iudaeorum Regni Castellae	Eberenz 2000.
Fray Íñigo de Mendoza, *Vita Christi*	Barra 2002, Herrero 2005, Rivarola 1976, Seifert 1930.
Gómez Manrique; Cancionero	Eberenz 2000.
Gómez Manrique; *Representación nacimiento*	Herrero 2003

TABLA 4 (Cont.)

TÍTULO	AUTORES QUE EMPLEAN LA OBRA
González de Clavijo, Ruy; *Embajada a Tamorlán*	Algeo 1969, Eberenz 1998, Eberenz 2000, Javens 1964, Ricós 2002.
Gramática de Palacio	Eberenz 2000.
Imperial, Francisco	Santiago 1992.
Inquisición Ávila	Eberenz 2000.
Inquisición Ciudad Real	Eberenz 1994, Eberenz 1998, Eberenz 2000.
Inquisición Segovia	Eberenz 2000.
Ketham, *Compendio humana salud*	Mancho 1989.
Libro de los gatos	Eberenz 1994, Eberenz 1998, Eberenz 2000, Iglesias 2000, Javens 1964, Méndez 1995.
López de Ayala, Pero; *Crónica Enrique III*	Herrero 1998.
López de Ayala, Pero; *Décadas Tito Livio*	Eberenz 2000.
López de Ayala, Pero; *Libro de la cetrería*	Eberenz 1994, Eberenz 1998, Eberenz 2000, Eberenz 2002.
López de Ayala, Pero; *Morales de Job*	Eberenz 1994, Eberenz 2000.
López de Ayala, Pero; *Rimado de Palacio*	Eberenz 2000.
López de Córdoba, Leonor, *Memorias*	Herrero 1998, Herrero 2005.
Lucena, Juan de; *Diálogo vita beata*	Herrero 1998, Herrero 2003, Herrero 2005.
Lucena, Luis de; *Repetición de amores*	Eberenz 1994, Eberenz 2000.
Luna, Álvaro de; *Virtuosas e claras mugeres*	Davis 1934.

TABLA 4 (Cont.)

TÍTULO	AUTORES QUE EMPLEAN LA OBRA
Madrid, Francisco de; *Égloga*	Herrero 2003.
Manrique, *Coplas*	Herrero 1998.
Manrique, Jorge; *Poesía*	Herrero 2005, Iglesias 2000.
Manuscrito del libro copiador de C. Colón	Espinosa 1995, Espinosa 1998.
Martínez de Toledo, Alfonso; *Atalaya de las corónicas*	Herrero 2005.
Martínez de Toledo, Alfonso; *Corbacho*	Barra 2002, Barrett 1931, Cano 1992a, CB 2006, Company 1991, Company 1985-1986, Davis 1934, Eberenz 1994, Eberenz 1998, Eberenz 2000, Eberenz 2002, Enrique 2005, Espinosa 1995, Espinosa 1996-1997, Espinosa 1998, Folgar 1997, García González 1992, González Calvo 1994, Herrero 1998, Iglesias 2000, Iglesias 2002, Javens 1964, Martínez García 1997, Meilán 1991, Meilán 1992, Méndez 1995, Ricós 1991, Ricós 1995, Ricós 2002, Sánchez Jiménez 2002, Sánchez Lancis 2001, Santiago 1992, Seifert 1930.
Martínez de Toledo, Alfonso; *Ildefonso*	Martínez García 1997, Meilán 1991, Meilán 1992.
Mena, Juan de (atribuido), *Tratado de amor*	Eberenz 1994, Eberenz 2000, Eberenz 2002.
Mena, Juan de (obra completa)	Girón 1998, Herrero 2005, Seifert 1930.
Mena, Juan de; *Laberinto de Fortuna*	Barra 2002, Cortés Parazuelos 1993, Espinosa 1995, Espinosa 1996-1997, Espinosa 1998, García Macho 2004, González Calvo 1994, Herrero 2005, Iglesias 2000, Méndez 1995, Porcar 1998, Ricós 1992, Ricós 1995, Ricós 2002, Santiago 1992.
Nebrija, Antonio de; *Diccionario latín-español*	Eberenz 2000.

                Lola Pons Rodríguez

TABLA 4 (Cont.)

TÍTULO	AUTORES QUE EMPLEAN LA OBRA
Nebrija, Antonio de; *Gramática*	Cano 1992b, Eberenz 1994, Eberenz 1998, Eberenz 2000, Eberenz 2002, Espinosa 1995, Espinosa 1996-1997, García Macho 2004, Méndez 1995.
Nebrija, Antonio de; *Ortografía*	Eberenz 2000.
Nebrija, Antonio de; *Vocabulario esp-lat*	Eberenz 2000, Eberenz 2002, Espinosa 1996-1997.
Ortiz, Alfonso; *Cartas mensajeras*	Eberenz 2000.
Palencia, Alfonso de; *Perfección*	Davis 1934, Rivarola 1976.
Palencia, Alfonso de; *Batalla campal*	Davis 1934.
Pérez de Guzmán, *Cartas*	Meilán 1991, Meilán 1992.
Pérez de Guzmán, Fernán; *Generaciones y semblanzas*	Algeo 1969, CB 2006, Davis 1934, Eberenz 2000, García Macho 2004, González Calvo 1994, Javens 1964, Jörnving 1962, Iglesias 2000, Martínez Díez 1988, Meilán 1991, Meilán 1992, Méndez 1995, Seifert 1930.
Pérez de Guzmán, Fernán; *Mar de historias*	Davis 1934, Meilán 1991, Meilán 1992.
Poesía crírica satírica [edición de Puértolas]	Ricós 1992, Ricós 1995.
Prosistas de Penna	Eberenz 1998.
Pulgar, *Claros varones*	Algeo 1969, Cano 1992a, CB 2006, Eberenz 2000, Enrique 2005, González Calvo 1994, Herrero 1998, Jörnving 1962, Martínez Díez 1988, Meilán 1991, Meilán 1992, Méndez 1995, Ricós 1992, Ricós 1995, Ricós 2002, Santiago 1992.
Pulgar, Crónica RRCC	CB 2006, Company 2001, Eberenz 1982, Ricós 1992, Ricós 2002, Seifert 1930.

TABLA 4 (Cont.)

Título	Autores que emplean la obra
Pulgar, *Letras*	Company 1994b, Company 2002, Eberenz 1994, Eberenz 2000.
Quistión entre dos cavalleros	Eberenz 2000.
Rodrigo Cota, *Diálogo entre el amor y un viejo*	Eberenz 2000.
Rodríguez de Lena, Pero, *Paso honroso de Suero de Quiñones*	Algeo 1969, Eberenz 1998, Eberenz 2000, Eberenz 2002, Herrero 2005.
Rodríguez de Montalvo, *Amadís*	Eberenz 1998, Eberenz 2000, Herrero 2005, Iglesias 2000, Martínez García 1997, Meilán 1991, Meilán 1992.
Rodríguez del Padrón, Juan; *Siervo libre de amor*	Algeo 1969, Cano 1992a, Cortés Parazuelos 1993, Eberenz 2000, Meilán 1991, Méndez 1995, Santiago 1992.
Rodríguez Padrón, Juan; *Triunfo donas*	Algeo 1969.
San Pedro, Diego de, *Arnalte y Lucenda*	Davis 1934, González Calvo 1994, Iglesias 2002, Javens 1964, Méndez 1995.
San Pedro, Diego de; *Cárcel de amor*	Algeo 1969, Barra 2002, Cano 1992b, CB 2006, Eberenz 2000, Eberenz 2002, González Calvo 1994, Iglesias 2000, Iglesias 2002, Imhoff 1998, Martínez García 1997, Meilán 1991, Méndez 1995, Ricós 1995, Seifert 1930.
San Pedro, Diego de; *Obras*	Cano 1992a.
Sánchez de Vercial, Clemente; *Libro... ABC*	Eberenz 1994, Eberenz 1998, Eberenz 2000, Enrique 2005, Javens 1964.
Santillana, Marqués; *Bías*	Herrero 2003, Herrero 2005.
Santillana, Marqués; *Obra completa*	Barra 2002, CB 2006, Company 1991, Cortés Parazuelos 1993, Espinosa 1998, García Macho 2004, Girón 1998, González Calvo 1994, Méndez 1995, Ricós 1992, Ricós 1995, Ricós 2002.

TABLA 4 (Cont.)

TÍTULO	AUTORES QUE EMPLEAN LA OBRA
Santillana, Marqués; *Proemio*	Eberenz 2000, Eberenz 2002, Herrero 2005, Meilán 1991, Sánchez 2002.
Santillana, Marqués; *Testamento*	Seifert 1930.
Tafur, Pero; *Andanzas e viajes*	Davis 1934, Herrero 1998, Herrero 2005, Javens 1964, Jörnving 1962, Seifert 1930.
Talavera, Hernando; *En que manera se deve hacer la persona, De como se ha de ordenar el tiempo*	Jörnving 1962.
Teresa de Cartagena, *Arboleda*	Cortés Parazuelos 1993, Eberenz 1994, Eberenz 2000, Eberenz 2002, Rivarola 1976.
Torre, Alfonso de, *Visión deleytable*	Girón 1998, Jörnving 1962, Seifert 1930.
Torre, Fernando de la; *Libro veinte questiones*	Jörnving 1962.
Torres, Diego de, *Eclipse de sol*	Eberenz 1994, Eberenz 2000, Eberenz 2002.
Valera, *Crónica RRCC*	Algeo 1969.
Valera, Diego de, *Doctrinal de príncipes*	Eberenz 2000, Eberenz 2002.
Villalobos, *Sumario de la medicina*	Mancho 1989.
Villasandino	Santiago 1992.
Villena, Enrique de; *Arte Cisoria*	Eberenz 1982, Eberenz 1994, Eberenz 2000, Espinosa 1995, Eberenz 2002, Espinosa 1998, Imhoff 1998.
Villena, Enrique de.; *Arte de trovar*	Seifert 1930.

TABLA 4 (Cont.)

TÍTULO	AUTORES QUE EMPLEAN LA OBRA
Villena, Enrique de; *Consolación*	Iglesias 2000, Imhoff 1998, Meilán 1991, Santiago 1992.
Villena, Enrique de; *Divina comedia*	Girón 1998, Herrero 2005.
Villena, Enrique de; *Doze trabajos de Hércules*	Eberenz 1994, Eberenz 2000, Eberenz 2002, Espinosa 1998, Herrero 2005, Martínez García 1997, Meilán 1991, Meilán 1992.
Villena, Enrique de; *Eneida*	García Macho 2004, Girón 1998.
Villena, Enrique de; *Tratado de Aojamiento*	Herrero 1998.

**PROBLEMAS DE EDICIÓN DE TEXTOS MANUSCRITOS MODERNOS:
LA PUNTUACIÓN***

MARÍA ELENA BÉDMAR SANCRISTÓBAL

0. Introducción

El gran problema de la edición crítica de textos, que resume en sí muchos de los que ella pueda plantear, es el de la conservación o modificación de los rasgos presentados por el testimonio o testimonios con los que trabaja el editor. Las decisiones que deben ser tomadas por aquél para ofrecer al lector una presentación gráfica reveladora y a la vez transparente respecto a la realidad grafica y lingüística del texto que edita, sin trasladar a aquél sus problemas, no son nada fáciles. Dichos criterios de presentación gráfica están determinados por la tipología y método de la edición, en este caso la crítica, y para que una presentación gráfica resulte coherente, siempre debe apoyarse en los usos gráficos de la tradición en la que los escribanos por cuya mano fueron escritos los textos ejercían su labor (Cañedo y Arellano 1987: 344; A. Blecua 1991: 78; J. A. Pascual 1993: 44; Torrens 1995: 19 y 27; Pérez Priego 1997: 45; Sánchez-Prieto1998: 15 y 21).

El hecho de confundir texto y testimonio en casos de tradición textual única ha llevado a la realización de ediciones según principios de trabajo tremendamente conservadores y de marcado paleografismo, incompatibles con los que sustentan la edición crítica, pues en ésta no se deben trasladar al lector los problemas que plantea el texto, pero sí ofrecerle toda la información relevante que en él pueda hallarse, para lo que es necesario un profundo conocimiento de la historia de la lengua española y siempre trabajar sobre los textos originales[1]. Sin

---

* Este trabajo es una versión muy extendida de otro, con la misma temática y título, con el que participé en la mesa redonda *Historia de la Lengua y Crítica Textual*, dirigida por la Dra. Lola Pons Rodríguez, a quien debo el honor de haber participado en ella y también en este volumen. Dicha mesa redonda se celebró el 1 de abril de 2004 en la Facultad de Filología de la Universidad Autónoma de Madrid, dentro del IV Congreso Nacional de la Asociación de Jóvenes Investigadores de Historia e Historiografía de la Lengua Española.

No puedo dejar de agradecer al doctor Ramón Santiago todo el apoyo y la paciencia que me ha brindado en la elaboración de este trabajo; a sus consejos se deberán, probablemente, todos los aciertos en él contenidos y de R. Santiago procede también la inspiración para llevarlo a cabo.

[1] El exceso de confianza en las soluciones presentadas por el manuscrito único hurta el carácter problemático del texto al estudioso, además de privarle del rico aporte de otros testi-

embargo, incluso en un caso de conservación extrema, se puede estar corriendo el riesgo de traicionar la intención inicial del autor, pues lo que se conserva realmente en gran número de ocasiones son las preferencias de copistas o cajistas anónimos (Morreale 1980: 151 y 1996: 330-332 y 1998: 196; Iglesias Feijoo 1990: 239-241 y 243; Arellano 1991: 575; Sánchez-Prieto Borja 1996: 43 y 2003: 84-85).

En el caso que me ocupa, la presentación crítica de documentos notariales y administrativos del siglo XVI custodiados en el Archivo de Villa de Madrid que son en la mayoría de los casos testimonios originales, copias acompañadas de su original, o simples borradores o registros, el hecho de que se trate de testimonios únicos no me lleva, sin embargo, a conservar su aspecto gráfico tal como aparece en los manuscritos, aunque éste haya sido el proceder de diversos editores[2]. No lo hago así porque mi pretensión es ofrecer una presentación crítica de ellos, lo que exige conservar tan sólo los aspectos auténticamente relevantes de los textos, y he aquí el verdadero problema: ¿qué es lo que se debe conservar como relevante y qué no y en virtud de qué criterios? ¿Hasta dónde es admisible una regularización gráfica? ¿Cómo crear un criterio válido cuya aplicación resulte coherente teniendo en cuenta la diversidad de usos gráficos que se plasma en los documentos? (A. Blecua 1983: 137; Iglesias Feijoo 1990: 239; Barroso Castro y Sánchez de Bustos 1993: 163 y 178; Pascual 1993: 47; Sánchez-Prieto Borja 1998: 19-20, 55; Frago Gracia 1999: 130).

Una transcripción paleográfica rigurosa y cuidadosamente realizada ofrece al estudioso una información inestimable, pero no podemos olvidar que, como tal,

---

monios, que podrían ayudarle en la corrección de las innovaciones equivocadas, de las trivializaciones y las deturpaciones que, de otro modo, podrían pasar inadvertidas (Orduna 1990: 24, cita a Contini). El editor tiene, además, la tarea obligatoria de juzgar y distinguir también en un manuscrito único entre los errores textuales que pueda presentar y la solución lingüística genuina, lo que "es fundamental para la caracterización y valoración ecdótica del testimonio" (Sánchez-Prieto 1996: 33).

[2] Algunos autores como Darbord, García y Pellen (1991: 298) expresan una postura muy negativa respecto a la regularización gráfica de los testimonios preservados en los manuscritos. Aunque no comparta su postura, que deslegitima y considera "acientífica" la labor crítica y filológica respaldada por cientos de años de trabajo y llega a calificar la práctica modernizadora como "práctica automática", provocada por el "imperativo comercial de no repeler a la clientela", considero con ellos que es gravísimo el hecho de que se realicen versiones modernizadas de textos de los que jamás se ha hecho transcripción paleográfica, una práctica absolutamente rechazable. Eso sí, ante su propuesta de editar todas las versiones conservadas de un texto, en una "edición polivalente" y "científica", no puedo más que sentir rechazo y hacer mía la crítica expuesta por Orduna (1990: 39-40), en el sentido de que ese planteamiento puede ser útil para el trabajo de los lingüistas, pero no plantea ninguna hipótesis científicamente fundada, cosa que el texto crítico sí hace.

no puede suplir a la edición crítica, de la que se obtienen también muy ricas aportaciones al conocimiento de la historia de la lengua y de la literatura. La información contenida en la edición paleográfica no es prescindible, pero eso no significa que deba aparecer en la presentación crítica final, ya que puede quedar recogida en la introducción previa al texto de la edición, ofrecerse en una transcripción paleográfica del mismo adjuntada como apéndice o ser tratada también por extenso en artículos especializados (Scoles 1966: 18; Iglesias Feijoo 1990: 241-243; Sánchez-Prieto Borja 1996: 43).

Una dificultad añadida está en que no existen aplicaciones generales y válidas para la presentación crítica de cada texto, sino que cada uno plantea sus problemas y exigencias específicos, a los cuales cada editor se enfrenta de forma diversa, motivo por el que es necesaria una reflexión previa, para decidir cuáles son las exigencias que plantea el texto al editor según el género y el tipo al que pertenece (Polara 1987: 38; Hamesse 1987: 150). No resta valor científico al trabajo filológico que para la elaboración de una edición crítica válida no exista un método de aplicación único, ni tampoco debe haberlo, pues la labor del editor crítico ha de ser siempre *metódica*, guiada por el juicio, no *mecánica*. Sólo una vez estudiado el uso gráfico de cada manuscrito y la tradición de escritura a la que pertenece se puede proceder a la regularización gráfica y de la puntuación que exige la presentación crítica de los textos[3].

Los partidarios de la conservación del aspecto gráfico original en la edición de textos, ante la diferente expresión gráfica de los mismos sonidos, apelan, entre otras razones, como justificación de su postura, a la connotación cultural de las grafías que refleja una "polygraphia", más que una "orthographia", que no debe ser aniquilada por una postura dogmática, que peca de anacronismo (Iglesias Feijoo 1990: 239; Vezin 1987: 73-74)[4].

---

[3] Véanse Morreale 1974: 42); Marchello-Nizia (1978: 33); Cañedo y Arellano (1987: 339 y 341); Iglesias Feijoo (1990: 237 y 242); Orduna (1990: 22 y 1996: 17); Wright (1991: 198-199); Barroso Castro y Sánchez de Bustos (1993: 178); Pascual (1993: 39); Torrens (1995: 19 y 27) y Sánchez-Prieto (1996: 49 y 1998: 105).

[4] Es cierto que Vezin se refiere a textos medievales en latín, y que con la regularización gráfica que se realiza sobre ellos se puede hurtar la experiencia de que en el latín escrito también cabía la diversidad, que la escritura antigua es en sí diversa, pero creo sobre ello lo mismo que sobre la escritura de los textos romances, para los que la edición diplomática o la transcripción paleográfica no puede suplir a la edición crítica, como este mismo autor reconoce: "Una edición crítica no es la fotografía de un manuscrito único en sí. Una edición diplomática no es el equivalente de una edición crítica", a lo que añade la importancia de tener, tal como muchos opinamos, junto a la propuesta de presentación e interpretación aportada por la edición crítica, acceso al texto tal como realmente fue escrito, aunque se tratara de una copia de época más tardía, pues es la única manera de obtener conclusiones científicamente fundadas sobre un texto. Véase Vezin (1987: 98-100).

L. Rosiello (1966: 63-78), en esta línea, define los grafemas como signos lingüísticos, en el sentido saussureano de la palabra, poseedores de un significante (el trazo gráfico) y un significado (el contenido fónico), con lo que afirma la autonomía del sistema gráfico respecto al fonemático, aunque se refiera a él sobre el plano del significado. Por otra parte, existe entre ambos planos un paralelismo sustentado por el concepto de *alógrafo*, definido como "unidad en el plano sintagmático que remite a un mismo sonido (significado del signo gráfico o grafema) y que se obtiene, como en fonética, por el procedimiento de la conmutación". Los alógrafos se dividen a su vez en *denotativos* y *connotativos*, según la manera en la que remiten a un sonido. Son alógrafos *denotativos* aquéllos cuyo elemento de variación respecto a la unidad, el grafema, no aporta ningún valor atributivo cultural o estilísticamente relevante al significado de la unidad misma, mientras que se considera *connotativos* los alógrafos cuyo elemento de variación respecto al grafema, añade un cierto valor atributivo cultural o estilísticamente relevante a la unidad misma y deben, por tanto, ser conservados (Rosiello 1966: 72)[5].

Postura contraria sostiene E. Scoles (1966: 9-24) aduciendo que el mantenimiento de los alógrafos llamados connotativos puede resultar equívoco en el plano de la denotación, puesto que la connotación sólo es válida cuando se trata de manuscritos autógrafos, lo que se añade a la dificultad de determinar qué alógrafos son connotativos y cuáles no, ya que resulta difícil en ocasiones determinar si la variante gráfica se emplea a causa de un mero hábito escriturario ya consagrado u obedece a una elección estilístico-cultural consciente. Además, es posible la existencia de connotaciones banales, como es el caso de los latinismos gráficos de los humanistas, a los que no se puede aplicar un criterio de conservación indiscriminada (Scoles 1966: 17-18).

Por ello, en lo que respecta al tratamiento de las grafías y de la puntuación en la presentación crítica de manuscritos modernos, creo que lo más adecuado es una intervención regularizadora, convencional, pero no anacrónica, acompañándose el texto ofrecido siempre de la correspondiente introducción donde se traten los problemas gráficos y el tipo de puntuación que ofrece el testimonio (o los testimonios editados), algo que ciertamente parece obvio. Especialmente es importante ofrecer este estudio previo en lo que respecta a la puntuación, a menudo

---

[5] Cuando Rosiello (1966: 70) expone la desventaja de una nivelación gráfica en el trabajo de edición de un texto antiguo carga las tintas de una manera intencionada, identificando tal nivelación con la búsqueda de una aproximación lo más estrecha posible a un "sistema moderno de transcripción fonética", lo que ningún editor que haya pretendido una presentación crítica y nivelada de las grafías, según lo pertinente que que en ellas se representa, ha buscado jamás.

desterrada incluso de ediciones publicadas bajo el nombre de paleográficas[6], en las que se actualiza la puntuación y el uso de mayúsculas y minúsculas, incluso en el proceder de aquellos editores que alegan observar el más escrupuloso respeto al manuscrito (L. J. Bataillon 1987: 153), en abierta contradicción, según creo, con los supuestos de la transcripción paleográfica[7]. Muchos editores y paleógrafos no han prestado a la puntuación de los manuscritos, especialmente en prosa, la atención que ésta merece y pocos son los editores que justifican la puntuación adoptada en sus ediciones, pese a que puntuar un texto significa interpretarlo, lo que implica tener una idea o una teoría sobre la forma que tomaba la lengua y de las unidades significantes que en ella se establecían. Esto obliga al editor a tomar decisiones incómodas, que deben siempre asentar su valor en una interpretación justificada del texto, que ofrece en cada caso problemas y plantea exigencias muy diferentes (Marchello-Nizia 1978: 33-34; Roudil 1978: 292, n. 32; Cañedo y Arellano 1987: 347-348; Rey 1990: 386; Arellano 1991: 572, n. 19 y 573-574).

Puntuar un texto adecuadamente en la presentación crítica supone haberlo entendido previamente en todos sus aspectos, para lo que es indispensable un examen cuidadoso de la puntuación de los manuscritos, la disposición textual y el uso que de las mayúsculas se hace en ellos. Sólo así se pueden obtener pistas sobre cuál sería la puntuación más apropiada en la presentación crítica de los textos, de manera que se transmita de la forma más recta posible su auténtico sentido, ya que esa puntuación, si se estudia e interpreta con cuidado, nos puede revelar una voluntad clara en la estructuración de la información dada para cumplir un propósito determinado (Roudil 1978: 270-271, 278-299 y 1982: 70-71; Darbord 1982: 128 y 1991: 299; Bataillon 1987: 159; Rey 1990: 385; Santiago 2003: 206 y 208)[8].

---

[6] Véanse, por ejemplo, las transcripciones, por lo demás valiosísimas, de Millares Carlo ofrecidas en su *Tratado de paleografía española*, volumen III, así como lo que sobre estas regularizaciones indica en sus normas de transcripción, o los *Documentos lingüísticos de la Nueva España* transcritos por C. Company y sus colaboradores, en los que se regularizan la puntuación y el uso de las mayúsculas, aunque manteniendo una "interpunción muy ligera, respetando el párrafo amplio y el carácter esencialmente oral de muchos de los textos coloniales", puesto que muchos de ellos fueron escritos para ser leídos en voz alta (Millares Carlo 1983; C. Company 2001: 221).

[7] Este ha sido un proceder de larga tradición, la transcripción paleográfica puntuada, con regularización del uso de mayúsculas y minúsculas y con unión y separación de palabras regularizada según el uso actual, lo que ha recibido el nombre de edición *diplomático-interpretativa*, tal como queda definida y recogida en el *Diccionario de términos filológicos* de Lázaro Carreter (1968: 154), en la entrada *edición*.

[8] Sin embargo, no se puede dejar de señalar el hecho de que se encuentra en los textos literarios (y también en los documentos notariales de los siglos XVI y XVII) una puntuación

    María Elena Bédmar Sancristóbal

1. La puntuación en manuscritos administrativos y notariales modernos

1.1. ALGUNOS SIGNOS ABUNDANTEMENTE UTILIZADOS EN ESTOS MANUSCRITOS: ACERCA DE SU USO EN LA TRADICIÓN GRAMATICAL

Es extraordinario el número y la variedad de signos empleados en los documentos de mi muestra por los diferentes escribanos, sin embargo, en aras de la brevedad, me centraré en los siguientes signos, los de más abundante uso en los manuscritos con los que trabajo: el punto (tanto bajo <.> como alto <·>)[9], la vírgula </>, que presenta variantes en las que se dobla <//> o se combina con punto bajo </.> y con punto alto </·> y el calderón <¶>. Considero asimismo oportuno incluir el uso de la mayúscula entre los signos de puntuación, pues guarda con ellos un gran parecido en su capacidad de funcionar como un delimitador de unidades en el texto y de señalar el énfasis del escritor en el señalamiento de ciertas secuencias y palabras sobresalientes en el negocio jurídico que se trata en el documento y en otros cometidos que los unen[10].

Los eruditos que en la Edad Media y el Renacimiento tratan sobre la puntuación no examinan la de los manuscritos a los que tienen acceso, o le prestan una atención muy secundaria, centrando su atención en la tradición erudita proveniente de las gramáticas latinas. Por su parte, en la escritura de mano, tanto en las

---

aparentemente inservible respecto a la sintaxis de dichos textos, cuya única explicación se halla en la voluntad de marcar la entonación para la lectura en voz alta de aquéllos. Véanse Morreale (1980: 151); Sánchez-Prieto (1998: 183) y Sebastián Mediavilla (2002: 32).

[9] En la teoría clásica latina de las *distinctiones*, el punto se usaba con tres alturas distintas, en un orden ascendente según la importancia de la pausa: punto bajo, punto medio y punto alto. El punto bajo (*subdistinctio*), se empleaba para las pausas mediales menores, tras el *comma*, donde el *sensus* es incompleto; el punto medio (*media distinctio*) indicaba una pausa medial mayor tras un *colon*, donde el *sensus* es completo, pero la *sententia*, todavía no lo es; el punto alto (*distinctio*) señalaba una pausa final, tras un *periodus*, donde la *sententia* estaba completa. Véanse Parkes (1992: 2, 13 y 21) y Santiago (1998: 246). Sin embargo, en la escritura de mano que muestran los documentos que ofrezco en mi muestra en diversos tipos de letra, lo que condiciona la forma de tales signos, es muy difícil distinguir entre la altura media y la superior, ya que la posición del punto ya no es significativa, pues su asociación con otros signos o con mayúscula indica cuál puede ser en el contexto el valor del punto, un signo usado casi para todo (Parkes 1992: 42). Lo más común es que los escribanos se limiten a usar el punto en dos alturas, en la línea del renglón y en otra situada aproximadamente a media altura del cuerpo de la letra, por lo que sólo distingo en la descripción entre punto medio y punto alto, y bajo este último nombre recojo todo punto situado por encima de la línea de escritura.

[10] Marchello-Nizia (1978: 34) y Catach (1978: 20) apuntan el hecho de que, efectivamente, aunque en los tratados de puntuación la mayúscula no sea tenida en cuenta, es utilizada, sin duda, para puntuar los textos y también muchas veces se asocia a signos de puntuación: delimitan el comienzo de unidades, marcan nombres propios y palabras destacables en los textos.

derivaciones cursivas de la letra gótica como en letra humanística, no se siguen las recomendaciones de los ortógrafos y gramáticos, hasta el punto de que un insigne ortógrafo como López de Velasco llega a separar sus doctrinas sobre puntuación en las destinadas a la práctica para la imprenta y en las recomendadas para la escritura a mano en lengua castellana[11].

La antigua tradición grecolatina pervivió a lo largo de la Edad Media a través, fundamentalmente, de los manuales de retórica, las *artes dictandi, summae dictandi* y *artes punctandi*[12] y llegó a los estudiosos del Siglo de Oro en las gramáticas latinas, por lo que no existe ruptura entre los eruditos griegos y latinos, los autores medievales y renacentistas respecto a la teoría de la puntuación[13]. Sin embargo, esta tradición se vio alterada con el paso del tiempo, motivo por el que la nomenclatura aplicada a los diversos signos y su función no coinciden en todos los autores (Thurot [1869] 1964: 407-408; Blecua 1984: 121-122; Nigris

---

[11] Así, López de Velasco (1999[1582]) reconoce que la escritura de mano en lengua vernácula usa de una puntuación más sencilla, en comparación con la recomendada para la imprenta en su propia obra: "[...] pero porque ésta es mucha particularidad, y menudencia para escriptura Castellana, y de mano, adonde son menester menos puntos, que en otras lenguas, por ser natural, y seguida la contextura y orden de las palabras [...]" (p. 288); "[...] y aun en escriptura ordinaria de mano, donde no se puede yr con tanta cuenta, bastará vsar del punto entero, y rayuela atrauesada, para en fin de las clausulas y razones, y del coma, o medio punto en las otras partes donde se offreciere duda, o se huuiere de alētar [...]". Santiago (1998: 256, n. 38) recoge las salvedades de López de Velasco respecto a la escritura de mano y las relaciona con las enseñanzas de Torquemada para puntuar en escritura manuscrita, en el final de sentencia donde, recomienda, "pondremos un punto y una raya como ésta ./".

[12] El *ars dictaminis*, en las enseñanzas de los *dictatores* medievales, consistía en la enseñanza de los distintos tipos de *dictamen*, término que restringe la referencia de este arte a la composición en prosa, en especial la prosa epistolar, en la que se centraban la mayor parte de los autores, aunque también se diera cabida a los documentos legales entre las materias tratadas por los dictaministas, comenzando por los dictatores franceses del siglo XII. Este arte es una disciplina consistente en la parte de la retórica medieval que enseñaba las reglas de componer cartas y otros documentos en prosa. Para la instrucción, los maestros se servían de dos tipos de instrumentos: el *ars dictandi* y la *summa dictandi*. Las *artes dictandi* eran obritas breves, esquemáticas, que resumían la teoría de escribir cartas y la ilustraban con escasos ejemplos y modelos de cartas, a veces incompletos. Las *summae dictandi* eran trabajos más completos, que se componían típicamente de un *arte* teórica, a la que se añadía como apéndice una extensa colección de cartas modelo y, en ocasiones, uno o más de los siguientes componentes: una rudimentaria *ars notariae* o una colección de documentos modelo, una discusión acerca de otros tipos de *dictamen* en prosa, distintos de la epístola, e incluso un *ars rithmica*. Véase Martín Camargo (1991: 17-20).

[13] Muchos de los signos críticos usados por los primeros "editores críticos" griegos perduraron en el tiempo y llegaron a convertirse en signos de puntuación, como la vírgula, por ejemplo, pasando más tarde a los escritorios medievales a través de los gramáticos latinos de época tardía (Arabyan 1994: 35-36).

1984: 424-428 y 439-440; Arabyan 1994: 35-36; Martínez Marín 1994: 441; Santiago 1996: 276-278, 1998: 244 y nota 4 y 2003: 198; Llamas Pombo 1999: p. 10; Sebastián Mediavilla 2002: 5 y 18).

Ya en el siglo XVI, en la proposición de reglas de puntuación, Nebrija atiende a la lengua latina como modelo en la puntuación de textos romances, motivo por el que se limitó a dar doctrina sobre puntuación tan sólo en las *Introductiones in latinam grammaticen*[14], e incluso un autor como Torquemada, que trata la puntuación en castellano y a sus usos manuscritos, dentro de los conocimientos que debe tener un secretario competente, sigue la doctrina latina de las tres divisiones, en colum, coma y punto en su *Manual de escribientes* (c. 1552) (Santiago 1996: 273; Llamas Pombo 1999: 77; Sebastián Mediavilla 2002: 5, 7 y 13).

Aunque poco a poco se alcanza coincidencia en los nombres de los signos de puntuación, la referencia de tales nombres a una misma figura y el uso que de ellos se hace, existe diversidad de criterios entre los ortógrafos en materia de puntuación, siendo en realidad los buenos impresores el referente en este punto[15].

De hecho, por ser ellos los más necesitados de normas claras y prácticas que seguir en su trabajo, algunos incluso las pusieron por escrito, como es el caso de Aldo Manuzio el Joven (1561), cuya doctrina fue muy conocida entre impresores, o, más tarde, Guillermo Foquel (1593) o Alonso Víctor de Paredes (c. 1680)[16]. Son ellos los que hacen la más importante contribución a la estandariza-

---

[14] A pesar de que Martínez Marín (1994: 440) afirma que Nebrija no se ocupó de establecer un conjunto de señales para puntuar, el gramático sí lo hace, siguiendo la tradición latina y sus autoridades, y, por supuesto, en latín, pues en varias ediciones de las *Introductiones* se encuentra un capítulo llamado "De punctis clausularum", donde sólo recoge colos y commas, por ser los únicos signos que contaban con autoridades clásicas, y usados por los "enseñados". Nebrija, por tanto, no sigue la tradición medieval de las *artes dictandi*, puesto que rechaza innovaciones como el *periodus*, la vírgula y el paréntesis. Apunta Santiago que este rechazo, en el caso del *periodus*, puede deberse al uso particular que de éste término se hacía en las gramáticas latinas tradicionales, como en el caso de la de Pastrana, en la que se refería al punto final de la cláusula. En lo que atañe a la *vírgula* y al *paréntesis*, se trata de signos con una tradición muy desigual, la primera se empleaba ya desde antiguo en los manuscritos medievales, mientras que el segundo es una innovación tardía, cuya primera documentación conocida en textos españoles data del siglo XV (Santiago 1996:276, 278 y 1998: 248).

[15] Así lo reconocen en sus respectivas obras Venegas, Juan de Yciar, Villalón y Jiménez Patón (Sebastián Mediavilla 2002: 15-16 y 24). La estandarización en la *forma* de los signos de puntuación no se produjo, por motivos obvios, antes de la creación de los tipos de imprenta, pues en la escritura de mano los distintos tipos escriturarios la hacían variar (Parkes 1992: 41-42). No obstante, los impresores no contribuyen a la nomenclatura de los signos, sus denominaciones ya venían respaldadas por una larguísima tradición.

[16] De estos últimos, Santiago (2004: 541, n. 5, 542, 545 y 549) apunta la procedencia de sus doctrinas sobre puntuación: Foquel la obtiene toda del ortógrafo López de Velasco, mientras que Paredes aprovecha a su vez la obra impresa por Foquel, hasta el punto de citar tex-

ción de la puntuación, tanto en la forma como en los usos de los signos, aunque es probable que los ortógrafos también tuvieran su influencia. No se debe olvidar que en los impresos sólo se conservaba la puntuación del manuscrito original si esta era buena, pero no era inusual que los cajistas y correctores la variaban según su propio criterio. Finalmente, los textos impresos se convirtieron en modelos para la puntuación de nuevos textos, tanto en latín como vernáculos, llegando a influir también sobre la escritura de mano[17].

En la descripción de los usos de estos signos de puntuación me remito a la doctrina de gramáticos y ortógrafos españoles y grandes impresores del Siglo de Oro, aportando más tarde los que se reflejan realmente en los manuscritos de mi muestra.

1.1.1. *El uso del punto*

Es doctrina antigua y común dar al *colon* la forma de punto y el cometido de cerrar frase[18], y así lo apunta Nebrija en sus *Introductiones*, seguida también por Alejo de Venegas, en su *Tractado de orthographia* (1531) y muy usual en la imprenta. Así lo nombra Villalón en su *Gramática castellana* (1558), dándole el uso descrito como cierre de frase. López de Velasco (1582) lo llama "punto redondo", y le asigna la tarea, según su uso en latín y en griego, de "terminar o fenecer las claufulas, o razones enteras, que en Griego llamā periodos, y en Latin, circuitos". Este oficio, apunta, hace que se dé al punto también en nombre de "periodo" o "final". También Felipe Mey, impresor, en la *Instrucción para bien escrevir en lengua Latina, y Española* (1606), da al punto redondo el nom-

---

tualmente frases enteras, con lo que la doctrina de López de Velasco se extiende hasta finales del siglo XVII, habiendo sido aprovechada también por otros ortógrafos como Pérez de Nájera, en 1604, o Juan de Luna, pero, y lo que es más significativo, también por la Real Academia, que se sirvió de él en su *Diccionario de Autoridades*, citándolo en el primer tomo (1726), también en el prólogo de la segunda edición de su Ortografía (1754), y reproduciendo en la octava edición de ésta (1815) descripciones articulatorias realizadas por este autor, en especial la de los sonidos resultado de las transformaciones fonológicas acaecidas entre el siglo XV y el XVII.

[17] Véanse Gruaz (1978: 10); Blecua (1984: 130); A. Rey (1990: 390); Parkes (1992: 51, 54-55 y 88); Santiago (1998: 244-247 y n. 3 y 2004); Sebastián Mediavilla (2002: 17-18, 21, 26, 28).

[18] Fray Hernando de Talavera, quien alabó ante la reina Isabel la *Gramática de la lengua castellana* de Nebrija, en unas breves notas sobre la puntuación de la frase añadidas a su traducción de las *Invective contra medicum* de Petrarca, habla del punto, o también del signo de párrafo precedido y seguido de punto, llamándolo signo "de conplida razón", usándose tanto para final de frase como para final de periodo, sin hacer diferencia entre los dos tipos de pausa. Véanse García (1982: 205-207); Blecua (1984: 123-124) y Santiago (2003: 202).

bre de punto final y recoge, en cuanto a su uso, lo ya dicho en los autores anteriores.

Otro uso del punto es el que se hace en el interior de frase, como división menor. Así, Nebrija trata del punto que separa series asindéticas en las que no hay conjunción[19] y al punto como marcador de pausas menores, en el interior de frase, se refiere Andrés Flórez en su *Doctrina christiana del Ermitaño y el Niño* (1552), distinguiéndolas de la pausas más largas, señaladas por un punto seguido de mayúscula[20]. También Aldo Manuzio el joven, en su *Epitome ortographiae*, apunta, junto a otros autores, la antigua tradición de situar el punto ante ciertas conjunciones, como atestigua López de Velasco (1999[1582]: 286-287)[21].

1.1.2. *El uso de la vírgula*

Fray Hernando de Talavera se refiere a la vírgula como un signo de "poca diversidad" (M. García 1982: 205-207; J. M. Blecua 1984: 123-124; Santiago 2003: 202), empleándola para las pausas mínimas, que no separan miembros de frase.

Ya en el siglo XVI, Alejo de Venegas indica que la vírgula hace muchas veces la labor del artículo, consistente en separar series de palabras seguidas entre las que no media conjunción copulativa. Este uso aparecía asignado al *colum* <.> en la doctrina nebrisense, a la que me he referido en el apartado anterior, de la que Venegas toma hasta los ejemplos, con la salvedad de que emplea para dicho cometido un signo expresamente rechazado por Nebrija[22]. Por otra parte, en casos de oraciones muy imperfectas, en las que falta el verbo, la vírgula sirve de coma.

El hecho de que punto y vírgula compartieran cometidos provoca que durante todo el Siglo de Oro se haga un uso aleatorio de ellos, hasta que la vírgula es

---

[19] Este uso es recogido por el italiano Barzizza (c. 1370-1431) en su *Doctrina punctandi*, citándolo entre los que los *moderni* (los autores medievales que dieron nuevos usos a los antiguos signos e idearon nuevas formas de signos) dieron al punto, con el nombre de *punctus copulativus*. Si bien ciertos usos *"secundum modernos"* parecían en verdad haber sido recientemente introducidos, otros, en cambio, estaban ya atestiguados largo tiempo antes del momento en el que Barzizza prepara su tratado (Ouy 1987: 183-184).

[20] Uso al que me referiré más adelante de nuevo, al tratar el empleo de la mayúscula como distinguidor de pausas, tanto en la tradición (*cf.* § 1.1.4) como en los mauscritos de mi muestra (*cf.* § 1.2.4).

[21] Véanse también Santiago 1996: 276 y 1998: 248, 250, 252, 254, n. 34 y 256, n. 39 y 266; Llamas Pombo 1999: 79 y Sebastián Mediavilla 2002: 7-8, 15-16, 18, 22.

[22] La vírgula era un signo de introducción tardía, que llegó con las escrituras cursivas, donde sustituye muchas veces al punto (Ouy 1987: 185).

finalmente abandonada y sustituida por <,> para las pausas internas a cada oración o miembro del periodo (Santiago 1998: 269)[23]. En el *Arte subtilissima* (1550) Juan de Ycíar nombra el signo </>, llamado comúnmente vírgula, como *diástole*, dándole la función de separar letras o palabras que en la escritura aparecen unidas por error (Santiago 1998: 252), un uso parecido al que describe López de Velasco, en su *Ortographia y Pronunciacion castellana* (1999[1582]: 285, 287 y 289), al tratar de un tipo de vírgula vertical utilizado en los lugares en los que las palabras quedan demasiado juntas en la escritura, separándolas así. Otro uso descrito por López de Velasco de este signo es el de "mediar las clauſulas", o el de ser sustituta del punto para cerrar los periodos en el "ordinario eſcreuir Caſtellano". En lo que respecta a la escritura de mano, considera que bastará, para señalar el fin de "clauſulas y razones", con usar el "punto entero, y rayuela atraueſada", lo que se halla sobradamente documentado en los manuscritos que componen mi muestra, sobre todo en los escritos por mano del escribano de la Villa Gaspar Dávila, en letra cortesana-procesal y en procesal, de lo cual ofreceré ejemplos en la sección sobre los usos de la vírgula en los manuscritos (*cf.* § 1.2.2).

Villalón también denomina vírgula la barra inclinada y le otorga la tarea de aparecer en lugar de conjunción cuando "se acumulan muchas cosas juntas", haciendo eco del artículo de Venegas. En su modalidad combinada con punto, Torquemada la reserva para el final de frase, donde puede alternar con los dos puntos[24].

1.1.3. *Uso del calderón*

El calderón, llamado usualmente párrafo, tiene su origen en el *paragraphus*, un signo crítico empleado para marcar el comienzo de un párrafo o sección, más tarde sustituido por formas estilizadas de la letra C de *capitulum* con el mismo cometido (Parkes 1992: 305). En la tradición medieval se recoge como el signo que marca las pausas más fuertes, señalando la articulación del texto. Villena describe en su proemio[25] varias formas del párrafo, cuyo uso es el señalar el

---

[23] Este proceso de selección progresiva de los usos de los signos se puede apreciar en la diversidad de su empleo como algo constante en mi muestra documental, por ejemplo, la alternancia de punto y vírgula para señalar divisiones oracionales, uso que se documenta también en los manuscritos franceses medievales escritos en formas cursivas, donde la *virgula recta* </>, o la *virgula curva* <(>, que es una variante de la anterior, sustituyen muy a menudo al punto (Ouy 1987: 183).

[24] Véanse también Nigris (1984: 422 y 430-431); Parkes (1992: 303); Santiago (1996: 280-281, 1998: 248-252, 253-254, n. 36 y 2003: 199); Sebastián Mediavilla (2002: 9, 13, 15-16, 22).

[25] Estas notas sobre puntuación las dedica Villena a los "romancistas", desconocedores de puntuación e pausas, y se recogen en las *avisaciones* que siguen al *proemio*, inmediatamente

comienzo de "nueva razón", el cambio en los interlocutores, los comparativos, las exclamaciones, las apóstrofas, los fines de los razonamientos y las narraciones. Antonio de Torquemada prefiere el empleo de letra capital sobre el del calderón al comienzo de capítulos o párrafos, pareciéndole marca suficiente para este cometido el uso de la letra mayúscula. Villalón indica sobre él que se debe poner "al principio de materia [...] de que de nueuo se quiere hablar y proponer" (Ouy 1987: 186; Sebastián Mediavilla 2002: 12 y 16; Santiago 2003: 198).

1.1.4. *Uso de las mayúsculas*

Villena pretendió que en el texto de su traducción de la *Eneida* se destacaran los nombres propios, antropónimos y topónimos con "letras mayores"[26] coloreadas de amarillo, mientras que Torquemada reclama su uso para los nombres propios o cualquier nombre común digno de deferencia, prefiriendo además la letra capital como marcador del comienzo de cualquier unidad textual por encima del calderón. Otros autores como F. de Robles, J. de Ycíar, A. Flórez y López de Velasco recomiendan también este uso de capitales al comienzo de texto y tras punto, cuando la perfección de sentido es completa.

Este último ortógrafo añade el uso de mayúscula al principio de los versos latinos, al principio de las coplas y otras rimas, motivo por el cual, apunta, se les da el nombre de *versales*, y el de *capitales* por usarse de ellas para marcar el comienzo de capítulos. Apunta también que se emplea al comienzo de los nombres propios, así como los nombres comunes cuando están en lugar del propio, como en "Ciudad real" o "Riofeco". Debe usarse también al comienzo de los sobrenombres, los apellidos y los linajes y en los prenombres, como "Don" y "Doña", "Fray", "Soror", "Hermano" y "Hermana" y ante el tratamiento de respeto "Señor". Termina recomendando su uso en los gentilicios, los oficios, cargos y dignidades; en los nombres de "cosas señaladas", como el "Cōcilio" o el "Cōſejo" y en los nombres que se "dizē por eccelēcia, como el Propheta, por Dauid, Philoſopho, por Ariſtoteles [...]" y en todas las palabras puestas en lugar de un nombre propio, aunque reconoce que estos no fueron usos practicados entre griegos y latinos (Santiago1998: 266 y 2003: 198; Sebastián Mediavilla 2002: 12)[27].

---

anteriores al texto de la versión castellana de la *Eneida* realizada por el autor, y no es un aviso gratuito, ya que "la doctrina de la puntuación, grecolatina en su origen, era en su tradición enteramente latina y en latín", según apunta Santiago (2003: 197 y 210, n. 2).

[26] Se trataría de letras mayúsculas o letras "de trazado alto" (Sánchez-Prieto 1998: 100; Santiago 2003: 198).

[27] No se extiende esta recomendación de emplear mayúscula asociada a punto a las ocasiones en las que el punto se empleaba en el interior de frase, estableciendo pausas menores,

1.2. Ejemplificación del uso del punto, la vírgula, el calderón y las mayúsculas en algunos documentos notariales y administrativos del Archivo de la Villa de Madrid

Los manuscritos medievales y modernos presentan una puntuación que a nuestro juicio puede parecer confusa, innecesaria incluso, pero su presencia no se debe a mero capricho, lo que intentaré demostrar a continuación. Considerarla así es una imprudencia, al menos hasta el momento en el que exista una descripción lo más completa posible del mayor número de manuscritos españoles medievales y clásicos en prosa, que nos dé una referencia de evaluación. Tal como mencioné ya en la introducción, el escribano busca cumplir un propósito en la escritura de cada texto y se sirve de la puntuación para estructurar éste en unidades que contengan las intenciones de comunicación fundamentales, las cuales a su vez se fragmentan, mediante una puntuación más ligera, en otras menores, de las que se componen (Roudil 1978: 270, 2-278-299, especialmente 282-284 y 1982: 21-22; Darbord 1982: 128).

Lo primero que se percibe tras una observación atenta de la puntuación de manuscritos medievales y modernos es que un mismo signo puede tener diversos cometidos y alternar con otro u otros en esa misma función, lo cual no significa que se usen en entornos similares con total regularidad. Se pueden apreciar pautas repetidas en sus usos, pero nunca la marca de las delimitaciones de las unidades de lectura del texto es constante. Cada manuscrito es particular en cuestiones de puntuación y atendiendo a la clase documental, su condición de originales o copias y el tipo de letra utilizado en su redacción, se percibe que la puntuación es más o menos densa y predominan ciertos signos de puntuación sobre otros. La puntuación varía ostensiblemente de acuerdo a la calidad del manuscrito y el tipo de escritura (Gruaz 1978: 9), siendo mucho más profusa en textos solemnes como provisiones reales y cartas ejecutorias. Es, por supuesto, de importancia clave en ellos la preferencia del escribano o copista, lo que se aprecia perfectamente en la observación de varios manuscritos que transmiten un mismo texto, sin olvidar que aquél está sometido a unos empleos tradicionales que se imponen, según el magisterio recibido, en su práctica escrituraria (Blecua 1984: 125; Marchello-Nizia 1978: 37 y 40; Martínez Marín 1994: 449; Roudil, 1978: 269). Así, por ejemplo, el escribano de la Villa Gaspar Dávila es muy dado a introducir párrafos no con el signo de calderón <¶>, sino con el de vírgula simple </> o doblada <//>[28].

---

tarea que lo hace equivalente a la vírgula (a lo que ya me he referido al tratar los usos que los estudiosos dan al punto y a la vírgula, *cf.* apartados 1.1.1 y 1.1.2.), aunque sí se puede observar este uso en la escritura de algunos de los manuscritos de mi muestra.

[28] Véase más adelante el apartado 1.2.2, relativo a los usos de la vírgula.

La puntuación manuscrita en textos modernos presenta una distribución mucho más libre que la actual, pues su uso queda determinado muchas veces a señalar unidades prosódicas, sintácticas y entonativas. Con el paso de la lectura en voz alta a la lectura silenciosa, la naturaleza de la puntuación cambió, dejando de señalar preferentemente unidades prosódicas, auxiliares de la lectura en voz alta, para convertirse en un recurso de claridad visual y separación de unidades sintácticas y de significado. La unidad sintáctica que se delimitaba mediante la antigua puntuación no era la frase, tal como nosotros la entendemos, sino el periodo como unidad de pensamiento completo (Gruaz 1978: 8).

En gran número de ocasiones el lector de textos manuscritos modernos percibirá la irregularidad en el uso de la puntuación que aquéllos ofrecen, no usándose siempre que, desde nuestro punto de vista, podrían ser aplicados en un contexto similar a otros en los que, efectivamente, sí se empleaban. Esto sucede así porque la puntuación se ponía sobre todo en aquellos lugares en los que su falta podía ocasionar malentendidos, por lo que estructuras sintácticas idénticas la presentan o no, según la posibilidad de confusión existente[29].

En algunos casos, la marca de puntuación se sitúa junto a un término perteneciente a una serie fácilmente identificable, pues aunque se trate de palabras que no tienen una función esencial en la proposición, marcan una ligadura con un elemento anterior o posterior en el enunciado, como son las conjunciones de coordinación, subordinación o adverbios, de modo que cuando los signos de puntuación se sitúan al comienzo de proposición, a menudo se unen a este tipo de partículas. Por otra parte, si una proposición subordinada se anticipa a la principal, el límite entre ambas va marcado mediante puntuación mucho más a menudo que cuando la subordinada sigue a la principal. Son los términos que marcan las relaciones circunstanciales los que se acompañan de signos de puntuación

---

[29] Aunque refiriéndose a la escritura carolina, Polara (1987: 49) da una razón muy plausible para explicar la irregularidad en el uso de los signos de puntuación en la escritura de mano, una razón que puede ser también aceptable para documentos redactados en otros tipos de letra y escritos tantos siglos después, pues al escribiente del siglo XVI se le presentaba la necesidad de indicar en qué sentido debía ser interpretado el texto por el lector, del mismo modo que les sucedía a los amanuenses que empleaban la letra carolina. Este propósito desambiguador de la puntuación es reconocido por Barzizza (c. 1370-1431), humanista italiano que afirma en su *Doctrina punctandi* que el signo de puntuación posee una doble utilidad: sirve, por un lado, para evitar el equívoco "punctum est signum segregans intellectum" y, por otro, para permitir al que lee en voz alta recuperar el aliento "spiritum recreans prolatoris". A lo que añade que la puntuación contribuye decisivamente al texto haciéndolo más inteligible y armonioso y lo libra de falsas interpretaciones (Ouy 1987: 182), lo que, por otra parte, es un lugar común en todos los tratados sobre puntuación.

fuertes, ya sea la sucesión temporal de los eventos o los que comienzan o terminan una enumeración[30].

A menudo también se usan signos de puntuación delante de los sujetos de la proposición, sea nombre propio o pronombre personal, situados casi siempre al comienzo de proposición, marcándose así el paso al estilo directo y el cambio de interlocutor. (Marchello-Nizia 1978: 40)[31].

A pesar de no ser un uso regular del todo, en ocasiones, el signo de puntuación se sitúa entre dos partes de una misma proposición o de un mismo sintagma. Los elementos de este modo separados suelen ser palabras o grupos de palabras coordinados o yuxtapuestos, de la misma naturaleza y función. En algunos casos de puntuación interna a la proposición, ésta se encuentra en unidades largas, como complementos complejos, sujetos que contienen oraciones de relativo o aposiciones participiales (Marchello-Nizia 1978: 41).

A continuación ofreceré algunas muestras, necesariamente espigadas de un volumen de textos mucho mayor, del uso de la puntuación en los manuscritos con los que vengo trabajando, que den prueba de los usos mencionados y otros nuevos. Los siguientes ejemplos pertenecen a diversos documentos de diferentes tipos, redactados en distintos tipos de escritura a lo largo del siglo XVI y custodiados en el Archivo de Villa de Madrid.

1.2.1. *Uso del punto*[32]

Desde que, a partir del siglo XII, la escritura a mano se comprimió más y más, el punto se convirtió en la marca de puntuación más común, empleándose para indicar todo tipo de pausas y para establecer separaciones. Por esto, el punto, bajo <.> o alto <·>, es un signo multifuncional en los manuscritos y comparte con otros signos, como la mayúscula, la vírgula o la disposición textual (los espacios y blancos) muchos de sus cometidos, pudiendo aparecer combinado con ellos, por sí solo, o faltar cuando los otros aparecen, por resultar redundante con la presencia de aquéllos (Blecua 1984: 135). El punto bajo y el punto alto no

---

[30] En el caso en que la subordinada sigue a la proposición principal no hay pausa, o es muy ligera, por lo que el escribano podía dejar de marcar dicha división (Blecua 1984: 121; de Nigris 1984: 422-423; Marchello-Nizia 1978: 37-39; Santiago 2003: 197).

[31] Aprovecho las informaciones halladas en el trabajo de este autor, pese a que se refiere a usos hallados en documentos medievales franceses, porque veo esos mismos usos reflejados en los documentos de mi muestra.

[32] Tengo en cuenta los usos de puntuación que documenta Roudil en el manuscrito que contiene las *Flores del derecho* de Jacobo de las leyes. Véase Roudil (1982: 10-70).

parecen diferenciarse demasiado en los usos aparecidos en los manuscritos de mi muestra, aunque el primero es mucho más abundante, por lo que no establezco separación entre ellos como signos diferentes, sino que los considero, hasta concluir el estudio de una muestra más amplia, variantes gráficas de un mismo signo.

El punto separa partes estructurales del documento sin que medie entre ellas un espacio en blanco, labor para la que puede bastarse solo o combinarse con mayúscula (Blecua 1984: 127).

– Separa la intitulación y la dirección.

1. "Doña yσauel porla gracia de dyos Reyna de Caſtilla & deleon detoledo de çe çilia deportogal de galliσia de σeuy lla de cordoua de murçia de jahen de loσ Al garueσ de Algeσyra prinçeσa deloσ Reynoσ de Aragon & σeñora de viσcaya & de molina. A voσ el con çejo juσtiçia Regidoreσ caualleroσ eσcuderoσ ofiçialeσ & omeσ buenoσ dela muy noble & leal *villa* de madrid σalud & gracia [...][33].

– El punto puede separar la intitulación de la notificación.

2. [...] Ala qual plega σaber. commo bien Sabe vuestra merçed que porotraσ petiçioneσ. lehemoσ suplicado. [...][34].

– En la intitulación, el punto puede marcar el fin de la intitulación propiamente dicha y separarla de una fórmula de respeto, para la "captatio benevolentiae".

3. [...] /el conçejo Alcaldeσ Regidoreσ & omeσ buenoσ dela villa defreſno de torote vaſalloσ devuestra merçed. laσ manyficaσ manoσ devuestra merçed beſamoσ[35].

– Separa la dirección de la salutación.

4. [...] Avos Elcon çejo juſtiçia Re gidoreσ caValleros esCuderos o fiçiales yomeσ buenoσ dela villa dema drid. salud Egracia [...][36].

---

[33] Copia de una provisión real de 1476, en letra cortesana-procesal, signatura 2-311-25, en *Los libros de cédulas y provisiones*, parte C, [fol 71 v], l. 18, (en este ejemplo, la dirección comienza con mayúscula).

[34] Petición otorgada por el Concejo y hombres buenos de Fresno del Torote en 1518, en letra mixta de cortesana y humanística cursiva vulgar y contenida en las ordenanzas para la guarda de panes y viñas de Fresno del Torote. Signatura 2-310-13, [h 3 r], l. 3.

[35] Petición otorgada por el Concejo y hombres buenos de Fresno del Torote en 1518, en letra mixta de cortesana y humanística cursiva vulgar, contenida en las ordenanzas para la guarda de panes y viñas de Fresno del Torote. Signatura 2-310-13, [h 3 r], l. 1-l. 3.

[36] Copia de una provisión de la reina Dª. Juana, signatura 2-397-96 (II), en letra mixta de cortesana y humanística, realizada en 1546, en el *Libro de cédulas y provisiones*, B, [fol 93 r], l. 1.

– Se sitúa entre el dispositivo y la corroboración.

5. [...] Eeſto myſmo mando q*ue*fagadeσ *en*todaσ laσ torreσ fuerteσ de loσ muroσ d*e*la d*icha* villa. lo qual voσ mandoq*ue* fagadeσ& cunpladeσ σe gund q*ue* eneσta myc*a*rta σe co*n*tiene Eσyn eσperar otraσ myσ c*a*rtaσ ny manda myentoσ p*or* q*u*a*n*to eσta eσ myd*e*lib erada voluntad &final ynte*n* çion & por q*ue* aσy cunple A my σer uyçio & bie*n* & p*ro* & vtilidadd*e* myſ Reynoσ [...][37].

– Separa la cláusula de prohibición "E non faga deσ Ende Al." del texto del dispositivo.

6. [...] y EnCaſo quenolo quiera hazer lo. tome por teσtimo*n*yo Elo enbie Ante my p*a*ra que yolo man de p*ro* veher EReme diar como con venga. Eno faga deσ Ende Al [...][38].

– Establece separación entre la corroboración y la fórmula de la data.

7. [...] Eno*n*fagadeσende al. dadaenla villademedina delCanpoa quin σe diaσ delmeσde. março año delnaσcimie*n*to del n*uest*ro σaluadorihe*s*u *christ*o demil &quy-*nient*oσ &quinzeañoσ [...][39].

– Separa la fórmula de data de la signatura real.

8. [...] Dada Enla villa deme dina del Can po A quinze diaσ del meσ demarco (*sic*) Año del naçimy*en*tod*e* n*uest*ro salua dor jhe*s*u *christ*o demyll Equi*n*ientos Equinze Años. yoel Rey. yolo pe con chillos Secretario dela Reyna. n*uest*ra σeñora la fize es crevir por man dado del Rey σupadre [...][40].

Esto sucede porque, al tratarse de una copia, se dispone todo junto, a línea tirada. En realidad, la signatura real va limitada y destacada por dos puntos, uno al comienzo y otro al final.

---

[37] Copia de la provisión real de 1476, en letra cortesana-procesal, signatura 2-311-25, en *Los libros de cédulas y provisiones*, parte C, [fol 72 v], l. 10.

[38] Copia de una provisión de la reina Dª. Juana, signatura 2-397-96 (II), en letra mixta de cortesana y humanística, realizada en 1546, en el *Libro de cédulas y provisiones*, B, [fol 94 v], l. 16.

[39] Original de una provisión real de Dª. Juana, con fecha 1515, en letra cortesana-proce-sal, signatura 2-397-96 (II), [h 1 r], l. 34.

[40] Copia de una provisión de la reina Dª. Juana, signatura 2-397-96 (II), en letra mixta de cortesana y humanística, realizada en 1546, en el *Libro de cédulas y provisiones*, B, [fol 94 v], l. 20.

– Separa la salva de las firmas de los Consejeros, pues, por tratarse de un traslado, van copiadas a línea tirada.

9. [...] ba· sobre rraido arrib a En madrid aochobala· *domingo*.(?) Ep*iscopu*s segobiensis El dotor rredin Elliçen çiado contreraσ El dotor luis de molina el dotor ag uilera Elliçençiado cob arrubias [...]⁴¹.

– En una provisión trasladada y en la que, por tanto, todas las signaturas se escriben seguidas y a línea tirada, separa la signatura del rey de la cláusula de validación que de la provisión hace el secretario real⁴².

El punto se sitúa ante una conjunción que sirve como conector del discurso y une en relaciones de distinto tipo oraciones completas.

10. [...] y lavolun tad. dev*uestr*a merçed. hasido. de noσ hazer merçed delaσ hordenançaσ demadrid. yp*ara* ello. va (*sic*) herna*ndo* gil yju*an* σerrano porp*ar*tedel conçejo ypor parte deloσ σeñoreσ deloσ ganados. bernal dino moreno yp*ero* σancheσ paſtor.⁴³.

El punto se puede utilizar para establecer divisiones entre cláusulas (Martínez Marín 1994: 443).

– En oraciones coordinadas, el punto se sitúa ante la conjunción, asociándose a ella y marcando relaciones adversativas, de oposición, de adición o de disyunción. Por ejemplo, asociado a la conjunción *y*, el punto separa dos oraciones de las cuales la segunda va encabezada por dicha conjunción.

11. yagora σu merçed deloσeñor t*enye*nte es veny do ACunplir lo que σu mag*es*tad leman da por σus comy sioneσ Realeσ yle dizen quel lugar don deσu merçed eſta esel·Exido/ depalomero por en de pidio. ERequirió Aσumerçed que des del comy ençe| la visita.⁴⁴

– También separa las proposiciones que componen oraciones subordinadas.

---

⁴¹ Traslado de una provisión del Consejo contenida en un censo dado en Madrid en 1576, en letra humanística bastarda española, signatura AVM 5-486-5, [fol 12 r], l. 21.

⁴² Traslado del traslado para la Villa de Madrid de una provisión del emperador Carlos V, signatura 2-405-42, realizado en Madrid el 15 de febrero de 1529, en letra mixta de cortesana y humanística y contenido en los *Libros de acuerdos*, [fol 150 v], l. 7.

⁴³ Petición otorgada por el Concejo y hombres buenos de Fresno del Torote en 1518, en letra mixta de cortesana y humanística cursiva vulgar y contenida en las ordenanzas para la guarda de panes y viñas de Fresno del Torote. Signatura 2-310-13, [h 3 r], l. 6 y l. 8.

⁴⁴ Pleito seguido por Madrid contra el Conde de Puñoenrostro. Letra cortesana de transición a humanística. Signatura 3-126-1, [fol 6r], l. 15.

Por ejemplo, se sitúa delante de la conjunción subordinante *que* en una oración subordinada sustantiva de OD introducida por un verbo de lengua, sirviendo para marcar la introducción de discurso en estilo indirecto, situándose ante la conjunción "que".

12. [...] &en no*n*bre del d*ich*o conçejo &perσonaσ p*ar* ticulareσ del dixero*n*. q*u*ebeſaua*n*laσ manoσ aσu m*er*çed & selo tenyan en mu*n*cha m*er*çed [...][45].

El punto separa, en ocasiones, los miembros de la cláusula (Martínez Marín 1994: 443; Santiago 1998: 256, n. 38).

– En una oración, puede separar, aunque no siempre lo hace, el SN sujeto, del SV predicado o del predicado nominal atributo.

13. [...] los peligros en que eſtoσ n*uest*ros rreynos y loσ otroσ q*ue* te nemoσ. Seponen [...][46].

14. [...] se padeσ· que p*leito*. eσta. pendiente [...][47].

– Separa un elemento en posición remática de aquél que le sigue.
En un predicado nominal, separa el atributo antepuesto del OI.

15. [...] notorios. os son lo sgrandeσ Y mu*n*chosgaſtos [...][48].

Del mismo modo, separa el OI antepuesto al OD de éste.

16. [...] mando q*ue* deen de alque vos la moſtrare. teſtimonyo sígnado consusignoen man*er*a q*ue*haga fee· [...][49].

---

[45] Ordenanzas para la Villa de Fresno de Torote hechas en el año de 1518 por don Juan Hurtado de Mendoza, redactadas por Gaspar Dávila, en letra cortesana-procesal, signatura 2-310-13, [h 8 r], l. 24-l. 26.

[46] Traslado de una provisión real de Carlos I, signatura 2-393-72, redactada por un escribano desconocido de los del Ayuntamiento de Madrid, en letra cortesana con influencia de humanística cursiva en Madrid, en 1546, y validada por Antonio de Villegas, secretario de sus Cesárea y Católicas Majestades en letra procesal, [fol 42 r], l. 2.

[47] Original de una provisión del Consejo dada en Valladolid en 1567 en letra humanística cursiva, signatura 2-158-103, [h 1 r], l. 7.

[48] Original de una provisión real de Carlos I, signatura 2-393-72, dada en Palencia el 10 de septiembre de 1534, redactada por un escribano desconocido en letra mixta de cortesana y humanística y validada por Antonio de Villegas, secretario de sus Cesárea y Católicas Majestades en letra procesal, [h 1 r], l. 8.

[49] Original de una provisión real de Carlos I, signatura 2-393-72, dada en Palencia el 10 de septiembre de 1534, redactada por un escribano desconocido en letra mixta de cortesana y humanística y validada por Antonio de Villegas, secretario de sus Cesárea y Católicas Majestades en letra procesal, [h 2 r], l. 9.

Dentro de unidades menores, como los sintagmas, también puede establecer divisiones:

— Separa un sustantivo del determinante o combinación de determinantes que lo especifican. Así, cuando el nombre va especificado por dos determinantes, puede establecer una separación entre esos dos determinantes.

17. [...] otroσ. tantoσ m*arauedi*σ [...][50].

— También en un sintagma nominal separa los dos pronombres coordinados que forman su núcleo, situándose delante de la conjunción copulativa.

18. [...] cada vno. & qual quyer devoσ [...][51].

— Separa un nombre de su modificador (ya sea un adjetivo, un complemento del nombre, una oración de relativo o una aposición).
— Por ejemplo, establece separación entre un antecedente y la oración de relativo que lo explica.

19. [...] my me*rçe*d esdele*pro* veher del d*ich*o ofiçio deCo Regimy*ento* porel d*ich*otienpo. El qual es my me*rçe*d. E voluntad deman dar que vſe del d*icho/* oficio desdeldia quele Re çibieredeσ Ael Enade lante [...][52].

— O separa dos SN que hacen función de aposición, aplicados al mismo núcleo nominal.

20. [...] anago mez bihuda. muger que fue de [...][53].

— En el SN formado por el nombre y los apellidos de alguien mencionado en el documento puede separar dos apellidos.

---

[50] Copia de una provisión de la reina Dª. Juana, signatura 2-397-96 (II), en letra mixta de cortesana y humanística, realizada en 1546, en el *Libro de cédulas y provisiones*, B, [fol 94 r], l 13.

[51] Provisión del Consejo original redactada por un escribano desconocido el 11 de octubre de 1529, en letra cortesana de transición a humanística y validada por Francisco del Castillo, escribano de Cámara, [h 1 v], l. 2.

[52] Copia de una provisión de la reina Dª. Juana, signatura 2-397-96 (II), en letra mixta de cortesana y humanística, realizada en 1546, en el *Libro de cédulas y provisiones*, B, [fol 93 r], l. 16-l. 20.

[53] Original de una provisión del Consejo dada en Valladolid en 1567 en letra humanística cursiva, signatura 2-158-103, [h 1 r], l. 8.

21. sebas tiande yn çiso. nabarrete[54].

Separa sintagmas nominales que forman parte de una enumeración, aunque no se aplica sistemáticamente en toda la enumeración, sino sólo entre algunos de los SN que forman parte de ella. Original de una provisión del Consejo, signatura 2-158-175, dada en Madrid en 1597, redactada en letra humanística bastarda, [h 1 r], l. 7.

22. archiduquede auσtria. duque deborgoña debrauantey mi lan.

Sin embargo, a veces, sí separa todos los miembros de una enumeración polisindética.

23. [...] la gran fidelidad. yamor. ylealtad [...][55].

– Separa, además, dos sintagmas nominales coordinados que pueden o no formar parte de una enumeración y se sitúa delante de la conjunción copulativa "&", "E" o "Y".

24. [...] con A quellaσ myσ maσ clauſulaσ. E Calidadeσ fuerçaσ. Efi*r*mezaσ [...][56].

Establece divisiones en el interior del SV.
– Dentro de una enumeración, separa algunos de los elementos que la componen, a todos o a sólo dos de ellos.
En una oración subordinada sustantiva de infinitivo, separa dos verbos en infinitivo dependientes del verbo principal.

---

[54] Traslado y confirmación de una provisión del Consejo, dada en Madrid en 1573 y trasladada en Granada en 1590, con signatura 3-405-1, en letra procesal con tendencia al encadenamiento, [h 2 v], l. 11.

[55] Original de una provisión real de Carlos I, signatura 2-393-72, dada en Palencia el 10 de septiembre de 1534, redactada por un escribano desconocido en letra mixta de cortesana y humanística y validada por Antonio de Villegas, secretario de sus Cesárea y Católicas Majestades en letra procesal, [h 1 v], l. 21.

[56] Original de una provisión real de Dª. Juana, con fecha 1515, en letra cortesana-procesal, signatura 2-397-96 (II), [h 1 r], l. 10; copia de una provisión de la reina Dª. Juana, signatura 2-397-96 (II), en letra mixta de cortesana y humanística, realizada en 1546, en el *Libro de cédulas y provisiones*, B, [fol 93 r], l. 3, l.18, l. 24 y [fol 93 v], l. 17 y l. 21 (hay dos casos en esta línea, en una construcción paralelística propia de la lengua notarial).

25. [...] Ehagayσ guardar. Cunplir yexecutar en*to* do E porto do Com*mo* Enella se· contiene· [...][57].

Es de notar que no haya punto junto a la conjunción "y", un uso que se da muy a menudo, pero que en este caso hace al punto redundante.

Cuando un SP circunstancial se anticipa al verbo, este elemento destacado se puede separar empleando el punto elevado:

26. [...] &σy*n*ny*n*gu*n*d enbargo· pueda*n* paçer & Ameſnar con σuσ ganadoσ mayor*e*σ & menor*e*σ &Cortar leña & madera [...][58].

Establece divisiones entre elementos de la misma naturaleza y función.

– En la dirección, separa dos fórmulas de dirección distintas y complementarias: en la primera, se describe pormenorizadamente a los destinatarios de la provisión, mientras que en la segunda la dirección se hace a todos ellos en conjunto y también individualmente.

27. [...] A voσ el*nuest*ro corregidor dela villa demadrid· juez de rresidençia & a v*uest*ro al*ca*lde y lugar teny*ente*. & [...]· acada vno E qualquierde voσ en v*uest*roσ jugareσ [...][59].

– Separa dos sintagmas preposicionales que forman un complemento circunstancial de tiempo.

28. [...] demanda*r*que vſe deld*i*cho ofiçio del dia q*ue*lo Reçebierdeσ ael. en a delante[60].

Cierra un renglón que el escribano da por concluso, de lo que hay incontables ejemplos[61].

---

[57] Provisión del Consejo original redactada por un escribano desconocido el 11 de octubre de 1529, en letra cortesana de transición a humanística y validada por Francisco del Castillo, escribano de Cámara, [h 1 v], l. 4.

[58] Sentencias de vista y revista contenidas en un testimonio signado dado por Rodrigo de San Román, escribano de Cámara, en Ciudad Real, en el año 1504. En letra cortesana-procesal. Signatura 3-219-41, [h 4 r], l. 33.

[59] Original de una provisión del Consejo, signatura 2-158-103, dada en Valladolid en 1567, redactada en letra humanística cursiva clara y bien trazada, [h1 r], l. 5.

[60] Original de una provisión real de Dª. Juana, con fecha 1515, en letra cortesana-procesal, signatura 2-397-96 (II), [h 1 r], l. 9.

[61] Original de una provisión del Consejo dada en Valladolid en 1567 en letra humanística cursiva, signatura 2-158-103, [h 1 r], l. 34, l. 59, l. 60; l. 61. (Los ejemplos son abundantísimos, aunque no se dan con toda regularidad).

En un antiguo uso, el punto antecede y sigue a las cifras en números romanos, para evitar confusiones con las palabras que las rodean, observándose el mismo uso con los guarismos (Parkes 1992: 42; Santiago 1998: 265, n. 64).

– Así, el punto se utiliza en las cuentas para cerrar la suma que monta cada concepto, la cual aparece en números romanos, separada por un par de espacios del artículo en el que se detalla lo necesario sobre dicho concepto.

29. ¶ queſele cargan del alcan çe de Ruy ençiso m*ayordomo* del Año paſado d*e* q*u*inientoσ nove*n*ta mill & ocho çientoσ & treſ m*arauedi*σ} XCMDCCC° III.[62].

También se utiliza para marcar las abreviaturas, aunque ocasionalmente, un uso ya documentado en manuscritos medievales en letra cursiva (Parkes 1992: 42).

30. D*octor.* don Iñigo decardenas çap*ata*", "L*icenciado.* donPedro <u>Portocarrero</u>", "ElD*octor.* ju*an* fern*andeσ*", *licenciado.* fran*cisco* DeVera Aragon[63].

Divide palabras derivadas o compuestas.
– Separa los dos formantes de un nombre compuesto.

31. lugareσ. tenyen teσ[64].

Asimismo, separa el prefijo del lexema de una palabra derivada: "pro. viſor"[65]. También sucede con la palabra "voſo.troσ", que puede ser analizada como compuesta de *vos* y *otros*, aunque la división establecida por el punto está equivocada[66]. Este uso, a veces, se extiende, en este mismo documento, a palabras que no cumplen esos requisitos, como en el siguiente caso, [fol 93 r], l. 3: "jus. tiçia", por lo que puede ser un rasgo característico del copista anónimo que lo traslada.

---

[62] Cuenta del mayordomo de Propios, en letra procesal por mano de Antón Dávila, escribano del Concejo de la Villa de Madrid. Signatura 3-6-4, [h 1 r], l. 6, l. 9, l. 12, l. 15, l. 18, l. 22, etc.

[63] Original de una provisión del Consejo , dada en Madrid en 1584, letra humanística bastarda clara y bien dibujada, signatura 2-158-151, [h 1 r], l. 7, l. 11: "cump*lido*", "m*erce*d"; l. 9: "al*onso*". En esta provisión, es muy abundante en las signaturas de los Consejeros. Este uso es recogido por Barzizza también en su *Doctrina punctandi*, a la que ya me he referido anteriormente, entre los cometidos que los *moderni* daban al punto (G. Ouy 1987: 184).

[64] Copia de una provisión de la reina Dª. Juana, signatura 2-397-96 (II), en letra mixta de cortesana y humanística, realizada en 1546, en el *Libro de cédulas y provisiones*, B, [fol 93 r], l. 23.

[65] En esta misma copia de una provisión de la reina doña Juana de 1515, [fol 94 v], l. 11.

[66] En la copia de una provisión de la reina doña Juana de 1515, [fol 94 r], l. 20.

                               María Elena Bédmar Sancristóbal

Destaca determinadas palabras que el escribano o copista juzga importantes en la escrituración del negocio jurídico del que se trate.

– Puede hacerlo colocándose sobre tales palabras, lo que sucede en varias ocasiones, pero no es sistemático, sino al arbitrio del escribano.

Así sucede en los ejemplos siguientes: "turco", "Mandamoσ", "fama"; [h 1 v], l. 15: "general" ([...] en daño general dela *Christ*iandad [...]")[67].

– O situándose a ambos lados de la palabra que se quiere resaltar, uso ya documentado en documentos medievales en letra cursiva (Parkes 1992: 42).

32. [...] yporque n*uestr*am*erce*d.yboluntad Es queeld*ic*ho donalonso decardenaσ. tenga. Eld*ic*ho of*ic*io [...][68].

El punto puede aparecer sustituyendo a un elemento que se omite, como un modo convencional de suplir su ausencia y señalar dónde debería estar, alternando, para este uso, con el espacio en blanco.

En la copia de una carta de poder, el signo original del escribano se omite, como es natural, y en su lugar se pone un punto.

33. [...] E poren de fize aq*ui* e σte my σigno . atal en te σtimo*n*yo de ver*d*ad. m*ar*tyn σancheσ eσcry*uano*[69].

1.2.2. *Uso de la vírgula*

En la tradición de los manuscritos medievales este trazo inclinado recibía el nombre de *virgula suspensiva* y su cometido consistía en señalar las pausas más breves dentro de un texto, y a menudo también el final de un *comma*[70], aunque

---

[67] Original de una provisión real de carlos I, signatura 2-393-72, dada en Palencia el 10 de septiembre de 1534, redactada por un escribano desconocido en letra mixta de cortesana y humanística y validada por Antonio de Villegas, secretario de sus Cesárea y Católicas Majestades en letra procesal, [h 1 r], l. 16, l. 17 y l. 30.

[68] Original de una provisión del Consejo, dada en Madrid en 1584, letra humanística bastarda clara y bien dibujada, signatura 2-158-151, [h 1 r], l. 7.

[69] Copia de una carta de poder otorgada por el Concejo de Fresno del Torote en 1518, contenida en las ordenanzas para la guarda de panes y viñas de dicha villa y realizada por Gaspar Dávila en letra procesal, signatura 2-310-13, [h 5 r], l. 5.

[70] El *comma* es la división de un *colon* o *membrum*, que es a su vez la división mayor de un periodo, a menudo breve y rítmicamente incompleta, seguida por una dislocación menor del sentido, donde puede ser necesaria una pausa. En el siglo XV también se definía como una construcción dependiente de un verbo de una construcción precedente o subsecuente (Parkes 1992: 302).

en algunas copias de los siglos XIV, XV y XVI podía usarse para cualquier pausa exceptuando la final (Parkes 1992: 307).

No obstante, tal como aparece utilizada en los manuscritos que me sirven de muestra, unida a un punto debajo de ella <./>, es marca de periodo, marcando el fin de párrafo, como lo señala López de Velasco al hablar de la "escritura ordinaria de mano", algo ya también recomendado por Torquemada, según he apuntado más arriba, y de lo que traigo ejemplos a continuación. También se utiliza profusamente para establecer pausas entre elementos de una misma proposición, incluso de un mismo sintagma: complementos de la misma clase yuxtapuestos, verbos auxiliares separados de sus participios o del infinitivo que los acompaña o, incluso, verbos plenos separados de un sujeto pospuesto o de sus complementos[71].

En los manuscritos medievales, y también en algunos de mi muestra, la vírgula, simple </>o doblada <//>, hace la misma función que el calderón, comenzando sección del documento y nuevos periodos dentro de estas secciones (Parkes 1992: 46, 301, 305 y 307), un uso que también me ha sido posible ejemplificar en la mano de Antón Dávila y de Gaspar Dávila, ambos escribanos del Concejo madrileño[72]. En el documento que cito a continuación, la vírgula comienza el documento dando la entrada a la dirección, que es el primer elemento de la estructura de una petición o demanda.

34. /muy manyfico señor[73].

También se observa este uso para la doble vírgula.

35. [...] //yo don ju*an* hurtado d*e* mendo ça ɔeñor dela villa de frexno digo q*ue* [...][74].

Al principio de un documento que contiene unas cuentas del mayordomo de propios, bajo la cruz, un párrafo destacado y en forma de columna, es introducido mediante la vírgula.

---

[71] Véase López de Velasco 1999[1582]: 289. También se refieren a estos usos de la vígula Marchello-Nizia (1978: 34), que los halla también en la tradición francesa, en textos literarios, Parkes (1992: 45) y Santiago (1998: 256, n. 38).

[72] El primero es padre del segundo y su antecesor en el cargo, por lo que esa coincidencia de uso se deba a las enseñanzas recibidas por G. Dávila. Véase sobre este parentesco y la sucesión en el cargo AVM 3-126-1, fol 1 r, l. 20-l. 24.

[73] Petición otorgada por el Concejo y hombres buenos de Fresno del Torote en 1518, en letra mixta de cortesana y humanística cursiva vulgar y contenida en las ordenanzas para la guarda de panes y viñas de Fresno del Torote. Signatura 2-310-13, [h 3 r].

[74] Copia de la petición otorgada por el Concejo de Fresno del Torote en 1518, realizada por Gaspar Dávila en letra procesal y contenida en las ordenanzas de Fresno del Torote, signatura 2-310-13, [h 4 r], l. 1.

> 36. /Cargo queſe haze A *alonso* de toledo m*ayordomo*
>   d*e*la noble villa de mad*rid*7 deſ*de* p*ri*me*r*o
>   d*e* no*v*i*en*bre d*e* q*u*i*n*ientoσ & vno faσta e*n*fin d*e*l
>   d*i*cho Año [...][75].

Establece divisiones entre las diversas partes que componen el documento.
– Aunque no se trate de un uso regular, la vírgula puede separar la corroboración de la data y la validacion.

> 37. [...] &p*or* queſto σea çierto &no*n* venga en dubda otorgamoσ eſta c*arta* de
> pod*e*r an tel eσcry*uano* de yuſo no*n*brado al q*ual* Rogamoσ q*u*elo<de>aσy σig nado
> de σu σigno/ q*u*efue h*e*cho & otorgado enla villa de frexno de torote p*ri*mero día del
> meσ de otubre año del σeñor de myll & quy*n*ientoσ & dieσyocho años [...][76].

Separa las diversas partes que componen un párrafo pero son relativas a
aspectos diferentes dentro del asunto de que se trata. Para esto, la vírgula se sitúa
delante de la conjunción que actúa como conector, por ejemplo, "E".

> 38. [...] q*u*epague p*or*Cada cabeça deloσ d*i*choσ ganadoσ menoreσ treſ
> m*arauedi*σ dedia & denoche doblado eσtando co*n*fruto & σin el d*i*cho fruto la
> mytad/ E σi fueren loσ d*i*choσ ganadoσ m*ayor*eσ Cayga en pena p*or*Cada cabeça
> vey*n*te m*arauedi*σ dedia &denoche do blado eσtando con fruto & σin fruto σea la
> mytad [...][77].

Es evidente que se establece una continuidad entre cuestiones diversas de un
mismo asunto cuando junto a "E" aparece "otrosi", como en el ejemplo siguiente del mismo documento, [h 5 r], l. 25-l. 29:

> 39. [...]/Eotroσy queſi el majuelo fuere de σiete añoσ o dende abaxo o oliuar
> q*u*elaσ d*i*chaσ penaσ σean dobladaσ/ E q*u*elaσ d*i*chaσ penaσ se Rep*ar*tan eneſta
> man*e*ra q*u*e no*n* σiendo tomado el tal ganado porel σeñor dela viña o huerta o oliuar
> q*u*ela terçia p*ar*te σea del σeñor dela tal heredad [...].

---

[75] Cuenta del mayordomo de Propios, en letra procesal por mano de Antón Dávila, escribano del Concejo de la Villa de Madrid. Signatura 3-6-4, [h 1 r], l. 1.

[76] Copia de una carta de poder otorgada por el Concejo de Fresno del Torote en 1518, contenida en las ordenanzas para la guarda de panes y viñas de dicha villa y realizada por Gaspar
Dávila en letra procesal, signatura 2-310-13, [h 4 v], l. 28.

[77] Ordenanzas para la Villa de Fresno de Torote hechas en el año de 1518 por don Juan
Hurtado de Mendoza, por Gaspar Dávila, en letra cortesana-procesal, signatura 2-310-13, [h 5
r], l. 21.

Algo similar ocurre al añadir "aσy myſmo" a la conjunción "E", como en la corroboración de las ordenanzas de Fresno del Torote arriba mencionadas, [h 8 r], l. 17:

40. [...] & preσentaron antemy la dicha petic*ion* &poder/ E aσy myſmo po*r*pa*r*te deloσ d*ich*oσ dueñoσ de g*anad*oσ pareσ çiero*n* bernal dino moreno & p*ero* σancheσ paσtor co*n*loσ q*u*aleσ σy [...] & el b*achille*r ariaσ <σuletrado dixo q*ue* avian platica-do &comunycado> [...].

La vírgula también separa oraciones.
– Se sitúa delante de la conjunción "E" o "y" de una oración coordinada copulativa.

41. /otroσy mando q*ue* σi loσtaleσ ganadoσ mayoreσ o menoreσ fueren tomadoσ e*n* huertaσ o oliuareσ o melonareσ o co*n*honbraleσ o garvançaleσ o arbole-daσ q*ue*Caygan & yncurran e*n*laσ d*ich*aσ penaσ de σuſo declaradaσ q*ue*tienen e*n*laσ d*ich*aσ viñaσ/ E q*ue*l dueño dela tal he*r*edad o σu mayor *domo* ocriado loσ pueda Rete*n*er el d*ich*o ganado m*ay*or & te*n*er a corralado h aſta q*ue*le p*a*guen laσ Caloñaσ σuſo d*ich*aσ <Rep*a*rtidaσ com*m*o d*ich*o eσ>[78].

– Además, se asocia a la conjunción, situándose ante ella, en el caso de mar-car divisiones dentro de oraciones subordinadas.

42. [...] q*ue*laσ pueda dema*n*da*r* & a cuſar aq*u*el q*ue* Reçibiere el daño aq*u*ie*n* fuere ſecho de Cada añohaſta treſ meſeσ & dende en a delante q*ue*per ſcrivan laσ d*ich*aσ caloñaσ &penaσ/ q*ue* no*n*ſe puedan pedir/[79].

– Se asocia, del mismo modo, a la conjunción "pero".

43. [...] q*ue* laσ guardaσ & vezinoσ dela d*ich*a <my> villa leσ lleven laσ penaσ en q*ue* yn curren co*n*forme Aeſtaσ ordenançaσ/ p*er*o σi loσ d*ich*o σ vezinoσ deloσ d*ich*oσ lugareσ llevaren mayoreσ penaσ aloσ vezinoσ dela d*ich*a my villa q*ue* σntal caſo leσ lleven laσ myſmaσ penaσ q*ue* elloσ leσ σuelen & acoσtunbran llevar/ aloσ d*ich*oσ vezinoσ dela d*ich*a my *villa* [...][80].

---

[78] Ordenanzas para la Villa de Fresno de Torote hechas en el año de 1518 por don Juan Hurtado de Mendoza, por Gaspar Dávila, en letra cortesana-procesal, signatura 2-310-13, [h 5 v], l. 17.

[79] Ordenanzas para la Villa de Fresno de Torote hechas en el año de 1518 por don Juan Hurtado de Mendoza, por Gaspar Dávila, en letra cortesana-procesal, signatura 2-310-13, [h 7 r], l. 16.

[80] Ordenanzas para la Villa de Fresno de Torote hechas en el año de 1518 por don Juan Hurtado de Mendoza, por Gaspar Dávila, en letra cortesana-procesal, signatura 2-310-13, [h 7 v], l. 28.

– La doble vírgula se sitúa delante de la proposición que expresa el efecto, cuando la que expresa la causa se anticipa a ella:

44. Yporque muchaσ personaσ ofreçieron que darian a Eſtadichavilla ladicha-cantidad a rraçon dea diez Yseiσ myll El millar Pararredimir lo deacatorçe// Porparte deſtauilla se suplicoa su mag*estad* Ensu rreal consejo) f uese seruido de dar liçençia aEſta dicha villa paraque Lo suso d*icho* sehi çiese[81].

La vírgula también establece divisiones en el interior de las cláusulas.
Separa SNs coordinados y lo hace asociándose en ocasiones a la conjunción "E", "&", "y" y se sitúa ante ella cuando coordina dos sustantivos.

45. [...] laσ huertaσ/ & huertoσ o linareσ [...][82].

Establece divisiones dentro de sintagmas.
– Dentro de un SN, separa el determinante especificador del sustantivo núcleo al que especifica.

46. [...] q*ue*pague al/Señor dela viña [...][83].

– Dentro de un SV, separa el verbo del SP que desmpeña la labor de OI.

47. [...] q*ue* e*n*tal caſo leσ lleven laσ myſmaσ penaσ q*ue* elloσ leσ σuelen & acoσtunbran llevar/ aloσ d*ichoσ* vezinoσ dela d*icha* my v*illa* en σuσ heredadeσ & termy*noσ*/ q*u*ando e*n*elloσ loσ toman [...][84].

La vírgula protege los márgenes de las líneas, ya sea al comienzo o al final de éstas.
– A veces, la vírgula se sitúa al comienzo o al fin de un determinado renglón, de forma asistemática, como en las ordenanzas para la Villa de Fresno de Torote

---

[81] Copia-registro de una escritura de censo realizada en Madrid en 1576, signatura 5-486-5, letra humanística bastarda española y bastarda, [fol 11 r], l. 26.

[82] Ordenanzas para la Villa de Fresno de Torote hechas en el año de 1518 por don Juan Hurtado de Mendoza, por Gaspar Dávila, en letra cortesana-procesal, signatura 2-310-13, [h 6 v], l. 31.

[83] Ordenanzas para la Villa de Fresno de Torote hechas en el año de 1518 por don Juan Hurtado de Mendoza, por Gaspar Dávila, en letra cortesana-procesal, signatura 2-310-13, [h 7 r], l. 18.

[84] Ordenanzas para la Villa de Fresno de Torote hechas en el año de 1518 por don Juan Hurtado de Mendoza, por Gaspar Dávila, en letra cortesana-procesal, signatura 2-310-13, [h 7 v], l. 31.

hechas en el año de 1518 por don Juan Hurtado de Mendoza, por Gaspar Dávila, en letra cortesana-procesal, signatura 2-310-13, [h 5 r], l. 34 y [h 6 r], l. 40, en las que aparece al comienzo de línea. En la nota escrita a las espaldas del documento de las ordenanzas de Fresno del Torote, ya mencionadas, donde se hace un resumen de su contenido, se aprecia un ejemplo significativo, pues va introducida y cerrada por una vírgula al comienzo y otra al final de ella.

48. (*cruz*) /ord*enança*σ p*ar*a frexno de torote luga*r* de don ju*an* hurtado/[85].

En el interior del texto, cierra a veces párrafos o artículos que componen su estructura.

– La vírgula, sencilla, doble o combinada con punto alto o bajo cierra la línea para evitar añadidos.

49. [...] & <aσymyſmo firmo el> d*ich*o hernan gil &po*r*loσ d*ich*oσ/ ju*an* σerrano &bernaldinomoreno/[...][86].

En ocasiones, el artículo aparece cerrado por /·, aunque su uso no es continuado y la señal de fin de párrafo o, simplemente, la disposición del texto señalan el fin del artículo.

50. [...] o el señor del o el paσtor porCada vez q*ue*fuere tomado p*a*gue dozie*n*toσ m*ar*auediσ por Cada hato Rep*ar*tidoσ po*r*la forma σuſo d*ic*ha y *que* en eσ cogen çia del Señor dela h*e*redad σea dela pedir al σeñor del <ga>nado o al paσtor /·[87].

También se emplea para cerrar interlineados.
A veces, el interlineado va cerrado por una vírgula, para evitar añadidos.

51. Enla v*illa* de m*a*drid <vey*n*te diaσ del*m*eσ de ot*ubre* año denaſ çimy*ento* den*ues*tro señor i*es*hu *christ*o de myll& q*ui*ny*ento*σ y dieσyocho añoσ/eσtando/> dentro enlaσCaσaσ delSeñor don ju*an* hurt*ado* de *m*endoça [...][88].

---

[85] Ordenanzas para la Villa de Fresno de Torote hechas en el año de 1518 por don Juan Hurtado de Mendoza, por Gaspar Dávila, en letra cortesana-procesal, signatura 2-310-13, [h 9 v], l. 1-l. 2.

[86] Copia-registro de un testimonio de Gaspar Dávila del otorgamiento de las ordenanzas para la guarda de panes y viñas de Fresno del Torote, hechas en el año de 1518 por don Juan Hurtado de Mendoza. Por Gaspar Dávila, en letra cortesana-procesal, signatura 2-310-13, [h 1 v], l. 18.

[87] Ordenanzas para la Villa de Fresno de Torote hechas en el año de 1518 por don Juan Hurtado de Mendoza, por Gaspar Dávila, en letra cortesana-procesal, signatura 2-310-13, [h 5 v], l. 13.

[88] Ordenanzas para la Villa de Fresno de Torote hechas en el año de 1518 por don Juan Hurtado de Mendoza, por Gaspar Dávila, en letra cortesana-procesal, signatura 2-310-13, [h 8 r], l. 1.

Asimismo, la vírgula, combinada con el punto, cierra el tenor documental.

– El signo compuesto de punto con vírgula puede cerrar el último renglón del texto cuando éste se da por concluido.

> 52. [...] yenlo hazer. hara *vuest*ra merçed adioσ n*uest*ro feñor σervicio y Anofo-troσ bien ylimofna cuyavida. ymuy manyfico eftado de*vuest*ra merçed. n*uest*ro feñor dios gua*r*de yprofpere Aσy com*m*o por *vuest*ra merçed. eσ defeado. /[89].

Otro cometido de la vírgula es introducir y separar entre sí las signaturas de los otorgantes en el caso de que, por ser copias, estén escritas a línea tirada, sin que la disposición textual obre dicha labor de separación.

– Las signaturas copiadas van introducidas por el escribano mediante una vírgula, asimismo, se usa este signo para separarla de la siguiente signatura copiada.

> 53. /don ju*an* hurtado/ po*r*tero dy*ego* σuareσ[90].

1.2.3. *Uso del calderón*

El calderón, desarrollado a partir de la letra C y un trazo vertical, antiguamente llamado *paragraphus*, tenía en los manuscritos medievales dos cometidos que remiten en realidad a uno solo: marcar el comienzo de nuevas secciones y párrafos, como signo crítico o como símbolo indicativo del inicio de un nuevo párrafo, proposición o sección portadora de un grupo común de ideas[91]. Esta labor proviene de un uso original, ya contemplado por San Isidoro, para separar las cosas que se suceden inmediatamente, como las citas o los argumentos en las controversias eclesiásticas (Arabyan 1994: 40; Parkes 1992: 12 y 305).

El calderón comienza el tenor documental muy a menudo y también se utiliza abundantemente para marcar el inicio de nuevo párrafo en tipos documentales muy diversos, tales como las actas municipales, las ordenanzas o las cuentas, cuya disposición textual toma forma de articulado. A veces se prescinde de él,

---

[89] Petición otorgada por el Concejo y hombres buenos de Fresno del Torote en 1518, en letra mixta de cortesana y humanística cursiva vulgar y contenida en las ordenanzas para la guarda de panes y viñas de Fresno del Torote. Signatura 2-310-13, [h 3 r], l. 16.

[90] Copia-registro de un testimonio de Gaspar Dávila del otorgamiento de las ordenanzas para la guarda de panes y viñas de Fresno del Torote, hechas en el año de 1518 por don Juan Hurtado de Mendoza. Por Gaspar Dávila, en letra cortesana-procesal, signatura 2-310-13, [h 1 v], en signaturas de los otorgantes.

[91] *Cf.* § 1.1.3.

bien porque resulte redundante, ya que el comienzo textual o de artículo viene marcado por la disposición textual, bien porque esa tarea la hace por sí sola la letra mayúscula. Expongo algunos ejemplos.

– Se usa al comienzo del texto.

54.

"(*cruz*)

¶ El conçejo justiçia yrregimiento dela noble Villa de madrid Estando juntos En n*uestr*o ayuntamiento Enla sala dela s casas queE stavill atiene Enlaplaça de sant salbador [...]⁹².

– Este signo es usado de forma sistemática al comenzar cada uno de los artículos de los textos, aunque en algunos falta tal sistematicidad.

55.

¶ queſele cargan d*el* alcan çe de Ruy en*ç*iso m*ayordomo* del Año paſado d*e* qui-nient*o*σ nove*n*ta mill & ocho çientoσ & treſ m*arauedi*σ} XCMDCCC° III .

¶ dela R*enta* deloσ portaleσ honze myll m*arauedi*σ dequeſon aR*endadore*σ to maσfranco &p*ero* de mad*rid* σonlaσ pagaσ deſde ſan mig*u*ell d*el* añopaſado faσta σanmig*u*ell venyd*ero*} XIM .

¶ dela R*enta* delpeσo & cuchareσ queſencabeço por loσ q*ue* adebda van enella q*ui*nze myll& çien m*arauedi*σ queſon fran*cisco* meσon*ero* &p*ero* dep*ar*la & otroσ <pagaσ loσ terçioσ>} XVMC .⁹³.

Es de notar que en el cumplimiento de esta tarea se combina con la disposición textual y el espacio en blanco. Con este mismo uso se emplea en otros tipos documentales, más solemnes, como la provisión real y las ordenanzas municipales. Así comienza cada uno de los artículos en que se divide el dispositivo en el traslado para la Villa de Madrid de una provisión del emperador Carlos V, signatura 2-405-42, en letra mixta de cortesana y humanística, realizada en febrero de 1529, [h 2 r-h 3 r] y en las ordenanzas para la Villa de Fresno de Torote hechas en el año de 1518 por don Juan Hurtado de Mendoza, por mano de Gaspar Dávila, en letra cortesana-procesal, signatura 2-310-13, [h 5 r], l. 13 y 21; [h 7 r], l.

---

⁹² Copia-registro de una escritura de censo realizada en Madrid en 1576, signatura 5-486-5, letra humanística bastarda española y bastarda, [fol 11 r], l. 1.

⁹³ Cuentas del mayordomo de Propios, en letra procesal por mano de Antón Dávila, escribano del Concejo de la Villa de Madrid, signatura 3-6-4, [h 1 r-h 2 r].

20. En este cometido comparte tarea con la vírgula, sin que se dé un reparto sistemático o equitativo, pudiendo predominar uno u otro. De hecho, en el uso de algunos escribanos, como Gaspar Dávila, que escribe en letra cortesana-procesal, la vírgula supera claramente en frecuencia de uso al calderón para este cometido[94].

Asimismo, acompaña a la palabra que introduce un nuevo apartado, aunque no se trata de un uso sistemático:

> 56. ¶eσtra<u>ordinario</u>[95].

El guión con calderón <-¶>, como variante del anterior, tiene la misma función introducir artículos documentales, pero es raro.

> 57. – ¶ otroσy queſi loσ viñadoreσ o qualquyer delloσ conσyntieren an darqua-
> leσ quyer deloσ dichoσ ganadoσ en ningund tien po <deloσco toσ adentro> σiendo
> elloσ guardaσ por preçio queleσ σea dado o por Ruego oporotra Razon σyn liçencia
> deσu dueño o del con çejo σy fuere σabydo yprovado quepague porCada vez quelo
> conσyntiere çincuenta marauediσ [...][96].

Usándolo se establecen divisiones dentro de textos que no las muestran en su disposición, siguiendo el sentido que en él se expresa. Este caso aparece, por ejemplo, cuando en la exposición de una provisión se intercala una referencia a una orden, que queda destacada de este modo, marcándola al margen izquierdo del texto.

> 58. [...] y querien do pro beer enelRemedio dello visto &platicado. porloσ del
> nuestro consejo. & con sultado conlaen peratriz & Reyna .nuestra. muy cara & muy
> Amada hija & muger fue A cordado quede ¶viamoσ mandar dar eſta nuestra.·carta.
> Enla dicha Razon.· por la qual m andamoσ que todaσ laσ personaσ que de derecho
> fueren obligadoσ A pagareſtepresente Año. deladata deſta nuestra. carta Algun pan·
> de Renta por Razon deavertomado ·loσ dichoσ bueyeσ. que paguen delpan que de
> ven haſta A qui. [...][97].

---

[94] *Cf.* § 1.2.2.

[95] Cuenta del mayordomo de Propios, en letra procesal por mano de Antón Dávila, escribano del Concejo de la Villa de Madrid. Signatura 3-6-4, [h 2 r], l. 1.

[96] Ordenanzas para la Villa de Fresno de Torote hechas en el año de 1518 por don Juan Hurtado de Mendoza, por Gaspar Dávila, en letra cortesana-procesal, signatura 2-310-13, [h 7 r], l. 1.

[97] Traslado de una provisión confirmada y contenida en una provisión del Consejo dada el 11 de octubre de 1529, realizada por un escribano desconocido en letra cortesana de transición a humanística, con signatura 2-91-37, [h 1 r], l. 32.

También se pueden servir de él los escribanos para marcar ciertas palabras destacables, como los nombres de los otorgantes mencionados en la intitulación, una costumbre escrituraria particular de la mano del escribano de Concejo Antón Dávila, quien separa mediante él los nombres de los regidores asistentes al ayuntamiento, que van apuntados, además, en renglón nuevo.

59. ¶ eſte dia eſtando ayuntadoσ loσ σeñoreσ tenyente licenciado dela torre & deRegidoreσ

¶ pero σuareσ ¶ francisco de vargaσ ¶ francisco deherrera ¶ antonio dalcoçer ¶ antonio deluzon [...]⁹⁸.

1.2.4. *Uso de la mayúscula*

Al considerar el uso de las mayúsculas no tendré en cuenta las apariciones de <J> y <R> mayúsculas, dado el uso especial que de ellas hacen los escribanos[99].

Las *litterae notabiliores*, procedentes de las antiguas letras capitales latinas, usadas con propósitos visuales en manuscritos medievales redactados en letra minúscula, se usaban para marcar el comienzo de las nuevas *sententiae*, como un recurso eminentemente visual (Parkes 1992: 34). En los manuscritos, el uso de las

---

[98] Actas municipales correspondientes a varios días de mayo y junio de 1514, redactadas en Madrid por Antón Dávila en letra procesal y contenidas en los *Libros de acuerdos*, [fol 73 v], l. 18-l. 19. Otros ejemplos de este uso en este mismo documento se encuentran en el [fol 74 r], l. 20-l. 21, l. 24-l. 25. También se halla en las actas municipales correspondientes a varios días del mes de agosto de 1516, redactada en Madrid por A. Dávila y G. Dávila en letra procesal y recogidas en los *Libros de acuerdos del Concejo*, [fol 176 r], l. 3; l. 24-l. 25.

[99] En los documentos de mi muestra se comprueba de modo general la distribución de <J> alta = /ž/ y <j> = /i/ que Fernández López había detectado ya en manuscritos a partir del segundo cuarto del siglo xiv, convirtiéndose en una distinción clara y sistematica en la tradición de escritura castellana desde finales del siglo xiv-principios del siglo xv y manteniéndose hasta la desaparición de la *j* larga con valor vocálico en el siglo xvii (Fernández López 1996: 113-123, especialmente pp. 115-118 y Sánchez-Prieto 2003: 78). Tal es el motivo por el que no tengo en cuenta como mayúsculas los ejemplos de <J> alta hallados en mis documentos, tratando de comprobar el aserto de Fernández Lopez, quien postula que en la baja Edad Media el valor demarcativo de la puntuación es asumido por la mayúscula (tomo este dato de Sánchez-Prieto (1998: 183) y por J. M. Blecua, que apunta que en los textos en prosa la mayúscula puede marcar los puntos finales (1984: 127). La consonante <R> se usa muchas veces a comienzo de palabra y de sílaba representando a la vibrante múltiple, por lo que es muy difícil discriminar cuándo su empleo se debe a esto sólo o si también hay intención en el escribiente de escribir una mayúscula. Por otra parte, también se utiliza *rr* en los manuscritos de mi muestra y, como precaución extra, procuro no tomar tampoco los ejemplos de palabras comenzadas por *R*- al ilustrar los usos de la mayúscula.

mayúsculas no se sujeta a reglas precisas, tal como sucede con el resto de los signos de puntuación, aunque es posible observar ciertas regularidades en su empleo.

Ya en los manuscritos medievales las *litterae notabiliores* se empleaban para indicar los comienzos de periodos y *sententiae*, tanto en prosa como en verso, uso que se ha heredado en la utilización de las modernas letras capitales (Parkes 1992: 305). Los ejemplos en los que aparece este uso en los documentos de mi muestra son abundantísimos. Por razones de brevedad, de éste y de los usos de los que hablo a continuación sólo anoto algunos ejemplos.

En el comienzo del texto de unas cuentas del mayordomo de propios que forman parte de mi muestra, el primer párrafo de ellas, en el que se resume su contenido, se inicia con mayúscula, que va combinada con una vírgula.

> 60. /Cargo quefe haze A a*lonso* de toledo m*ayordomo* [...][100].

Los diversos apartados en los que se estructura un documento comienzan por mayúscula con mayor o menor regularidad según el tipo de documento, de letra, y la costumbre del escribano[101]. En esta función, la mayúscula puede o no asociarse a un espacio separatorio o a un signo de puntuación, o bastar por sí sola para indicar la división entre las unidades de texto que separa (Ouy 1987: 186; Roudil 1982: 21)[102].

La mayúscula señala, en ocasiones, las divisiones mayores en las que se estructura el documento.

– En el comienzo del documento, la mayúscula marca la conjunción que da paso a la intitulación, separándola de la fórmula de notificación.

> 61. [...] σepan quantoσ eσta ca*rta* de cenσo vieren Com*m*o yo anto nyo de chin (1) chon tintorero veσino de la noble villa de madrid· [...][103].

– Otro ejemplo significativo del uso de mayúscula como delimitador es el cambio de parte otorgante, cuya intervención no se marca con la disposición textual o con un signo de puntuación, sino únicamente con la mayúscula.

---

[100] Cuenta del mayordomo de Propios, redactada en 1501, en letra procesal por mano de Antón Dávila, escribano del Concejo de la Villa de Madrid. Signatura 3-6-4, [h 1 r], l. 1.

[101] Por ejemplo, puede apreciarse este uso en las "Flores del derecho", en cuyo manuscrito, la palabra "Título" que da paso a cada ley va en mayúsculas (Roudil 1982: 18).

[102] A pesar de que Ouy se refiere a manuscritos medievales franceses, muchos de los usos que él documenta se reflejan también la práctica de escritura de los documentos que me sirven de muestra.

[103] Original de una escritura de censo, redactada por varias manos y en diversos tipos de letra en 1503, signatura 3-137-3, [h 1 r], l. 1.

62. [...] eɔpeçial mente Renunçio laley del derecho en q*ue* diɔ q*ue* gen*er*al Renunçiaçíon no*n*vala Eyo El d*i*cho jorge depíedra híta mayor domo del d*i*cho moneɔterío de ɔanta clara Een ɔu no*n*bre otorgo E conos co poreɔta ca*r*ta que [...][104].

– El parecer dado por el bachiller Solís, en letra humanística cursiva vulgar, comienza con mayúscula.

63. Vi eſtas eſcripturas de titulo q*ue* tiene jua*n* de carcajona ala teneria de cabe la torre de alça piernas & ſon baſtante titulo

/elbachill*e*r Solis (*rúbrica*)[105]

Dentro de las partes mayores en las que se divide el documento la mayúscula establece divisiones menores.

– En la indicación de la data, separa la data tópica de la data crónica, asociándose a un signo de medio paréntesis.

64. [...] q*ue*fue ro*n* fechaɔ Eotorgadaɔ enla d*i*cha villa de madrid) Atre ynta díaɔ del meɔ deju ny*o* añodel naçi my*ento* del n*uest*ro ɔaluador ih*e*su *christ*o [...][106].

La mayúscula es además un recurso para marcar la división dentro de un periodo, en la que se percibe un claro cambio de asunto con respecto a la unidad anterior. Al comienzo del texto de las ordenanzas de Fresno del Torote, en el párrafo que las anuncia, se usa letra mayúscula, apoyándose esta marca de nuevo texto en la introducción del párrafo mediante una vírgula y la disposición del texto, separándose este párrafo del anterior mediante un doble espacio[107]. Esta misma labor la puede realizar la mayúscula asociándose al uso de signos de puntuación[108].

65. [...] q*ue* q*ua*lquyer pa ɔtor o otra p*er*ſona q*ue*fuere tomado e*n*laɔ d*i*chaɔ viñaɔ Conel d*i*cho ga nado q*ue*pague po*r*Cada cabeça deloɔ d*i*choɔ ganadoɔ meno-

---

[104] Original dc una escritura de censo, redactada por varias manos y en diversos tipos de letra en 1503, signatura 3-137-3, [h 1 v], l. 45.

[105] Original de una escritura de censo, redactada por varias manos y en diversos tipos de letra en 1503, signatura 3-137-3, [h 3 v], l. 5.

[106] Original de una escritura de censo, redactada por varias manos y en diversos tipos de letra en 1503, signatura 3-137-3, [h 2 r], l. 19.

[107] Ordenanzas para la Villa de Fresno de Torote hechas en el año de 1518 por don Juan Hurtado de Mendoza, por Gaspar Dávila, en letra cortesana-procesal, signatura 2-310-13, [h 5 r], l. 6.

[108] El hecho de ser el punto un signo multifuncional es la razón que está en el origen de la asociación entre la mayúscula y el punto para indicar el fin de una unidad del discurso y el comienzo de la siguiente (Parkes 1992: 42).

reσ treſ *marauediσ* dedia & denoche doblado eσtando coɴfruto & σin el *dicho* fruto
la mytad/ E σi fueren loσ *dichoσ* ganadoσ *mayoreσ* Cayga en pena porCada cabeça
veyɴte *marauediσ* dedia &denoche do blado eσtando con fruto & σin fruto σea la
mytad & σi fueren aσnoσ *q*uela pena σea diez *marauediσ* de dia & denoche doblado
coɴfru to o σin el/ Eotroσy queſi el majuelo fuere de σiete añoσ o dende abaxo o
oliuar *q*uelaσ *dichaσ* penaσ σean dobladaσ/ E *q*uelaσ *dichaσ* penaσ se Rep*ar*tan
eneſta man*er*a *q*ue noɴ σiendo tomado el tal ganado porel σeñor dela viña o huerta o
oliuar *q*uela t*er*çia p*ar*te σea del σeñor dela tal heredad & laσ otraσ doſ *terçiaσ* p*ar*-
teσ sep*ar*tan [109]<eneſta manera> [...][110].

En ocasiones, no es necesario que la mayúscula se acompañe de un signo de
puntuación especial, se basta sola para señalar el comienzo de una nueva oración.

> 66. [...] el *dicho* señor don ju*an* hizo &e σtable çio laσ *dichaσ* ord*enanç*aσ & leσ
> mandau*a* & mando *q*uelaσ tengan & gu*ar*den & C*u*nplan de oymaσpara σiempre
> jamaσ & eɴellaσ &enCada vna dellaσ ponya σu avtoridad & *mando* *commo* señor
> dela *dicha* villa Eluego loσ *dichoσ* ſern*ando* gil &ju*an* σerrano &bernal dino moreno
> & p*er*o σancheσ paſtor *q*ue preσenteσ eσtaua*n* porσy &en noɴbre del *dicho* conçejo
> &perσonaσ p*ar* ticulareσ del dixero*n*. quebeſaua*n*laσ manoσ aσu m*er*çed & selo
> tenyan en m*u*ncha m*er*çed & σyneçeſ*ario* era elloσ consentian & ap*ro*vavan laσ
> *dichaσ* ord*enanç*aσ en noɴbre del *dicho* *concejo* [...][111].

También puede usarse mayúscula al comienzo de una nueva línea, pero no se
hace regularmente. Algunos ejemplos se hallan en las ordenanzas para la Villa de
Fresno de Torote hechas en el año de 1518 por don Juan Hurtado de Mendoza,
por Gaspar Dávila, en letra cortesana-procesal, signatura 2-310-13, [h 5 r], l.
34[112]; [h 6 r], l. 4; [h 6 r], l. 40[113]; [h 6 v], l. 6, l. 13.
Asimismo, a veces se usa la mayúscula en el comienzo de la primera línea de
una nueva página, como en las ordenanzas para la Villa de Fresno de Torote
hechas en el año de 1518 por don Juan Hurtado de Mendoza, por Gaspar Dávila,
en letra cortesana-procesal, signatura 2-310-13, [h 7 v], l. 1[114].

---

[109] Llamada para interlineado.

[110] Ordenanzas para la Villa de Fresno de Torote hechas en el año de 1518 por don Juan
Hurtado de Mendoza, por Gaspar Dávila, en letra cortesana-procesal, signatura 2-310-13, [h 5
r], l. 21, l. 26, l. 26.

[111] Ordenanzas para la Villa de Fresno de Torote hechas en el año de 1518 por don Juan
Hurtado de Mendoza, por Gaspar Dávila, en letra cortesana-procesal, signatura 2-310-13, [h 6
r], l. 23.

[112] En este caso, la mayúscula se asocia con una vírgula.

[113] También en este caso la mayúscula viene acompañada de una vírgula.

[114] Sin embargo, los ejemplos que de este uso de mayúscula a comienzo de línea o a
comienzo de página donde la letra que comienza la palabra es <C-> no son de gran valor,

Como es usual en la práctica de muchos escribanos, la conjunción "E" suele ir escrita con mayúscula[115]. Algo similar sucede con la preposición "A", que puede aparecer, a veces muy a menudo, escrita con letra mayúscula, aunque eso depende de las preferencias de los escribanos[116].

Destaca ciertas palabras especialmente importantes en el texto.

– Algunas palabras se destacan mediante la mayúscula. Ordenanzas para la Villa de Fresno de Torote hechas en el año de 1518 por don Juan Hurtado de Mendoza, por Gaspar Dávila, en letra cortesana-procesal, signatura 2-310-13, [h 8 r], l. 1:

> 67. [...]delSeñor don j*uan* hurt*ado* de *men*doça [...].

A veces, la mayúscula se emplea para marcar ciertas palabras como, por ejemplo, "El Con çejo", en la intitulación de un testimonio de una demanda redactado en 1501 en letra cortesana y procesal, por dos manos distintas, la última de Antón Dávila. Signatura 2-214-52, [h 1 r], l. 2.

– Entre estos ejemplos se pueden añadir los nombres de pila, los apellidos y las menciones a instituciones como el Ayuntamiento que se hacen a lo largo del documento, como sucede en los siguientes casos:

> 68. [...] Conel nobleCaua llero A*ntonio* m*art*ynez d*e* Angulo coRegidor [...][117].

Sin embargo, tal y como se puede apreciar en otros muchos nombres propios de persona y apellidos que aparecen en la intitulación de este testimonio y fuera de ella el uso de mayúscula no es sostenido ni sistemático y se nota una predilección en dicho uso por los nombres y apellidos comenzados por la letra <A>, lo que puede restarle valor significativo[118]. En los pleitos de linderos, en el nombre

---

puesto que parece haber una clara tendencia en las costumbres escriturarias de Gaspar Dávila a escribir casi simpre en mayúscula todas las palabras que comienzan por <C->. Véanse, como muestra, la parte de las ordenanzas de Fresno del Torote para la guarda de panes y viñas que se deben a su mano.

[115] Ordenanzas para la Villa de Fresno de Torote hechas en el año de 1518 por don Juan Hurtado de Mendoza, por Gaspar Dávila, en letra cortesana-procesal, signatura 2-310-13, [h 5 r], l. 11, l. 21, l. 25, l. 26; [h 5 v], l. 17; [h 8 r], l. 35, l. 37.

[116] Ordenanzas para la Villa de Fresno de Torote hechas en el año de 1518 por don Juan Hurtado de Mendoza, por Gaspar Dávila, en letra cortesana-procesal, signatura 2-310-13, [h 7 v], l. 9, l. 11, l. 28; [h 8 r], l. 30.

[117] Testimonio de una demanda redactado en 1501 en letra cortesana y procesal, por dos manos distintas, la última de Antón Dávila, con signatura 2-214-52, [h 1 r], l. 4.

[118] Por ejemplo, es de notar que muy a menudo en este testimonio se usa la mayúscula en la preposición "A" y en el determinante indefinido "Alguno".

del lugar en litigio se emplea en varias ocasiones la letra mayúscula, según se ve en el ejemplo que cito a continuación:

> 69. [...] quehan eσtado yeσtan enladicha poσeσyon del a dicha Na uachiσcaσ [...][119].

Se hace énfasis mediante la mayúscula en una palabra principal en la sustentación de la demanda mencionada, que es la apropiación ilegal de la dehesa de Navachiscas, en un testimonio de una demanda redactado en 1501 en letra cortesana y procesal, por dos manos distintas, la última de Antón Dávila. Signatura 2-214-52, [h 1 r], l. 29:

> 70. [...] el hamo jonado çerca de doſ leguas de ter mino & hedificado <y edifica> enella caσaσ Apropiandolotodo aσy & quytan dolotodo A eσta villa [...].

Un uso similar se hace un poco más abajo, en este mismo documento, [h 1 r], l. 38:

> 71. [...] ygran de Agrauyo Aloσ logareσ deldicho σeyſmo de Aravacadondeyo σoy σeyſmero [...].

La mayúscula se asocia en ocasiones a signos de puntuación, estableciendo, junto a ellas, divisiones en el interior del documento.
– Separa y destaca la parte inserta de un documento.

Así sucede en el ejemplo ya visto en que la mayúscula se acompaña del signo (· para introducir y cerrar el tenor de la demanda presentada en un testimonio de una demanda redactado en 1501 en letra cortesana y procesal, por dos manos distintas, la última de Antón Dávila. Signatura 2-214-52, [h 1 r], l. 16 y [h 1 v], l. 24 respectivamente ; del mismo modo, el escribano emplea de nuevo (· unido a mayúscula para introducir el dispositivo de la demanda en la [h 1 v], l. 5.

1.3. APROVECHAMIENTO PARA UNA PRESENTACIÓN CRÍTICA DE LA INFORMACIÓN OBTENIDA

Resulta obvio, que, aunque diferente de la utilizada por nosotros hoy e incluso distinta de la prescrita por los ortógrafos de su tiempo en muchos aspectos,

---

[119] Testimonio de una demanda, AVM 2-214-52, [h 1 r], l. 26, con otro ejemplo en la línea 34 y otro más en la [h 1 v], l. 8-l. 9

aunque coincidente en otros, la puntuación de los manuscritos que manejo es abundante, desconcertante a veces, pero no caprichosa o incongruente. Asunto aparte de su interés es el hecho de la inoportunidad de su conservación en la presentación crítica final, cosa que nunca, dada su irregularidad, se debe hacer, ya que supondría trasladar al lector los problemas del texto, liberando, por otra parte, al editor de un trabajo que le atañe. A él corresponde proponer una puntuación independiente de la hallada en los manuscritos, escogiendo un sistema accesible para el lector, en el que proponga una interpretación justificada y que no deje lugar a la ambigüedad (Polara 1987: 49).

Cierto es que no se da exclusividad en los empleos de los signos y que su aplicación no es sistemática, pero ella nos muestra que, dentro de las preferencias de cada escribano, puede el editor aprovechar mucha información respecto a la estructura del documento, la organización de ideas en el interior de cada párrafo, lo que se considera importante para el negocio documental, los límites entre documento original y documento inserto, la intención de cerrar unidades para evitar falsificaciones, el deseo de resolver ocasiones de ambigüedad... Y con la continuación de estas indagaciones en un número mayor de documentos se podría hallar mucha más como apoyo a la puntuación propuesta en la versión crítica. Es importantísimo el estudio previo de los textos manuscritos, atendiendo al tipo de letra en que están redactados y cuál es el uso de puntuación que en ellos se aprecia, así como su estilo de lengua, en este caso, la lengua legal y de la administración, para tener en cuenta qué exigen al trabajo del editor crítico. Véanse Morreale (1980: 151) y Sánchez-Prieto (1998: 182).

Seguir el criterio más usual, que es el de adaptar a la puntuación actual la del manuscrito original, no supone ninguna traición a él una vez realizada la labor de examen y considerado el valor de los signos en cada documento, pues el principio fundamental que se debe seguir para la interpretación de la puntuación en la escritura de mano es que el valor y la función de cada símbolo debe valorarse en relación a los otros símbolos utilizados en el contexto inmediato, más que respecto a un supuesto valor absoluto y una función para ese símbolo considerado aisladamente (Parkes 1992: 2).

La tarea de adaptar la puntuación de los textos manuscritos medievales y modernos a nuestra puntuación actual no es nada sencilla, pues entre ellos no existe correspondencia automática[120]. A continuación expondré una breve propuesta de puntuación al modo moderno de algunos de los ejemplos citados, sir-

---

[120] M. Morreale (1980) lo demuestra exponiendo una propuesta de puntuación para un romanceamiento bíblico del siglo XIII, en el que las dificultades ponen a prueba la capacidad del editor.

viéndome para ello de los signos útiles que traía la escritura documental. Procuraré usar el menor número de signos posible, pues se debe evitar la sobrecarga de signos de puntuación en los textos, sobre todo teniendo en cuenta que no todas las pausas requieren ser señaladas mediante aquéllos (Morreale 1980: 154).

Según nota Sánchez-Prieto Borja (1998: 182-183), las pausas mayores, marcadas en los ejemplos documentados mediante calderón, mayúscula o disposición textual, juntos o por separado, sí son de entidad textual, por lo que deberán ser conservadas en la versión crítica del texto. La puntuación menor, en el interior de los textos, por su carácter menos estable y más pobre resulta menos orientativa para el editor e incluso puede ser, a veces, motivo de confusión.

1.3.1. *Pausas mayores*

Una vez examinados los recursos para marcar las divisiones mayores del texto, se debe juzgar su valor demarcativo en las escrituras cursivas en que están escritos para la puntuación crítica de dichos textos. En los ejemplos ofrecidos, las pausas mayores, articuladoras de la estructura textual, son las siguientes:

1º Las divisiones del tenor documental definidas en la Diplomática[121].
2º La división en periodos dentro de las partes mencionadas.
3º La divisiones internas a los periodos: oraciones y proposiciones.

A su vez, éstas son marcadas en sus comienzos y en sus finales.

Para el comienzo de texto, sección o párrafo se usa la mayúscula inicial de palabra, para lo que suele ayudarse de la disposición textual. Con el mismo cometido se emplea el calderón, que puede aliarse también con la disposición de la escritura para marcar dichas divisiones. Otro signo que se emplea al comienzo de texto, sobre todo de sección, es la doble vírgula o la vírgula con punto. De todos éstos sólo conservaré, de acuerdo al uso actual, la mayúscula inicial de palabra, acompañada de la disposición textual, sustituyendo a los otros recursos presentados en los documentos originales. En los siguientes ejemplos sustituyo la vírgula, sencilla o doble, por mayúscula inicial de palabra al principio de palabra o sección, o retiro la vírgula, dejando la mayúscula original:

---

[121] Sin embargo, no siempre cada parte documental se separa de una forma nítida de la inmediatamente anterior o de la que le sigue, en ocasiones, la transición entre ellas no se marca como división mayor, pues forman parte de una misma oración, lo que sucede en el ejemplo 2, citado entre los usos del punto: 2. "[...] a la qual plega ƈaber, commo bien sabe vuestra merçed, que por otraƈ petiçioneƈ le hemoƈ suplicado. [...]".

34. Muy manyfico señor.

35. [...] Yo don Ju*an* Hurtado d*e* Mendoça, σeñor dela villa de Frexno, digo q*ue* [...].

36. Cargo q*ue* ſe haze a A*lonso* de Toledo, m*ayordomo*
dela noble villa de Mad*rid*, deſd*e* p*rimero*
de no*vienbre* d*e* q*uinientoσ* & vno faσta e*n*fin d*el*
d*icho* año [...].

El mismo proceder seguiré sustituyendo el calderón por mayúscula o dejando la mayúscula que lo complementa:

54.

(*cruz*)

"El conçejo, justiçia y rregimiento dela noble Villa de Madrid, estando juntos en n*uest*ro ayuntamiento, en la sala delas casas que esta villa tiene en la plaça de sant salbador [...].

55.

Queſe le cargan d*el* alcan çe de Ruy E*n*çiso, m*ayordomo* d*el* año paſado d*e* q*ui*-*nientoσ*, nove*n*ta mill & ocho çientoσ & treſ m*arauediσ*} XCMDCCC° III .

La mayúscula es uno de los marcadores de comienzos de las divisiones textuales establecidas por la Diplomática que deben conservarse y ponerse, tras punto y en renglón aparte, si fuera necesario. Al comienzo del texto la pondré en sustitución de la vírgula (como en el ejemplo 36, citado más arriba) y también en el caso de que ninguna señal hubiera sido empleada por el escribano para delimitar una nueva unidad textual (RAE 1999: 33).

Allí donde sea el punto el marcador empleado para dar fin y, por consiguiente, para señalar el comienzo de una nueva parte del tenor documental, mantendré este signo, poniendo tras él mayúscula inicial en la primera palabra de la parte documental que se siga, o conservándola en caso de que ya la hubiera, como en el ejemplo 1., donde la dirección comienza con mayúscula en la provisión original:

1. Doña Yσauel, po*r*la gr*aci*a de Dyos reyna d*e* Caſtilla & d*e* Leon, de Toledo, d*e* Çeçilia, d*e* *Por*togal, d*e* Galliσia, d*e* Seuy lla, d*e* Cordoua, d*e* Murçia, d*e* Jahen, d*e* loσ Al garueσ, d*e* Algeσyra, p*r*inçeσa deloσ Reynoσ de Arago*n* & σeñora de Viσcaya & d*e* Molina. A voσ, el con çejo, juσtiçia, r*e*gidoreσ, caualleroσ, eσcuderoσ, ofiçialeσ & omeσ b*ueno*σ dela muy noble & leal V*illa* de Madrid: σalud & gr*aci*a [...].

Cuando fuera requerido por tratarse de una nueva división, con un contenido diferente, y en pro de una mayor claridad de la estructura documental, situaré la nueva parte en un párrafo aparte, tras punto y aparte y comenzando con mayuscula (RAE 1999: 5.1, 57). Esto se puede aplicar al ejemplo 5, donde, en una provisión real, el punto separa el dispositivo de la cláusula de corroboración, encabezada una oración de relativo introducida por "lo qual".

5. [...] E eſto myſmo mando q*ue* fagadeσ e*n* todaσ laσ torreσ fuerteσ de loσ muroσ d*e*la d*ich*a villa. Lo qual voσ mando q*ue* fagadeσ & cunpladeσ σegund q*ue* en eσta my ca*rta* σe co*n*tiene e σyn eσperar otraσ myσ ca*rta*σ ny mandamyentoσ, p*or* q*u*anto eσta eσ my d*e*liberada voluntad & final ynte*n*çion & porq*ue* aσy cunple a my σe uyçio & bie*n* & p*ro* & vtilidad d*e* myſ reynoσ [...].

En los casos en los que una parte del tenor documental claramente ha sido separada de la anterior por punto, por haberse copiado a renglón seguido en un traslado, conservaré éste y la nueva parte la pondrá en renglón aparte y la destacaré convenientemente mediante una nueva disposición textual, como sucede en el ejemplo 8, en el que la signatura real y la validación del secretario real deben ir en nuevo renglón, centrada la primera y bajo ella, la validación, comenzando con mayúscula la primera palabra de cada una de ellas.

8. [...] Dada en la villa de Medina del Canpo, a quinze diaσ del meσ demarco (*sic*), año del naçimy*ento* de n*uest*ro Saluador Jh*esuchrist*o de myll e qui*niento*s e quinze años.

Yoel Rey.

Yo Lope Conchillos, Secretario de la Reyna n*uest*ra σeñora, la fize escrevir por mandado del Rey σu padre [...].

En ocasiones, la nueva división diplomática del documento no coincide con un límite oracional, sino que dos partes diferenciadas diplomáticamente se hallan unidas dentro de una misma oración. Así sucede en el ejemplo 2, donde la fórmula de notificación es introducida tras la intitulación mediante el adverbio "como", ante el que el escribano pone (.). Éste no deberá conservarse en la presentación crítica, por lo que pondré entre comas el inciso introducido por "como"[122]:

2. [...] a la qual plega σaber, com*m*o bien sabe v*uest*ra merçed, q*ue* por otraσ petiçioneσ le hemoσ suplicado. [...].

Si dentro de un mismo párrafo una conjunción hace la labor de conector discursivo entre oraciones independientes y ante ella el escribano puso punto, con-

---

[122] Como se ve en los usos del punto expuestos, a menudo este signo no establece pausas ni divisiones (Sánchez-Prieto 1998: 184).

servaré éste, seguido de mayúscula, con la función de relacionar dos oraciones distintas referidas a un mismo asunto, como sucede en el ejemplo 10.

> 10. [...] y la volun tad de *vues*tra me*r*çed ha sido de noσ hazer me*r*çed de laσ hor-
> denançaσ de Madrid. Y, *p*a*r*a *e*llo, va (*sic*) Herna*n*do Gil y Jua*n* σerrano, por *p*a*r*te
> del conçejo, y, por parte de loσ σeñoreσ de loσ ganados, Bernaldino Moreno y P*er*o
> σancheσ paſtor.

Las divisiones internas del periodo pueden señalarse mediante punto y seguido o mediante (;), dependiendo del grado de vinculación semántica entre oraciones y proposiciones: si dicho vínculo es débil, usaré (.), si su solidez es mayor, emplearé (;).

El primer caso podría ejemplificarse en el ejemplo 17, donde el antecedente del relativo "El qual", referido a quien debe ser recibido como corregidor por orden real queda alejado, se separa mediante varios sintagmas de su relativo[123].

> 19. [...] my me*r*çed es de le *p*roveher del *di*cho ofiçio de coRegimy*ento* por el
> *di*cho tienpo. El qual es my me*r*çed e voluntad de mandar que vſe del *di*cho oficio
> desdel dia que le Reçibieredeσ a el en adelante [...].

En el caso de que su relación sea más estrecha, emplearé (;) sustituyendo a la vírgula ante el conector "E", como en el ejemplo 39, donde hay un claro y próximo enlace por la repetición del sintagma "*di*chaσ penaσ" hacia el final de la primera oración y en el comienzo de la siguiente, además de la reiteración de la conjunción "que" en la introducción de la orden recogida en cada una de ellas.

> 39. [...] E otroσy q*ue* ſi el majuelo fuere de σiete añoσ o dende abaxo o σliuar
> q*ue* laσ *di*chaσ penaσ σean dobladaσ; e q*ue* laσ *di*chaσ penaσ se Rep*ar*tan en eſta
> man*e*ra q*ue* no*n* σiendo tomado el tal ganado por el σeñor dela viña o huerta o σliuar
> q*ue* la te*r*çia p*ar*te σca del σeñor dela tal heredad [...].

Emplearé el signo (;) también ante conjunción en el caso de que haya que distinguir esa división de otra menor, como en el ejemplo 41, donde (;) debería sustituir la vírgula ante "E", separándola de las divisiones menores recogidas en la anterior oración introducida por "que", con la que se relaciona en términos de igualdad, ambas dependientes del verbo de lengua "mando"[124].

---

[123] Conservo en este caso la puntuación original.
[124] Véanse Morreale (1980: 157); RAE (1999: 5.4.2., 66-67).

41. Otrooy mando que σi lootaleo ganadoo mayoreo o menoreo fueren toma-
doo en huertao o oliuareo o melonareo o conhonbraleo o garvançaleo o arboledao,
que caygan & yncurran en lao dichao penao de σuſo declaradao que tienen en lao
dichao viñao; e quel dueño dela tal heredad o σu mayordomo o criado loo pueda
retener el dicho ganado mayor & tener a corralado haſta que le paguen lao caloñao
σuſo dichao <repartidao commo dicho eo>.

El signo de punto y coma lo emplearé también para separar proposiciones
yuxtapuestas, sobre todo si en la marcación de sus pausas menores se ha empleado (,) (RAE 1999: 5.4.2, 66).

Cuando en el manuscrito original el punto señale divisiones entre cláusulas
oracionales, como en el usual caso documentado de la costumbre de los escribanos de poner punto delante de las conjunciones, no mantendré el punto, y lo sus-
tituiré por el signo adecuado en cada tipo de división, sea (,), sea (;), o simplemente eliminado si no se requiere signo alguno, como en el ejemplo 12:

12. [...] & en nonbre del dicho conçejo & perſonao particulareo del dixeron que
beſauan lao manoo a σu merçed & se lo tenyan en muncha merçed [...]

En caso de que sea necesario marcar una división mayor mediante (,), emplearé este signo si es requerido por la inversión de una cláusula, para evitar la
ambigüedad y el riesgo de formar falsos sintagmas, como en el ejemplo 44,
donde (,) sustituirá a la doble vírgula.

44. Y porque muchao personao ofreçieron que darian a Eſta dicha villa la dicha
cantidad a rraçon de a diez y seio myll el millar para rredimir lo de acatorçe, por parte
deſta uilla se suplico a Su Magestad en su Rreal Consejo fuese seruido de dar liçençia
a eſta dicha villa para que lo suso dicho se hiçiese.

También es requerida (,) ante conjunción si la secuencia encabezada por ella
expresa un contenido, ya sea consecutivo, temporal o de otro tipo, distinto al
expresado por el elemento o elementos anteriores, así como cuando la conjunción enlaza con toda la proposición anterior y no sólo con el último de sus miembros, como en el ejemplo 43, donde (,) ha de sustituir a la vírgula ante "pero",
introductora de la segunda parte del mandato expresado en el artículo y relacio-
nada con lo anteriormente expresado en su conjunto.

43. [...] que lao guardao & vezinoo de la dicha <my> villa leo lleven lao penao
en que yncurren conforme a eſtao ordenançao, pero σi loo dichoo vezinoo de loo
dichoo lugareo llevaren mayoreo penao a loo vezinoo de la dicha my villa, que en
tal caſo leo lleven lao myſmao penao que elloo leo σuelen & acoσtunbran llevar a
loo dichoo vezinoo de la dicha my villa [...].

Es igualmente recomendable escribir (,) ante conjunción para establecer divisiones en periodos especialmente largos, lo que sería necesario en el ejemplo 43, apuntado más arriba, ante "q*ue* e*n*tal caſo"[125].

Asimismo usaré (,) en oraciones en las que se hacen variaciones sobre un mismo tema con cláusulas subordinadas, con repetición de la conjunción[126], como en los ejemplos de ordenanzas, en los que se repite la conjunción que en varias proposiciones dependientes del mismo verbo de mandato. Un caso así se podría recoger en el ejemplo 42, donde se pondría (,) ante "q*ue* no*n*ſe puedan pedir", sustituyendo la vírgula original[127].

> 42. [...] q*ue* laσ pueda dema*n*da*r* & acuſar aq*ue*l q*ue* reçibiere el daño a q*ui*en fuere ſe*c*ho de cada año haſta treſ meſeσ & dende en adelante q*ue* perſcrivan laσ d*i*chaσ caloñaσ & penaσ, q*ue* no*n* ſe puedan pedir.

Un rasgo del castellano antiguo apreciable en los documentos notariales y administrativos de mi muestra es el polisíndeton. Éste va unido al uso de la conjunción copulativa al principio de frase, donde actúa como conector discursivo, aportando una pista al editor, por su papel demarcativo de unidades del texto en la escritura. En este papel de conector, "E" o "Y" puede ir unida a otras conjunciones subordinantes, como, por ejemplo, "porque", "que", "si". En tal caso, puesto que "E" no rompe la correlación sintáctica causal, es lo mejor poner sólo (,) u omitir cualquier signo ante "porque", como en el ejemplo 44[128].

> 44. Y porque muchaσ personaσ ofreçieron que darian a Eſta d*i*cha villa la dicha cantidad a rraçon de a diez y seiσ myll el millar para rredimir lo de acatorçe, por parte deſta uilla se suplico a Su Mag*estad* en su Rreal Consejo fuese seruido de dar liçençia a eſta dicha villa para que lo suso d*i*cho se hiçiese.

En el caso de polisíndeton usaré (,) ante las conjunciones si las oraciones por ellas introducidas suponen variaciones sobre un mismo tema, no siendo partes de un razonamiento orgánico, o se trata de contenidos diferentes pero referidos del mismo modo al concepto del que se predican[129].

---

[125] Véanse Morreale (1980: 169); RAE (1999: 5.2.2., 59, 5.2.7., 61).

[126] Véase Morreale 1980: 159.

[127] Sin embargo, cabe la posibilidad de que ésta sea una cláusula de relativo aplicable a "laσ d*i*chaσ caloñaσ &penaσ".

[128] Véase Sánchez-Prieto (1998: 186).

[129] Para evitar recargar el texto con excesivas (,) Morreale (1980: 160) propone que no se use de éstas en los casos de coordinación afirmativa y negativa y emplearla sólo cuando su ausencia pudiera formar grupos no justificados por el contenido, dentro de la enumeración.

Las estructuras subordinadas explicativas, frente a las estructuras especificativas, requieren distintas prácticas de puntuación. Cuando exista valor especifi-
cativo no pondré (,), caso, por ejemplo, de la complementación circunstancial.
Las estructuras explicativas las marcaré entre pausas, sin embargo, éstas eran
mucho menos frecuentes en el español antiguo que en el actual, y no siempre
fáciles de determinar (Sánchez-Prieto Borja 1998: 187). Un caso de oración de
relativo explicativa se halla en el ejemplo 37:

> 37. [...] otorgamoσ eſta carta de poder antel eσcryuano de yuſo nonbrado, al
> qual rogamoσ que lo<de>aσy σignado de σu σigno [...].

En oraciones complejas en las que muy bien se pueda prescindir de la (,) ante
la conjunción, pondré este signo para indicar que la proposición que introducen
no modifica sólo al último miembro de la anterior proposición, sino a toda ella
(Morreale 1980: 173).

Otro uso de (,) dentro de las oraciones complejas señalará la inversión de los
miembros oracionales, para evitar la contigüidad entre elementos que puedan dar
lugar al establecimiento de falsos sintagmas, así como cualquier tipo de miembros parentéticos, con entonación independiente (Morreale 1980: 168).

La introducción del estilo directo la marcaré mediante dos puntos (:), mayúscula inicial al comienzo de la cita y el entrecomillado de las palabras citadas
(Morreale 1980: 156; RAE 1999: 5.3.2., 64). De los dos puntos (:), sin embargo,
haré un uso muy restringido a los pocos casos en los que se interrumpa el discurso para llamar la atención sobre lo que sigue, ya sea tras la fórmula de salutación
o tras anunciar una enumeración o para introducir una explicación anunciada en
la proposición anterior[130]. Una ilustración de este último caso lo tenemos en el
ejemplo 65, en el que se pondría este signo tras "eneſta manera", anunciando
cómo se repartirán las penas impuestas a los infractores de las ordenanzas:

> 65. E que laσ dichaσ penaσ se repartan eneſta manera: que non σiendo tomado
> el tal ganado por el σeñor de la viña o huerta o oliuar que la terçia parte σea del
> σeñor de la tal heredad & laσ otraσ doſ terçiaσ parteσ se partan <eneſta manera>
> [...].

Otra herramienta que contribuirá inestimablemente en la expresión de la
estructura del documento, según las partes integrantes descritas en la Diplomática, será la disposición textual, una guía utilísima para el editor.

---

[130] Véase RAE (1999: 5.3., 63-64).

1.3.2. *Pausas menores*

Para el señalamiento de las pausas o divisiones menores, que son las que se dan dentro de la oración, me serviré de la coma (,) y del punto y coma preferentemente (;), restringiendo el uso de los dos puntos (:) para la introducción del estilo directo y tras los encabezamientos de las demandas, peticiones y otros documentos con un encabezamiento destacado.

El signo de coma (,) desempeña la función de poner "cosa con cosa", evitando la ambigüedad que pudiera dar lugar a que el lector uniera miembros indebidamente y para marcar ciertas oposiciones (Morreale 1980: 162). Me serviré de (,) en los siguientes casos[131]:

En la separación de los distintos miembros de una enumeración, salvo si les precede una conjunción como *y, e, o, u.* Con ella supliré la vírgula y el punto que tan a menudo se usan en los originales para separar los elementos que componen una enumeración. En el caso de que aquéllos sean el sujeto de la oración o formen un complemento verbal que se antepone al verbo, no pondré (,) detrás del último de ellos[132]. La emplearé también para la separación de miembros de un solo enunciado que sean gramaticalmente equivalentes, con la salvedad de que entre ellos medie alguna de las conjunciones *y, e, ni, o, u.* El ejemplo 22 contiene una enumeración entre cuyos elementos pongo (,), salvo ante el último, introducido por la conjunción "y":

22. archiduque de aufdtria, duque de borgoña, de brauante y milan.

Separará la aposición en adyacencia predicativa, o explicativa, del nombre al que se aplica, como en "A*lonso* de Toledo, m*ayordomo* d*e*la noble villa de Mad*rid*", pero no para las aposiciones especificativas o adjuntas, del tipo "Pedro candelero", pues forman una unidad tonal con el sustantivo núcleo de la construcción[133]. Del mismo modo, mediante (,) se distinguirá entre los atributos de Dios tradicionalmente enunciados como aposiciones explicativas y otros unidos al nombre de Dios formando un todo, eligiendo "Dios, el señor de las huestes"

---

[131] Sigo de cerca las recomendaciones de la RAE (1999: 5.2, 58-63).

[132] En el establecimiento de las divisiones intraoracionales, nunca mantendré los signos del original que separen elementos pertenecientes a un mismo periodo frástico, como aquéllos situados en el original entre el sujeto y el verbo y, desde luego, no los añadiré en la presentación crítica. Tan sólo estableceré pausa mediante (,) entre el sujeto y el verbo cuando halla un inciso separándolos. Véanse Sánchez-Prieto Borja (1998: 184) y RAE (1999: 5.2.12., 63).

[133] Sigo la denominación y la clasificación que sobre la aposición describen la RAE (1991[1873]: 403) y Alcina y Blecua (1994[1975]: 948-953).

frente a "Dios nuestro Señor o Jhesuchristo nuestro Señor", tan empleado en la data, con la referencia del nacimiento de Jesús.

Tampoco usaré (,) como división si un nombre, adjetivo o participio sustantivado es aposición del sujeto de primera o segunda persona (Morreale 1980: 163).

El vocativo se separará del resto del enunciado situándolo entre (,) o poniéndola tras él si encabeza el enunciado. Así, el vocativo que comienza la dirección de las provisiones deberá ir siempre seguido de (,): "A vos, el concejo...".

Los casos en que se invierte el orden normal de los miembros del enunciado suelen requerir que se haga una división entre el miembro anticipado y el siguiente mediante (,). Sin embargo, no resulta sencillo establecer en qué casos se requiere dicha división. Normalmente, es necesaria si el elemento anticipado admite una paráfrasis con "en cuanto a", que revela un orden marcado. Es necesario tener en cuenta los hechos de norma del español antiguo respecto al orden de los constituyentes oracionales. Por ejemplo, cuando el complemento circunstancial comienza oración no se debe separar del resto de ella mediante (,), dado que en castellano antiguo no suponía un orden marcado, sino de un hecho de norma (Sánchez-Prieto 1998: 184).

Para señalar los incisos, evitando formar en la lectura la unión de varios sintagmas también se usará este signo. En la *Ortografía* de la RAE aparecen descritos los siguientes casos de incisos pertinentes para el tipo de documentos que pretendo puntuar (Morreale 1980: RAE 1999: 5.2.4., 60):

a) Las aposiciones explicativas, mencionadas más arriba, separadas entonativamente del nombre núcleo al que acompañan y cuyo significado unen al de dicho sustantivo deben separarse mediante coma (,) en la escritura. Así sucede en la intitulación de los documentos otorgados por el concejo de la Villa, cuya composición se aclara en forma de aposición enumerativa (ejemplo 3):

3. /el conçejo, alcaldeσ, regidoreσ & omeσ buenoσ de la villa de Frefno de Torote, vaſalloσ de *vuest*ra merçed, laσ manyficaσ manoσ de *vuest*ra merçed beſamoσ.

En este caso, la coma debe sustituir la mayúscula que comienza "Alcaldeσ", primera palabra de la aposición.

b) Elementos parentéticos como comentarios, precisiones o explicaciones sobre algún punto de lo contenido en el texto[134]. Con ellos usaré (,) cuando la

---

[134] Sin embargo, hay que ser cautelosos a la hora de señalar los incisos, pues, como nota Morreale (1980: 164), "[...] marcar incisos en la sintaxis de antaño dejándose llevar por una racionalización anacrónica parece arbitrario y puede ser fuente de errores". Por ello, esta auto-

inversión sitúe un adverbio o un complemento adverbial entre dos elementos susceptibles de modificación. También marcaré mediante este signo las expresiones correlativas a otra anteriormente aparecida en el texto. Y se marcarán de este modo todos los procedimientos sintácticos de puesta en relieve de determinados elementos oracionales (Morreale 1980: 165).

También se pondrá (,) allí donde la requiera la elipsis verbal, ya que por ella se ponen en contacto que podrían interpretarse como miembros de un solo sintagma, confusión que se evitará con la interposición de (,) (Morreale 1980: 166; RAE 1999: 5.2.9., 62).

1.3.3. *Uso de las mayúsculas.*

Fuera de la exposición de una propuesta de puntuación queda el uso de la mayúscula no en función de la puntuación, sino en función de la condición y categoría del sustantivo o de otras circunstancias, donde seguiré las normas de uso contenidas en la *Ortografía de la lengua española* de la RAE en aquellas ocasiones en que sean requeridas[135].

Pondré mayúscula al comienzo de nombres y apellidos de persona, allí donde faltara, conservándose si se observa su uso en el manuscrito original. Del mismo modo, irán escritos en mayúscula los sobrenombres o apodos con los que se designe a personas y sean identificativos de ellas, así como los sintagmas de procedencia que puedan asimilarse a apellidos, aunque es de notar la especial dificultad que existe a veces para distinguir el apelativo del oficio con que se identifica a cierta persona del verdadero apellido: "El dotor Luis de Molina" (ejemplo 9) es sencillo, no así "Pero Sancheσ paσtor", donde el oficio puede ser una aposición especificativa y no un apellido.

La mayúscula comenzará los sustantivos referentes a títulos, cargos, nombres de dignidad como *Rey. Papa. Duque.* etc., siempre y cuando no acompañen a un nombre propio de persona o sean usados en un sentido genérico, y en el contexto pueda apreciarse que se refieren a alguien a quien se quiere destacar. Así, por ejemplo, en la signatura real de las provisiones pondré "Yo el Rey".

Asimismo me serviré de ella en los nombres geográficos, en ellos, si el artículo forma parte oficialmente de su nombre ambas palabras, nombre y artículo, comenzarán con mayúscula. Lo mismo sucederá con los nombres comunes que formen parte de los nombres de lugar, como en "Fresno del Torote".

---

ra propone que se emplee (,) para enmarcar, separándolas del resto del discurso, las partes que "se atraviesan" en el flujo del habla y pueden formar falsos sintagmas en la lectura no global.

[135] Véase RAE (1999: 3.3.2, 3.3.3 y 3.5, 34-40).

También se empleará mayúscula en los nombres de las fiestas religiosas, en los nombres sagrados, así como en los atributos divinos o en los apelativos referidos a Dios, en las advocaciones marianas y en la mención de los libros sagrados y en los nombres de las órdenes religiosas. Del mismo modo emplearé mayúscula en los pronombres que recojan la referencia a la Divinidad o a la Virgen en el texto: *Ti, Tu, Tuyo, Vos, Él, Ella.*

  7. [...] año del naσcimi*ento* del n*uest*ro Saluador Ih*esuchrist*o [...].

3. Conclusión

Es obvio que no puedo aventurarme a lanzar aquí conclusiones definitivas, puesto que la brevedad del espacio no me permite sino presentar una muy pequeña muestra de ejemplos, pero espero que por ellos el intento de conocer algo más de la puntuación de manuscritos modernos no resulte inútil.

En los documentos más solemnes se usa una puntuación más abundante y cuidada, lo que queda demostrado por el hecho de que en las provisiones reales que presento se hallen los usos más ordenados y sostenidos del punto, signo por el que parecen tener los escribanos de aquéllas gran predilección. La causa de ello puede ser que para tales cartas reales se reservan los tipos de letra más sentados y de factura más esmerada. Por otro lado, los documentos que pertenecen a tipos menores y van redactados en modelos de letra menos cuidados presentan una puntuación más reducida, con mayor predominio de la vírgula, si no es preferencia del propio escribano, pues el uso más destacado de este signo se concentra en los documentos redactados por el escribano Gaspar Dávila, que lo prefiere sobre cualquier otro para señalar pausas y divisiones en la escritura. Sin embargo, para establecer resultados más seguros acerca de esto es necesaria la indagación en un volumen de documentación mucho mayor.

Como mencioné más arriba, en los usos de puntuación que he expuesto hay una clara conciencia de uso que el editor crítico no puede desdeñar, ni apelando a la comodidad del lector ni mucho menos a la propia. El problema que planteaba al principio acerca de las exigencias que hace al editor la regularización gráfica de cada texto ha de pasar forzosamente para su solución por el estudio minucioso de las particularidades de los documentos, ya sean literarios o de interés lingüístico, y en tal estudio la puntuación no puede ser dada de lado.

Esto no supondrá, ni mucho menos, un entorpecimiento para el lector, sino todo lo contrario, pues una vez considerado el valor de la puntuación de los originales y anotado ello en la introducción u ofrecido en transcripciones paleográficas en apéndice, el editor será capaz de transmitir al lector una buena lectura, justificada por el propio texto y no sólo por su intuición.

Bibliografía

1. FUENTES

LÓPEZ DE VELASCO, Juan (1999)[1582]: "Orthographia y Pronunciacion Caſtellana", en: Martínez Alcalde, Mª J. (comp.): *Textos clásicos sobre la Historia de la Ortografía Castellana*. Madrid: Fundación Histórica Tavera. [CD-ROM]

PAREDES, Alonso Víctor de (2002)[1680]: "Institución y origen del arte de la imprenta y reglas generales para los componedores", en: Moll, J. (ed.). Madrid: Calambur.

2. ESTUDIOS

ALCINA FRANCH, J./BLECUA, J. M. (1994)[1975]: *Gramática española*. Barcelona: Ariel.

ARABYAN, M. (1994): *Le paragraphe narratif. Étude typographique et linguistique de la ponctuation textuelle dans les récits classiques et modernes*. Paris: Éditions L'Harmattan.

ARELLANO, I. (1991): "La *dispositio textus*. Otra vez sobre la grafía y puntuación", en: *Crítica textual y anotacion filológica en obras del Siglo de Oro*. Madrid: Castalia, 570-576.

BARROSO, J./SÁNCHEZ BUSTOS, J. (1993): "Propuestas de transcripción para textos del XV y Siglos de Oro", en: García Martín, I. M. (ed.): *Estado actual de los estudios sobre el Siglo de Oro. Actas del II Congreso Internacional del Siglo de Oro*. Salamanca: Universidad de Salamanca, 161-178.

BATAILLON, L.-J. (1987): "Graphie et ponctuation chez quelques maîtres universitaires du XIIIe siècle", en: *Grafia e interpunzione del latino nel medioevo. Seminario internazionale*. Roma, 27-29 settembre 1984. Roma: Edizioni dell'Ateneo, 153-165.

BLECUA, A. (1983): *Manual de crítica textual*. Madrid: Castalia.

— (1991): "Los textos medievales castellanos y sus ediciones", en: *Romance Philology* 45, 1, 73-88.

BLECUA, J. M. (1984): "Notas sobre la puntuación española hasta el Renacimiento", en: *Homenaje a Julián Marías*. Madrid: Espasa-Calpe, 119-130.

CAMARGO, M. (1991): *Ars dictaminis. Ars dictandi*. Institut d'Études Médiévales: Université de Louvain.

CAÑEDO, J./ARELLANO, I. (1987): "Observaciones provisionales sobre la edición y anotación de textos del Siglo de Oro", en: *Edición y anotación de textos del Siglo de Oro*. Anejos de RILCE, 4. Pamplona: EUNSA, 340-350.

CATACH, N. (1978): "La ponctuation", en: *Langue française* 40, 16-27.

— (1988): "L'édition critique: un projet multiple", en: *Les éditions critiques: problèmes techniques et éditoriaux: actes de la Table Ronde Internationale de 1984...*, Paris: Les Belles Lettres, 20-26.

COMPANY COMPANY, C. (2001): "Para una historia del español americano. La edición de documentos coloniales de interés lingüístico", en: Funes, L./Moure, J. L. (eds.): *Studia in honorem Germán Orduna*. Alcalá: Universidad de Alcalá, 207-224.

DARBORD, B. (1982): "Fonctions actancielles el ponctuation dans le manuscrit du *Libro de los gatos* (MS. 1182, B. N. de Madrid)", en: *Cahiers de Linguistique Hispanique Médiévale* 7 bis, 127-139.

— (1991): "Respeto y manipulación de los textos: ¿cómo editar los textos medievales?", en: Strosetzki, Ch./ Botrel, J.-F./Tietz, M. (eds.): *Actas del I Encuentro Franco-Alemán de Hispanistas*. Madrid/ Frankfurt: Iberoamericana/Vervuert, 297-304.

ESCUELA DE ESTUDIOS MEDIEVALES (1944): *Normas de transcripción y edición de textos y documentos*. Madrid: CSIC.

FERNÁNDEZ LÓPEZ, Mª C. (1996): "Una distinción fonética inadvertida en el sistema gráfico medieval: las formas de *j* larga", en: *Actas del III Congreso Internacional de Historia de la Lengua Española*, I. Madrid: Arco/Libros, 113-123.

FRAGO GRACIA, J. A. (1999): "Criterio filológico y edición de textos indianos: sobre documentos de la Nueva España", en: *Romance Philology* 53, 119-135.

GARCÍA, M. (1982): "La strophe de "cuaderna via" comme élément de structuration du discours", en: *Phrases, textes & ponctuation dans les manuscrits espagnoles du Moyen Âge & dans les éditions de texte. Cahiers de Linguistique Hispanique Médiévale* 7 bis, 205-219.

GRUAZ, C. (1978): "Recherches historiques et actuelles sur la ponctuation", en: *Langue française* 40, 8-15.

HAMESSE, J. (1987): "Reportations, graphies et ponctuation", en: *Grafia e interpunzione del latino nel medioevo. Seminario internazionale*. Roma, 27-29 settembre 1984. Roma: Edizioni dell'Ateneo, 135-151.

IGLESIAS FEIJOO, L. (1990): "Modernización frente a "old spelling" en la edición de textos clásicos", en: Jauralde, P./Noguera, D./Rey, A. (eds.): *La edición de textos. Actas del I Congreso Internacional de Hispanistas del Siglo de Oro*. London: Tamesis Books Limited, 237-244.

JAURALDE POU, P. (1981): *Manual de investigación literaria*. Madrid: Gredos, 160-171.

LÁZARO CARRETER, F. (1968): *Diccionario de términos filológicos*. Madrid: Gredos. 9ª reimpresión.

LÓPEZ ESTRADA, F. (1979): "Ediciones de textos medievales", en: *Introducción a la literatura medieval española*. Madrid: Gredos, 57-83.

LLAMAS POMBO, E. (1999): *De arte punctandi (Antología de textos antiguos, medievales y renacentistas)*. Publicaciones del Seminario de Estudios Medievales y Renacentistas, Universidad de Salamanca.

MARCHELLO-NIZIA, C. (1978): "Ponctuation et 'unités de lecture' dans les manuscrits médievaux ou: je ponctue, tu lis, il theorise", en: *Langue Française* 40, 32-44.

MARTÍNEZ ALCALDE, Mª J. (comp.) (1999): *Textos clásicos sobre la Historia de la Ortografía Castellana*. Madrid: Fundación Histórica Tavera.

MARTÍNEZ MARÍN, J. (1994): "La estandarización de la puntuación en español: siglos XV-XVII", en: Escavy, R./Hernández Terrés, J. M./Roldán, A. (eds.): *Actas del Congreso Internacional de Historiografía Lingüística. Nebrija V Centenario 1492-1992*, III. Universidad de Murcia, 437-450.

MENÉNDEZ PIDAL, R. (1901): Reseña de la edición de J. Ducamin del *Libro de Buen Amor*, en: *Romania* 30, 434-440.

— (^{2}1980): *Reliquias de la poesía épica española: acompañadas de epopeya y romancero*, I. [Recopiladas por] R. Menéndez Pidal; adicionadas con una edición crítica de D. Catalán. Madrid: Gredos.

MILLARES CARLO, A./RUIZ ASENCIO, J. M. (colab) (1983): "Normas de transcripción", en: *Tratado de Paleografía Española*. Madrid: Espasa-Calpe, I, 227-228; II, IX-XIII.

MORREALE, M. (1974): "Grafías latinas y grafías romances: a propósito de los materiales "ortográficos" en el último tomo de la edición crítica de la Vulgata", en: *Emerita* 42, 37-45.

— (1980): "Problemas que plantea la interpunción de textos medievales, ejemplificados en un romanceamiento bíblico del siglo XIII (Esc. I. I. 6)", en: *Homenaje a Agapito Rey*. Bloomington: Indiana University Press, 151-175.

— (1981): "Algunas consideraciones sobre el uso de los signos diacríticos en la edición de textos medievales". *Incipit* I, 5-11.

— (1998): "La (orto)grafía como tropiezo", en: Blecua, J. M./Gutiérrez Cuadrado, J./Sala, L. (eds.): *Estudios de Grafemática en el dominio hispano*. Salamanca: Universidad de Salamanca-Instituto Caro y Cuervo 189-197.

NIGRIS, C. de (1984): "*Puntuación y pausas* in Enrique de Villena", en: *Medioevo Romanzo* 9, 3, 421-442.

ORDUNA, G. (1990): "La *edición crítica*", en: *Incipit* 10, 17-43.

— (1996): "La crítica textual ante la documentación histórica", en: *Incipit* 16, 1-17.

OUY, G. (1987): "Orthographe et ponctuation dans les manuscrits autographes des humanistes français des XIVe et XVe siècles", en: A. Maierù (ed.): *Grafia e interpunzione del latino nel medioevo*. Roma: Ateneo, 167-206.

PARKES, M. B. (1992): *Pause and Effect. An Introduction to the History of Punctuation in the West*. Cambridge: Scolar Press.

PASCUAL, J. A. (1993): "La edición de textos del Siglo de Oro: de nuevo sobre su modernización gráfica", en: M. García Martín (ed.): *Estado actual de de los estudios sobre el Siglo de Oro. Actas del II Congreso Internacional del Siglo de Oro*, I. Salamanca: Universidad de Salamanca, 37-57.

PÉREZ PRIEGO, M. Á. (1997): *La edición de textos*. Madrid: Síntesis.

POLARA, G. (1987): "Problemi di ortografia e di interpunzione nei testi latini di età carolina", en: *Grafia e interpunzione del latino nel medioevo. Seminario internazionale*. Roma, 27-29 settembre 1984. Roma: Edizioni dell'Ateneo, 31-51.

REAL ACADEMIA ESPAÑOLA (1991[1973]): *Esbozo de una nueva gramática de la lengua española*. Madrid: Espasa-Calpe.

— (1999) *Ortografía de la lengua española*. Madrid: Espasa.

REY, A. (1990): "Notas sobre la puntuación en Quevedo", en: Jauralde, P./Noguera, D./Rey, A. (eds.). *La edición de textos. Actas del I Congreso Internacional de Hispanistas,* 392-395.

ROSIELLO, L. (1966): "Grafematica, fonematica e critica testuale", en: *Lingua e Stile* 1, 1, 63-78.

ROUDIL, J. (1978): "Édition de texte, analyse textuelle et pontuation (brèves reflexions sur les Écrits en prose", en: *Cahiers de Linguistique Hispanique Médiévale* 3, 269-299.

— (1982): "Les signes de ponctuation dans le manuscrit 43-22 des «Flores del derecho» de Jacobo de las leyes", en: Roudil, J. (ed.): *Phrases, Textes & Ponctuation dans les manuscrits espagnols du Moyen Âge & dans les éditions de texte*, n° 7 bis de *Cahiers de Linguistique Hispanique Médiévale*. Coloquio del Seminario de Estudios Medievales Hispánicos de la Universidad de París, XIII nov. de 1981.

RUIZ, E. (1985): "La edición de textos", en: Díez Borque, J. M. (coord.): *Metodos de estudio de la obra literaria*. Madrid: Taurus, 107-109.

SÁNCHEZ-PRIETO BORJA, P. (1996): "Problemas lingüísticos en la edición de textos medievales. (Sobre la relación entre crítica textual e historia de la lengua)", en: *Incipit* 16, 19-54.

— (1998): *Cómo editar los textos medievales. Criterios para su presentación gráfica.* Madrid: Arco/Libros.

— (2003): "Paleografía e historia de la lengua", en: *Cuadernos hispanoamericanos* 631, 71-90.

SANTIAGO, R. (1996): "La puntuación según Nebrija", en: *Dicenda. Cuadernos de Filología Hispánica* 14, 273-284.

— (1998): "Apuntes para la historia de la puntuación en los siglos XVI y XVII", en: Blecua, J. M./Gutiérrez Cuadrado, J./Sala, L. (eds.): *Estudios de Grafemática en el dominio hispano*. Salamanca: Instituto Caro y Cuervo-Universidad de Salamanca, 243-280.

— (2003): "La puntuación según Enrique de Villena. De la teoría del autor, la práctica de los copistas y la edición del texto", en: *Estudios ofrecidos al profesor José Jesús de Bustos Tovar*, I. Madrid: Editorial Complutense, 197-214.

— (2004): "Imprenta y ortografía en torno a Guillermo Foquel y Alonso Víctor de Paredes", en: Cátedra, P. M./López Vidriero, L. (dirs.): *La memoria de los libros: estudios sobre la historia del escrito y de la lectura en Europa y América*. Salamanca: Instituto de Historia del Libro y de la Lectura, 539-561.

SCOLES, E. (1966): "Criteri ortografici nelle edizioni critiche di testi castigliani e teorie grafematiche", en: *Studi di Letteratura Spagnola* 3, 9-24.

SEBASTIÁN MEDIAVILLA, F. (2002): *La puntuación en los siglos XVI y XVII.* Barcelona: Universitat Autònoma de Barcelona.

TOMBEUR, P. (1987): De Polygraphia", en: *Grafia e interpunzione del latino nel medioevo. Seminario internazionale*. Roma, 27-29 settembre 1984. Roma: Edizioni dell'Ateneo, 69-101.

TORRENS, Mª J. (1995): "La interpretación de las abreviaturas en textos romances y medievales: problemas lingüísticos y textuales", en: *Signo. Revista de la cultura escrita* 2, 19-27.

THUROT, C. (1869): *Extraits de divers manuscrits latins pour servir à l'histoire des doctrines grammaticales au Moyen Âge.* Paris (Reimp.: Minerva, Frankfurt, 1964): parte II, Cap. V, 407-417.

WRIGHT, R. (1991): "On Editing 'Latin' Texts Written by Romance-Speakers", en: Harris-Northall, R./Cravens, Th. D. (eds.): *Linguistic Studies in Medieval Spanish*. Madison: Hispanic Seminary of Medieval Studies, 191-208.

Variación sintáctica y edición de manuscritos: ejemplos en la documentación indiana

Marta Fernández Alcaide

1. La crítica textual ha ido cambiando de tendencia a lo largo del tiempo[1]. A principios del siglo xx se hacían ediciones paleográficas, es decir, calcos fieles de los manuscritos. En la actualidad, suele defenderse la modernización de los textos, con el argumento de que así se acercan los textos a los lectores y se eliminan las variantes innecesarias. En palabras de Iglesias Feijoo (1990: 241): "[…] en aquellos tiempos se carecía de una ortografía regular, que sólo las imprentas intentaban. Si ello es así, ¿a qué propósito interponer entre el lector actual –especialistas (sic) o no– y los textos clásicos una barrera inútil, molesta, desagradable y perfectamente prescindible?"

Estamos hablando de forma general pero la modernización no se aplica a todos los niveles de la lengua, en principio. En efecto, al pensar en modernizar se está restringiendo implícitamente al nivel grafemático, a la ortografía. Sin embargo, hay que tener en cuenta que las grafías tienen importancia en la medida en que forman parte de una unidad mayor, de modo que variar una grafía en algunos casos puede afectar a otros niveles de la lengua (fonético, gramatical, semántico, léxico).

A los lingüistas nos interesa la lengua de los textos[2], de manera que no podemos hacer un estudio sobre la fonética de una época o de una obra utilizando una edición modernizada, porque es posible que acabemos llegando a conclusiones erróneas acerca del sistema fonético-fonológico del momento o del sistema de la lengua en general que se manifiesta en ese documento.

Esto mismo llega también a niveles superiores, al nivel morfosintáctico y al nivel léxico-semántico. Quizá, ver cómo afecta a este último es más evidente,

---

[1] *Cf.* Barroso Castro y Sánchez de Bustos 1993. Pueden verse asimismo diversas directrices y visiones en Blecua Perdices 2001; Cañedo y Arellano 1987; Fradejas Rueda 1991; Orduna 1982, 1990, 1991, 1996, 2000; Pérez Priego 1997; Sánchez-Prieto Borja 1998; etc.

[2] Ejemplos teóricos de la importancia de las ediciones para los estudios lingüísticos pueden verse en: Cano Aguilar 1991a; Company 2001; Fernández-Ordoñez 2006; Frago Gracia 1987; Lapesa 1970; o Sánchez-Prieto Borja 1996. Sin embargo, también puede observarse su relevancia en análisis concretos como Cano Aguilar 1991b y 1996; Company 1992; García Carrillo 1988; etc.

aunque no por ello deja de ser interesante; en todo caso, me centraré en este trabajo en el otro nivel, que, además, es el que más me (pre)ocupa personalmente.

Para hablar de problemas de variación sintáctica en la edición de textos, tenemos que fijarnos en la puntuación de los mismos. Como sabemos –y además, se aclara bien en otro trabajo de este mismo libro (véase Bédmar; y también Blecua 1984; Blecua Perdices, inédito; Lemartinel 1982; Santiago 1996, 1998; Sebastián Mediavilla 2002)–, en otras épocas, el sistema no era equivalente al actual, de modo que ésa es ya la primera dificultad con la que nos encontramos: si hay signos de puntuación, ¿a qué equivalen? Pues seguramente debemos pensar en otras unidades lingüísticas, es decir, que en lugar de hablar de la oración y el párrafo, sería más apropiado –y más práctico al mismo tiempo– hablar de otras unidades más amplias y motivadas por razones semánticas, en lugar de guiarnos por razones gráficas. Quizá, por tanto, podríamos recuperar los términos *periodo* y *subperiodo*, tal como propuso Jean Roudil hace ya tiempo:

> "[…] Cette distinction permet de rendre compte des séparations introduites dans le texte par le copiste, au moyen de points ; elle est de nature à favoriser l'appréhension de ce que pourrait être la phrase médiévale." (Roudil 1982: 22)

2. Sin embargo, el problema puede ir más allá, dado que también es posible que nos encontremos sin signos de puntuación, como ocurre en la mayoría de los textos objeto de mi investigación: cartas misivas privadas de los españoles que estuvieron en América, enviadas a lo largo de la segunda mitad del siglo XVI a familiares y amigos que permanecían en la Península. Estas cartas se encuentran en el Archivo General de Indias de Sevilla porque fueron utilizadas por esos familiares como testimonio para pedir la licencia en el Consejo para viajar a Indias, por tanto han permanecido guardadas en los expedientes de cada uno de ellos, viajeros en potencia, junto a la petición de licencia y las declaraciones de testigos sobre su cualidad de cristiano viejo, entre otras cosas.

En esos documentos encontramos folios y folios sin signos de puntuación, que en ciertos casos se mejoraba con la presencia de alguno. Esto, como puede imaginarse, plantea muchas dudas a la hora de hacer la edición de uno solo de ellos, pero también al realizar el análisis lingüístico.

Hay una edición de estos textos –algo más de 650 cartas– dirigida por E. Otte, historiador, y publicada en 1988[3]. He manejado de forma directa tanto los manuscritos originales como la edición que él hace y verdaderamente presenta muchas dificultades: por un lado, porque las indicaciones acerca de la ubicación

---

[3] Algunos de ellos han sido reeditados por Company (1994).

de cada carta dentro del Archivo General de Indias están incompletas, por ejemplo, puede estar cambiada la signatura del legajo en el que se encuentra o no decir el número del expediente; y, por otro lado, lo que me parece más grave desde un punto de vista filológico, contiene lecturas dudosas, modernizaciones de todo tipo y reconstrucciones de partes ilegibles.

No voy a citar ejemplos del nivel gráfico ni del fonético ni de atrevidas reconstrucciones ni tampoco de los saltos de línea que podrían llevarnos horas. Sólo como botón de muestra diré que es habitual que cambie la forma del futuro de subjuntivo: *pudieredeys* por *pudiéredes* y modernice formas como *traya*, que él transcribe *traiga*, o *bynon*, que entiende como *vino*, en lugar de *vinieron*.

3. Vamos a detenernos en primer lugar en algunos ejemplos aislados para centrarnos en la variación sintáctica en relación con la puntuación. Los ejemplos tienen tres formas distintas (A, B y C) que corresponden a la transcripción de lo que encontramos en el manuscrito, la edición del historiador y otra posible lectura, respectivamente. En cada uno de los siguientes ejemplos, nos enfrentamos a problemas distintos, si bien están íntimamente relacionados.

3.1. El primer ejemplo presenta una enumeración:

> (1) A. "pues de bueno que soi azen todos burla de mi como mi conpadre lo a eho de mi que a venido a esta tiera dos vezes perdio y lo e eho con el como dios lo sabe [...]" (15, 8-13) Ms.
>
> B. "pues de bueno que soy hacen todos burla de mí, como mi compadre lo ha hecho de mí, que ha venido a esta tierra dos veces perdió, y lo e hecho con él, como Dios lo sabe, [...]" (15, 8-13) E. Otte
>
> C. "pues, de bueno que soi, azen todos burla de mí, como mi conpadre lo a eho de mí, que a venido a esta tiera dos vezes, perdio y lo e eho con él como Dios lo sabe, [...]" (15, 8-13).

Pues bien, en este caso, con la interpunción del historiador resulta difícil entender la sintaxis. Parece que falta una coma y no sabemos si debería ir antes o después de *dos veces*, aunque, sin duda alguna, habría que separar los dos verbos. Por el contrario, la coma con la que separa la oración de *como* que parece ser modal resulta innecesaria.

Con respecto a la coma antes o después de *dos veces*, debemos decir que todas las razones que pueden iluminarnos al respecto son de tipo extralingüístico: ¿qué resultaría más argumentativo: el doble viaje del compadre o la doble pérdida? Por otra parte, el empleo del verbo *perder* sin complemento parece ser algo moderno: ¿se trata de una alusión a la hacienda, que en el texto se menciona varias líneas más abajo, con lo cual no se manifestaría la razón de la pérdida? ¿O

se trata de *perder* en el juego? De este modo, el compadre sería no sólo un des-
agradecido por no devolverle el favor, sino también un vicioso. En cualquier
caso, se haría extraño este verbo, porque, además, está rodeado de otros en pretérito perfecto y sólo él va en indefinido.

Una última posibilidad sería la de pensar que *perdio* no es *perdió* sino *perdío*,
suponiéndole una omisión de la /d/ intervocálica, que había empezado ya a verse
en el escrito desde hacía unas décadas. De ese modo, no habría confrontación de
tiempos verbales, porque podría ser un predicativo del complemento directo.
Tendríamos entonces que cambiar nuestra propuesta de edición a esta otra, donde
mantendríamos la puntuación de E. Otte pero cambiaríamos la acentuación[4]:

> C'. "pues, de bueno que soi, azen todos burla de mí, como mi conpadre lo a eho
> de mí, que a venido a esta tiera dos vezes perdío, y lo e eho con él como Dios lo sabe,
> (…)" (15, 8-13)

3.2. El segundo ejemplo, que pertenece a la misma carta, afecta relativamente al
análisis sintáctico:

> (2) A. "mi alma nos tengo mas que dezir sino que ple a nuestro señor que me os
> dege ver como yo deseo y quedo por buestro como sienpre a desisey dias del mes
> denero […]" (17, 6-10) Ms.
> B. "Mi alma, no os tengo más que decir, sino que plega a Nuestro Señor que me
> os deje ver, como yo deseo, y quedo por vuestro como siempre. A dieciséis días del
> mes de enero. […]" (17, 6-10) E. Otte
> C. "mi alma, nos tengo más que dezir sino que ple a nuestro señor que me os
> dege ver, como yo deseo. Y quedo por buestro, como sienpre, a desisey dias del mes
> denero. […]" (17, 6-10)

Observamos que tal como el historiador lo puntúa, nos encontraríamos con
dos oraciones coordinadas que, sin embargo, no tienen relación entre sí. Parece

---

[4] Esta explicación vendría confirmada por una carta de las otras dos que tenemos del
mismo sujeto, escritas con anterioridad a la fecha de esta, como puede deducirse por lo que
explica en cada una de ellas. En la primera que conservamos, nuestro Antonio de Aguilar dice
así: "ermana mia y todo mi contento. Yo tuue entendido que mi conpadre gironimo rodriges os
trugera en la foltra que estamos aguardando por que yo se lo auia rogado y El me lo auia [a]si
aprometido, sino cuando lo ui uenir, ya que casi la folta, que dios salue, se queria gaçer a la
uela y llego perdido, que lo corieron franseses y le tomaron el nauio". Con lo cual ya no nos
cabe duda de que efectivamente es un caso de pérdida de -d- intervocálica, en 1569, fecha que
da Lapesa (1991 [1981]: 384) para uno de los primeros ejemplos, extraído de los estudios de
Boyd-Bowman, posiblemente, incluso, del mismo documento.

que, más bien, la coordinación no es a nivel interoracional sino extraoracional, pues es la unión del cierre con el resto de la carta. Las otras dos comas estarían justificadas por el hecho de que lo primero es un vocativo, que fonéticamente está separado del resto de la oración, y lo segundo es equivalente a 'según', más que constituir una oración modal. Los otros signos son menos relevantes.

3.3. Los dos ejemplos siguientes pertenecen a otra carta en la que tampoco hay puntuación.

> (3) A. "lleva esta carta vn onbre que se llama p° de rrutia que a de bolber y es biz-cayno y estubo en mj casa muchos dias y selo encomende mucho que os la diese y a de bolber a lo que me dixo" (5, 4-9) Ms.
>
> B. "lleva esta carta un hombre que se llama Pedro de Urrutia, que ha de volver y es vizcaíno, y estuvo en mi casa muchos días, y se lo encomendé mucho que os la diese, y ha de volver a lo que me dijo" (5, 4-9) E. Otte.
>
> C. "lleva esta carta vn onbre que se llama p° de rrutia, que a de bolber y es biz-cayno y estubo en mj casa muchos dias y selo encomende mucho que os la diese, y a de bolber, a lo que me dixo." (5, 4-9)

Aquí se empieza a percibir que la presencia o ausencia de una coma puede ser significativa; me refiero concretamente al final del ejemplo, en el que el historiador la omite, con lo cual se entendería que "a lo que me dijo" es un complemento de finalidad, interpretación que sería en principio válida, pero extraña entonces el misterio con el que se cierra la frase. Sin embargo, es posible hacer otra lectura del fragmento, para lo cual se necesitaría poner una coma tras el infinitivo; entonces ya no sería un complemento de finalidad sino de modo, equivalente a "según me dijo" y se eliminaría esa intriga de la primera versión.

3.4. Este otro ejemplo es semejante al que acabamos de analizar pues, en función de si se pone o no la coma, diremos que es un tipo u otro de oración modal. Lo relevante en este caso es que es una estructura bastante repetida a lo largo del corpus, por tanto la decisión afecta al análisis de un número elevado de cartas:

> (4) A. "y con esto esperando vra benida no digo mas syno q nro s^or os trayga como yo deseo" (5, 9-11) Ms.
>
> B. "y con esto, esperando vuestra venida, no digo más, sino que Nuestro Señor os traiga, como yo deseo." (5, 9-11) E. Otte.
>
> C. "y con esto, esperando vra benida, no digo más, syno q nro s^or os trayga como yo deseo." (5, 9-11)

Si añadimos la coma, como hace Otte, "como yo deseo" se convierte en "según yo deseo", es decir, que estaría insistiendo en que quiere que su hermana se reúna con él; si no la añadimos, estaría diciendo el modo en que quiere que llegue a las Indias: quiere que llegue sana y salva y, de hecho, esto se corrobora porque en numerosas ocasiones las cartas se cierran así "que nro señor os traiga con bien". La decisión, en este caso, es entre más o menos argumentación, entre más o menos carga afectiva, pero, como decíamos, dada la alta frecuencia, se convierte en relevante.

3.5. El quinto ejemplo es de otra carta diferente, donde tampoco hay signos de puntuación que podamos interpretar:

(5) A. "por q con duçientos p°s de oro comun q uale cada p°s ocho rr°s tiene harto para venjr y traEr algunas cosas y en esto no aya falta por q tan bien Escriuo por otra parte no digo mas sino q afuera de Estos duçientos p°s dara a vmd El propio portador diez p°s [...]" (3, 5-11)

B. "porque con doscientos pesos de oro común, que vale cada peso ocho reales, tiene harto para venir y traer algunas cosas, y en esta parte no digo más, sino que afuera de estos doscientos pesos dará a v. m. el propio portador diez pesos, [...]" (3, 5-11)

C. "porq con duçientos p°s de oro comun, q uale cada p°s ocho rr°s, tiene harto para venir y traer algunas cosas, y en esto no aya falta. Porq tanbien escriuo por otra parte, no digo mas, sino q afuera de estos duçientos p°s, dara a vmd el propio portador diez p°s, [...]" (3, 5-11)

En él, la cuestión de la puntuación es sólo algo añadido al salto de línea que hace el editor, pues, como puede observarse, faltan algunas palabras en la edición del historiador, lo cual lleva a cambiar por completo el texto e incluso lo deja con un sentido dudoso, que le obliga a cambiar el género del demostrativo de "y en esto", para poder unirlo a parte. Este podría ser un ejemplo de lo que al comenzar se señaló respecto de las reconstrucciones: si no se entiende el texto transcrito, se cambia hasta que sea comprensible, porque no es correcto. Ahora bien, la lectura atenta del texto demuestra que era perfectamente comprensible y fácil de analizar.

3.6. El sexto ejemplo es de otra carta. En ella sí hay algunos signos de puntuación, aunque sean muy escasos, si bien esto no afecta al ejemplo que extraemos a continuación:

(6) A. "a tu tio enbio cartas que lleues a seuy^a [...]" (5-19) Ms.
B. "a tu tío envío cartas que lleves a Sevilla [...]" (5-19) E. Otte
C. "a tu tio enbio cartas, que lleues a seuy^a [...]" (5-19)

La falta de tales signos es lo que lleva a plantearnos si se trata de una oración de relativo con cierto matiz final o si se trata claramente de una final, para lo cual pienso que habría que añadir una coma antes de *que*, aunque quizás un lector de la época no la necesitara porque interpretaría la subordinada en función del modo del verbo que contiene. Pero a un lector moderno, desacostumbrado en principio a entender un *que* como *para que*, le haría falta esa coma. En cualquier caso, se escriba o no el signo, la oración es final.

3.7. También en la carta de donde se extrae el siguiente ejemplo hay puntuación. A pesar de ello, en determinados momentos hay dificultades para llevar a cabo el análisis:

(7) A. "Agora con el fabor del señor ba en esta con boluntad E yntento de tr[er] a su muger tengo [en]tendido q aliende del contento q yo rreçibire ella se hallara bien en esta tierra" (9, 9-12) Ms

B. "Agora con el favor del señor va en esta, con voluntad e intento de traer a su mujer. Tengo entendido que, allende del contento que yo recibiré, ella se hallará bien en esta tierra." (9, 9-12) E. Otte

C. "Agora, con el fabor del señor, ba en esta con boluntad e yntento de tr[er] a su muger, tengo [en]tendido, q aliende del contento q yo reçibire, ella se hallara bien en esta tierra." (9, 9-12)

Para determinar la puntuación del fragmento no puede dejarse a un lado el conjunto del texto, donde las pausas suelen separar subperiodos. En consonancia con ello, me parece arriesgado poner punto ante *tengo entendido*, iniciando ahí una oración, cuya relación semántica con la completiva que le sigue resultaría incierta, pues perdería toda la fuerza argumentativa que 'hallarse bien en esta tierra' pudiera tener. En mi opinión, ese *tengo entendido* no sería más que una oración parentética que atenúa la afirmación precedente, quizá demasiado rotunda por el doble sintagma, separándola, además, de la causal justificativa (y no completiva) que le sigue.

3.8. El último ejemplo que proponemos es más discutible porque nos aleja de la puntuación, pero nos lleva a otro apartado de la ecdótica, tan importante como aquél: la acentuación; y, además, enlaza con una cuestión ya antigua como es la de los tipos de *que* (/que/[1], /que/[2] y /que/[3], según la teoría alarquiana[5]). Veamos el ejemplo.

(8) A. "y si vm y ana rrº mi sobrina tanbien quisieren benjrse avnq no ay por aca q hazer de su arte otras granjerias ay por donde se s[us]tentar las gentes" (9, 13-16)

---

[5] Alarcos Llorach 1978 [1970]: 192-206.

B. "y si v. m. y Ana Rodríguez, mi sobrina, también quisieren venir, aunque no ay por acá que hacer de su arte, otras granjerías ay por donde se sustentar las gentes, [...]" (9, 13-16) E. Otte

C. "y si vm y ana rrº, mi sobrina, tanbien quisieren benirse, avnq no ay por aca qué hazer de su arte, otras granjerias ay por donde se s[us]tentar las gentes, [...]" (9, 13-16)

No sé, aunque lo dudo, si el historiador conocía el artículo de Alarcos y por ello consideró que no debía acentuar el *que* o si tal vez, es lo más probable, pasó desadvertido por este *que hazer*. Lo cierto es que, en mi opinión, habría que acentuarlo pues no es como el *que* que acabo de utilizar en *habría que acentuarlo*, no es un *que* conjuntivo sino pronombre interrogativo, que, en otras ocasiones, si introducimos otro pronombre (*mucho, más, nada,...*) sería relativo.

4. Hay un segundo problema más general que afecta a la variación sintáctica en relación con la edición de textos pero también con un hecho histórico. En efecto, debido a los numerosos naufragios sufridos por la flota española en sus muchas travesías por el océano camino de las Indias, los que escribían a sus familiares, tanto en un sentido como en otro, solían hacerlo, como ellos mismos dicen, "por distintas vías, de modo que si no llega por una, llegue por otra". Esto implica necesariamente que se hacían copias de las cartas, aunque no había, como hoy, medio de llevarlas a cabo, si no era la propia pluma. En unas ocasiones esas copias se hacían de forma automática –como sucedía con las copias oficiales de las cartas, cuya finalidad era incluirlas en el cuerpo del texto del expediente, en lugar de dejarlas en hoja aparte, que era lo más frecuente–, pero lo que nos interesa es que en otras ocasiones se realizaban estas copias introduciendo en ellas algunas variantes.

Lamentablemente no contamos con muchos ejemplos para esta segunda posibilidad, si bien tampoco nos faltan. Es el caso de la carta 349 de nuestro corpus, escrita por Celedón Favalis a su padre, Simón Favalis, en Madrid. Parece que pertenecía a una familia de clase alta venida a menos, por las noticias que se dan en la carta, y que marcha a América con la intención de hacer fortuna como mercader. En el expediente, se encontraron dos copias de la misma carta (349 A y 349 B) y aquí extraemos el mismo fragmento de ambas:

349 A	349 B
¶ en esto del deçir que benga aca gente no digo nada y digo esto porque suelen em/[21] biar a deçir a españa los que estan aca y tienen alla hermanos o deudos que bengan/[22] yo prometo a vm que aca que se	[...] en esto del deçir que benga aca gente no digo nada/[13] <u>porque</u> aca se pasa grandisima neçesidad y ay mucha gente per/[14] dida, mas que en españa y es por no se querer aplicar que el que/[15] quiere ser hombre

pasa mucha neçessidad y ay mucha gente perdida/[23] mas que en españa y es por no se querer aplicar que el que quiere ser hombre de bien/[24] aunques poco el salario, que dan puede pasar con ello honradamente aunque/[25] tanbien digo que el que binie-re como traiga mercadurias por pocas que sean, /[26] lo pasara bien pero el que no, a de sudar mas de sus años hasta alcançar con que poder tratar, /[27] porque en esta tierra solo esta la bentura de un hombre, en tener seis çientos pessos/[28] por lo menos, con que podello haçer que el que con esto no supiere, grangear no lo/[29] sabra con seis mil , yo prometo a vm que si yo los tuuiera que yo espero en/[30] dios que tubiera de comer, aunque auia de ser a costa de mucho sudor y trauajo, /[31] y pasando malas noches y peores dias, y sabe dios el deseo que yo tengo de berme/[32] en ello, y de tener algo con que boluerme porque en el mundo no ay tal dia como/[33] el de españa y se deçir a vm qui si alla los hombres se pusiesen a lo que aca/[34] que no abrian menester mas yndias que estarse en espa-ña, porque çierto que/[35] se ponen a cosas que en españa no lo harian los picaros y aca lo tienen por muy/[36] gran honra porque nunca preguntan a que lo agan ado/[37] ulano sino que tiene y en diçiendo que tiene algo tapan todos la uoca y callan/[38] [7] con lo que hiçiere de las plumas [...]

de bien aunque es poco el salario , que dan puede/[16] pasar con ello honradamente , pero tanbien digo que el que/[17] biniere como traiga mercadurias por pocas que sean que terna/[18] de comer pero el que no a de sudar mas de sus años para alcan/[19] çar con que poder tratar , porque en esta tierra solo esta la bentu/[20] ra de un hombre en tener seisçientos pesos por lo menos con que/[21] podello haçer que el que con esto no supiere grangear no lo/[22] sabra haçer con seis mill , yo prometo a vm que si yo los tubiera/[23] que yo espero en dios que tubie-ra de comer , aunque auia de ser/[24] a costa de mucho sudor y trauajo y pasando malas noches/[25] y peores dias , pero sera dios seruido de remediallo todo , [...] con lo/[26] que se hiçiere de las plumas [...]

4.1. En primer lugar debemos señalar que se han mantenido los cambios de línea en la edición (/[n]) porque se han encontrado cortes de palabras interesantes a lo largo del corpus, dignos de conservar. Aquí nos sirven ahora para observar algo natural: que las líneas no son de la misma longitud ni la letra de las cartas del mismo tamaño, puesto que no coincide la numeración entre una y otra. Esto nos lleva a la segunda diferencia y esta sí tiene ya repercusiones lingüísticas, en concreto en lo que se refiere a la macroestructura del texto, dado que la división en párrafos y la puntuación más definida de A desaparecen en B, donde encon-tramos un texto continuado a lo largo de todas las páginas.

4.2. Por otra parte, el contenido no es idéntico en ambas cartas, según se aprecia fácilmente. Pero esto tiene en este ejemplo concreto algunas repercusiones. Después de la primera oración tenemos la primera diferencia entre las dos cartas, pues donde 349 A tiene "y digo esto porque suelen embiar a deçir a españa los que estan aca y tienen alla hermanos o deudos que bengan yo prometo a vm que", en 349 B se ha sustituido por un simple nexo causal. Es más, en la segunda copia se ha eliminado la referencia al género textual de la carta misiva indiana, que, como puede comprobarse en este corpus, se hace casi parte obligatoria de este tipo de discurso, pues en muchas cartas se convierte en el motivo principal.

4.3. Otra repercusión interesante de la variación sintáctica entre las dos cartas es la simplificación de 349 B –razón por la cual he considerado ésta la segunda, dado que la original contiene más argumentos y más detalles, pero también mejor caligrafía y más limpieza escrituraria, por tanto parece que 349 A fue escrita con más detenimiento que 349 B–. Dicha simplificación consiste, siguiendo el discurso, en la eliminación de la afirmación intensificada por la promesa, con la consecuente pérdida de fuerza argumentativa (*porque*); la sustitución de *aunque* por el tradicional nexo adversativo, con lo que podría argumentarse en relación con la concesividad como tipo de coordinación adversativa (*pero*); la repetición de la conjunción *que* tras la intercalación de varias subordinadas entre la primera aparición y el verbo (*que*); la conversión de una temporal con *hasta* en una final (*para*); la recuperación de un verbo elíptico (*haçer*); y, por último 10 subordinadas sustantivas de distintos tipos, 3 relativas, 6 causales, una condicional, una comparativa, 6 coordinadas entre subordinadas y una yuxtaposición, todas dependientes de una sola principal, se sustituyen en 349 B por una oración coordinada adversativa dentro de la cual únicamente hay una sustantiva de infinitivo, término de la preposición.

4.4. La variación sintáctica en este caso es algo distinta a la que veíamos anteriormente, pues de aquí desaparece la cuestión de la puntuación. No obstante, también nos plantea problemas ecdóticos, dado que, si en textos literarios se busca reflejar la variación –o eliminarla, según los casos– en función del planteamiento estilístico del autor, en textos privados se establecen lazos con las posibilidades del sistema y con las diversas intenciones de un emisor para agregar o suprimir argumentos o detalles a su exposición. En algunas ocasiones creo que sí es factible la edición de las distintas opciones: por ejemplo, en el caso de la intercalación de un término que en otra copia no aparecía o en la variación de una única palabra de la clase que sea o de un sintagma como en "digo que el que biniere como traiga mercadurias por pocas que sean, <que> lo pasara bien" [Nota al pie: terna de comer]; o en el caso de la restitución de un término elíptico como en "no lo sabra <haçer> con seis mill". Ahora bien, cuando se trata de un resumen como en los otros dos ejemplos extraídos de la carta 349, nos plantemos hasta qué punto es posible hacer una edición crítica de las dos versiones. Quizá la tradición ecdótica de textos literarios con diversas fuentes sí tenga una respuesta para este problema lingüístico y pueda aplicarse su método aquí.

5. Estas escasas páginas son sólo la presentación de algunos ejemplos que muestran que la variación en textos privados no se restringe a un problema estilístico, como sucede en algunos textos literarios, sino que se convierte en un problema diferente que enlaza con otras cuestiones lingüísticas que no podemos abordar aquí, pues nos saldríamos completamente de la ecdótica. Con estos límites, debemos concluir apuntando que el asunto de la puntuación, como mecanismo de manifestación explícita de la variación sintáctica, suele zanjarse en la edición de textos proponiendo directamente la modernización. A pesar de ello, pienso que los signos que aparezcan, por pocos que sean, nos ayudan a interpretar el texto y, por tanto, no pueden olvidarse sin más. Y esto, pese a las palabras de Ignacio Arellano:

> "Mantener con rigor la puntuación de un modelo, sea cual fuere […] es en la práctica una utopía desde el momento en que puntuar es ya en muchas ocasiones interpretar un texto, elegir una opción semántica, y semejantes elecciones son ineludibles para el editor: la puntuación no se puede separar de la hermenéutica […] el editor está obligado a tomar, a veces incómodamente, partido, y que una postura conservadora a ultranza en este terreno puede equivaler a veces a una inhibición de poco valor crítico." (1991: 573-574).

Muchos textos no tienen puntuación y aquellos que sí puntúan, lo hacen con sistemas que difieren de unos a otros. Ahora bien, creo que no es razón suficiente para obviarlos y que, por el contrario, deberíamos intentar llegar al sistema que estuviese de base, por más que no siempre se realice con los mismos signos, pero no sólo fijándonos en qué decían los gramáticos del momento al respecto, sino recurriendo a otros textos, los que escribía la gente con fines no literarios y no científicos.

Parece que sólo en ese sentido analizar documentos privados se hace esencial, puesto que, si bien es verdad que tendrán que rastrearse más textos para encontrar los datos necesarios hasta conseguir nuestro objetivo, estaremos, sin duda alguna, más cerca de la realidad del momento que si nos limitamos a rescatar lo que dicen los gramáticos al respecto, que por otra parte, no suele ser lo que ellos mismos hacen.

La importancia de descubrir el sistema de puntuación de una época radica en que eso nos ayudará a saber cómo era el periodo en ella, y cuanto más sepamos de la puntuación, más averiguaremos sobre la sintaxis. Por ello, creo que hay que prestar atención al realizar ediciones de texto, pero más aún al elegir la base textual de nuestra investigación, pues una mala edición puede llevarnos a conclusiones erróneas.

Quizá para los textos de este corpus donde encontramos puntuación, aunque sea mínima, podríamos llevar a cabo la propuesta de Germain-Aufray de hacer: "[…] textes avec une double ponctuation, la moderne en position normale, la médiévale […] dans l'interligne supérieur […]" pero eliminando

"[…] les signes que Védénina, dans sa définition de la ponctuation nomme "techniques", pour ce qu'ils n'ont pas la triple fonction d'organisation syntaxique, de correspondance orale ou de supplément d'information sémantique qu'il attribue à la ponctuation véritable, définition à laquelle nous souscrivons." (Germain-Aufray 1982: 72)

En todo caso, un estudio sintáctico de estos textos no puede dejar de lado la doble interpretación que pueden tener muchos fragmentos de los mismos, con motivo de la puntuación, aunque también con motivo de la propia ambigüedad de ciertas oraciones en estos textos.

Bibliografía

ALARCOS LLORACH, E. (1978[1970]): *Estudios de gramática funcional del español*. Madrid: Gredos.

ARELLANO, I. (1991): "Edición crítica y anotación filológica en textos del Siglo de Oro. Notas muy sueltas", en: Arellano, I./Cañedo, J. (eds.), 563-583.

ARELLANO, I./CAÑEDO, J. (eds.) (1991): *Crítica textual y anotación filológica en obras del Siglo de Oro: actas del Seminario Internacional para la edición y anotación de textos del Siglo de Oro*. Madrid: Castalia.

BARROSO CASTRO, J./SÁNCHEZ DE BUSTOS, J. (1993): "Propuestas de transcripción para textos del XV y Siglos de Oro", en: M. García Martín (ed.): *Estado actual de los estudios sobre el Siglo de Oro. Actas del II Congreso Internacional del Siglo de Oro*. Salamanca: Universidad de Salamanca, 1, 161-178.

BLECUA, J. M. (1984): "Notas sobre la puntuación española hasta el Renacimiento", en: *Homenaje a Julián Marías*. Madrid: Espasa-Calpe, 121-130.

BLECUA PERDICES, A. (2001): *Manual de crítica textual*. Madrid: Castalia.

— (inédito): "La puntuación. Estado de la cuestión", ponencia leída en el *VI Congreso Internacional de la Asociación de Historia de la Lengua Española*. Madrid, 29 de septiembre-3 de octubre de 2003.

CANO AGUILAR, R. (1991a): "Perspectivas de la Sintaxis histórica española", en: *Anuario de Letras* 29, 53-81.

— (1991b): "Sintaxis oracional y construcción del texto en la prosa española del Siglo de Oro", en: *Philologia Hispalensis* 6, 1, 45-67.

— (1996): "Lenguaje 'espontáneo' y retórica epistolar en cartas de emigrantes españoles a Indias", en: Kotschi, T./Oesterreicher, W./Zimmermann, K. (eds.): *El español hablado y la cultura oral en España e Hispanoamérica*. Madrid/Frankfurt: Iberoamericana/Vervuert, 375-404.

CAÑEDO, J./ARELLANO, I. (1987): "Observaciones provisionales sobre la edición y anotación de textos del Siglo de Oro", en: *Edición y anotación de textos del Siglo de Oro*. Pamplona: EUNSA.

COMPANY COMPANY, C. (1992): "Los *Documentos lingüísticos de la Nueva España*. Algunos rasgos del habla de un panadero mexicano de la segunda mitad del siglo XVII", en: *Actas del II Congreso Internacional de Historia de la Lengua Española*, II. Madrid: Pabellón de España, 333-342.

— (1994): *Documentos lingüísticos de la Nueva España. Altiplano central*. México, D.F.: Universidad Nacional Autónoma de México.

— (2001): "Para una historia del español americano. La edición crítica de documentos coloniales de interés lingüístico", en: Funes, L./Moure, J. L. (eds.): *Studia in honorem German Orduna*, Alcalá: Universidad de Alcalá, 207-224.

DARBORD, B. (1982): "Fonctions actancielles et ponctuation dans le manuscrit du *Libro de los gatos*", en: *Phrases, textes & ponctuation dans les Manuscrits espagnols du Moyen Age & dans les éditions de textes*, Cahiers de linguistique hispanique médiévale. Paris: Séminaire d'Études Médiévales Hispaniques de l'Université de Paris-XIII.

FERNÁNDEZ-ORDÓÑEZ, I. (2006): "La Historiografía medieval como fuente de datos lingüísticos. Tradiciones consolidadas y rupturas necesarias", en: *Actas del VI Congreso Internacional de Historia de la Lengua Española*. Madrid: Arco/Libros, vol. II, 1779-1807.

FRADEJAS RUEDA, J. M. (1991): *Introducción a la edición de textos medievales castellanos*. Madrid: UNED.

FRAGO GRACIA, J. A. (1987): "Una introducción filológica a la documentación del Archivo General de Indias", en: *Anuario de Lingüística Hispánica* 3, 67-97.

GARCÍA CARRILLO, A. (1988): *El español en México en el siglo XVI: estudio lingüístico de un documento judicial de la Audiencia de Guadalajara (Nueva España) del año 1578*. Sevilla: Alfar.

GRANDA, G. de (1993): "Notas lingüísticas sobre documentación judicial de Santo Domingo durante el período de dominación haitiana (1822-1844)", en: *Estudios lingüísticos y filológicos en homenaje a Eugenio de Bustos Tovar*. Salamanca: Universidad de Salamanca, I, 411-422.

GERMAIN-AUFRAY, J. (1982): "Trais originaux de ponctuation dans la traduction médiévale d'un texte latin", en: J. Roudil (ed.), 69-81.

IGLESIAS FEIJOO, L. (1990): "Modernización frente a 'old spelling' en la edición de textos clásicos", en: *La edición de textos. Actas del I Congreso Internacional de Hispanistas*. London: Tamesis Books.

LAPESA, R. (1970): "Sobre problemas y métodos de una Sintaxis histórica", en: *Homenaje a Xavier Zubiri*. Madrid: Universidad, 201-213.

— (1999[1981]): *Historia de la Lengua Española*. Madrid: Gredos.

LEMARTINEL, J. (1982): "Enrique de Villena et la ponctuation", en: J. Roudil (ed.), 83-89.

MILLARES CARLÓ, A. (1983): *Tratado de Paleografía española*. Madrid: Espasa-Calpe, II.

ORDUNA, G. (1982): "La *collatio* externa de los códices como procedimiento auxiliar para fijar el *stemma codicum*. *Crónicas* del Canciller Ayala", en: *Incipit* 11, 3-52.

— (1990): "La edición crítica", en: *Incipit* 10, 17-43.

— (1991): "Ecdótica hispánica y el valor estemático de la historia del texto", en: *Romance Philology* 54, 89-101.

— (1996): "La crítica textual ante la documentación histórica. Los últimos años de la *Crónica de Enrique II*", en: *Incipit*, 16, 1-18.

— (2000): *Ecdótica: problemática de la edición de textos*. Kassel: Reichenberger.

OTTE, E. (1988): *Cartas privadas de emigrantes a Indias, 1540-1616,* Cáceres: Consejería de Cultura, Junta de Andalucía, Escuela de Estudios Hispano Americanos de Sevilla.

PASCUAL, J. A. (1993): "La edición crítica de los textos del Siglo de Oro: De nuevo sobre su modernización gráfica", en: *Estado actual de los estudios sobre Siglo de Oro: metodologías y perspectivas críticas, Actas del III Congreso Internacional de Hispanistas del Siglo de Oro*, Salamanca: Universidad, vol. I, 1-21.

PÉREZ PRIEGO, M. Á. (1997): *La edición de textos*. Madrid: Síntesis

ROUDIL, J. (1982): "Les signes de ponctuation dans le manuscrit 43-22", en: Jean Roudil (ed.), 7-67.

— (ed.) (1982): *Phrases, textes & ponctuation dans les Manuscrits espagnols du Moyen Age & dans les éditions de textes*, Cahiers de linguistique hispanique médiévale. Paris: Séminaire d'Études Médiévales Hispaniques de l'Université de Paris-XIII.

SÁNCHEZ-PRIETO BORJA, P. (1996): "Problemas lingüísticos en la edición de textos medievales. Sobre la relación entre crítica textual e historia de la lengua", en: *Incipit* 16, 19-54.

— (1998): *Cómo editar los textos medievales*. Madrid: Arco-Libros.

SANTIAGO, R. (1996): "La puntuación según Nebrija", en: *Dicenda. Cuadernos de Filología Hispánica* 14, 273-284.

— (1998): "Apuntes para la historia de la puntuación en los siglos XVI y XVII", en: Blecua, J. M./Gutiérrez, J./Sala, L. (eds.), *Estudios de grafemática en el dominio hispánico*. Salamanca: Universidad, 243-280.

SEBASTIAN MEDIAVILLA, F. (2002): *La puntuación en los siglos XVI y XVII*. Barcelona: Universitat Autònoma de Barcelona (Cuadernos de Filología 3).

VARIA LECTIO Y VARIACIÓN MORFOSINTÁCTICA:
EL CASO DEL *CROTALÓN**

ÁLVARO S. OCTAVIO DE TOLEDO Y HUERTA

> *si può affermare che il campo di lavoro del filologo*
> *deve in buona parte spostarsi del testo all'apparatto*
> (Segre 1991 [1998: 43])

0. Hace tiempo que, en el ámbito de la edición de textos y la crítica textual, se es consciente de la existencia de una dinámica lingüística inherente al concepto mismo de texto transmitido por una tradición múltiple, hecho que ha llevado razonablemente a la conclusión de que "la variación lingüística debe incluirse como una más de las manifestaciones de la transformación del texto del modelo consustanciales al proceso de su copia" (Fernández-Ordóñez 2002: 108). Esa variación, huelga decirlo, se manifiesta a través de las variantes[1], y es también

---

* Este trabajo se inscribe en el Proyecto de Investigación del MEC *Procesos de Gramaticalización en la historia del Español II (ProGramEs II)*, de referencia HUM04-3610. Quiero agradecer a Lola Pons, Javier Rodríguez Molina, Ramón Santiago y Ana Vian sus lúcidos y sugerentes comentarios sobre un borrador previo: su generosidad me ha evitado buen número de errores; los que subsistan son, claro está, de mi propia cosecha. Tres series de reflexiones preliminares en torno al asunto que me ocupa aquí y en Octavio de Toledo (2006) se presentaron al III Congreso Nacional de la Asociación de Jóvenes Investigadores de Historiografía e Historia de la Lengua Española (III CNAJIHLE: Jaén, Universidad de Jaén, 27 de marzo de 2003), al IV CNAJIHLE (Madrid, Universidad Autónoma de Madrid, 2 de abril de 2004) y a las I Jornadas sobre de Edición de Textos e Historia de la Lengua (Sevilla, Universidad de Sevilla, 19 de octubre de 2005).

[1] En los últimos decenios, las nociones mismas de *variante* y *variación* han adquirido un protagonismo teórico renovado dentro de la reflexión ecdótica. A la vía "neolachmanniana" abierta principalmente por Contini (1970, 1986) e interesada por el "texto en el tiempo" (Orduna 2000: 60-65), que ha encontrado un desarrollo en el modelo de los *diasistemas* de Segre 1976 (con aplicaciones diversas a obras castellanas: Ruffinatto 1987, Echenique 1992, Lucía 1996), se suman perspectivas tan varias como las que determinan la atención primordial a las variantes de autor en tanto que jalones en el proceso de génesis de un texto (*edición histórico-crítica, crítica genética, genética textual*: Martens y Zeller 1971, Hay 2000, Lois 2001; con aplicación a un texto hispánico no contemporáneo: Ocasar 2005); la consideración de la variación textual como fenómeno esencialmente constitutivo de una tradición escritural (*variance*: Cerquiglini 1989; *vid.* las críticas de Orduna 1994 en torno a este uso de la noción de *variante*);

cosa sabida –y recordada con cierta periodicidad desde ese mismo ámbito– que las variantes de una tradición textual, con independencia de su estatuto final a efectos de la *constitutio textus*, contienen información potencialmente muy útil para el esclarecimiento de las evoluciones lingüísticas[2]. Sin embargo, no parece que el frecuente reconocimiento de la importancia de las variantes para el estudio de la variación y la evolución lingüísticas se haya traducido en una abundancia de estudios que procuren un refrendo concreto de dicha interrelación a través del estudio lingüístico pormenorizado del conjunto de las variantes que ofrece un texto particular. Muy al contrario, su aprovechamiento estrictamente lingüístico pertenece a un "terreno hasta ahora inexplorado" (Sánchez-Prieto 1998: 35)[3], ya

o el estudio de tradiciones complejas (las de los fueros, por ejemplo) en que las variantes adquieren un carácter prácticamente irreducible (Roudil 1968). En todas estas líneas de investigación está muy presente la consideración –teórica, al menos– de la variación lingüística inherente a la variación textual. El incremento de este interés es cronológicamente paralelo al renuevo que se ha venido dando, desde principios de los años setenta del siglo pasado, en el acercamiento a la variación lingüística misma, y específicamente a la variación sintáctica (para la sintaxis histórica del español, *vid.* Cano 1991, 2004), de suerte que resulta plausible la idea de que nos encontramos inmersos, desde hace algún tiempo, en un "paradigma variacionista" para la investigación filológica, que corre parejas con la difusión de una epistemología de corte hermenéutico (Anttila 1974, 1988, 1992); con todo, uno y otro tipo de variación se han puesto en relación explícita solo esporádicamente, y de manera generalmente asistemática (*vid.* Fernández-Ordóñez 2002: 108-109 y nn. 6-7).

[2] *Cf.* afirmaciones (e invitaciones) como las siguientes: "las variantes de lengua de la tradición se revelan así como un material utilísimo, por históricamente clasificado, para el conocimiento del proceso evolutivo del idioma" (Sánchez-Prieto 1998: 82; palabras casi idénticas en Sánchez-Prieto 1996: 42); "la franja de lecciones desechadas [por el editor crítico] se convierte, en la realidad, en algo semejante a una fosa o napa de residuos arqueológicos donde los datos aguardan [...] la labor de exhumación que los inscriba en la relación sincrónica y diacrónica donde lograrán su auténtica validez" (Orduna 1988 [2005: 295]). Quienes las firman han ilustrado en esos mismos trabajos con valiosos ejemplos algunas posibilidades de explotación de las variantes para un mejor conocimiento de la historia del español (*vid.* también Romero Cambrón 2006), aunque sin pretensión de exhaustividad.

[3] En los escasos estudios en que algún especialista en ambos campos ha puesto en contacto lingüística histórica y edición crítica, el interés suele recaer principalmente del lado ecdótico; así, el minucioso análisis por Fernández-Ordóñez (2002) de las variantes de un pasaje de la segunda parte de la *General estoria* se orienta al establecimiento de criterios más firmes para discriminar la variante textual de la variante de lengua (para estas últimas se propone una tipología que completa y complementa la sugerida por Sánchez-Prieto 1998: 63-65; *vid.* ahora las nuevas reflexiones de Sánchez-Prieto 2006). Fernández López (1997) ofrece un análisis lingüístico detallado (aunque con menor atención a la sintaxis) de las variantes del texto que edita y concluye que, en su tradición, "la modernización lingüística no es progresiva y se ve condicionada por muchos factores externos a la lengua misma: los usos paleográficos, el respeto a la tradición del modelo, la proximidad o lejanía en el tiempo del origen de la obra [la autora observa que una distancia cronológica escasa puede muy bien traducirse en una moder-

sea por dificultades prácticas[4] o por carencias teóricas[5], o quizá, simplemente, porque se ha hecho costumbre académica el que la lingüística y la crítica textual vivan peligrosamente separadas (*cf.* Rodríguez Molina, en este volumen).

Así las cosas, este trabajo no pretende ser más que una incursión exploratoria, interesadamente dirigida por mi inclinación personal al estudio de la morfosintaxis histórica, hacia el interior de una de esas azarosas selvas de varia lección. En la primera sección ofrezco mi propio examen de algunas de las posibilidades que ofrece al historiador de la lengua el análisis sistemático de las variantes de naturaleza morfosintáctica contenidas en los testimonios de una obra. En la segunda sección me centraré en las variantes de esa clase presentes en el *Crotalón*, atendiendo al tipo de variación lingüística que manifiestan; las pondré en relación con los procesos de cambio sintáctico activos en la época en

---

nización más intensa], la valoración sociocultural de la misma, etc." (op. cit.: 330); y se anuncia muy prometedora la próxima publicación en forma de artículo del trabajo de Montejo (2005), donde se analiza cuantitativa y cualitativamente el ritmo de modernización lingüística (aparentemente más lineal en este caso, aunque igualmente dependiente de factores "externos") presente en testimonios cronológicamente alejados de una tradición concreta. Entre los estudiosos principalmente dedicados a la historia del español –y más allá de algunas reflexiones muy generales, como las de García Martín 1999– se detecta la preocupación por el análisis lingüístico de las variantes en relación con la edición de colecciones de "documentos lingüísticos" (Company 2001a: 211) o con la práctica del comentario de textos históricos (Girón 2002a: 24-47); para una evaluación de las reflexiones en torno al tipo de edición y de aparato crítico que pueden resultar más útiles para el historiador de la lengua, *vid.* de nuevo Rodríguez Molina (en este volumen); en buen número de estudios monográficos –sería prolijo traer aquí ejemplos– se recurre ocasionalmente a tal o cual variante para confirmar o problematizar una explicación lingüística, pero los historiadores de la lengua, que yo sepa, no se han acercado aún a conjuntos enteros de variantes a través de estudios empíricos y sistemáticos de propósito específicamente lingüístico. (Para el aprovechamiento exhaustivo de las variantes en la investigación de un único fenómeno –la competencia de formas en *-ra* y formas en *-se* en los dos testimonios principales de la *Historia verdadera* de Bernal Díaz, *vid.* Williamson 1998).

[4] Con irónico realismo se ha señalado que "proponer una investigación en un aparato crítico ordenado por otro supone una tarea ascética que difícilmente se emprende" (Orduna 1988 [2005: 295]). Por otro lado, dar cuenta, aun someramente, de la variación lingüística presente en un conjunto medianamente amplio de variantes requiere un espacio material considerable, lo que dificulta la difusión en ciertos formatos de un trabajo de esta índole.

[5] Como indica Fernández-Ordóñez (2001: 397, n. 30), "[l]a crítica textual no ha desarrollado todavía una teoría que permita calcular la distancia lingüística entre el original y el testimonio que tenemos entre las manos". Una de las dificultades a las que se enfrenta tamaño desiderátum es, desde luego, la de determinar qué debemos entender por "distancia lingüística": en este sentido, el historiador de la lengua agradecerá, creo, toda reflexión en torno a los modos en que una cierta configuración de la tradición textual pueda prefigurar la clase de información histórica (evolución diacrónica, covariación en una sincronía histórica, variación dialectal, variación asignable a modificaciones propias del tipo textual o tradición discursiva, etc.) que resulte más esperable (o más rentable) a partir del examen de sus variantes.

que se compuso y se copió el texto; y analizaré, finalmente, en qué medida la variación interna presente en esa obra es reflejo de la variación lingüística general en el español de mediados del siglo XVI.

1. Variantes y variación morfosintáctica: algunos tipos de relación

Creo oportuno, aun a riesgo de repetir cosas ya conocidas, presentar aquí algunas de las formas en que las variantes de un texto permiten obtener información acerca de la variación morfosintáctica. No pretendo en absoluto ser exhaustivo, sino avanzar ciertas observaciones que puedan ayudar a apreciar mejor, por contraste, el tipo de relación entre variación textual y variación lingüística que se da en el *Crotalón*, asunto que comentaré con cierto detalle en la sección siguiente. Por esa misma razón, ejemplificaré sólo con casos del periodo 1490-1555, que es el que resulta pertinente, a mi entender, para enmarcar los fenómenos presentes en el *Crotalón*, y que, además, parece poder identificarse como un espacio de cambio morfosintáctico intenso (Ridruejo 1993) que se ha considerado tradicionalmente, y más aún en los últimos años, crucial para la periodización de la historia del español (Menéndez Pidal 1933, Eberenz 1991, Girón 2004a: 88-91).

1.1. Quizá el ejemplo más conocido de relación entre un proceso de cambio lingüístico y la presencia de variantes enfrentadas en distintos testimonios de un texto sea el que afecta a testimonios separados por una distancia cronológica apreciable. Ocurre con frecuencia, en estos casos, que los testimonios más recientes modernicen rasgos lingüísticos que en los más antiguos parecen mostrar mayor apego a la lengua del original. Así, por ejemplo, la edición de 1503 de *La gran conquista de Ultramar* adapta a la lengua de su época, regularizándolos o eliminándolos, numerosos rasgos presentes en el ms. J (BNM1187, fechable hacia 1295) que se corresponden mejor con la supuesta lengua original, como la apócope extrema, el vocalismo medio de los perfectos rizotónicos o la concordancia del participio con el objeto en las formas compuestas del verbo (Harris-Northall 1996). El cotejo de las variantes en este caso permite, pues, obtener información acerca de la evolución diacrónica de ciertos procesos de cambio.

Algo similar ocurre con los tres testimonios más tempranos (dos ediciones, A y B, y un manuscrito, Ms, cuya interrelación textual está aún por resolver: *vid.* Parrilla 2002) del *Tractado de amores de Arnalte y Lucenda* de Diego de San Pedro. Corfis (1985: 18) presenta del siguiente modo la aparente falta de dependencias claras entre ellos (bajo la sigla de cada testimonio, entre corchetes, figura su fecha):

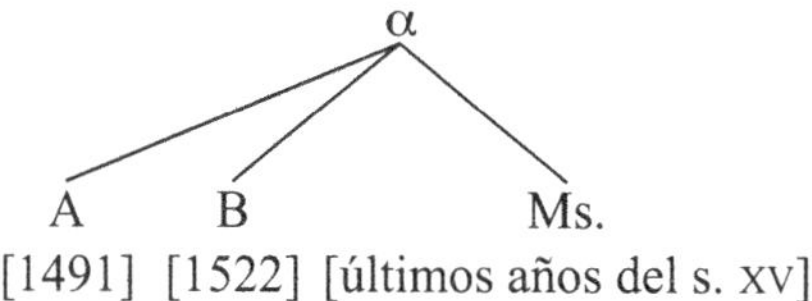

α

A   B   Ms.

[1491] [1522] [últimos años del s. XV]

La edición de Burgos de 1491 (A) contiene, en efecto, rasgos morfosintácticos más arcaicos que la de Burgos de 1522 (B) o el manuscrito de impronta aragonesa (Ms)[6]. Las variantes muestran cómo los dos últimos testimonios modernizan sistemáticamente algunos de aquellos rasgos que resultaban ya inusuales en el arranque del siglo XVI, como el uso de *vos* átono (1; *vid.* Eberenz 2000: 209-215)[7],

(1)

alguna merced **vos** merezco (A: 19-20)	merced **os** m. (B, Ms.)
lo que, señoras, **vos** suplico (A: 38)	señoras, **os** sup. (B, Ms.)
vengo, señoras, a dar**vos** la cuenta que me fue mandado que **vos** diese (A: 43-44)	a dar**os** la … que **os** d. (B, Ms.)
¡Oh ojos, del corazón enemigos que él **vos** mereció! (A: 661-662)	que él **os** m. (Ms.) [B: él <u>te</u> m.]

tampoco reconocen siempre B y Ms el uso de *cuánto* intensivo ante adjetivo que trae A, al que prefieren el de *cuán* (2)[8]: *cuánto* + Adj. es, en efecto, un esquema que se favorece especialmente en el siglo XV –apenas si hay rastros de él en la prosa del XIII, por ejemplo– y que resulta de nuevo escasísimo en el primer cuarto del siglo XVI (*vid.* Octavio de Toledo y Sánchez López, 2006);

---

[6] "A seems to possess many older forms which the Ms. and specially the B text exclude" (Corfis 1985: 28). En los siguientes ejemplos (1-9) reproduzco el texto de la ed. cit., modernizando la ortografía pero respetando la puntuación de la editora, y señalo en negrita los fenómenos de variación que comento en cada caso.

[7] "[E]n las últimas décadas del siglo [XV] *os* invade los textos de modo masivo. De hecho, un cambio tan brusco sólo puede explicarse como transposición al lenguaje escrito de un fenómeno ya ampliamente difundido en la comunicación oral" (Eberenz 2000: 210); "[h]acia 1500, los autores […] dudan notoriamente entre *vos* y *os*." (ibid.: 211); "[en esas fechas] la adopción o el rechazo de *os* era esencialmente un problema de la norma escrita" (ibid.: 214). Nebrija aún recoge sólo *vos*, pero Juan de Valdés ya lo rechaza abiertamente en favor de *os* (ibid.: 214). Las pervivencias en el XVI son escasas, y rarísimas después de 1530, apareciendo "usually in archaic styles (legal, ballad, etc.)" (Keniston 1937: 63).

[8] Aunque los tres testimonios parecen aceptar este tipo de *cuánto* intensivo en otro lugar (i), las variantes que ofrecen algunas otras obras con testimonios a caballo entre el siglo XV y el XVI, sin embargo, atestiguan igualmente la inestabilidad y el declive de la solución *cuánto* + Adj. Así, el ms. S, que, al ser *codex optimus* y *antiquior*, suele tomarse como base para la edición de *El conde Lucanor* (Blecua 1980), es uniforme en su selección del modificador *cuánto*

(2) pero bástate que de vista vees, si el esperanza has de alargar, **cuánto corto** será
mi vivir (576-577)

cuánto corto A] cuán corto B Ms

el uso concesivo-restrictivo de *pero que* que manifiesta A en dos pasajes es
rechazado por los otros dos testimonios (3a-b), que ya no reconocen una construcción en decadencia desde el siglo XIV (Rivarola 1976: 87-88) pero aún con
cierta vigencia en la prosa culta de finales del XV;

(3a)

Dices, Lucenda, que de mi mal te pesa, **pero que** con las palabras dices lo que con las
obras niegas. Si tú de mí te dolieses, dirías lo que dices, pero no farías lo que faces.
Mas como mañosa, engañas con la voluntad y atormentas con el esperanza. ¿Pues
para qué, a quien es tuyo, tanto engaño? (A: 1300-1305)

Dices, Lucenda, que de mi mal te pesa, **porque** con las palabras dices lo que con las
obras niegas. Si tú de mí te dolieses, dirías lo que dices, pero no farías lo que faces.
Mas como mañosa, engañas con la voluntad y atormentas con la esperanza. ¿Pues por
qué, para quien es tanto tuyo, tanto engaño? (B)

Dices, Lucenda, que de mi mal te pesa, [¿]**para que** con las palabras dices lo que con
las obras niegas[?] Si tú de mí te dolieses, dirías lo que dices, pero no farías lo que
faces. Mas como mañosa, engañas con la voluntad y atormentas con la esperanza.
¿Pues para qué, para quien es tanto tuyo, tanto engaño? (Ms.)

[la lectura de Ms. resulta incoherente a menos que se asuma que este testimonio
adopta el expediente *facilior* de asimilar el primer periodo de este fragmento al
último, como indica mi subrayado; de ahí que, entre corchetes, puntúe como
interrogativo también ese primer periodo][9]

---

ante adjetivo, pero los otros testimonios lo sustituyen ocasionalmente por *cuán* (y, quizá, *qué
tan*) (ii):

(i) quánto a escuras A] quánto escura B Ms (líneas 1104-1105).
(ii) Des*que* don Yllan vio **quanto mal** le gualardonaua el P*a*pa lo que por el avia fecho,
espidiose del (Don Juan Manuel, *El conde Lucanor*, exemplo XI, apud R. Menéndez
Pidal, R. Lapesa y Mª S. de Andrés (eds.), *Crestomatía del español medieval*, vol. II,
p. 383, líneas 117-118)
quanto mal S] quan mal G M que tan mal (¿qué tan mal?) P

[9] Creo innecesario enmendar la forma en *pero* ("Dices, Lucenda, que de mi mal te pesa,
pero con las palabras dices lo que con las obras niegas") como hacen Whinnom 1973 (con un
comentario sobre la supuesta oscuridad sintáctica de este pasaje en la p. 80) y Corfis 1985. En
este caso y en el siguiente, me parece más recomendable seguir, sin más, la lectura de A en la
edición crítica.

(3b)

porque della [de merced] terná la obra que siguiere necesidad estrecha; **pero que** las cosas en todo y todas buenas […] no pueden a todos contentar (A: 21-24)
estrecha; **porque** las (B, Ms.)

[no hay otros casos de *pero que* concesivo en la obra] mientras que B, más reciente que Ms, es sistemático en la selección de *nadie* en vez de *nadi* (4), solución ya conservadora en la época de A (Eberenz 2000: 432 y n. 96) que aún tenía cierto uso en los primeros años del Quinientos, pero no más allá del final de su primer cuarto (Keniston 1937: 617);

(4)

nadi (Ms.)   nadie (A, B: 498)

nadi (A, Ms.: 540, 910, 1076, 1176, 1325)   nadie (B)

y, de nuevo, B es claramente más reacio que A y Ms a emplear la doble negación con *ni* (5)[10]:

(5)

que aunque el bien a mi mal combatiese, <u>ni</u> por minas minando, <u>ni</u> por escalas subiendo, a él llegar **no** podría; (A, Ms.: 879-880)   a él llegar podría (B)

por tal ley no te rijas, <u>ni</u> que del todo desobediente le seas **no** te aconsejo (A, Ms.: 1000-1001)   le seas te consejo (B)

La pena de tu hermano no la dudo, <u>ni</u> tu ruego para su remedio **no** lo estraño (A, Ms.: 1098-1099)   p. su r. estraño (B)

Con todo, el caso de la *Gran conquista de Ultramar* y el del *Arnalte* presentan una diferencia notable: si los dos testimonios más completos de aquella están separados por algo más de dos siglos, los tres de la obra de Diego de San Pedro, en cambio, se agrupan en un lapso de apenas treinta años. ¿Es tiempo suficiente para hablar de *modernización*? Quizá sí, si consideramos que el periodo 1490-1525 (la "época de Nebrija" en Menéndez Pidal 1933) viene acompañado de profundos cambios lingüísticos y paralingüísticos que, más o menos largamente anunciados, parecen cristalizar por esas fechas como de consuno. Visto *a poste-*

---

[10] Este fenómeno no parece haber recibido aún un tratamiento exhaustivo. Camus (1988: 345-347) se limita a apuntar su existencia sin entrar en su análisis, aunque advierte de su carácter "esporádico e irregular" en los textos medievales. Con todo, es difícil pensar que este esquema de doble negación pudiera mantener su vigor mucho más allá de la decadencia de los que contenían palabras negativas, que el mismo estudioso sitúa en la primera mitad del siglo XV. Así, el testimonio B del *Arnalte* muestra el rechazo por un esquema ya, a buen seguro, inhabitual en su tiempo, y quizá incluso conservador en el tiempo en que se copió A.

riori, al menos, en ese periodo parece estar desarrollándose algo parecido a un "reajuste sintáctico" (Ridruejo 1993) con profundas implicaciones en la gramática nuclear del español, al tiempo que cuaja su gramatización[11] y que el auge de otra revolución tecnológica, la de la imprenta, hace más eficaces los impulsos estandarizadores, cuyo síntoma más evidente es la tendencia a la reducción de la variación y a la depuración de las soluciones marginales o atávicas (Harris-Northall 1996: 143-144)[12]. En *Arnalte y Lucenda*, la modernización de Ms y –especialmente– de B respecto de A no consistiría tanto, pues, en el reemplazo de unas formas ya desconocidas por otras que resultaran más familiares, sino, sobre todo, en la sustitución de unas formas que se perciben como menos generales, elegantes y apropiadas por otras que se consideran más integradas en una norma lingüística dominante en la lengua literaria[13]. Ese cambio de norma –frente a la proverbial plurisecularidad de los cambios lingüísticos *per se*– puede producirse con rapidez si se dan, como en este periodo, las circunstancias generales propicias al cambio, y se observa con mayor nitidez si se atiende a las modificaciones concretas que se producen en las tradiciones discursivas particulares[14].

---

[11] Es decir, el desarrollo de instrumentos destinados a la reflexión sobre la propia lengua. Para este concepto y sus implicaciones, *vid.* Auroux 1994; para la relación entre evolución lingüística y codificación gramaticográfica en la historia del español, a partir justamente de este periodo, *vid.* Girón 1996, 2004c.

[12] En este periodo "se verifica un franco repudio del uso lingüístico en declive" (Frago 2002: 76; *vid.* también Frago 1999). El carácter turbulento y favorecedor del cambio de las postrimerías de la Edad Media ha sido señalado con carácter general por Dixon dentro de un modelo –de origen sociológico– de *equilibrio puntuado* para la transformación de las lenguas ("[t]he last major punctuation began in the fifteenth century"; Dixon 1997:67). Parece razonable pensar que, por las circunstancias políticas y sociales (también económicas: *vid.* Lodares 1999), esa "puntuación" que rompe el "equilibrio inestable" previo fue particularmente intensa en España entre –aproximadamente– 1470 y 1525, esto es, durante el periodo que Lapesa, en su *Historia de la lengua española*, denomina "español preclásico" (*vid.* Quilis y Martínez Alcalde 1992; para algunas transformaciones lingüísticas que enmarcan el inicio de ese periodo, *vid.* Sánchez Lancis 1998). Y tampoco parece descabellado creer que esas rápidas y profundas transformaciones se acompañaron de cambios lingüísticos más o menos "catastróficos" (en la línea de las propuestas de Bernárdez 1994 para el inglés o López García 1992 para el "reajuste fonológico" de las sibilantes del español). Así, el periodo 1490-1525 se constituiría (siguiendo la propuesta teórica de Fife 1992) en la zona de transición –pero también de conflicto– entre dos núcleos más estables en términos de periodización: el castellano de mediados del siglo xv y el español de mediados del Quinientos.

[13] De acuerdo, pues, con Coseriu (1983, 1992), el *locus* del cambio se sitúa preferentemente en la norma. Para una propuesta de concepción del cambio lingüístico de corte netamente coseriano (esto es, centrada en la *historicidad* de los testimonios lingüísticos), *vid.* ahora, con precisiones fundamentales, Oesterreicher 2002b.

[14] Para el concepto de *tradición discursiva* y su importancia para la observación de las variaciones lingüísticas, *vid.* Oesterreicher 1997 y los trabajos recogidos en Oesterreicher,

En efecto, si Harris-Northall (1996) ha podido mostrar cómo las tradiciones discursivas historiográficas se convierten, a principios del siglo XVI, en crisol de las pretensiones de estandarización lingüística de una elite cortesana, no es menos cierto que otras tradiciones discursivas, como aquellas que se encauzan en la narrativa sentimental, se hallaban sujetas a una rápida transformación entre los últimos años del siglo XV y los primeros del XVI[15]. A propósito de las notables diferencias compositivas que separan el *Arnalte* de la *Cárcel de amor* comenta Corfis (1985: 6):

> Thus, in sum, the two works of Diego de San Pedro differ due to the fact that they are following different litterary codes. Seemingly, the courtly tastes in literature had evolved between the days of the *Arnalte y Lucenda* (the early 1480's) and the date of the composition of the *Cárcel de amor* (the late 1480's or early 1490's). Diego de San Pedro, eager to please his audience, changed his style in accordance with the literary preferences of his day. [subrayados míos]

Si los gustos literarios cortesanos, y con ellos el cultivo de un determinado estilo –con la selección, entre otras cosas, de los mecanismos morfosintácticos que lo sustancian– pudieron cambiar en menos de una década de finales del Cuatrocientos, es de suponer que lo harían aún más en los primeros veinte años de la centuria siguiente, en los que el éxito de la novela sentimental (piénsese, por ejemplo, en un Pedro Manuel Jiménez de Urrea o en las reediciones y traducciones de las mismas obras de Diego de San Pedro) y su asociación con las preferencias del grupo social dominante debieron contribuir a la refacción activa de la lengua de esos textos para adaptarla a la que, en cada momento histórico concreto, se considerase norma de prestigio literario. A la elaboración extensiva –en el sentido de desarrollo de una nueva tradición discursiva de la distancia comunicativa– que supuso, desde mediados del siglo XV (*Siervo libre de amor*), la aparición de la narrativa sentimental se asoció una elaboración intensiva –en el sentido de desarrollo de los recursos lingüísticos que la hacen comunicativamente más eficaz– paralela[16] que, como ejemplifican los testimonios de *Arnalte*

Stoll y Wesch 1998 (el marco teórico general en que se desenvuelve esta noción puede verse expuesto, con valiosas precisiones, en López Serena 2002). Para el cambio de los condicionamientos y las configuraciones discursivas entre mediados del siglo XV y mediados del siglo XVI, *vid.* Bustos Tovar 2001, 2002.

[15] Esta rápida transformación hace que resulte difícil dar con criterios firmes para la caracterización, agrupación y denominación de esta clase de obras: *vid.* en este sentido Rohland 1999 y el intenso debate en *ForumGRS* 2003.

[16] Los conceptos de *elaboración extensiva* y *elaboración intensiva* proceden de Kloss 1967; para desarrollos teóricos más recientes de la noción de *elaboración* (*Ausbau*), *vid.* ahora Haarmann 2004; para una aplicación a la lengua del siglo XV, *vid.* Pons (en prensa).

y Lucenda, tuvo sus efectos también en la selección de las variantes morfosintácticas.

Esta forma de ver las cosas quizá permita explicar por qué, en algún caso, las variantes de B muestran tendencias contrarias, en principio, a la evolución lineal de los fenómenos lingüísticos, como ocurre con el uso del artículo ante el posesivo (6), que solamente se da en ese testimonio:

(6)

e porque la causa de **su** demanda supiese, [...] (A, Ms.: 388-389)	de **la su** demanda (B)
Grand sinrazón te haría, señor, si la encubierta de **mi** pregunta no te declarase (A, Ms.: 405-406)	si **la mi** pregunta (B)
[...]; **su** perdición mira (A, Ms.: 1183)	**la su** perdición mira (B)
enriqueces **mis** penados pensamientos (A, Ms.: 1299)	enriqueces **los mis** p. p. (B)
en **la** infamia (A, Ms.: 1429)	en **la mi** fama (B)
el corazón (A, Ms.: 1483)	**el mi** corazón (B)
porque así como en lo blanco lo negro se conoce, así en **tu** limpio linaje más tu yerro se parece (A: 1560-1562)	así **el tu** l. linaje (B)

La combinación sintáctica artículo + posesivo era ya claramente recesiva, incluso como recurso estilístico, en el tiempo en que se copió A[17], pero se mantuvo como marca caracterizadora de ciertas tradiciones discursivas "de la distancia", como la novela caballeresca (Eberenz 2000: 281). Una somera consulta del *CORDE* revela que este "rasgo de estilo" se sigue encontrando con notable constancia, en la primera mitad del siglo XVI, en los libros de caballerías (el *Tristán de Leonís* de 1501, el *Palmerín de Olivia* de 1511, el *Belianís de Grecia* de 1547, etc.[18]); pero se localiza,

---

[17] "El posesivo con artículo decayó rápidamente en la segunda mitad del siglo XV, aunque habría que hablar más bien de <u>un cambio de los paradigmas estilísticos del discurso literario</u>, puesto que, de todas maneras, el PcA [posesivo con artículo] ya no era una realidad del habla viva" (Eberenz 2000: 271-272; subrayado mío); "insistamos en el rechazo del PcA por Nebrija, San Pedro [se refiere a la *Cárcel de amor*] y Rojas: los tres son autores de fines del siglo, que escriben una prosa culta y se muestran, al mismo tiempo, preocupados por un lenguaje moderno, depurado de muchos arcaísmos que se encuentran todavía en obras contemporáneas" (íbid.: 273). Para el funcionamiento sintáctico de este esquema en la diacronía del español, *vid.* ahora Company 2005 y Company, en prensa.

[18] Para su uso en el *Palmerín*, *vid.* la extensa y documentada nota de Di Stefano (1966: 633-634, nota a 9.24). En el ejemplar del *Amadís* impreso en Burgos en 1563 empleado como original de imprenta para la edición del *Amadís* de Salamanca de 1575 se encuentra ya con frecuencia la eliminación del artículo ante posesivo (algunos ejemplos en Lucía 2000: 132-138), lo que muestra la tendencia de esta tradición discursiva a desprenderse progresivamente

además, en autores muy vinculados al entorno cortesano, como fray Antonio de Guevara, en cuyas obras no es infrecuente; y comienza a aparecer también en la narrativa sentimental (*la mi simple pluma*, *la mi música* en el *Proceso de cartas de amores* de Juan de Segura, 1548)[19]. Así, el PcA parece estarse confirmando, durante la primera mitad del siglo XVI, como marca de distancia comunicativa. El testimonio B del *Arnalte* parece incluirse en esa tendencia al hipercaracterizar un rasgo asociable a la tradición y compatible con los nuevos usos escriturales[20], pero que no formaba parte de la lengua del original[21].

---

de los rasgos arcaizantes cuyo prestigio decae: treinta años después, su empleo en el *Quijote* es ya solo paródico.

[19] Nos referimos aquí exclusivamente al uso del PcA con nombres comunes (generalmente abstractos o de partes del cuerpo), que es el que ilustra el testimonio B de *Arnalte y Lucenda*. Con nombres propios o de relación (*compañera*, *amada*, *amigo*, etc.), el PcA es una marca pragmática de la proximidad o la intensidad afectiva que se encuentra ya en los orígenes de la narrativa sentimental castellana (*el tu Ardanlier* en el *Siervo libre de amor* [ms. del último tercio del s. XV]; apud R. Menéndez Pidal, R. Lapesa y Mª S. de Andrés, *Crestomatía del español medieval*, vol. II, 193, p. 634, l. 54) y que se localiza luego sin dificultad en la *Diana* de Montemayor o la *Galatea* de Cervantes. Con este valor, también es posible encontrar el PcA en otras tradiciones, como la comedia celestinesca (*Segunda Celestina*, *Tercera Celestina*) o la novela picaresca (*Lazarillo de los atunes*), y ello a pesar de que las obras fundacionales (*Celestina*, *Lazarillo*) no contienen este uso, lo que parece indicar también un grado creciente de elaboración en estas tradiciones, aunque en la dirección de la inmediatez comunicativa, como parece mostrar, más adelante, el uso habitual de este tipo de PcA en el epistolario de Santa Teresa.

[20] Estas hipercaracterizaciones dentro de una tradición común no son tan extrañas ni inusuales como pudiera parecer. En el libro IV del *Amadís* de Rodríguez de Montalvo (comp. h. 1488-1492; 1ª ed., póstuma, de 1508), por ejemplo, un verbo intransitivo de movimiento como *ir* se auxilia ya con *ser*, ya con *haber* (cito por la ed. de J. M. Cacho Blecua, Madrid, Cátedra, 1988: el primer número del paréntesis corresponde al capítulo, el segundo a la página): supe como mi cormano y señor Amadís **era ido** en tierras estrañas (86, 1329) // y que le suplicava que le mandasse luego despachar, porque ya todos los otros mensajeros **eran idos**, y no quedava otro alguno sino él (92, 1348) // Pues a la sazón yo **avía ido** a una romería que tenía prometida (121, 1584) // se metió a la mar por aquella mesma vía que Amadís **avía ido** (129, 1680). Tal alternancia se corresponde bien con la lengua de su época. Cincuenta o sesenta años más tarde, sin embargo, el uso de *ser* con *ir* era ya bastante más reducido (Benzing 1931, Pountain 1985). Y, sin embargo, el *Caballero del Febo* de Diego Ortúñez de Calahorra (1555) sólo admite *ser*, nunca *haber*, en los numerosísimos casos en que *ir* tiene significado de movimiento (Octavio de Toledo 2002: 261, n. 8; 262, n. 11). Sin duda, este autor decidió hipercaracterizar, a trasmano de la realidad lingüística de su tiempo, un rasgo sintáctico presente en la tradición discursiva para realzar el efecto de distancia comunicativa, participando así de la elaboración intensiva de una tradición continuamente renovada (para algunos cambios en la selección de rasgos caracterizadores de la prosa caballeresca a lo largo del Siglo de Oro, *vid.* Lucía 2004); para modificaciones lingüísticas en impresiones sucesivas de una misma obra caballeresca, *vid.* por ejemplo Eisele 1981 y Ferrario 1992. Por contraste, en cambio, la *Gran conquista de Ultramar* de 1503 rechaza sistemáticamente, en una fecha mucho

En definitiva, lo que parece mostrar el análisis de las variantes de *Arnalte y Lucenda* es que, dada una tradición textual con testimonios bastante próximos entre sí, el que dichos testimonios se incardinen en una época de cambio lingüístico especialmente intenso en que, además, se está gestando un estándar que se libera de ciertas marcas diasistemáticas y que la literatura culta refrenda y difunde[22], así como la pertenencia del texto a una tradición discursiva que se está renovando rápidamente deben considerarse, más allá de la mera distancia cronológica, como posibles factores que hacen que las transformaciones lingüísticas afloren a través de las variantes.

1.2. Los tres testimonios del *Arnalte*, con todo, están suficientemente próximos como para ofrecer también al historiador de la lengua información acerca de la variación morfosintáctica no resuelta –aunque sí, quizá, ya marcada– en una cierta sincronía (precisamente, la del periodo 1490-1525). Esto ocurre cuando, a diferencia de los casos anteriores, las variantes no reflejan diferencias apreciables entre los testimonios, contrastes que se correspondan con su secuencia temporal. Es el caso, por citar sólo unos pocos ejemplos, del uso del alomorfo *el* del artículo femenino (7); de la alternancia entre los esquemas posesivos /mi libro/ y

---

más temprana, la auxiliación con *ser* de los intransitivos presente en el testimonio de 1295, sustituyendo regularmente por *haber* (Harris-Northall 1996). Distintas tradiciones, pues, llevan a opciones diferentes en la selección de los rasgos morfosintácticos, con relativa independencia de la cronología.

[21] Las variantes revelan otros rasgos en los que B parece distanciarse de los otros dos testimonios por una "voluntad de estilo". Así, en la combinación infinitivo+clítico, B prefiere siempre, en los 38 casos que muestran las variantes, la solución del tipo *cantallo* a la del tipo *cantarlo*, casi diametralmente frente a A (sólo 2 casos de *cantallo* frente a 36 de *cantarlo*) y muy por delante de Ms (10 casos de *cantallo* y 28 de *cantarlo*). Pues bien: *cantallo* es una solución antigua en la lengua, pero que cunde precisamente en la literatura culta del Quinientos (Lázaro Mora 1980; curiosamente, la *princeps* de la *Cárcel de amor* sólo atestigua-*rl*- [íbid: 278], lo que quizá esté en relación con ese "cambio de preferencias" a que aludía Corfis). También muestra B un fuerte rechazo por la solución adverbial *antes*, a la que prefiere la más conservadora *ante* en los 5 ejemplos que traen las variantes, posiblemente en virtud del tipo de contraste que aún hoy se aplica a *quizá* y *quizás*, de las que la primera forma, sin la -*s* adverbial, se tiene por más pulida. Además, B se decanta claramente por la elisión del nexo *que* en completivas con indicativo (se dan 4 casos de esta variante, siempre con la elisión en B), y es también B, en cambio, el testimonio que más selecciona la duplicación de *que* en completivas (9 casos de los diez que muestran las variantes, frente a sólo 2 de A y otros 2 de Ms), fenómenos que me resultan más difíciles de evaluar por el momento.

[22] Para una noción –históricamente– apropiada de los términos *estándar* y *estandarización*, *vid.* Bartsch 1985 y Oesterreicher 2002a: "el castellano, por un proceso de elaboración continua desde la Edad Media, había logrado alcanzar el valor de lengua nacional, convirtiéndose en español alrededor de 1500" (Oesterreicher 2002a: 280; *vid.* las referencias allí citadas).

/el libro mío/ (8; *vid.* Eberenz 2000: 293-298)[23]; de las alternancias entre formas simples y perífrasis con *ser* + participio allí donde no se da una diferencia temporal entre las dos soluciones (9; *vid.* Aleza 1987); o de la selección de *pues* frente a *pues que* como nexo causal (10). Ninguno de estos contrastes parece haber experimentado modificaciones sustanciales en los inicios del siglo XVI[24], y las variantes reflejan, por ello, una situación de variación más libre (aunque, claro está, no necesariamente inmotivada).

(7) <u>Lecturas con A</u>

la esperanza (A: 530, 643)
de **la** esperanza (A, Ms.: 1008)
el esperanza (A: 1304)
y **la** amistad (A, Ms.: 939)
el amistad (A, Ms.: 966)
de**l** aparencia (A: 1312-1313)

<u>Lecturas frente a A</u>

el esperanza (B, Ms.)
de**l** esperanza (B)
la esperanza (B, Ms.)
y **el** amistad (B)
la amistad (B)
de **la** aparencia (B, Ms.)

(8) <u>Lecturas con A</u>

pues tanto cercanas **la posada tuya** y la de Lucenda son, (A: 962-963)

hasta que **mi propósito** sepas (A, Ms.: 1044-1045)

mi afición y tu menosprecio destruyen **mi salud** (A, B: 1401)

<u>Lecturas frente a A</u>

pues tan cercana es **tu posada** y la de Lucenda (B, Ms.)

que **el propósito mío** s. (B)

destruyen **la salud mía** (Ms.)

(9) <u>Lecturas con A</u>

Después que ya en una sala **entramos**, [...] (A: 109)

¡qué grande desdicha en **nacido ser** fue la tuya! (A, Ms: 656en **ser nacido** fue])

<u>Lecturas frente a A</u>

s. **entrados fuimos** (B, Ms.)

[Ms: en **nacer** fue (B)

---

[23] En este caso, lo que muestran las variantes es la convivencia de un esquema comunicativamente marcado, /el libro mío/, junto a otro no marcado, /mi libro/: el primero "representa una posibilidad diasistemática del castellano que fue aprovechada de distinto modo según las épocas, hablas regionales y géneros discursivos", y "nunca ha dejado de ser una opción de la lengua corriente, cumpliendo casi siempre una función enfática, contrastiva, etc." (Eberenz 2000: 318). Lo interesante es que las variantes del *Arnalte* sugieren que, en los albores del siglo XVI, ambas soluciones podían alternar aún sin grandes restricciones en la lengua escrita culta.

[24] Si bien *pues que* debía ser ya recesivo frente a *pues* como nexo causal "de causa conocida", en contraste con el dominio que tuvo *pues que* sobre *que* en el siglo XIII (Bartol 1988: 121-124, 136), y también estaban en declive el uso del alomorfo femenino *el* (Álvarez de Miranda 1993: 17-18) y –como es sabido– los casos de *ser* + participio en 9, el tratamiento de estas variantes en el *Arnalte* parece sugerir que su convivencia, al menos en este tipo de texto, era aún bastante armónica.

Cuando los momos ya **acabados fuesen**, [...] (A: 739)	ya **se acabaron** (B, Ms.)
Lucenda de la reina **fue despedida**, (A, B: 794-795)	de la r. **se despedía** (Ms.)

(10) <u>Lecturas con A</u>	<u>Lecturas frente a A</u>
E **pues** así es, [...] (A, Ms.: 678)	E **pues que** así es (B)
Pues que sabes muy bien que [...] (A: 831)	**Pues** sabes m. b. (B, Ms.)
Así que con el olvido debes templar el amor y con las aparencias engañarlo, **pues que** con sus obras e s engañador (A: 1003-1005)	engañarlo, **pues** con (B, Ms.)
Pero **pues** su ganancia [...] ser no puede (A: 1113)	Pero **pues que** su (B, Ms.)

1.3. Noticias más precisas aún acerca de los fenómenos en variación sincrónica cabe esperar de las variantes pertenecientes a una tradición textual impresa. Puesto que la datación de los impresos es generalmente mucho menos problemática que la de los manuscritos, será posible encontrar casos en los que varias ediciones de un texto casi inmediatas en el tiempo atestigüen la convivencia, más o menos conflictiva, de distintas soluciones morfosintácticas. Un ejemplo óptimo lo ofrece el *Lazarillo*, cuyos cuatro testimonios principales (las ediciones de Alcalá, Amberes, Burgos y Medina del Campo) se imprimieron en el mismo año, 1554[25]. Uno solo de ellos –el de Burgos, por ejemplo– puede desviarse de los demás para introducir variantes más conservadoras (el ilativo *ca* de 11), menos conservadoras (el indefinido *un hombre* frente a *hombre* en 12[26]) o con distinta marca expresiva (presencia/ausencia del esquema de duplicación posesiva en 13; *vid.* Company 1994):

(11) Finalmente, parescíamos tener a destajo la tela de Penélope, pues cuanto él tejía de día rompía yo de noche. **Ca** en pocos días y noches pusimos la pobre despensa de tal forma, que quien quisiera propiamente della hablar, más "corazas viejas de otro tiempo" que no "arcaz" la llamara, según la clavazón y tachuelas sobre sí tenía (*Lazarillo*, II, 64)

B] de noche. Y en pocos ACM

---

²⁵ Cito los ejemplos 11-20 por la edición de Rico (1987). He consultado las variantes en la edición de Ruffinatto (2001), aunque no adopto sus siglas para los testimonios, sino las más difundidas A (Alcalá), B (Burgos), C (Amberes) y M (Medina).

²⁶ Según Keniston (1937: 344), "the use of indefinite *hombre* as a subject dies out during the sixteenth century. Of the 23 counted examples, only 2 occur after 1550". Esos dos ejemplos tardíos proceden del *Diálogo de los pajes* de Diego de Hermosilla (h. 1573). Keniston, pues, no consideró el ejemplo del *Lazarillo* (12), posiblemente porque la edición que manejó (la de Foulché-Delbosc) tenía la lectura de B en este lugar.

(12) Ya cuando asienta **hombre** con un señor de titulo, todavía pasa su laceria (III, 104)

ACM] asienta un hombre B

(13) venían luego a par del lecho una que devía ser **mujer del difunto**, cargada de luto, y con ella otras muchas mujeres (III, 96)

B] ser su mujer del d. ACM

En los casos anteriores, se trata de procesos ya próximos a una solución definitiva –al menos en la literatura culta– a mediados del siglo XVI, para los que la pugna de variantes ofrece datos valiosos al confirmar tanto la persistencia de las opciones recesivas como su inestabilidad[27]. En otros casos, una discrepancia más amplia de los testimonios puede revelar la presencia de procesos aún en pleno desarrollo en el ecuador del Quinientos, como la extensión del leísmo de persona (14) o de la marca de rección en las perífrasis (15):

(14) Justó muy ruinmente el señor don Fulano y dio el sayete de armas al truhán porque **le** loaba de haber llevado muy buenas lanzas (Prólogo, 7-8)

AB] porque lo l. CM

(15) A esta hora entró una vieja que ensalmaba, y los vecinos; y **comiénzanme a quitar** trapos de la cabeza y curar el garrotazo (II, 70)

AB] com. quitar CM

El valor lingüístico preciso que se atribuya a estas alternancias puede estar fuertemente condicionado por la relación que se postule entre los testimonios, especialmente cuando es uno solo el que muestra una solución divergente y, ade-

---

[27] No encuentro en el *Lazarillo* ningún caso de *hombre* como sujeto "indefinido" en el que coincidan los cuatro testimonios; en cambio, otra discrepancia en las variantes revela un caso bajo el ámbito de la negación (i). En cuanto a *ca*, Rico (1987: 64, n. 81) confirma que no hay más ejemplo en el texto que la variante de B. El esquema posesivo duplicado se da en el *Lazarillo* una sola vez, según los recuentos de Company 1994; pero el texto editado por Rico no muestra esta construcción, por lo que ese caso único debe corresponder, justamente, a la variante *su muger del defunto* que aparece en B (la edición que maneja la investigadora mexicana es la trilinear de Ricapito 1987). En el *Lazarillo*, pues, los fenómenos lingüísticos ilustrados en 11-13 solo viven en las variantes (frente a los más generales de 13-14), y este mismo hecho da cuenta de su marginalidad, esto es, constituye un indicio de su estatuto variativo a mediados del siglo XVI. De la misma índole son, por ejemplo, los imperfectos y condicionales en *-ié* exclusivos de M que comenta Ruffinatto (2000: 123, n. 70): que no bastara **hombre** en todo el mundo hacerle menos una migaja (I, 28); B] no bastara todo el mundo ACM

más, variativamente marcada. La filiación de las primeras ediciones conservadas del *Lazarillo* sigue siendo controvertida, especialmente tras el descubrimiento de M (*cf.* los estemas propuestos por Carrasco 1998 y 1999, Ruffinatto 2000 y Blecua 2003), y a diferentes ideas acerca de la transmisión de este texto corresponderán distintos modos de percibir la variación lingüística que manifiestan sus variantes: si, como Carrasco o Ruffinatto, se prefiere considerar que B desciende directamente de M, la forma *ca* (11) habrá de ser una modificación (deliberadamente) arcaizante de B, mientras que si se acepta, con Blecua, que B es independiente y se relaciona con el original de modo más directo que los demás testimonios, el mismo *ca* podría considerarse como rasgo preservado de un estado de lengua ligeramente anterior (el del original) que se modernizó en la transmisión posterior[28]. Por otro lado, las condiciones materiales propias de un tipo de tradición permiten obtener pistas más concretas acerca de la adscripción lingüística de las variantes. Típicas de la transmisión impresa, por ejemplo, son las supresiones o adiciones derivadas de una mala cuenta del original de imprenta, como las que ha señalado Moll (1998: 1052-1054) para algunos folios de A y B. Cuando tales alteraciones den lugar a un contraste sintáctico (16), podremos afirmarnos en la idea de que las soluciones en liza responden a una alternancia lingüística natural para el componedor de ese testimonio concreto en la fecha exacta en que realizó su labor, y que nos encontramos, por tanto, ante el testimonio de una variación sincrónica perfectamente activa aún en ese momento[29]:

(16) Visto esto y las mala burlas que el ciego burlaba de mí, **determine** de todo en todo **dejalle** (I, 44)

BCM] det. de todo en todo de d. A

---

[28] Es evidente que, en este caso concreto, la hipótesis de Blecua explica de modo más natural la presencia de *ca* en B. Sin embargo, no es mi propósito aquí aportar argumentos en favor de alguna de las citadas propuestas, entre otras cosas porque no son estas variantes de lengua las decisivas para establecer el estema. Me interesa más destacar que la defensa de una determinada hipótesis de transmisión exige una descripción lingüística del texto (variantes de lengua incluidas) consecuente con esa hipótesis: quien sostenga que B es *descriptus* de M se compromete también en principio a explicar –o, al menos, a preguntarse– por qué optó B por una modificación tan marcada como introducir *ca* en vez de *y*.

[29] Nótese que la presencia de la preposición en 16 sería más bien atribuible a un simple error ditográfico (*de*terminé *de* todo en todo *de de*xalle) si no fuera porque, justo a continuación, A añade también otra palabra (y *tanto* lo tenia en voluntad A] y lo tenia en vol. BCM); la atención a los aspectos materiales puede ayudar también, pues, a discriminar el mero error de la verdadera variante de lengua. Moll no realiza en su trabajo un despojo exhaustivo de las alteraciones de esta índole: sería interesante conocer si es posible, por ejemplo, atribuir a causas semejantes las divergencias de B en los ejemplos 12-13.

1.4. Hasta ahora hemos examinado casos en los que diversos testimonios que remiten –aunque en grado variable– a un mismo original ofrecen a través de sus variantes enfrentadas información acerca de la existencia, el desarrollo o el estatuto variacional de un proceso de variación morfosintáctica. Pero existen también casos en los que un buen número de variantes son fruto de una manipulación individual ejercida sobre el texto de base de manera deliberada y con propósitos estilísticos o de corrección idiomática. Es lo que ocurre, por ejemplo, en la refundición del *Lazarillo* por Juan López de Velasco (el *Lazarillo castigado* de 1573). Además de las consabidas supresiones y limaduras de corte ideológico, López de Velasco, hombre preocupado por cuestiones de propiedad lingüística y estilo[30], introduce enmiendas singulares claramente destinadas a realzar la oralidad del diálogo (17):

> (17) Y acuérdome que estando el negro de mi padrastro trebajando con el mozuelo, como el niño vía a mi madre y a mí blancos y a él no, huía dél, con miedo, para mi madre, y, señalando con el dedo, decía: –¡**Madre**, coco!. Respondió él riendo: –¡Hideputa! (I, 17)
>
> ABCM] ¡Mama, coco! V

Pero, en otros pasajes, modifica estructuras que revelan una sintaxis oralizada –y que él, quizá por prurito de gramático, debió considerar como anacolutos y vicios de rección– para ajustarlas a un molde más escritural. Así, rechaza la cohesión discursivo-inferencial, no sintáctica, que introduce el *aunque* adversativo de (18); rectifica la anáfora en ausencia de antecedente próximo y estrictamente concordante de (19)[31]; y tampoco le complace la concordancia *ad sensum* con entidades colectivas, que enmienda en (20):

---

[30] Para una semblanza de este humanista, *vid.* Santonja 2000. Su *Ortografía castellana* y su ideario lingüístico se estudian con detalle en Pozuelo 1981. Su actitud hacia el *Lazarillo*, en lo que aquí nos importa, es de admiración por el tipo de *imitatio* discursiva que contiene la obra, pero también de cierto desdén por los procedimientos lingüísticos que emplea, punto en el que López de Velasco prefiere otros modelos: "Aunque este tratadillo de la vida de Lazarillo de Tormes, no es de tanta consideración en lo que toca a la lengua, como las obras de Christóval de Castillejo, y Bartolomé de Torres Naharro, es una representación tan biva y propria de aquello que imita con tanto donayre, y gracia, que en su tanto merece ser estimado" (apud Ruffinatto 2001: 24).

[31] La identificación del antecedente de la anáfora está garantizada, en las cuatro versiones de 1554, por un mecanismo no sintáctico, sino de coherencia discursiva: los *agujeros*, que se introducen por vez primera en el contexto que reproduzco en 18, se convierten a continuación en *leitmotiv* del juego del gato y el ratón en que se implican Lázaro y el clérigo en torno al pan del arca. Para Lázaro, los agujeros se han convertido ya, poco antes del pasaje de 19, en un símbolo y en una obsesión: "no quiso mi desdicha [...] agora, cerrando los agujeros del arca,

(18) Este arquetón es viejo y grande y roto por algunas partes, **aunque pequeños agujeros** (II, 59)

ABCM] roto por algunas partes con algunos pequeños agujeros V

(19) Otro día fue por el señor mi amo visto el daño, así del pan como del agujero que yo había hecho, y comenzó a dar a los diablos los ratones y decir: –¿Qué diremos a esto? ¡Nunca haber sentido ratones en esta casa sino agora!
Y sin dubda debía de decir verdad. Porque si casa había de haber en el reino justamente de ellos privilegiada, aquélla de razón había de ser, porque no suelen morar donde no hay qué comer. Torna a buscar clavos por la casa y por las paredes, y tablillas a atapárse**los**. (II, 63-64)

ABCM] y tablillas a tapar los agujeros V

(20) como el año en esta tierra fuese estéril de pan, acordaron **el ayuntamiento** que todos los pobres estranjeros se fuesen de la ciudad (III, 92-93)

ABCM] acordaron en el ayuntamiento que V

Muchas de las variantes únicas del *Lazarillo castigado* nos sitúan, pues, ante una reelaboración discursiva con efectos sobre la sintaxis, un tipo de variación también relativamente independiente de la distancia cronológica entre los testimonios que las refundiciones permiten apreciar con particular claridad.

1.5. En suma, he tratado de exponer a lo largo de estas páginas algunos modos en que las variantes interactúan con la variación lingüística –y, específicamente, morfosintáctica. Más allá del hecho de que las variantes de los testimonios más recientes tienden a remozar la lengua que aparece en los testimonios más antiguos, hemos podido comprobar que otros factores, como el ritmo del cambio lingüístico o la presencia de un proceso de estandarización en el lapso cronológico en que se sitúan los testimonios, la adscripción a una determinada tradición discursiva con creciente elaboración intensiva o la manipulación deliberada de las estructuras discursivas mismas inciden en la clase de información que manifiestan las variantes, y que éstas ofrecen también datos muy útiles para comprobar la coexistencia sincrónica de soluciones en competencia e incluso para rastrear las

---

cierrase [sic] la puerta a mi consuelo y la abriese a mis trabajos" (II, 61). El lexema *agujero(s)* se repite, además, varias veces en estas páginas junto con otros que se le asocian relacionalmente (*puerta, ratones, carpintero…*), tejiendo en torno a sí una red léxica cohesiva. Cualquier lector, pues, a la altura de 18, puede identificar perfectamente el referente de *los* en el discurso. López de Velasco, en cambio, pretendió que también fuera identificable en la sintaxis, escrituralizando así el texto original.

últimas fases de la extinción de un fenómeno, datos cuya precisa apreciación depende a menudo de nuestro conocimiento de la transmisión y de las condiciones materiales concretas que afectan a la tradición. En lo que sigue, y partiendo de los testimonios del *Crotalón*, me centraré en analizar un tipo de variación textual aún no examinado, el que presentan las *correcciones* de autor (Blecua 1983: 111, n. 1), y me detendré en considerar el tipo de información acerca de la variación morfosintáctica que puede extraerse de esa clase de variantes.

2. El caso del *Crotalón*

Del *Crotalón*, obra anónima compuesta hacia 1555, han llegado hasta nosotros dos manuscritos. Ambos son homógrafos (están escritos por una misma pluma) y, posiblemente, autógrafos (dicha pluma es la del autor) o, cuando menos, idiógrafos (controlados por el autor en el proceso de copia; *vid.* Blecua 1983: 40, n. 5)[32]. Todo parece indicar, además, que uno de ellos, R, es la versión previa del otro, G (Vian 1982, I: 580-584). En el cotejo de las variantes del *Crotalón*, pues, cabe asumir los dos presupuestos siguientes:

a) puesto que ambos testimonios, seguramente inmediatos en el tiempo, se deben a un único productor lingüístico, es de suponer que toda variación textual que no sea un claro error de copia[33] y que oponga pares gramatica-

---

[32] Los dos manuscritos se custodian hoy en la BNE bajo las signaturas ms. 2294 (antes perteneciente al marqués de la Romana; en adelante, R) y ms. 18345 (antes de la propiedad de don Pascual de Gayangos; en adelante, G). Las dos ediciones más recientes del texto (Rallo 1982, Vian 1982) señalan el carácter homógrafo de los manuscritos. Rallo (1982: 13-20) insiste, además, en su carácter autógrafo, atribuyendo la paternidad del texto a Cristóbal de Villalón. Tal atribución se considera bastante posible, pero indemostrable en Vian (1982, I: 59-255).

[33] Por supuesto, no siempre es fácil distinguir el error de copia de la variante de lengua, especialmente cuando uno se adentra en el terreno de las variantes *discursivas* (Fernández-Ordóñez 2002): he omitido aquí los casos más dudosos, así como aquellos en que no resulta evidente si nos encontramos ante una variante de lengua o una mera reescritura, como en *tomando* [Julieta] *su liçençia dellos* [de sus padres] G] *tomando dellos liçençia* R (IX, 481-482), donde *su* podría tener como poseedor a Julieta (reescritura con adición de un posesivo) o a los padres (variante de lengua con posesivo duplicado). En la obtención de las variantes morfosintácticas del *Crotalón* he seguido el aparato de Vian (1982), por cuya edición cito, aunque he consultado también exhaustivamente el de Rallo (1982), más descuidado. Algunas variantes de interés sintáctico que sólo aparecen en este último aparato, y algunas otras en las que existen discrepancias de lectura entre ambas editoras, han sido descartadas. Presento las variantes separadas por una flecha, a la izquierda las de G, a la derecha las de R; pretendo indicar así el carácter de texto previo de R y facilitar la observación conjunta de los bloques de

les mínimos representa una alternancia posible en la competencia gramatical de ese productor. De ese modo, el examen de todas las variantes de naturaleza morfosintáctica del *Crotalón* permite trazar un "mapa" de la variación morfosintáctica connatural a ese productor lingüístico que se manifiesta en el acto de la escritura de este texto concreto.

b) puesto que R es una versión previa de G, cuando un fenómeno morfosintáctico alternante se repite en unas cuantas variantes según un patrón regular (esto es, R opta (casi) sistemáticamente por la solución α y G reproduce (casi) siempre la solución β), cabe sospechar que nos encontramos ante una variación condicionada; dado que el condicionamiento no puede deberse a factores cronológicos ni ser fruto de la diversidad dialectal, habrá que buscar su posible explicación en factores textuales o en el estatuto diafásico o diastrático de las soluciones. Cuando, en cambio, las variantes sigan un patrón fuertemente irregular (cada uno de los testimonios opta un número semejante de veces por α y por β), ello indicará una tendencia a una variación más libre, esto es, escasamente restringida por los factores mencionados.

Así, el *Crotalón* permite, por el carácter mismo de su tradición textual –y, por ende, por la clase de información que puede esperarse de sus variantes– un acercamiento a la variación lingüística interna tal y como se presenta en un productor singular de mediados del siglo XVI. Dedicaré las siguientes páginas a explorar esa variación: en el apartado 2.1 presento las variantes del *Crotalón* clasificadas por fenómenos[34], en un intento de esbozar ese "mapa variacional" al que aludía;

---

variantes que reciben un tratamiento claramente distinto en la segunda redacción que representa G. Aparecen en negrita los fenómenos que me interesa destacar, y subrayados otros elementos del contexto determinantes para la interpretación sintáctica del fenómeno.

[34] Me ha parecido útil proceder según un orden que va de las alternancias más característicamente morfológicas a los fenómenos de orden no oracional (deixis, conexión), pasando sucesivamente por la sintaxis del sintagma nominal y del sintagma adjetival, la estructura interna del sintagma verbal y sus relaciones con los otros elementos de la oración, los fenómenos sintácticos intraoracionales (duplicación, extrapolación, anáfora local...), los sintagmas preposicionales de rección y los no argumentales, el sintagma adverbial, las relaciones interoracionales (relativas, completivas, relaciones de implicación), las cláusulas absolutas, la diátesis, las relaciones *inter terminos*, la negación, la parataxis, la concordancia y los fenómenos de modo, tiempo y *consecutio temporum*. Soy consciente de lo que este orden puede tener de discutible, especialmente a medida que se trasciende el plano del comportamiento sintáctico de los constituyentes básicos. Tampoco se me escapa que algunos de estos apartados nocionales agrupan fenómenos muy diversos y que pueden tener conexiones diacrónicas más evidentes con fenómenos clasificados en otras zonas, si no es que el fenómeno podría pertenecer, directamente, a más de un grupo. Se trata, sencillamente, de la mejor clasificación que se me ha

en el apartado 2.2 examinaré las variantes con un patrón regular; en el apartado 2.3, las variantes con un patrón irregular; en el apartado 2.4, finalmente, me plantearé, muy sucintamente, hasta qué punto la variación morfosintáctica que manifiesta el *Crotalón* puede ser representativa de la variación morfosintáctica general de la lengua en ese periodo.

2.1. El "mapa variacional" del *Crotalón*

2.1.1. *Morfología*

a) Morfología nominal

- *Alomorfos de género:*

   el artillería ← **la** artillería (VI, 232); con **vn** águila ← con **vna** águila (XI, 242); **vna** alma ← **vn** alma (XV, 326); **vna** abuela ← **vn** abuela (IX, 603)

- *Inducción de género:*

   nos estimauan [los barbos a las ranas] por parientes y naturales, ← por parientas (VIII, 428); Por las riberas deste río están infinitos coxixos, sierpes, culebras ← sierpos (XV, 228)

- *Vacilación de género:*

   clauazón plateada ← clauazón plateado (XI, 281); al fin ← a la fin (XIX, 298)

- *Opciones derivativas:*

   trihunfo **çesáreo** ← t. **çesárico** (VI, 335-336); estando confusa y **pensativa** ← confusa y **pensosa** (IX, 385); **númidas** ← numidianos (XVI, 514)

- *Pronombres personales:*

   y por nuestra amistad –la qual por ser antigua entre **nosotros** tiene muestra de deydad ← por ser antigua entre **nos** (XX, 141-142)

---

ocurrido para tratar de poner cierto orden, sin multiplicar excesivamente los apartados y subapartados, en la caótica diversidad esencial de las variantes y de la variación que manifiestan. Dentro de un mismo apartado –o subapartado–, separo con un pequeño espacio los fenómenos que considero formal o nocionalmente diferentes, mientras que agrupo los que, a mi entender, corresponden a un mismo hecho sintáctico.

* *Demostrativos e indefinidos:*

que no pareçía sino que era **este** su día ← que era **aqueste** su día (VIII, 526); en auiéndoles hecho creer que yo era **qualquiera** destos dos ← **qualquier** destos dos (IV, 231)

* *Adjetivos ordinales y partitivos:*

duodécimo ← dozeno (XII, 460); decimoterçio ← trezeno (XIII, 2); la **terçia** parte ← la **terçera** parte (VI, 176); el **duodéçimo** canto ← el canto **doçe** (XII, 2)

b) Morfología verbal

* *Perfectos:*

podimos ← pudimos (IX, 155); vistiéronle ← vestiéronle (XVII, 578); truximos ← traýmos (XVIII, 290)

2.1.2. *Sintagma Nominal (I): esquemas posesivos*

a) Artículo + posesivo

En el **su** *Gallo* ← en el *Gallo* (P, 39)

Como aquel ingenioso poeta Homero escriuió de su Vlixes auer visto animales y monstruosos gigantes Poliphemos ← del su Vlixes (XVII, 33-35)

Quedaua nuestro rey ← Quedaua **la** nuestra reyna (VIII, 502)

dubdosos si nos entendiese **la** nuestra lengua ← la manera de nuestra lengua (XVIII, 325)

Y quando ya su Drusila se le dio a conoçer ← **la** su Drusila (XIII, 180)

b) Demostrativo + posesivo

esta **nuestra** çiudad ← esta çiudad (I, 196)

sobre todas estas industrias ← sobre todas estas **mis** industrias (XVII, 404-405)

c) Nombre + posesivo

fue por todos deuulgado por consejo **mío** ← por consejo **de mí** (XVII, 397-398)

d) Duplicación posesiva

el primer naçimiento del gallo ← **su** primer naçimiento del gallo (I, 7)

2.1.3. *SN (II): cuantificadores*

Agora, dexadas **otras** cosas **muchas** aparte ← Agora, dexadas **otras muchas** cosas aparte (I, 459)

nos puso vbas y **otras** frutas **muchas** y suaues ← vbas y frutas **muchas** y muy suaues (XVIII, 369-370)

llega al mesmo tiempo vn **otro** cauallero ← vn cauallero (VI, 254)

Y **todo esto** sufrí y passé por conseruar tu buena amistad ← Y **esto todo** s. (XVII, 401-402)

quedaron solos en vna cama **ambos dos** y sin luz ← quedaron en una cama **ambos** sin compañía ni luz (IX, 584-585)

nos tomaron por los cabellos a **ambas** y truxiéronnos por el poluo ← y tómannos p. l. c. a **ambas dos** (XVIII, 478-482)

por no caer en las manos del Rey que con cruel muerte castigara a **ambos dos** ← castigara **ambos a dos** (IX, 643-644)

el plazer que tuuieron **los dos** ← **ambos a dos** (XIII, 181-182)

tirándose muy fuertes golpes **ambos dos** ← **ambos a dos** (XVII, 485)

<u>Lo qual</u> **todo** es argumento de poca esperiençia y saber, ← <u>lo qual</u> es a. (XVIII, 95-96)

estas peruersas hermanas […], <u>las quales</u>, si se […] echauan fuera, […] ← <u>las quales</u> **dos**, si se tornauan a expeler (XVIII, 464-466)

2.1.4. *SN (III): actualización*

Agora me pareçe […] que me comienças a […] engañar, porque comienças por vna cosa tan repugnante y tan lexos de verisimilitud para poderla creer. ← de **la** verisimilitud (I, 376-380)

los bayuenes de fortuna ← los b. de **la** fortuna (I, 451-452)

[…]; y creyendo que sola **el** ausençia podría ser mediçina, dolíame apartarme de la compañía de mi amigo Arnao, ← que sola ausencia sería el remedio (IX, 214-215)

si no fuera por no caer en **el** pecado de desesperaçión ← en pecado de d. (IV, 616-617)

Y ansí, del Rey y de la Reyna y de la guerra de françeses y castellanos, venimos a hablar de la costumbre y bondad de la gente de la tierra. ← guerra de **los** françeses y c. (V, 156-158)

Freqüentauan mucho **los** demonios entrar y salir, que no pareçía sino **vna** casa de chançellería o de vniuersal contrataçión. ← No hazían demonios sino entrar y salir, que no pareçía sino casa de vna chançiller audiençia o de v. c. (XVI, 430-432)

Quiérote dezir del que más me acordare conforme a mi memoria, porque como es la nuestra la más flaca que ay en **el** animal no te podré guardar orden en el dezir: ← que ay en animal (VII, 359-392)

a la puerta donde estaba medio pu[e]blo ← estaba **el** medio pueblo (XVII, 577-578)

Como vuimos andado todas estancias y choros de ángeles y santos, ← todas **las** estancias ()

por entrar el tienpo de quaresma ← en el tienpo que entra de **la** q. (XX, 182-183)

estaua de partida para **la** Lydia ← para Lydia (XIII, 84)

Y luego me leuanté de la mesa viniéndome para la puerta de casa ← puerta de **la** casa (IV, 389)

- *En expresiones lexicalizadas*

  porque estauas en artículo de morir ← en **el** artículo de morir (XVII, 393)

  quedamos sobre tabla hablando con el huésped y huéspeda, ← sobre **la** tabla (IX, 256-257)

  mas en todo tiempo se engañaron mientra los criauan ← todo **el** tiempo (IX, 289-290)

  y echóles vnas nuezes en **el** medio del corro donde andauan dançando; ← en medio del c. (XVIII, 597-598)

- *En coordinación de sintagmas*

  Bien puede qualquiera que aquí entre afirmar que fuesse aquí el paraýso o **el** lugar donde el Amor fue naçido ← el paraýso o lugar (V, 356-358)

  Julieta dançó a contento del Rey, damas y caualleros, ← a contento de Melisa, Rey, damas y caualleros (IX, 455-456)

  Pero aunque se fueran al río Tanis, Ródano y al Po ← y al Ródano (XV, 253-254)

  Topáuamos cada día a la Riqueza y a **la** Mentira ← la Riqueza y Mentira (XVIII, 411)

  Si no pregunta al prior y guardián y a los otros letrados ← al prior y al guardian (XVII, 407-408)

  él me mostró quanto en el Cielo y Infierno ay, ← C. y en **el** I. (XX, 163)

  Y ansí por el semejante el tal juez y çensor fuesse cada día passando las calles de la çiudad mirando con gran atençión el traxe del vno, la ocupaçión y oçio del otro, habla y conuersaçión de todos en particular y general; ← el traxe del vno, el oçio del otro, **la** ocupaçión y h. y c. (XX, 360-364)

- *En esquemas correlativos*

  Ya se juntaron las hazes de la una parte y otra ← y de **la** otra (VIII, 533)

Arroxados de vna parte a la otra ← de **la** vna p. a la otra (XVII, 300)

• *Alternancias del artículo con otros determinantes*

— *con valor ponderativo:*

Estaua tan admirado de ver **tan** espantosa tragedia y miseria infernal que casi andaua fuera de mí, ← de ver **la** espantosa tragedia (XV, 446)

— *con valor deíctico:*

me dio vn palo en **la** cabeça ← en **esta** cabeça (XVIII, 548-549)

— *con valor relacional:*

Por çierto, sy Aristeneto le embiasse agora [a Etemocles] vna torta y vn xarro de vino con que le matasse el hambre yo le asegurasse **la** amistad. ← le asegurasse **su** amistad (XVII, 510-512); y çelebradas las çerimonias de **nuestra** amistad ← de **la** amistad (XVIII, 170)

• *Artículo con infinitivo*

a la hora del comer ← a la hora de comer (IV, 372)

el poco acatamiento que tienen estos capellanes en dezir misa ← en **el** dezir m. (IV, 425-426)

2.1.5. *SN (IV): sintagmas escuetos*

Acuerda con todo su poder y **muy** pujante exérçito tomar el ducado de Milán ← acuerda con pujante exérçito (VI, 158-159)

el ángel de **mi** guarda ← el ángel de guarda (XII, 181-182)

Ni considera **mal ni infortunio** que les <u>pueda</u> acá venir ← que les <u>puede</u> acá venir (XIII, 423-424)

Por excusar **motines** ← por excusar **motín** (XI, 415-416)

la más alta y más feliçíssima historia que nunca hasta agora **ingeniosíssimos historiadores** han escrito ← que hasta agora **ingenio de historiador** ha escrito, (XVIII, 136-138)

2.1.6. SN (V): fenómenos fonosintácticos: gran(de) + N

tan **gran** estremo de afrenta ← tan **grande** estremo (III, 461)

por el **grande** estruendo y ruydo del mar y vientos ← por el **gran** estruendo (IX, 98-99)

el prior de Santo Domingo con su compañero de **gran** autoridad ← con vn compañe-ro de **grande** autoridad (XVII, 122-123)

llamando a Aristeneto el **grande** vsurero ← el **gran** vsurero (XVII, 219-220)

los tenían ya cogidos con **grande** afiçión ← con **gran** afiçión (XVIII, 655-656)

cosa de **grande** estima y valor ← de **gran** estima y valor (XIX, 278)

2.1.7. *SN (VI): aposición e inciso*

sobre el río **de** Taxo ← sobre el río Taxo (IV, 758)

el infiel Andrónico ← el infiel **de** Andrónico (XIII, 264-265)

porque en ninguna orden ay más ayunos que **vosotros los seglares** tenéys ← que **vosotros** tenéys **seglares** (VII, 330-331)

2.1.8. *Sintagma Adjetival*

a) Posición del SAdj

por muchas partes podían nauegar <u>nauíos</u> **muy gruesos**; ← nauegar **muy gruesos** <u>nauíos</u> (XVIII, 256-257)

otro bramido que el **fuerte** <u>león</u> dio ← el <u>león</u> **fuerte** (XIV, 221)

Como aquel ingenioso poeta Homero escriuió de su Vlixes auer visto animales y **monstruosos** <u>gigantes</u> Poliphemos ← y <u>gigantes</u> **monstruosos** Poliphemos (XVII, 33-35)

b) Sintaxis de los elativos

dixo con vna boz horrenda ← vna boz **muy** horrenda (XVII, 469-470)

tu horrenda historia ← tu **tan** horrenda historia (XVII, 608)

[para la rección del adjetivo sobre otros elementos, *vid.* 20]

2.1.9. *Estructura interna del SV (I): auxiliares* haber *y* ser

• *Futuros*

y avn le pagaré por él ← y avn **pagarle** [¿pagarle he?] por él (IV, 287-288)

• *Tiempos compuestos: interpolación*

y que a las vozes auía **yo** echado a huyr, ← auía echado (IX, 695)

Y pues es venido ya el día, abre la tienda ← es **ya** venido (XVII, 623-624) ya se le auía rendido la fuerça y homenaje. ← ya se le auía **la fuerça y homenaje** rendido (XVI, 207)

[…] quantas […] puterías, juegos y desórdenes auían hecho él y sus criados en la feria y por el camino de yr y venir allá… ← desórdenes en la feria y por el camino auían **él y sus criados** pasado quando fueron por ello… (XVIII, 539-541)

te lo he trabajado con palabras pintar ← te lo he **con palabras** trabajado (XIX, 13)

• *Tiempos compuestos: alcance sintáctico del auxiliar*

y después de auerte fatigado muchos días y sin sueño **auer passado** muchas noches ← muchos días **y passado** muchas noches sin sueño (XIX, 339-341)

• *Auxiliación con* ser

Fue luego **presa** de sus amores ← **fue** luego **enamorada** della (IX, 341-342)

estauan [unos potros de tortura] llenos de fuego, que los abrasaua hasta las entrañas, que los hazía renegar de sus padres, maldiziéndolos juntamente con el día en que **fueron** engendrados y **naçidos**. ← en que **naçieron** y fueron engendrados (XV, 425-427)

2.1.10. *Estructura interna del SV (II): sintaxis de las perífrasis*

• *Interpolación*

¿qué color le podría **yo** dar […]? ← le podría dar yo (X, 49-50)

más tenía yo saqueado que podía saquear ← más tenía yo **ya** saqueado (VII, 479)

si auía **yo** de quedar allí ← si auía de quedar yo allí (XV, 188-189)

puede ofender en la fe a Arnao ← puede **en la fe** ofender a Arnao (X, 368)

que absolutamente deuéis, **Señor**, mandar destruir ← absolutamente, Señor, deuéis mandar (XIV, 286-287)

que perpetuamente se deuía acordar della ← de que tanto se deuía **perpetuamente** acordar (XVIII, 54-55)

Vna de las cosas que nuestro Rey […] auía **en esta su República** de proueer ← auía de proueer en e. s. R. (XX, 345-346)

• *Alcance sintáctico del auxiliar*

ni ellos se pueden cansar, ni ellas morir, sino siempre padeçer. ← se pueden cansar, ni ellas **pueden** morir (XV, 209)

Gran locura es […] **estar** muy **vfano** por tener a cuestas vna lancha […] dorada por ençima, o **estar ençerrados** en ricas capillas. ← ençima, o encerrados (XI, 425-430)

2.1.11. *Estructura interna del SV (III): posición del clítico*

a) Con formas finitas

Pues como los juezes le oyeron cantar y tañer tan sin arte [...], hiriéronle con un palo, ← [...], **le** hirieron con un palo (I, 274-276)

MIÇILO.- Pues, ¿tu padre tenía antes don?

GALLO.- Sí tenía, pero teníale al fin del nombre. ← Sí, sino que **le** tenía al fin (VIII, 67-69)

[...]; y trúxola al nauío ← [...]; y **la** truxo al nauío (XIII, 370)

Quando fue acabada aquella diuina celebraçión [...], boluímonos juntos ← [...], **nos** boluimos juntos (XVII, 103)

Como el mochacho ouo leýdo la carta se la demandó Aristeneto y díxole: ← y **le** dixo (XVII, 439-440)

Le tomaron por fuerça y lleuáronle fuera de casa ← y **le** sacaron de casa (XVII, 576-577)

y saliendo a nosotras **nos** tomaron por los cabellos ← y salen a nosotras [...] y tóman-**nos** (XVIII, 478-482)

b) Con infinitivo

para **me** traer ← para traer**me** (IX, 226-227)

A lo menos una cosa trabajaré mostrar**te** ← una cosa **te** trabajaré mostrar (I, 532)

Quiero que entiendas que en todos mis cantos pretendo mostrar**te** [...] ← cantos **te** pretendo mostrar [...] (II, 538-539)

Si despertasse Miçilo holgaría entretener**le** ← **le** entretener (VIII, 6-7)

me procuraua agradar ← procuraua de **me** agradar (VIII, 55)

deçendía a **le** contemplar ← **le** deçendía a contemplar (XII, 54)

trabajaron por **le** apartar fuera ← hizieron por apartar**le** afuera (XVII, 253-254)

y el mostró querer bessar**me** el pie ← querer **me** bessar (VII, 639-640)

por venir**nos** a demandar socorro ← por venir a demandar**nos** (VIII, 446)

2.1.12. *Relaciones del SV (I): alternancias de transitividad*

conforme a lo que este feliçíssimo prínçipe pasara ← a lo que **por** este (V, 700-701)

rodeaua en pie **por** todas las mesas ← rodeó en pie todas las mesas (XVII, 208)

las dueñas con sus pañizuelos fingiendo limpiarse el sudor ← fingiéndose limpiar **del** sudor (XVII, 356-357)

[…]; y ansí trabajaua Sofrosina **porque** se executasse la muerte en Andrónico diziendo que luego boluería su donzel como supiesse auerse hecho justicia. ← y ansí trabajaua **que** se e. la m. (XIII, 213-216)

2.1.13. *Relaciones del SV (II): objeto directo (no) preposicional*

comparamos los ligeros con los vientos, y a los hermosos con los ángeles, ← comparamos **a** los ligeros (II, 214-215)

¿quién paga **al** procurador, […]? ← el procurador (III, 184)

y lleuar delante de mi trihunfo el Çésar vençido. ← **a** Çésar (VII, 719-720)

[…], zapuzándose muchas vezes en el agua los ahogasen todos ← los ahogasen **a** todos (VIII, 241-242)

las nuestras mostraron tratar **a** los ratones mal, ← tratar los ratones (VIII, 534)

por no caer en las manos del Rey que con cruel muerte castigara **a** ambos dos. ← ambos a dos (IX, 643-644)

Començóse a murmurar de entre la gente que acompañaua la justicia que yo yua preso por adúltero. ← Començóse de la gente que acompañaua **a** la justicia a murmurar (X, 281-282)

[…]; como si dixéssemos que te mostrasse [cierto espejo] los que entrassen allí a rezar, […] pero no te mostrasse ni viesses en él **al** que entra a hurtar los frontales ← el que entra a hurtar (XIII, 541-544)

todos estos males que siguen la guerra ← que siguen **a** la guerra (XIV, 466)

y saliessen al mundo a seruir hombres pobres ← seruir **a** hombres pobres (XVI, 507)

2.1.14. *Relaciones del SV (III): clíticos de objeto (leísmo, laísmo, loísmo)*

y avnque ella me llamaua yo no **la** respondía ← no **le** respondía (IV, 402)

[…]; y yo, contándo**le** la causa de mi afliçión, ← contándo**la** la causa (IX, 613-614)

y yo **les** dezía todo el bien dellos ← y **los** dezía (XIV, 99)

que aunque mil vezes **los** des de comer ← que aunque mil vezes **les** des de comer (XVII, 406-407)

teniendo por aueriguado que estos tesoros **les** sería bastante medio para entretener su opinión ← estos tesoros **los** serían b. m. (XVIII, 433-435) donde hallan al Marqués del Gasto que con su armada y compañía **los** está aguardando ← **les** está aguardando (VI, 361-362)

Todo eso se sufre que me has dicho por ofreçerse en estos casos interés que a mentir **les** mueue [a los hombres] ← **los** mueue (XVIII, 25-26)

conçertéme con el paje [...] que le echasse en el vaso de su bebida vn veneno que le di y mandéle que se **le** diesse a beber [a un ricohombre] quando lo demandasse ← que se **lo** diesse (XVI, 322-325)

Al mochacho mandé que aunque le des torta, o xarro de vino, o capón, o perdiz, o pernil de tozino no **lo** tome ← no **le** tome (XVII, 427-429)

[...] llegamos el nauío hasta meterle por la garganta de la vallena; y como la juntamos al pecho que le ocupamos la entrada al paladar nos lançamos todos en el nauío y, con fuertes harpones, lanças, picas y alabardas, començamos a herir**la** en la garganta ← a herir**le** en la g. (XVIII, 667-671)

2.1.15. *Relaciones del SV (IV): duplicaciones de objeto*

• *Duplicación de OD*

Y dexemos <u>a él</u> ← y dexémos**le** a él (X, 24-25)

Dios te agradezca el plazer y honrra que me has hecho con tu feliçíssima narraçión. ← Dios te **lo** agradezca **el placer** (XVI, 569-570)

porque no piensa poder conseruar la vanidad de su amor ← porque la vanidad de su amor no piensa poder**la** conseruar (XIX, 260-261)

• *Duplicación de OI*

<u>A algunas</u> dellas pareçió que sería bueno dexar aquella ribera ← <u>A algunas</u> dellas **les** pareçió (VIII, 377-379)

Sy **a ti**, Aristeneto, <u>te</u> pareçe que [...] ← Sy, Aristeneto, <u>te</u> pareçe que [...] (XVII, 138)

y <u>me</u> lo dio todo **a mí** añadiéndolo al estado y señorío de mi padre ← <u>me</u> lo dio todo añadiendo al estado (XVI, 132-134)

[...], <u>les</u> hizieron **a todos** entender que no había otra nobleza [...] sino ser rico vn hombre ← <u>les</u> hizieron entender (XVIII, 443-445)

• *Duplicación de OI con posesivo*

porque daua crédito <u>a mis desuaríos y juizios</u>, ← porque **me** daua crédito <u>a mis desuaríos y de mis juizios</u> (IV, 181-182)

sabiendo el premio que das <u>a mi fe</u> ← sabiendo el premio que **me** das <u>de mi fe</u> (XIII, 308-309) engrandeçía con maliçia <u>su grande ingenio</u> ← engrandeçía**le** con maliçia <u>su g. i.</u> (XVII, 220-221)

2.1.16. *Relaciones del SV (V): reproducción y alcance sintáctico de los clíticos*

a) Reproducción

y **le** dio muchas donas ← y **a ella** dio muchas donas (IX, 488-489)

prometiéndo<u>le</u> hazer**le** heredero juntamente comigo. ← prometiéndo<u>le</u> hazer heredero (XVI, 324-325)

<u>se</u> presume adelantar**se** a otros enobleçiéndose con negoçios. ← <u>se</u> presume enobleçer c. n. (XVI, 493-494)

y me <u>lo</u> dio todo a mí añadiéndo**lo** al estado y señorío de mi padre ← añadiendo al estado (XVI, 132-134)

¿No <u>me</u> has prometido despertar cada mañana [...]? ← <u>me</u> has p. de **me** despertar (VII, 19)

b) Alcance sintáctico

<u>los</u> apartaron y pusieron en paz ← <u>los</u> apartaron y **los** pusieron en paz (XVII, 305-306)

avn quieren los señores que <u>se</u> trabaje y **se** sude el salario; ← que <u>se</u> t. y sude (XIX, 220-221)

Mucho antes con ellos **se** consultó y diffinió ← Mucho antes **se** consultó con ellos y diffinió (XVII, 132-133)

2.1.17. *Extrapolación*

Dizen que ha auido **otros** que con ingenio espantoso han contado de sí grandes viajes ← **Otros** dizen que ha auido que (XVII, 28-30)

por ver qué te manda **tu señora** ← por ver **tu señora** qué te puede mandar (XIX, 535-536)

2.1.18. *Anáfora reflexiva*

a la qual amó como a sí **mesmo,** ← como a sí, (III, 325)

y éstos con gran presunción de sí hanse dotado de grandes títulos ← presunción de sí **mesmos** (XIV, 273-274)

2.1.19. *Sintagmas Preposicionales (I): complementos de rección*

a) Rección verbal

• *Construcciones con infinitivo. Ausencia/presencia de preposición*

acordé yr ← acordé **de** yr (IV, 110)

determina lleuarlos por fuerça de armas ← det. **de** lleuarlos (VI, 484-485)

¿No me has prometido despertar cada mañana [...]? ← prometido **de** me despertar (VII, 19)

me procuraua agradar ← procuraua **de** me agradar (VIII, 55)

Y no se contentauan allí beuer vinos muy preçiados de Castilla, ← allí **de** beuer (V, 533)

déxate de oy más gastar tiempo en la vana consideración de las cosas altas ← de oy más **de** gastar (XVI, 553-554)

nos ofreçíamos y obligáuamos boluer todas las cosas a su primer valor ← obligáuamos **de** boluer (XVIII, 466-467)

Y después desto no podía acabar comigo **a** ocuparme ansí. ← comigo ocuparme ansí (IV, 550-551)

[...]; y ansí propuso [...] neçesitarla [a Drusila] **a** hazerlo por fuerça, ← neçesitarla hazerlo (XIII, 26-29)

Porque toda su vida no entiende [el recuero] si no andar con la requa ← sino **en** andar (IV, 728-729)

• *Perífrasis*

lo debría hazer el pontífice ← lo debría **de** hazer el pontífice (III, 161-162)

se proueyó a lo que se deuía hazer ← a lo que se deuía **de** hazer (XVI, 221)

• *Alternancias de preposición*

porque daua crédito **a** mis desuaríos y juizios, ← porque me daua crédito **a** mis desuaríos y **de** mis juizios (IV, 181-182)

¡Quán justo fuera fauoreçer antes **en** vuestro castigo que a vuestra defensa! ← **a** vuestro castigo (VIII, 443-444)

ningún prouecho reçibe **de** tener a su Julieta en hábito de varón, ← **en** tener (IX, 435-436)

halló renegando a Hierónimo **por** el descuydo que auía tenido ← a H. **de** su descuydo (X, 494-495) [en el primer caso, la preposición no está exigida]

¿Paréçete que **en** todas estas cosas me das buen pago? ← que **con** todas e. c. (XVII, 418-419) [en el segundo caso, la preposición no está exigida]

b) *Rección nominal*

Por çierto, gran deseo me queda saber el suçeso de la batalla ← queda **de** saber (VIII, 565)

[…], que si vn gallo acometiesse açesso **con** otro gallo […], […] le haríamos en breue pedaços. ← açesso **a** otro gallo (II, 335-338)

c) *Rección adjetival*

dando a entender ser digna entre todas las donzellas del mundo ser amada y seruida del cauallero de más alteza. ← ser digna […] **a** ser amada (IX, 509-511)

d) *Rección adverbial*

dentro **en** la çiudad de Milán ← dentro **de** la çiudad de M. (VI, 160)

2.1.20. *Sintagmas Preposicionales (II): adjuntos*

• *Alternancias de preposición*

por faltar la verdad **de**l mundo dentre los hombres ← por f. la v. **en** el m. (P, 148)

y tanbién seruía al comer **a** la mesa de compaña ← **en** la mesa (VII, 263)

la importunaua le contasse muy **por** estenso y particular todo lo que auía passado con Melisa; ← y **en** particular (IX, 519-521)

Hazéis gran honrra a vuestro cuerpo en la muerte viendo que peligra el alma de vuestro próximo **por** pobreza en la vida. ← **de** pobreza (XI, 127-129)

se entró **en** la sala real ← se entró **al** retraimiento real (XIII, 102-103)

Yo reino **de** los ríos Ganges y Indus hasta los fines de la tierra. ← **desde** los ríos (XIV, 201)

Dios te agradezca el plazer y honrra que me has hecho **con** tu feliçíssima narraçión. ← **en** tu f. n. (XVI, 569-570)

quedassen **a** la guarda del nauío ← quedassen **en** la guarda (XVIII, 247)

• *Complemento Agente/Instrumental*

y toda la compostura del hombre fue abierta **de** aquella peste, ← **con** aquella peste (XV, 272-273)

mandándose encorporar **con** almohadas que le tuuiessen, ← **de** almohadas (XVIII, 83)

- *Adjuntos de espacio/tiempo*

   quedando sola vna pequeña puerta por la qual **al** prinçipio de la calle pudiessen entrar, y otra puerta al fin por donde pudiessen salir. ← puerta p. la q. prinçipio de la calle (I, 204-206)

   los pasarían **a** la otra parte ← los pasarían la otra parte (VIII, 231)

   que **por** çinco años no hablassen, ← que [...] no hablassen çinco años, (I, 394-395)

   Y quiero te contar vn acontéçimiento que passé **en** vn tiempo, ← que passé vn tiempo (V, 75-76)

   mas **en** todo tiempo se engañaron mientra los criauan ← todo el tiempo (IX, 289-290)

   si algún tiempo vienen acá ← si **en** algún tiempo vienen acá (XIV, 125)

   pues en las mesmas has de estar siempre jamás ← estar **para** siempre jamás (XVI, 401)

- *Locuciones prepositivas*

   Pareçióme ser **de dentro** de exçeso sin comparaçión más polido, ← ser dentro (V, 318)

   y quando se vio **en** él [en el mar] ← se vio **dentro en** él (IX, 546)

   mi amo Etemocles [..] me mandó que **ante de** todos quantos están en este combite te leyesse esta carta ← **delante de** todos (XVII, 364-366)

   házete llamar **ante** su muger y **de** algunos amigos iguales a él ← llamar **delante de** su m. y **de** a. a. (XIX, 414-415)

   Complemento Agente: Començóse a murmurar **de entre** la gente que acompañaua la justicia que yo yua preso por adúltero. ← Començóse **de** la gente que acompañaua a la justicia a murmurar (X, 281-282)

   Participio con valor adverbial: ¿De manera, señora, que **forçado** has de tener piedad? ← **por fuerça** (XVI, 176-177)

2.1.21. *Sintagma adverbial: posición y alcance sintáctico de* más

   que es de lo que **más** se deue hazer caudal. ← se deue hazer **más** caudal (XI, 447)

   porque **más** no los afrontasse ← porque no los afrontasse **más** (XVII, 225-226)

2.1.22. *Relaciones interoracionales (I): relativas*

   Grilo, noble varón griego, **el qual** [...] ← noble varón griego, **que** [...] (I, 512-513)

[…] pámpanos y raçimos muy sabrosos y de gran gusto, de **los quales** començamos a cortar y comer; ← de **que** començamos (XVIII, 262-264)

y ante **todos quantos** aý están en tu combite ← ante **quantos** tienes en ese combite (XVII, 423-424)

todos quantos en el espetáculo estauan ← todos **los que** en (XVIII, 601)

[…]; él me mostró la vida de **quantos** en el mundo ay […]; él me mostró **quanto** en el Cielo y Infierno ay, ← de **todos quantos** en el m. […]; **todo quanto** en el C. (XX, 160-163)

Confiando que Julieta cunplirá **su** palabra **que le da** de boluer. ← **la** palabra que (IX, 484-485)

Llamó a todos **sus** preceptores **que auían sido** de las sciençias, gramática, […] ← sus preceptores de la gramática (XVII, 85-86)

- *Alcance sintáctico del relativo*:

  por su proprio fin y interés **de cada qual**; ← fin **de cada qual** y interés; (XX, 217-218)

- *Posición de la cláusula de relativo*:

  Ya los daños eran tan grandes **que se nos hazían** que no se podía disimular ← Ya eran tan grandes los daños que se nos hazían (VIII, 342-343)

- *Relativas adverbiales*:

  quisiera tener vn arma o qualquiera otro medio **con que** me matar ← medio **como** me matar (IV, 698-699)

2.1.23. *Relaciones interoracionales (II): completivas*

a) *Supresión de nexo*

  Yo te prometo **que** en pago y galardón deste inextimable seruiçio y plazer, te **dé** en amaneçiendo la raçión doblada, ← Yo te prometo en pago (I, 93-96)

  porque pidiéndome a mi padre me diesse por su muger le respondió que sabría mi voluntad. ← padre **que** me diesse (XVI, 134-136)

  Demandéle el preçio rogándole **que** tuuiesse respecto a nuestra amistad ← rogándole tuuiesse (XVIII, 532-533)

  que bien creo **que** tienes entendido de mí que no he hecho cosa por te ofender. ← que bien creo tienes entendido (VII, 79-81)

b) Alternancias de nexo

vino nueua al reyno de Albania **que** el rey de Lydia auía vençido en la batalla a su rey
← vino nueua al r. de A. **como** el rey (XIII, 55-56)

c) Construcciones de infinitivo

Y por verle tan amargamente **llorar** ← y por ver **que lloraua** cada día (XVI, 156)

Pero alguna vez podrá ser que le comunique **ser tú bueno.** ← **que tú eres bueno**
(XIII, 526-527)

Fue infamado [...], diziendo **que tenía** la culpa yo ← diziendo **tener** la culpa yo
(XVII, 399-400)

los vnos dezían que era aguda, [...] los contrarios dezían **que** no **era** muy cuerda ←
los vnos la loaban de aguda maliçiosa, otros dezían **ser** neçia, (XVII, 447)

venimos a conoçer **que** aquella que antes nos pareçía ysla **era** vn fiero y terrible animal. Conoçimos vna vallena de grandeza increíble, ← Conoçimos **ser** vna vallena
(XVIII, 187-189)

les mostramos con argumentos muy claros y infalibles **ser** la causa auernos echado ←
cómo era la causa a. e. (XVIII, 462-463)

Pero aconteçe **que** el que agora fue rey **passa** a cuerpo de vn puerco, ← ac. el que
agora fue rey **passar** a c. de vn p. (XX, 120)

Necesitaua [cierto canto obsceno] **a que** las damas **çerrassen** las orejas y avn los ojos
← N. **a çerrar** las damas los ojos y avn las orejas (XVII, 314-315)

2.1.24. *Relaciones interoracionales (III): relaciones de implicación*

• *Finales*

Estos versos dezía yo auérmelos embiado Dios con vn ángel del Çielo **porque** por su
mandado fuesse yo de todos honrrado ← **para que** por su mandado (IV, 147-149)

[...], puestas las puntas de nuestras lanças en nuestros enemigos, **porque** se lançassen
por ellas. ← **para que** se lançassen (VIII, 520-521)

Yendo Musiur de Alueñi con el braço alçado **por** herir con el espada a vn prínçipe
español, ← **a** herir (VI, 252-253)

Que tu esposo es venido y preguntando por ti sube **por** te ver. ← **a** te ver (VII,
690-691)

por se consolar y satisfazer. ← **para** se satisfazer (IX, 206-207)

Y ansí, **para** los entretener, les demandan en tales días cosas curiosas, ← **por** los entretener (xx, 178)

para nuestro socorro y remedio ← **por** nos remediar (IX, 154)

enbió vn pariente mío **a visitarme** con un paje ← vn pariente mío enbió vn paje **que me visitasse** (V, 56-57)

trayendo todos camisas sobre las armas **que** se conozcan en la batalla, ← **porque** se conozcan (VI, 195-197)

- *Causales*

[…], ni es menester para el castigo del tal delito que venga particular pesquisidor ni executor de la corte, **porque** luego es el tal delinqüente castigado entre ellos con muerte, ← **que** luego (VIII, 322-325)

Los duques fueron muy consolados **porque** auían estado en gran cuyta ← **por** auer estado (IX, 450-451)

Y **como** fuesse la risa de todos tan grande, quiso […] matar a Durango ← Y **por** ver reýr a todos, quiso (X, 519-520)

Marauíllome de tu ingratitud, Miçilo, **pues** a mí, que tanto prouecho hago en despertarte […], con tanta cólera me maldizes y blasfemas ← Miçilo, **que** a mí, (I, 22-23)

y agora paréçenos que **pues** la tierra no nos quiere sufrir nos ha tomado en sí el mar ← que **porque** la tierra (XVIII, 496-497)

Agora, **pues** emos tratado de las causas que les traigan a éstos a vibir en tal vida, ← **pues que** emos (XIX, 292)

Y **pues** los fabores y merçedes que te puede cada día hazer son bastantes para pagar qualquiera seruiçio sin ninguna comparaçión, porque parezca que so color del salario te puede mandar, reçibe agora çinco mil marauedís en cada vn año con tu raçión; ← Y **avnque** los fauores [tachado en R: "**pues**"] (XIX, 451-455)

2.1.25. *Construcciones de gerundio*

[…], donde hallé vestida a la mi diosa de la mesma librea, que con amoroso donayre y semblante me reçibió, a la qual **siguiendo** todos aquellos cortesanos por saber que la hazían mucho plazer. Y ansí cada mudáuamos ambos dos y tres libreas […] ← a la qual **siguieron** (V, 653-656)

[…]; y ansí trabajaua Sofrosina porque se executasse la muerte en Andrónico diziendo que luego boluería su donzel **como supiesse** auerse hecho justicia. ← y ansí trabajaua que se e. la m. esperando que boluería **sabiendo** a. h. j. dél. (XIII, 213-216)

nos andauan **vuscando**, procurando de nos auer ← nos andauan **a vuscar** (XVIII, 472)

2.1.26. *Diátesis. Construcciones medias, pasivas, pasivas reflejas e impersonales*

- *Construcciones medias*

Y a la noche yo velaré el rato que me ha passado desta mañana sin trabajar ← que **se** me ha passado (IV, 789)

mi miseria les hazía oluidar de sí ← mi miseria les hazía oluidar**se** de sí (X, 305)

quedan iguales y semejantes entre sí, porque acabó la comedia; ← porque **se** acabó (XII, 311-312)

[…], que todos passan y quieren adelantar a la calidad de sus personas y desçendençia de linaxe en el traxe, comer y beber, ← y **se** quieren adelantar (XX, 335-337)

antes determiné dexarme condenar ← antes **me** determiné dexarme yo condenar (X, 292)

todos aquellos prínçipes y señores sin peligro pueden saltar a tierra ← señores **se** pueden saltar (VI, 377-378)

Fue por todos aquellos […] y […] ya casi no los conoçía ← Fué**me** p. t. a. (XVIII, 561-563)

- *Pasivas, pasivas reflejas, impersonales*

[…], qualquiera cosa que de nueuo vean les pareçe **ser hecha** por arte de encantamento o embaymiento ← **ser hecho** por (XVIII, 97-99)

y respondióme mi ángel que éste auía sido en el mundo el más insaçiable y viçioso vebedor de vino […], y que por tanto **se atormentaua** ansí. ← por tanto **le atormentauan** ansí (XV, 258-261)

y dar a los lectores oçiosos con qué **puedan** entretener el tiempo, ← con qué el tiempo **se pueda** entretener, (XVII, 18-19)

a todas [estas cosas] me has hecho tan presente como si **passara** por mí ← como si **passaran** p. m. (XIX, 43)

Traýa el rostro […] afeytado a semejança de los mançebos que en Valençia se **vsa** y quieren festejar. ← se **vsan** y (VII, 171-173)

En vna parte **pareçía** hazerse bodas ← **pareçían** hazerse (XII, 286)

2.1.27. *Relaciones comparativas, predicados simétricos y correlaciones cuantitativas*

Vieras vna batalla tan sangrienta y cruel **como** de la Farsalia puedes imaginar: ← cruel **qual** de la Pharsálica p. i. (XVII, 490-491) y con fuerças de más que hombre me tomaua ← de más que **de** hombre (IX, 127-128)

Y porque **semejantes** hombres **como** yo luego nos enhastiamos de saber cosas buenas, ← y porque **semejantes** hombres **que** yo (IV, 97-98)

que es causa prinçipal que mueue a **los honbres semejantes** a trocar su libertad por seruidimbre; ← a **los semejantes honbres** (XIX, 247-248)

y que lo cumpliessen y hiziessen cunplir **conforme como** yo lo demandé. ← **conforme a** la petiçión (XIV, 313-314)

que auéis de beber otro tanto del vaso **como** yo bebiere ← del vaso **que** yo bebiere (XVII, 244-245)

2.1.28. *Alcance de la negación y elementos negativos*

[…], que los seglares **no** querríades que ningún clérigo tuuiesse nada, ← que los seglares querríades (III, 98)

y sin **alguna** pena ni cuydado me fue a dormir. ← y sin **ninguna** pena (VII, 573-574)

Como dos romeros que, muy hambrientos y miserables, con gran enojo se matassen sobre qual es el más rico desta çiudad, y ellos quedassen muertos de hambre sin que **ninguno** les dé vn pan que comer. ← sin que **nadie** les dé (VIII, 174-178)

Y sin temer tempestad, obscuridad y braueza de las olas, saltó junto a mí en el agua, ← obscuridad **ni** braueza (IX, 116-117)

y que ellos **y** sus auctores no salgan más a luz. ← ellos **ni** sus auctores (XIV, 287-288)

con esta agonía que por muchos días nos hazía andar sin comer **ni** beuer ← sin comer **y** beuer (XVIII, 300-301)

2.1.29. *Coordinación, disyunción, adversación*

• *Coordinación. Coordinación enfática y series coordinadas*

Pues sobre esto verás otra cosa peor: que guiando tras mí vn mulo de aquellos que lleuaua vna gran carga de açeyte atolló junto a mí. Y tanto tuvieron que entender en su remedio que me dexauan a mí ahogar; ← açeyte **y tanbién** atolló. Y tanto (IV, 623-625)

[…]; y como llegó [la justicia] con aquel tropel, ruydo y armas que se suele acompañar, apañaron con gran furia de mí diziendo: –Sed preso. ← acompañar, **y** apañaron (X, 270-273)

lleno de pajas, flueco, heno, pluma y tierra. ← heno **y** pluma y tierra (X, 517-518) donde describe las estançias, lugares y penas de los condenados. ← las estançias **y** lugares y penas (XV, 4-5)[íd. los fines, prinçipios y causas ← fines **y** p. y c. (XVI, 555-556)]

Pero aunque se fueran al río Tanis, Ródano y al Po ← **y** al Ródano (XV, 253-254)

Ya, Miçilo, quiero dexar guerras y contiendas **y** heridas y muertes de hombres ← guerras y contiendas, h. y m. (XVII, 617-618)

lo ríen **y** mofan **y** tachan y reprehenden ← lo ríen, mofan, tachan y reprehenden (XVIII, 105)

bagillas, tapetes y otras marauillosas riquezas ← bagillas **y** t. y o. m. r. (XIX, 241-242)

la flor de cordura **y** agudeça y discreçión ← cordura, a. y d. (XX, 239-240)

- *Disyunción y esquemas distributivos*

  Cada vez que me miraua, agora fuesse derecho, agora al traués, me encantaua y me conuertía todo ← derecho, **o** al traués (V, 554-556)

  [...]; y como a las vezes se aprouechasse de las copas que estauan llenas en la mesa, a las vezes de las que passauan, halláuase beber doblado. ← mesa, y **otras** vezes (XVII, 212-215)

  si era de brocado, **o** luto o seda ← brocado, luto o seda (XVIII, 70)

- *Adversación y relaciones adversativas*

  que no tuuieron poder [...] para nadar, **y** ansí todos pereçieron. ← nadar, **pero** ansí (X, 114-116)

  Y yendo por vna ronda pensando yr más seguras por no nos encontrar con nuestros enemigos, fuemos espiadas y salteadas en medio de aquella ronda y saliendo a nosotras nos tomaron por los cabellos a ambas y truxiéronnos por el poluo ← encontrar con nuestras enemigas, **pero** fuemos espiadas y salen a nosotras en medio de a. r. y tómannos p. l. c. a ambas dos y truxiéronnos por el poluo (XVIII, 478-482)

  no me mouía la voluntad a le estimar, **antes** me era ocasión de aborrecerle ← **mas** me era (XVI, 95-96)

  no quiero otro maestro, otro filósofo, ni más sabio consejero **que** a ti ← filósofo, otro s. c. **sino** a ti (XVI, 571-572)

  aquellas grandeças y sumptuosidades agenas, que de sí no le dan algún interés más **de** verlas con admiración sin poderlas poseer. ← más **que** verlas (XIX, 401-404)

2.1.30. *Concordancia*

a) *En número*

Porque sus más prinçipales obras **son** beuer y renegar. ← porque sus dos más prinçipales obras **es** beuer y renegar. (IV, 735)

[...], porque por todas partes **estaua puesta** gran multitud de ratones ← **estauan puestos** (VIII, 383-384)

Y no veréis muger [R: Que no ay muger] [...] que no presuma de sí ser mereçedora y poderosa para mandar y gouernar la monarchía del vniverso, y que es pequeño el mundo para lo mucho que **tiene** entendido de sí. ← que **tienen** entendido (VIII, 584-587)

jáculos [cierta serpiente], que con las alas **volan** gran distançia; ← **vola** (XV, 232-233)

En la mesa de la mano derecha se **sentaron** por orden los maestros y clereçía ← se **sentó** (XVII, 123-124)

por lo qual, alterado todo el pueblo, **acudió** a los socorrer ← **acudieron** a l. s. (XVII, 492-493)

porque en su entierro y obsequias no la **auía** acompañado el cabildo mayor y cantores con música ← no la **auían** acompañado (XVIII, 65-66)

de su cogeta a ninguno desagradó ni desabrió [la Verdad] si primero me **quisiesse** a mí. ← si primero me **quisiessen** a mí. (XVIII, 395-396)

A las almas de los blasfemos renegadores sacauan las lenguas por el colodrillo y luego allí, delante dellos, se las picauan en vnos taxones con vnas agudas segures y ansí se **la** hazían comer, ← se **las** hazían comer (XV, 435-439)

Teniendo por aueriguado que estos tesoros les **sería** bastante medio para entretener su opinión ← estos tesoros los **serían** b. m. (XVIII, 433-435)

b) En género

desde el punto que **las ánimas** de los condenados entran en el Infierno son **pribadas** de gozo y consolaçión spiritual **y puestos** en tristeza perpetua. ← son **pribados** (XIV, 426-429)

la probó [al alma de un pecador] que la mayor parte de la vida auía sido viçiosa, ← viçioso (XV, 154-156)

que son tres furias o demonios infernales atormentadores de los condenados. ← atormentadoras (XIV, 449-450)

pues ambos tienen hecho **liga y monipodio** en el trato de sus feligreses ← pues ambos tienen hecho **concierto** de no enterrar sus feligreses (XVII, 530-531)

dos mil **negoçios y pleytos** para el cunplimiento de **los** quales no basta al honbre la natural salud ← dos mil **n. y ocupaçiones** para el cumplimiento de **las** quales (XIX, 222-224)

2.1.31. *Orden de palabras*

Aconteçieron allí cosas de oýr y de notar **dignas**. ← cosas **dignas** de oýr y de notar (X, 107-108) y los auctores **destas setas** se prendan ← y los auctores se prendan **destas setas** (xiv, 302-303)

que como **la afrenta** me has hecho pública ← que como me has hecho **la afrenta** pública (xvii, 385)

la piedad y miseria que **de tu mal** tengo ← que tengo **de tu mal** (xx, 43)

2.1.32. *Modo, temporalidad y consecutio temporum*

De lo qual tu beuiste hasta el cabo sin que gota se te **derramasse**. ← gota se te **perdió**. (III, 402-403)

y plugo a Dios que me **reconoçió** entre las ondas. ← que me **reconoçiesse** (IX, 116)

Muchos abría a quien yo contasse esta historia que por su poca esperiençia les **pareçería** maner de fingir. ← les **pareçiesse** (V, 417-419)

¿Que allí vino el cura de San Pedro? ¡No **faltarían** gargajos [...]! ← Yo seguro que no **faltassen** bozes. (xvii, 294-295)

[...]; y no qualquiera pena, pero la mayor que en esta vida vn hombre pueda padeçer y sentir, pues es tan grande que le **basta** matar ← que le **baste** matar (xi, 60-63)

y tanbién veremos lo que padeçen en el proçeso de aquella miserable vida y a la fin en que **acaben**. [mejor: "en qué acaben"] ← en que ["en qué"] **acaban**. (xix, 297-299)

Agora comiença, que yo lo prometo, que no **será** más público por mí, ← que yo lo prometo, que no **sea** (xvii, 72-73)

[...], y ansí como le pusieron delante la silla la arroxó lexos de sí que casi la **quebró** y diera con ella al cura de Santespíritus. ← que casi la **quebrara** y diera (xvii, 196-198)

- *Presente/Pretérito y Presente/Imperfecto*

El Conde de Traeto **arroja** una lança a Musiur de la Tramuglia que [...] le <u>cose</u> con la brida y <u>cae</u> muerto él y su cauallo. ← El C. de T. **arrojó** una l. (VI, 258-260)

Veys aquí cómo miércoles [...], quando **es venida** la mañana, el Emperador <u>manda</u> que se <u>comiençe</u> la vatería por el mar y tierra ← quando **fue venida** (VI, 411-414) [en G, *es venida* está corregido encima de *fue venida*]

a los quales **vençe y prende** junto al río Albis en aquella batalla que les <u>da</u>, en la qual **mueren** y <u>son presos</u> muchos señores ← **vençió y prendió**; **murieron** (VI, 490-494) [en G, *vençe y prende* está corregido encima de *vençió y prendió*]

Y yendo por vna ronda pensando yr más seguras por no nos encontrar con nuestros enemigos, <u>fuemos espiadas</u> y salteadas en medio de aquella ronda y **saliendo** a nosotras nos **tomaron** por los cabellos a ambas y **truxiéronnos** por el poluo ← encontrar con nuestras enemigas, pero fuemos espiadas y **salen** a nosotras en medio de a. r. y **tómannos** p. l. c. a ambas dos y **truxiéronnos** por el poluo (XVIII, 478-482)

[…], se <u>arriscó</u> a tanto que, abraçando a Julieta, la **bessa** en la boca, ← la **besó** (IX, 373-374)

el auctor representa a Demophón, el qual, viniendo vn día a casa de Miçilo su vezino a le visitar, le **halló** triste y afligido por la muerte de su gallo, y procurando dexarle consolado, se <u>vuelue</u> a su casa. ← le **halla** triste (XX, 2-6)

y la colorada sardo **estaua** allí que a todo <u>daua</u> hermosura y fortaleza; ← **está** allí (VI, 77)

Los quales <u>asestan</u> a la fortaleza y galeras que **tienen** los moros en el estaño de agua que viene de Túnez hasta la mar ← que **tenían** (VI, 404-406) [en G, *tienen* está corregido encima de *tenían*]

Todas las riueras de aquel […] río **estauan** llenas de […] çepas […] con sus pámpanos y raçimos […], de los quales <u>començamos</u> a cortar y comer; y <u>tenían</u> algunas de aquellas çepas figura y imagen de mugeres ← **están** llenas (XVIII, 260-265)

Julieta la **importunaua** que <u>quiere</u> boluer para sus padres ← la **importuna** que (IX, 480-481)

- *Imperfecto/Pretérito*

  algún nauío que **deuía** auer dado al traués; ← que **deuió** (IX, 152)

- *Perfecto/Pretérito*

  porque ya te **dixe** lo que ay en la verdad açerca de las ánimas de los defuntos. ← ya te **he dicho** lo que en la buelta de las almas de los defuntos ay (XVIII, 90-91)

2.1.33. *Deixis*

me dixo que me quedasse a comer **allí** con él ← a comer **allá**. (XVII, 106)

2.1.34. *Fenómenos de conexión discursiva*

Por çierto, todo va ansí ← P. ←., **que** todo v. a. (IV, 413)

Mira, gallo, **que** entendido tengo yo que […] ← Mira, gallo, entendido t. y. (XVIII, 119)

Y vn día que se ofreçió entrar en casa ← **Ya** vn día (IX, 664) y mandó disponer con mucha abundançia el comer y beuer; **y** hizo vn sumptuoso combite aquella noche a todos aquellos sus prínçipes y capitanes, ← […]; **con que** hizo (XVI, 199-201)

[…], que si no me socorrieran […] me acabara la vida con su rauiosa furia; **y** quedó jurando […] que me acabaría; **y ansí** yo nunca más boluí allá. ← furia; **con que** quedó jurando que me acabaría, **por lo qual** no osé aportar más allá. (XVIII, 550-554)

Y ansí, pensándolo remediar Aristeneto dándole muy bien a beber, […] **ansí** mandó a vn criado suyo que […] ← Y ansí Aristeneto, pens. rem. […], mandóle dar muy b. a b. […]. **Y por esta causa** mandó […] (XVII, 234-236)

2.2. Una veintena de fenómenos presentan en el *Crotalón* un patrón de variación regular, esto es, una modificación (casi) sistemática de G respecto de R en un conjunto de, al menos, dos variantes. Las tendencias que emergen son las siguientes:

a) Eliminación de la inducción de género [*cf.* 1; 2 casos]
b) Introducción del esquema cuantificador *otros* + N + *muchos* [*cf.* 3; 2 casos]
c) Rechazo del esquema dual *ambos a dos* [*cf.* 3; 3 casos]
d) Tendencia a la supresión del actualizador en determinados contextos en que no resulta imprescindible para marcar la definitud del nombre [*cf.* 4; 9 casos de 11]: eliminación en esquemas correlativos [2 casos]; eliminación en expresiones lexicalizadas [3 casos de 4]; eliminación en series coordinadas [4 casos de 5]
e) Anteposición del epíteto [*cf.* 8; 2 casos]. Eliminación de los cuantificadores con adjetivos elativos [*cf.* 8; 2 casos]
f) Rechazo de la interpolación de sintagmas pesados en los tiempos compuestos [3 casos; *cf.* 9]
g) Preferencia muy marcada por el orden forma finita + clítico, con independencia de la posición sintáctica de la secuencia [*cf.* 11a; 6 casos de 7]
h) Rechazo de la duplicación de OD [3 casos; *cf.* 15] y de la duplicación de OI con posesivo [3 casos; *cf.* 15]
i) Rechazo de la extrapolación del sujeto de las subordinadas sustantivas [2 casos; *cf.* 17]
j) Rechazo de la preposición de régimen *de* para introducir suboraciones de infinitivo [*cf.* 19a-b; 10 casos]: con verbo introductor transitivo [4 casos]; con verbo introductor intransitivo o medio [3 casos]; en perífrasis con *deber* [2 casos]; introducidas por un sustantivo [1 caso]. Se favorece, en cambio, el régimen con *a* para introducir suboraciones de infinitivo que actúan como Metas [*cf.* 19a; 2 casos]

k) Preferencia por *ante de* frente a *delante de* [*cf.* 20; 2 casos]

l) Sustitución del relativo *que* por *el cual* [*cf.* 22; 2 casos]

m) Favorecimiento del relativo cuyo antecedente está determinado por un posesivo [*cf.* 22; 2 casos]

n) Favorecimiento de *por* como nexo final [*cf.* 24; 4 casos]: *porque* en vez de *para que* [2 casos]; *por* + infinitivo en vez de *a* + infinitivo con verbos de movimiento [2 casos]

o) Preferencia por *pues* como nexo causal [*cf.* 24; 4 casos]

p) Eliminación del *se* medio [*cf.* 26; 7 casos]

q) Preferencia por *como* en comparativas de igualdad y predicados simétricos [*cf.* 27; 4 casos]

r) Rechazo de la coordinación enfática [*cf.* 29; 2 casos]. Rechazo de *pero* con valor de adverbio adversativo [*cf.* 29; 2 casos]

s) Restablecimiento de la concordancia estricta en número [*cf.* 30a; 8 casos de 10] y en género [*cf.* 30b; 2 casos]

t) Tendencia acusada a la concatenación homogénea y al respeto de la *consecutio* de los tiempos en secuencias narrativas [*cf.* 32; 7 casos de 10: 4 de 6 con la alternancia presente/pretérito y 3 de 4 con la alternancia presente/imperfecto]

u) Ligera aversión de la conexión discursiva mediante implicativos complejos de causa/consecuencia (*con que, por lo cual, por esta causa*), a los que se prefiere la ilación con *y* y la conexión con *así* [*cf.* 34; 4 casos]

En algún caso, la versión corregida opta por propiciar las soluciones menos frecuentes en la versión previa. Es el caso del rechazo, en tres contextos, del esquema *ambos a dos* (c) en favor de *ambos dos* o *los dos*. Este esquema era el más abundante en R (8 casos, frente a sólo 2 de *ambos dos* y ninguno de *los dos* con el valor de 'tanto uno como el otro'), pero G tiende a equilibrar las proporciones (5 casos de *ambos a dos*, 3 de *ambos dos* y 1 de *los dos*). Puesto que *ambos dos* y *ambos a dos* parecen convivir armónicamente durante todo el siglo XVI (*vid. DCRLC*, s. v. *ambos, -as*), la corrección de G parece ir en la dirección de la *variatio* morfosintáctica, esto es, del fomento de soluciones alternantes para evitar la monotonía que podría suponer el recurso a una única forma[35].

---

[35] En R, tres de los casos de *ambos a dos* se concentraban en apenas un folio de la historia de Julio, Julieta y Melisa (IX: 591, 600, 644). El último de ellos pasó a ser *ambos dos* en G, lo que avala la idea de una *variatio* intencionada. Puede pensarse, con todo, que se da en este pasaje una modificación más inconsciente, mediante la que el *castigara ambos a dos* de R pasa a ser *castigara a ambos dos* en G por una mera trasposición a la izquierda de una *a* que pasaría a ser marca de objeto. Sin embargo, tanto la eliminación en G de otros dos casos de

También ocurre que G introduzca esquemas que no aparecían en absoluto en R, y que, por tanto, ingresan en la obra con la versión corregida. Es el caso de *otros* N *muchos* (b), que, si bien puede encontrarse durante todo el español clásico, fue siempre mucho más infrecuente que *otros muchos* N, esquema del que G y R muestran 11 casos comunes; o el de *ante de* SN con el significado espacial 'de cara a' (k), que se introduce en G en dos casos, rompiendo la hegemonía de *delante de* SN, que ofrece unas 15 lecturas comunes: este *ante de* SN es también una solución muy escasa en todo tiempo (ni siquiera se recoge en el *DCRLC*, s. v. *ante*) que, en el español de mediados del Quinientos, se registra fundamentalmente en obras de alta cultura (19):

> (19) Por lo cual se dice que bajaban sus coronas [los santos] **ante de Dios**, y se postraron de rostro ante el Cordero (fray Luis de Granada, trad. de la *Imitatio Christi*, 1536; apud *CORDE*) // en breve espacio llegaron **ante de la tajada peña** cuanto un tiro de piedra (Pedro Hernández de Villaumbrales, *Peregrinación de la vida del hombre*, 1552; apud *CORDE*)

En estos casos G parece estar procurando igualmente una *variatio*, pero introduce para ello esquemas infrecuentes y asociados a un registro elevado. Se trata más bien, pues, de una *selectio* que lleva al empleo de marcas escriturales que aumentan el efecto de distancia comunicativa. En sentido similar cabe interpretar también las sustituciones del relativo *que* por *el cual* (l): si bien *el cual* no puede considerarse una forma infrecuente, ni en el propio *Crotalón* ni en su época, gozó no obstante de un prestigio en la escritura del que carecía *que*[36]; al

---

ambos a dos como la presencia en IX, 600 del esquema con marca de objeto y *a* interna (*nos hirió amor a̲ ambos a̲ dos*), en el que coinciden las dos versiones, hace pensar que la presencia o ausencia de la *a* de objeto es independiente de la reproducción de la *a* interna y que, por lo tanto, la sustitución de *ambos a dos* por *ambos dos* es aquí deliberada.

Nótese también que cualquiera de las dos soluciones (*ambos dos* y *ambos a dos*) es minoritaria en el conjunto del *Crotalón* frente al simple *ambos* para expresar el dual asociativo en función de núcleo (de *ambos* hay unos 15 casos en los que coinciden las dos versiones). Parece, pues, que *ambos dos* y *ambos a dos* son esquemas marcados (quizá por un mayor énfasis) que, de por sí, se emplean para la *variatio* frente a *ambos*. En G, al eliminarse varios casos de *ambos a dos*, esta *variatio* resulta más equilibrada que en R.

[36] Este prestigio se extendió desde el momento de su gramaticalización plena, a comienzos del siglo XVI, hasta bien entrado el siglo XVIII, a juzgar por este comentario de Benito de San Pedro en su *Arte del romance castellano* (1769): "Aun cuando [el antecedente] está expresso en la oracion, como no siempre es el que precede inmediatamente al *que* i para distinguirlo se debe convertir la partícula *que* en *el cual, la cual, los cuales, las cuales*. Como en esta oracion: *Cuidemos en aplacar la colera de Dios, de* que *nosotros devemos temer los efectos*; esto es *de la cual* i de aì se conoce el antecedente del relativo que es *la colera*" (cit. en Girón 2004c: 17; *vid.* también Girón 2005, 2006).

incrementar ligeramente su uso en la versión corregida, G cede al impulso de seleccionar para la obra la solución tenida por más elegante[37]. En último término, quizá la marcada tendencia de G a posponer a las formas finitas del verbo los pronombres átonos que en R eran procliticos (g) también apunte en esta dirección: salvo en inicio absoluto de periodo, la enclisis con formas finitas es ya más la excepción que la regla según avanza el siglo XVI (Nieuwenhuijsen 1999), pero esta colocación excepcional bien pudo ser tenida por más propia de la escritura[38].

El rechazo en G de las interpolaciones de sintagmas pesados (f) contribuye a una mayor soldadura del auxiliar y el auxiliado en los tiempos compuestos, y es

---

[37] Parecido, aunque no idéntico, es el caso de las oraciones de relativo cuyo antecedente está modificado por un posesivo (m). G añadió dos esquemas de este tipo al único que figuraba en R, que es el siguiente: "Porque a Dios bástale entender de vos que soys deuoto y amigo de su santo que ama Él" (XIII, 617-618). Construcciones similares se dan, aunque infrecuentemente, a lo largo del siglo XVI. He aquí algunos ejemplos tomados del *CORDE* (el primero es semejante al de *sus preceptores que habían sido de la gramática*; los demás son del tipo *su palabra que le da de volver/su santo que ama Él*): "y de todo ello hizo ungüente y púsole en una buxeta y diole a su señor que era en aquel tiempo". (trad. castellana del *Tirant lo Blanch*, 1511) // "El Papa, saludando a alguno en su carta que le embía, no es visto absolverle de la descomunión en que éste estava puesto" (Hugo de Celso, *Repertorio universal de las leyes de estos reinos de Castilla*, 1540-1553) [es paráfrasis de las *Partidas* (1, 5, 5), pero ese texto no emplea el esquema /posesivo + N + relativo/] // "Los dos Gracos, valerosos romanos, tuvieron un tercero hermano bastardo [...]; veniendo pues éste una vez a Roma, halló juntas a su madre que le parió y al ama que lo crió" (Pedro de Luján, *Coloquios matrimoniales*, 1550) // "y este es vno de los mayores primores que tiene la arte para su fin que ella pretende, que es variar la lección y no estomagar" (Alonso López Pinciano (1596): *Filosofía antigua poética.*

No dispongo, sin embargo, de elementos para sugerir que la prosa culta fuera especialmente afecta a estos esquemas, ni que disfrutaran de un prestigio particular. Por alguna razón, quizá de realce expresivo, el autor del *Crotalón* decidió extenderlos en la versión más depurada de su obra.

[38] Son más difíciles de explicar las preferencias de G por algunos nexos subordinantes o relacionantes (n, o, q): el criterio del mayor prestigio –o, al menos, de la mayor generalidad– podría aplicarse a *pues*, especialmente cuando sustituye a *pues que* (*cf.* sup., n. 24), pero hay al menos dos casos (de los cuatro en que G corrige en *pues*) en que el autor decidió simplemente modificar la relación de implicación (causal de la enunciación en vez de concesiva: *pues* en vez de *aunque*; causal de la enunciación en vez de causal del enunciado: *pues* en vez de *porque*). La aparente preferencia por *por* final en ciertos contextos tiene como contrapunto la alternancia que muestran las variantes entre *por* + infinitivo y *para* + infinitivo, por lo que no puede afirmarse que la aparente regularidad de las soluciones de G que señalamos en (n) no sea fortuita, ya que, además, todos los esquemas finales que aparecen en las variantes tienen abundante uso a lo largo de la obra. En cuanto a la preferencia por *como* en comparativas de igualdad, predicados simétricos y correlaciones cuantitativas, la generalidad de este nexo en tales relaciones a lo largo de la historia del idioma (*vid.* Cano Aguilar 1995, Herrero 2005: 485-491) no permite más que sugerir una posible inclinación de G por la marcación uniforme de estructuras afines a través del nexo más característico (y, por ello, más icónico) de los que traducen el valor de equivalencia.

síntoma de un grado más alto de gramaticalización formal en estas estructuras[39]; y la corrección de la extrapolación del sujeto (i) supone la preferencia por una distribución lineal y jerarquizada en la que todos los constituyentes de la subordinada caen bajo el ámbito de ésta. Las interpolaciones de esta clase[40] y las extrapolaciones están motivadas informativamente, por cuanto responden al deseo de anticipar un determinado fragmento de información o realzar la presencia de un participante. Las enmiendas de G se encaminan hacia una mayor "sintactización" tanto de la estructura interna del SV como de las relaciones entre cláusulas, esto es, hacia la preferencia por relaciones estructuralmente más rígidas frente a distribuciones más libres relacionadas con el aporte informativo. En este sentido, la "sintactización" es un índice de escrituralidad. También es muestra de "sintactización", en este caso dirigida contra un fenómeno de la oralidad, la corrección en G de varias concordancias *ad sensum* en género y número (s)[41].

Algunas otras tendencias (d, j, p) suponen la eliminación en G de marcas gramaticales. En el caso del artículo, las supresiones regulares se dan cuando existe competencia con un sintagma lexicalizado (*en todo* (*el*) *tiempo*, *sobre* (*la*) *tabla*); cuando el núcleo sin artículo se coordina con otros que sí lo llevan (*el Cielo y* (*el*) *Infierno*); o en correlaciones que incluyen ya el artículo en uno de sus miembros (*de* (*la*) *una parte a la otra*). En ninguno de estos casos se da un contraste semántico diferenciador (virtual/actual, categórico/individuado, esencial/contingente) entre el término actualizado y el no actualizado (*vid.* Lapesa 1974), con lo

---

[39] Este tipo de interpolaciones se localiza abundantemente en la prosa culta durante todo el periodo clásico (González Calvo 1994), por lo que no puede pensarse que el ms. G deseche aquí una distribución anticuada o escasamente prestigiosa.

[40] Esto es, las interpolaciones léxicas, ya sea de argumentos o de adjuntos. Distinto es el caso de las interpolaciones sintácticas o de elementos –tónicos o átonos– que reproducen información tempoaspectual (el adverbio *ya*, por ejemplo), argumental (los clíticos interpolados) o de concordancia (los pronombres personales). Como veremos más abajo, en el tratamiento de estos fenómenos se da una fluctuación irregular entre R y G.

[41] Como puede serlo el rechazo de la coordinación enfática (r), si es que no se trata de la mera enmienda de *lapsus* anacolúticos. Más difícil de evaluar es el borrado de la inducción de género (a), ya que uno de los casos de R (*sierpo*) es altamente inusual y podría ser un simple error, mientras que el otro (*parienta*) presenta también una lectura común a los dos testimonios (XVIII, 394) y tres exclusivas de G, dos por adición (VIII, 434 y XVIII, 442) y otra por modificación completa del pasaje (XX, 247). No puede pensarse, por lo tanto, que G manifieste aversión alguna por esta forma. En XVIII, 424, en cambio, la adición de G es *una dueña parienta suya*, que se suma a la rectificación de VIII, 428. Así, R sólo presenta dos casos del lexema *pariente* con referente femenino, en los que elige la inducción (*parienta*), mientras que G presenta 6 casos, 4 con el género inducido y 2 con la variante etimológica. Todo ello parece más bien apuntar al hecho de que *pariente* y *parienta* con referente femenino se tratan en G como posibilidades morfológicas en variación libre.

que la supresión parece tener carácter meramente estilístico. Similar es el caso
de la presencia o ausencia de *de* en la perífrasis *deber* (*de*) + infinitivo, alternancia que se prolonga hasta nuestros días sin que las soluciones parezcan haberse
opuesto nunca funcionalmente. En cuanto a la supresión de *de* ante suboraciones
de infinitivo, puede resultar significativa la repulsa que le suscitaba la presencia
de este nexo a Juan de Valdés (20):

> (20) MARCIO. [...] pero, ¿qué señal ternemos para ver quándo sta superfluo [el nexo
> *que* de las completivas] y quándo no?
> VALDÉS. La mesma escritura, si la miráis con cuidado, os lo mostrará. Como
> también en un *de* que se pone demasiado y sin propósito ninguno, diziendo: "no
> os he escrito, esperando de embiar", donde estaría mejor sin aquel *de* dezir
> "esperando embiar". Y creedme que estas superfluidades no proceden sino del
> mucho descuido que tenemos en el escribir en romance. (*Diálogo de la lengua*,
> ed. de Cristina Barbolani, 6ª ed.. Madrid: Cátedra (Letras Hispánicas, 153),
> 1998, p. 236)

A mediados del siglo XVI existía una covariación real de las dos soluciones,
pero los escritores cultos, como Valdés o el autor del *Crotalón*, se guiaban por un
ideal estilístico que preconizaba la supresión de los elementos superfluos (21):

> (19) MARCIO. [...] proseguid en dezirnos lo que pertenece al estilo de vuestra len-
> gua castellana.
> VALDÉS. Con deziros esto pienso concluir este razonamiento desabrido: que
> todo el bien hablar castellano consiste en que digáis lo que queréis con las menos
> palabras que pudiéredes, de tal manera que, esplicando bien el conceto de vuestro
> ánimo, y dando a entender lo que queréis dezir, de las palabras que pusiéredes en
> una cláusula o razón no se pueda quitar ninguna sin ofender a la sentencia della, o
> al encarecimiento, o a la elegancia. (*Diálogo de la lengua*, ed. cit., p. 237)

En la corrección que supone G, el autor del *Crotalón* parece aplicar este criterio al caso concreto sugerido por Valdés, pero también a otros casos de *de* ante
infinitivo (la perífrasis con *deber*)[42] o a los artículos, en contextos en los que, claramente, "no se ofende a la sentencia". Y lo mismo puede pensarse de la supresión de los marcadores pronominales con verbos medios: tanto cuando existía un

---

[42] Con un solo ejemplo en las variantes, es dudoso que la supresión de *de* por razón de
estilo se aplique también a las suboraciones de infinitivo dependientes de un nombre. Por otro
lado, la generalización de la preposición en estos contextos fue muy tardía (Bogard y Company 1989), de modo que su estatuto variacional hacia 1555 seguramente sería distinto del de
los otros casos que comentamos aquí.

doblete intransitivo (*acabar*, *pasar* [*el tiempo*], *olvidar de*) como cuando el pronombre era más bien una marca aspectual (con intransitivos de movimiento como *saltar* o *ir*) o de proceso psicológico (*determinar*(*se*) + infinitivo), esta podía eliminarse sin introducir una diferencia de régimen sintáctico. Sobre el trasfondo de fenómenos de variación activos en la época, el autor aplica un modelo estilístico que le lleva a seleccionar sistemáticamente las opciones más sintéticas.

Finalmente, otras correcciones regulares de G delatan la manipulación de elementos que atañen al manejo de los recursos retóricos y a la construcción del periodo. Así, el autor se vuelve más consciente del valor estilístico específico de ciertos epítetos y elativos, situando aquellos antes del nombre y despojando a estos de marcas intensivas adicionales (e; *vid.* Lapesa 1975 [2000: 217-221]). También tiende a hacer un uso más restringido del presente narrativo o *presente histórico*, reduciendo la frecuencia con que, en R, éste alternaba libremente en una misma secuencia con el indefinido o el imperfecto (t). Esta preocupación por la homogeneidad de las formas temporales sugiere un paralelo textual de la "sintactización", en la medida en que la cohesión temporal explícita suele sobreponerse, en la versión corregida, al realce de un evento particular mediante la quiebra de la uniformidad de los tiempos, ya sea introduciendo un "tiempo de la narración" en una secuencia en presente histórico, ya sea al contrario, intercalando un presente narrativo en una secuencia dominada por imperfectos y pretéritos. Por último, el autor tiende a aliviar el texto, en determinados pasajes, de la trabazón argumentativa que suponen determinados conectores de implicación (u), sustituyéndola por la mera parataxis o por la conexión mediante los más generales *y* o *así*[43].

Lo que llevamos dicho muestra que, en general, las modificaciones regulares de G respecto de R no se relacionan con grandes procesos de cambio que afecten a zonas cruciales de la gramática[44]. Son, en cambio, fundamentalmente estilísticas: la versión corregida, que el autor seguramente daba por definitiva de cara a la difusión de la obra, manifiesta un notable interés por propiciar la *variatio*, por seleccionar marcas lingüísticas más propias de la distancia comunicativa (y, por

---

[43] En este sentido hay que interpretar también, creo, la sustitución del *pero* adverbial adversativo (r) por los mismos procedimientos. Aunque es cierto que este valor de *pero* había caído en buena medida en desuso cuando se compusieron las versiones del *Crotalón*, su uso abundante en la obra sugiere que no se trata aquí del rechazo de un arcaísmo, sino de un proceso de elaboración textual.

[44] Una posible excepción es la eliminación en G de las duplicaciones de OD y de OI con posesivo (h), mientras que no existe, como veremos, una dirección clara en la variantes de simple duplicación con OI. Esta última parece haber sido más general y aceptada a mediados del siglo XVI (Company 2001b), por lo que el autor, en este caso, podría haber decidido eliminar los esquemas de duplicación de objeto menos frecuentes o de gramaticalización más incipiente, haciéndose así eco de un cambio en marcha en la lengua de su tiempo.

ello, indicadoras de elaboración intensiva), por escrituralizar el texto favoreciendo las restricciones sintácticas, por optimizar el valor expresivo de algunas piezas (particularmente, ciertos adjetivos) y por liberar el texto del lastre de las marcas gramaticales redundantes o de una conexión compleja sobreabundante. Las variantes del *Crotalón* que se ajustan a un patrón de variación regular, pues, permiten apreciar, sobre todo, la forma en que los parámetros estilísticos inciden en los aspectos lingüísticos de la producción de una obra, y ayudan a conocer cuáles podían ser esos parámetros estilísticos y sobre qué clase de fenómenos actuaban preferentemente en la prosa culta de mediados del siglo XVI.

2.3. Casi otra veintena de fenómenos, que enumero a continuación, presentan en el *Crotalón* un patrón de variación (altamente) irregular:

a) Alomorfos femeninos del actualizador: *un/una* [*cf.* 1a; 3 casos]

b) Artículo/demostrativo + posesivo [*cf.* 2a-b; 5+2 casos]

c) Relativos + cuantificador *todo*: *el cual* (*todo*) [*cf.* 3; 2 casos]; (*todo*) *cuanto* [*cf.* 22; 2 casos]

d) Actualización con nombres abstractos (presencia/ausencia del artículo) [*cf.* 4; 3 casos]

e) Actualización con infinitivos (presencia/ausencia del artículo) [*cf.* 4; 2 casos]

f) *Gran*(*de*) + N [*cf.* 6; 6 casos]

g) Interpolación de *yo/ya* en compuestos y perífrasis [*cf.* 9-10; 5 casos] y de sintagmas pesados en las perífrasis [*cf.* 10; 4 casos]

h) Alcance sintáctico sobre predicaciones coordinadas del auxiliar de compuestos y perífrasis [*cf.* 9-10; 3 casos]; de los clíticos [*cf.* 16b; 3 casos]

i) Anteposición/posposición del clítico al infinitivo en presencia inmediata del verbo regente [*cf.* 11b; 4 casos]

j) OD (no) preposicional [*cf.* 13; 11 casos]

k) Leísmo, laísmo, loísmo [*cf.* 14; 9 casos]

l) Duplicación de OI [*cf.* 15; 4 casos]

m) Anáfora reflexiva: *sí* (*mismo*) [*cf.* 18; 2 casos]

n) *En/dentro en/dentro de* [19d-20; 2 casos]

o) Elisión del nexo *que* en completivas con subjuntivo [23a; 3 casos]

p) Construcciones con infinitivo no concertado (*accusativus cum infinitivo*) frente a construcciones con *que* y verbo finito en completivas de objeto [*cf.* 23c; 6 casos]

q) Alcance de la negación: *y/ni* en series negativas coordinadas [*cf.* 28; 3 casos]

r) Asíndeton/polisíndeton de *y* en series coordinadas [*cf.* 29; 8 casos]

De los fenómenos aquí relacionados, sólo uno (R) tiene un valor meramente estilístico. Los demás se asocian, por lo general[45], con grandes procesos de variación aún no (completamente) resueltos a mediados del siglo XVI. En particular, muchos de los que figuran con un mayor número de casos (I, J, K, L) representan la clase de fenómenos que afectan a distinciones básicas en la gramática del español, que han ido configurando su carácter morfosintáctico frente a otras lenguas romances a lo largo del tiempo[46] y que, por ello, han merecido la atención preferente de los historiadores de la lengua. Así, la variación irregular contenida en las variantes del *Crotalón*, especialmente en aquellos fenómenos que aparecen con más frecuencia, revela las vacilaciones de un productor lingüístico singular de mediados del Quinientos respecto de las opciones sintácticas que ofrecía un sistema lingüístico con zonas enteras aún en plena configuración. Su examen ayuda a conocer más de cerca en qué áreas de la gramática se manifestaba con mayor intensidad la covariación de esas opciones sintácticas, y permite apreciar lo estrechamente que se relacionan, en muchos casos, con los grandes procesos generales de cambio sintáctico que llevan del español medieval al español moderno, bien a través del reflejo en las variantes de procesos de largo aliento (A, D, E, H, J, K, L), bien a través de la presencia de estructuras típicas de la escrituralidad culta que inician su declive (B, F, P), pero que aún están disponibles como alternativas de incidencia pareja para el autor del *Crotalón* y cuyos restos se extienden, al menos, hasta la primera mitad del siglo XVIII[47].

---

[45] Pueden exceptuarse C, M y N, cuantitativamente muy escasos.

[46] Los fenómenos B, I y J se mencionan en Hartman (1992: 435-439) dentro de un repaso muy sumario a las grandes tendencias evolutivas "internas" del idioma. En una caracterización sintáctica mucho más abarcadora y específicamente dedicada a los siglos XVI y XVII, la de Girón Alconchel (2004b), pueden encontrarse casi todos estos fenómenos –y varios del apartado 2.2– comentados con la oportuna bibliografía. En cada caso se pone de manifiesto su pervivencia a mediados del Quinientos. Los fenómenos E, J, K y L se consideran integrados en dos grandes procesos –"la marcación de los argumentos de la oración y la extensión progresiva del dativo" y "la extensión del artículo a las completivas y a las oraciones de relativo"– que "conllevan el aumento de la nominalización, de la referencia y de la continuidad referencial", tendencia general que el autor considera crucial en el tránsito de la sintaxis heredada de la Edad Media a la configuración sintáctica del español moderno (íbid.: 29-30; *vid.* también Girón 2002b). Conviene recordar, finalmente, que en el caso de I y J, pero también en el de E, G o K, nos encontramos ante procesos de raigambre medieval que atraviesan toda la diacronía del idioma y que aún en la actualidad continúan en variación.

[47] Valgan solo dos ejemplos para cada fenómeno en obras del periodo 1725-1760:

    (i)   con <u>grande número</u> de prelados (Juan de Ferreras, *Historia de España. Siglo XVI* [parte décima cuarta de la *Historia de España*], Madrid, Francisco del Hierro, 1725, p. 59) // los nobles, que llaman *boyars*, hacen <u>grande obstentación</u> de su

2.4. Incluso las variantes individuales del *Crotalón* tienen un valor indiciario de indudable interés. Al historiador de la lengua le interesará comprobar, por ejemplo, cómo G sustituye por el pretérito *quebró* un caso de *quebrara* indicativo contrafactual (*que casi la quebrara – que casi la quebró* [*cf.* 32]); por el demostrativo breve *este* el único *aqueste* de R [*cf.* 1a]; un OI sintagmático antepuesto al verbo por un clítico (*y a ella dio muchas donas – y le dio muchas donas* [*cf.* 16a]); o un pretérito textual por un perfecto (*ya te dixe – ya te he dicho* [*cf.* 32]), etc., casos todos ellos en los que G parece estar desprendiéndose de soluciones arcaizantes para privilegiar las más modernas[48]. Podrá encontrarse también, por ejemplo, con vacilaciones en el régimen preposicional de distintos predicados [*cf.* 12 y 19a, último subapartado] (*vid.* Cano 1984), con la competencia de los deícticos *allí* y *allá* [*cf.* 33] o con una muestra de la gramaticalización aún ocasionalmente dubitativa del *se* pasivo reflejo/impersonal (*y respondióme mi ángel que éste auía sido en el mundo el más insaçiable y viçioso vebedor de vino [...], y que por tanto <u>se atormentaua</u> ansí.* ← *por tanto <u>le atormentauan</u> ansí* [*cf.* 26]), testimonios de procesos que aún tardarían largo tiempo en definirse. En su conjunto, las variantes del *Crotalón* se presentan como una valiosa cantera de información gramatical para acceder a la variación morfosintáctica general del español a mediados del siglo xvi a través de las alternancias que se dan en la prosa de un solo hablante –o, mejor, escribiente– de ese tiempo.

persona (Manuel de Villegas y Piñateli, *Historia de Moscovia y vida de sus czares*, Madrid, Convento de la Merced, 1736; VI, 9)

(ii)   entretegió en <u>esta su novela</u> tantos episodios que su multitud confunde la imaginación de los letores (Gregorio Mayans, *Vida de Miguel de Cervantes Saavedra* [1737], ed. de Antonio Mestre Sanchis, *Obras completas*, vol. II, Valencia, Ayuntamiento de Oliva, 1984, pp. 209-312; 14, 221) // Vean los que me censuran de que no visito, si <u>esta mi conducta</u> es efecto de un instinto y de un genio hipocondríaco (Martín Sarmiento, *El porque sí y porque no* [1758], ed. de Michel Dubuis, Nicole Rochaix y Joël Saigneux, Oviedo, Instituto Feijoo de Estudios del Siglo xviii/Université Lumière–Lyon II, 1988; 107, 60)

(iii)   <u>Califica</u> la experiencia de diversas observaciones <u>ser</u> este el menos pedragoso camino (Alejandro Martínez Argandoña, *Dissertación phísico-anatómica sobre la nutrición de el foetus*, Madrid, Herederos de Francisco del Hierro, 1735; XII, 38) // el único que <u>se tuvo noticia</u> <u>haver hecho</u> experiencias del thenor deseado fue M. de Mairan (Jorge Juan, *Observaciones astronómicas y físicas hechas en los reinos del Perú [...] de las quales se deduce la figura y magnitud de la Tierra*; Madrid, Juan de Zúñiga, 1748; IV, 90). Sobre este asunto, *vid.* Pons (2006).

[48] Para la historia de los indicativos en-*ra* en español clásico, *vid.* Girón 2000; para la de los perfectos textuales, *vid. l*as reflexiones de Eberenz 2002; para los demostrativos "largos", *vid.* Girón 1998; para el OI sintagmático sin duplicación, *vid.* Company 2003.

Con todo, resulta evidente que las variantes del *Crotalón* no pueden contener toda la variación lingüística propia del momento en que se produjo, y que buen número de los fenómenos singulares de variación que manifiesta pueden ser, considerados aisladamente, más bien anecdóticos, esto es, escasamente representativos de un proceso de cambio general, o bien expresión de procesos marginales, minoritarios o secundarios. Si se asume que en el "mapa variacional" del *Crotalón* no están plasmados todos los fenómenos de variación que podemos considerar de importancia hacia 1555, y que, además, posiblemente no sean de importancia todos los que sí están, no resulta sencillo saber hasta dónde la variación que retratan las variantes de esta obra puede ser un trasunto fiel de la variación lingüística general en su época.

Con el fin de atenuar en lo posible la singularidad de las conclusiones que pueden extraerse a partir de la observación de las variantes del *Crotalón*, he procedido al cotejo de su "mapa variacional" con otros que he elaborado a partir de los testimonios de obras del periodo 1490-1555. En concreto, he cruzado las variantes del *Crotalón* con las de la *Segunda relación* y la *Tercera relación* de Hernán Cortés y con las del *Tractado de amores de Arnalte y Lucenda* de Diego de San Pedro[49]. El resultado es la coincidencia de una veintena de fenómenos de variación, que detallo a continuación con algunos ejemplos[50]:

1. Morfología: Alomorfos del artículo femenino
2. *Gran(de)* + N
3. Perífrasis: presencia/ausencia de nexo entre auxiliar y auxiliado

El Crotalón

lo debría hazer el pontífice ← lo debría **de** hazer el pontífice (III, 161-162)

se proueyó a lo que se deuía hazer ← a lo que se deuía **de** hazer (XVI, 221)

---

[49] Por evidentes razones de espacio, no puedo reproducir aquí los "mapas variacionales" de esas obras, ni siquiera trasladar más que unos pocos ejemplos concretos de la coincidencia de los fenómenos de variación. El cotejo detallado de las variantes del *Crotalón* con las de las *Cartas de relación* citadas puede verse en Octavio de Toledo (2006).

[50] Omito la ejemplificación en los apartados 1, 2 y 4, ya que el lector podrá representarse bien la clase de variantes de que se trata en cada caso. Las variantes de las *Cartas de relación* se han consultado en la edición de Delgado Gómez (1993), por la que cito. De las relaciones segunda y tercera existen tres testimonios, uno impreso (S, de 1522/1523) y dos manuscritos (V, de h. 1527-1528; y M, posterior a 1527 y quizá de h. 1542), sin que –según el editor– pueda establecerse relación estemática alguna entre los tres (doy más detalles sobre la relación de estos testimonios en Octavio de Toledo 2006).

Cartas de relación

Y creyendo que debían **de** haber hecho algund daño   debían haber hecho (S)
en la tierra (M, V: 167, 7-8)

Arnalte y Lucenda

y veo que tu deseo al cabo te ha acabar; (A: 657-658)   al cabo te ha **de** acabar (B)/al
cabo ha **de** acabarte (Ms.)

4. OD (no) preposicional
5. Transitividad: alternancias de régimen

El Crotalón

las dueñas con sus pañizuelos fingiendo limpiarse el sudor ← fingiéndose limpiar **de**l
sudor (XVII, 356-357)

Cartas de relación

Y ya que casi llegaba a una legua dellos encontré tres   encontré **con** tres (V)
hombres de los dichos navíos (M, S: 166, 17-18)

Arnalte y Lucenda

el poder y el saber, en seyendo tuyos, de ser míos
dejaron, y porque con quien remediarme no hallase,   no hall., gran sol. me pus. (B)
en gran soledad me pusieron (A, Ms.: 752-754)

6. Presencia/ausencia de preposición con suboraciones de infinitivo

El Crotalón

acordé yr ← acordé **de** yr (IV, 110)

Cartas de relación

había venido juntamente con ella [con la armada]
pensando evitar el daño que de la venida de la dicha   pensando **de** evitar (S, V)
armada se siguía (M: 253, 30-31)

Arnalte y Lucenda

a dar a la hermana mía compañía igual ir acordó.   igual **de** ir acordé (B)/igual
(A: 2324)   de ir acordó (Ms.)

7. Presencia/ausencia de la marca pronominal (media o aspectual) con verbos intransitivos

El Crotalón

Fue por todos aquellos […] y […] ya casi no los conoçía ← Fué**me** p. t. a. (XVIII, 561-563)

mi miseria les hazía oluidar de sí ← mi miseria les hazía oluidar**se** de sí (X, 305)

Cartas de relación

los de Guaxocingo y Chorultecal vinieron a Calco (M: 366, 10-11)	Ch. **se** vinieron a C. (S, V)
Y este día nos mataron dos españoles porque **se** desmandaron de los otros a robar (M, S: 356, 20-21)	porque desmandaron (V)

Arnalte y Lucenda

cuando a tu posada aquel día fuiste (A: 482)	aquel día **te** fuiste (B, Ms.)
E si el sofrimiento de padecer **se** cansare, llama el seso; (A, Ms.: 680-681)	de padecer cansara, ll. (B)

8. Leísmo (con antecedente humano y no humano)

El Crotalón

donde hallan al Marqués del Gasto que con su armada y compañía **los** está aguardando ← **les** está aguardando (VI, 361-362)

Al mochacho mandé que aunque le des torta, o xarro de vino, o capón, o perdiz, o pernil de tozino no **lo** tome ← no **le** tome (XVII, 427-429)

Cartas de relación

Y después que confesaron haber muerto los españoles, **les** hice interrogar si ellos eran vasallos de Muteeçuma (M, S: 217, 11-13)	**los** hice interrogar (V)
despaché dos capitanes […], el uno para que fuese a hacer el pueblo en el puerto de Qucicacalco […], y el otro a aquel río que los navíos de Francisco de Garay dijeron que habían visto, porque ya **le** tenía seguro.	ya **lo** tenía s. (V)

Arnalte y Lucenda

mira que quien **le** pudo vencer [a Elierso] podrá merecerte (A: 1681-1682)	quien **lo** p. v. (B, Ms.)

Pero como la pena de amor nunca se apaga,
el cuidado de la noche más vivo a la mañana **le** hallé   el c. de la n. a la m. no **lo** h. (B)
(A, Ms.: 799-800)

9. Posición del clítico respecto del infinitivo regido

El Crotalón

deçendía a **le** contemplar ← **le** deçendía a contemplar (XII, 54)

Cartas de relación

y haber venido a **se** <u>ofrescer</u> por vasallos de   y haber**se** venido a <u>ofrescer</u> (V)
Vuestra Majestad (M, S: 300, 9-10)

Arnalte y Lucenda

determiné de **te** <u>escribir</u> (A: 1257-1258)   det. de <u>escribir</u>**te** (B, Ms.)

10. Duplicación del OD

El Crotalón

Y dexemos <u>a él</u> ← y dexémos**le** a él (X, 24-25)

Cartas de relación

y que venía a prender**me** <u>a mí</u> y a los de mi   venía y que prendería <u>a mí</u> (V)
compañía (M, S: 258, 18-19)

Arnalte y Lucenda

con tu saber a ti **te** liberta (A, Ms.: 999)   con tu s. <u>a ti</u> liberta (B)

11. Complementos de régimen: alternancias de preposición

El Crotalón

ningún prouecho reçibe **de** tener a su Julieta en hábito de varón, ← **en** tener (IX, 435-436)

Cartas de relación

y mostraban tener esperanza **en** ser ellos socorridos   esperanza **de**   ser   (V)
(M, S: 403, 15-16)

Arnalte y Lucenda

Pues porque **de** daño tan grande ocasión no seas   porque **a** daño t. g. (B)
(A, Ms.: 1332-1333)

12A. Adjuntos: alternancias de preposición

El Crotalón

Dios te agradezca el plazer y honrra que me has hecho **con** tu feliçíssima narraçión.
← **en** tu f. n. (XVI, 569-570)

Cartas de relación

porque pensaban que satisfacían sus culpas [los indios]   sus culpas **en** consentir (S)
con consentir primero en hacerles daño (M, V: 355, 25-26)

Arnalte y Lucenda

recebí tu carta y la gloria que **en** ella sentí es imposible   que **con** ella (B, Ms.)
decirte (A: 1293-1294)

12B. Adjuntos sin preposición

El Crotalón

quedando sola vna pequeña puerta por la qual **al prinçipio de la calle** pudiessen
entrar, y otra puerta al fin por donde pudiessen salir. ← puerta p. la q. **prinçipio de
la calle** (I, 204-206)

Cartas de relación

Y así pasé un puerto que está **al fin** desta provincia   q. está **el fin** de e. p.
(169, 20-21)

Arnalte y Lucenda

Y como ya de hecho **mis pasos contados** a la muerte   Y como ya **a mis pa. co.** a (B)
me fuese, [...] (A, Ms.: 1362-1363)

13. Supresión del nexo *que* en completivas con subjuntivo

El Crotalón

Demandéle el preçio rogándole **que** tuuiesse respecto a nuestra amistad ← rogándole
tuuiesse (XVIII, 532-533)

Cartas de relación

y que me rogaban **que** les socorriese (M, S: 335, 4-5)   rogaba [sic] los socorriese (V)

Arnalte y Lucenda

Pues quienquiera que amare si tal nueva supiere, de la muerte
le ruego **que** se socorra (A, B: 1714-1715)   le ruego se socorra (Ms.)

14. Causales "de causa conocida": *pues* frente a *pues que*

El Crotalón

Agora, pues emos tratado de las causas que les traigan a éstos a vibir en tal vida, ←
pues **que** emos (XIX, 292)

Cartas de relación

y que ellos prometían de ahí [S: de ir] adelante, **pues** su   adelante, **pues que** s. s. (V)
señor era ido y dejádolos, de servir a Vuestra Majestad
(M, S: 302, 21-23)

Arnalte y Lucenda

Así que con el olvido debes templar el amor y con las
aparencias engañarlo, **pues que** con sus obras es engañador   eng., **pues** con (B, Ms.)
(A: 1003-1005)

15. Construcciones pasivas reflejas/impersonales con *se*

El Crotalón

y dar a los lectores oçiosos con qué **puedan** entretener el tiempo, ← con qué el tiempo **se pueda** entretener, (XVII, 18-19)

Cartas de relación

En esta casa tenía diez estanques de agua donde tenía todos los linajes
de aves de agua que en estas partes se **hallan**, (M, S: 244, 14-16)   se **halla** (V)

Arnalte y Lucenda

treguas entre ella y mí jamás **han** podido poner<u>se</u>   jam. **ha** podido poner<u>se</u> (Ms.)
(A, B: 945-946)

ni quieras que de muchas sentencias tu seso **se juzgue**.   tu seso **te juzguen**. (Ms.)
(A, B: 2244-2245)

16. Deixis

El Crotalón

me dixo que me quedasse a comer **allí** con él ← a comer **allá**. (XVII, 106)

Cartas de relación

me ficiesen saber lo que **allá** pasaba (M: 289, 14)   lo que **allí** pasaba (S, V)

Arnalte y Lucenda

Su posada continué, pensando desde **allá** a la hermosa   desde **allí** a la h. (B)
Lucenda ver (A: 1028-1029)   [desde **ella** a la h. (Ms.)]

17. Polaridad negativa y alcance de la negación

El Crotalón

y que ellos **y** sus auctores no salgan más a luz. ← ellos **ni** sus auctores (XIV, 287-288)

y sin **alguna** pena ni cuydado me fue a dormir. ← y sin **ninguna** pena (VII, 573-574)

Cartas de relación

porque sin su presencia en ninguna cosa se podía dar buen
asiento **y** concierto (M: 421, 17-18)   asiento **ni** concierto (S, V)

porque estuviesen todos cercados y <u>no</u> se pudiesen aprovechar
ninguna de la tierra firme (M, S: 377, 11-13)   en cosa en cosa **alguna** de la t. f. (V)

Arnalte y Lucenda

que en linaje **e** en tener hablar <u>no</u> te quiero, pues tú   en linaje **ni** en tener (Ms.)
más conoces que yo decirte podré. (A, B: 1682-1683
[B: "en el l. e en el t."])

E como allí mudanza **ninguna** hacer le viese   mudanza **alguna** h. (B)
(A, Ms.: 786-787)

18. Concordancia *ad sensum* con nombres colectivos

El Crotalón

por lo qual, alterado <u>todo el pueblo</u>, **acudió** a los socorrer ← **acudieron** a l. s. (XVII,
492-493)

Cartas de relación

dijéronme que supiese de cierto cómo <u>todo el poder</u> de   p. de C. **venía** s. m. (S, V)
Culúa **venían** sobre mí (M: 333, 4-5)

Arnalte y Lucenda

ella e <u>toda su parentela</u> que <u>junta</u> para celebrar la fiesta
estaban, salen   **estaba**, **sale** … se **van** (Ms.)

de su posada y a ponella en una casa de religión muy
estrecha que ella había escogido se **van**. (A: 1701-1704)   **estaban**, **salen** … se **va** (B)

19. Uso textual de los tiempos verbales: alternancia de tiempos de la narración con el presente histórico

El Crotalón

Y yendo por vna ronda pensando yr más seguras por no nos encontrar con nuestros
enemigos, fuemos espiadas y salteadas en medio de aquella ronda y **saliendo** a nosotras nos **tomaron** por los cabellos a ambas y **truxiéronnos** por el poluo ← encontrar
con nuestras enemigas, pero fuemos espiadas y **salen** a nosotras en medio de a. r. y
tómannos p. l. c. a ambas dos y **truxiéronnos** por el poluo (XVIII, 478-482)

Cartas de relación

Y […] <u>asomó</u> mucha cantidad de indios […],   y **comenzaron** a p. con n. (S, V)
y **comienzan** a pelear con nosotros (M: 176, 11-14)

en aquel punto <u>llegaron</u> tres de caballo y **entraron**   y **entran** por la p. a. (S, V)
por la plaza adelante(M: 380, 4-5)

Arnalte y Lucenda

E como la hora del momear llegada fuese, salidos los momos
a la sala, cada uno con la dama que servía **comenzó** a danzar.   servía **comienza** a d. (B)
(A, Ms.: 720-722 [A: "fuese, y salidos"])

la hermana mía quiso su embajada decirle […]. Y no queriendo la
oír, con acelerado enojo y sobrada pasión la **dejó**. (A, B: 1707-1708)   la **deja**. (Ms.)

Al menos en este amplio grupo de fenómenos, la variación presente en las
variantes del *Crotalón* condice con la que puede localizarse en las de otros textos
del periodo inicial del español clásico, y muestra cómo las variantes de este diálogo renacentista se hicieron eco de esa variación generalizada en la lengua de su
tiempo: en unos casos, para manipularla con un fin estético (*cf.* 2.2); en otros,
reproduciéndola en una forma más inconsciente que revela, durante todo el

periodo, ciertas zonas en las que el sistema lingüístico aún se está configurando (*cf.* 2.3). Mi propósito ha sido mostrar el cúmulo de informaciones lingüísticas que pueden extraerse del análisis exhaustivo de las variantes morfosintácticas en las obras del primer Quinientos, y sugerir unos pocos modos de proceder con ellas en función del tipo de variación que manifiestan. Sucesivos cotejos con otros aparatos críticos exhaustivos de esta u otras épocas pueden contribuir a afinar el aquilatamiento del estatuto de las múltiples variantes del *Crotalón*. Remito ese esfuerzo a una investigación futura, pues va siendo también hora de dejar descansar al paciente lector.

Bibliografía

ALEZA IZQUIERDO, M. (1987): *Ser con participio de perfecto en construcciones activas no oblicuas (español medieval)*. Valencia: Universidad de Valencia (*Cuadernos de Filología*, Anejo 3).

ÁLVAREZ DE MIRANDA DE LA GÁNDARA, P. (1993): "El alomorfo de *la* y sus consecuencias", en: *Lingüística Española Actual* 15:1, 5-43.

ANTTILA, R. (1974): "Formalization and degeneration in historical linguistics", en: Anderson, J. M./Jones, C. (eds.): *Historical Linguistics I*. Amsterdam/Oxford, North Holland, 1-32.

— (1988): "Causality in linguistic theory and in historical linguistics", en: *Diachronica* 5:1-2, 159-180.

— (1992): "Historical explanation and historical linguistics", en: Davis, G. W./Iverson, G. K. (eds.): *Explanation in historical linguistics*. Amsterdam/Philadelphia, John Benjamins, 17-39.

AUROUX, S. (1994): *La révolution technologique de la grammatisation*. Liège: Mardaga.

BARTOL HERNÁNDEZ, J. A. (1988): *Las oraciones causales en la Edad Media*. Madrid: Paraninfo.

BARTSCH, R. (1985): "The influence of language standardization on linguistic norms", en: *Studia Linguistica* 39:1, 23-50.

BENZING, J. (1931): "Zur Geschichte von *ser* als Hilfszeitwort bei den intransitiven Verben im Spanischen", en: *Zeitschrift für Romanische Philologie* 51, 385-460.

BERNÁRDEZ, E. (1994): "Can catastrophe theory provide adequate explanation for linguistic change? An application to syntactic change in English", en: Fernández, F./Fuster, M./Calvo, J. J. (eds.): *English Historical Linguistics 1992*. Amsterdam/Philadelphia, John Benjamins, 17-27.

BLECUA, A. (1980): *La transmisión textual de "El conde Lucanor"*. Bellaterra: Universidad Autónoma de Barcelona.

— (1983): *Manual de crítica textual*. Madrid: Castalia.

— (2003): "La edición del *Lazarillo* de Medina del Campo (1554) y los problemas metodológicos de su filiación", en: *Salina* 17, 59-70.

BOGARD, S./COMPANY, C. (1989): "Estructura y evolución de las oraciones completivas de sustantivo en español", en: *Romance Philology* 43:2, 258-273.

BUSTOS TOVAR, J. J. de (2001): "De la oralidad a la escritura en la transición de la Edad Media al Renacimiento: la textualización del diálogo conversacional", en: *Criticón* 81-82, 191-206.

— (2002): "Mecanismos de cohesión discursiva en castellano a fines de la Edad Media" en: *Actas del V Congreso Internacional de Historia de la Lengua Española*, vol. I. Madrid: Gredos, 53-84.

CAMUS BERGARECHE, B. (1988): *Aspectos históricos de la negación románica*. Madrid: Universidad Complutense de Madrid.

CANO AGUILAR, R. (1984): "Cambios de construcción verbal en español clásico", en: *Boletín de la Real Academia Española* 64, 203-255.

— (1991): "Perspectivas de la sintaxis histórica española", en: *Anuario de Letras* 29, 53-81.

— (1995): *Sintaxis histórica de la comparación en español. La historia de* COMO. Sevilla: Universidad de Sevilla.

— (2004): "La gramática histórica de la oración y el discurso", ponencia y texto presentados en el Seminario de Historia de la Lengua *La gramática histórica cien años después (1904-2004)*. Soria: Fundación Duques de Soria, 8-7-2004.

CARRASCO, F. (1998): "Hacia un nuevo estema de *Lazarillo de Tormes*", en: *Voz y Letra* 9:1, 97-122.

— (1999): "La transmisión textual del *Lazarillo*. La edición de Medina del Campo", en: *Edad de Oro* 18, 47-67.

CERQUIGLINI, B. (1989): *Éloge de la variante: histoire critique de la philologie*. Paris: Éditions du Seuil.

COMPANY, C. (1994): "Semántica y sintaxis de los posesivos duplicados en el español de los siglos XV y XVI", en: *Romance Philology* 48:3, 111-135.

— (2001a): Para una historia del español americano. La edición crítica de documentos coloniales de interés lingüístico", en Funes, L./Moure, J. L. (eds.): *Studia in honorem Germán de Orduna*. Alcalá de Henares: Universidad de Alcalá de Henares, 207-224.

— (2001b): "Multiple dative-marking grammaticalization. Spanish as a special kind of primary object language", en: *Studies in Language* 25:1, 1-48.

— (2003): "Transitivity and grammaticalization of objects. The diachrony struggle of direct object and indirect object in Spanish", en: Fiorentino, G. (ed.): *Transitivity in Romance Languages*. Berlin/New York: Mouton de Gruyter.

— (2005): "Determinantes al servicio del héroe: artículo + posesivo en el *Cantar de Mío Cid*", en: *La Corónica* 33:2, 29-50.

— (2006): "Artículo + posesivo + sustantivo y estructuras afines", en: C. Company (dir.): *Sintaxis histórica del español*, vol. II, México, D.F.: UNAM/Fondo de Cultura Económica.

CONTINI, G. (1970): *Varianti e altra lingüística*. Torino: Einaudi.

— (1986) *Breviario di ecdotica*, Torino: Einaudi.

CORDE = Corpus Diacrónico del Español. Real Academia Española [en línea], <http://corpus.rae.es/cordenet/html>.

CORFIS, I. A. (ed. lit.) (1985) [San Pedro, Diego de:] *Tractado de amores de Arnalte y Lucenda: a critical edition*. London: Tamesis.

COSERIU, E. (1983): "Linguistic change does not exist", en: *Linguistica nuova ed antica* 1, 51-63.

— (1992): "Lingüística histórica e historia de las lenguas", en: *Boletín de Filología de la Universidad de Chile* 33, 27-33 [también, con el título "Linguistica storica e storia delle lingue", en: *La posizione attuale della linguistica storica nell'ambito delle discipline linguistiche*, Roma, Accademia Nazionale dei Lincei (Atti dei Convegni Lincei, 94), 1992, 15-20].

DCRLC = Diccionario de Construcción y Régimen de la Lengua Castellana, iniciado por R. J. Cuervo y continuado por el Instituto Caro y Cuervo. Barcelona: Herder, 1999-2002 [CD-ROM].

DELGADO GÓMEZ, Á. (ed. lit.) (1993): [Cortés, Hernán:] *Cartas de relación*. Madrid: Castalia (Clásicos Castalia, 198).

DI STEFANO, G. (ed. lit.) (1966): *El libro del famoso e muy esforçado cavallero Palmerín de Olivia*. Pisa: Università di Pisa.

DIXON, R. M. W. (1997): *The rise and fall of languages*. Cambridge: Cambridge University Press.

EBERENZ, R. (1991): "*Castellano antiguo* y *español moderno*: reflexiones sobre la periodización en la historia de la lengua española", en: *Revista de Filología Española* 71, 79-106.

— (2000): *El español en el otoño de la Edad Media: sobre el artículo y los pronombres*. Madrid: Gredos (Biblioteca Románica Hispánica, II, 422).

— (2002): "*Como avemos dicho/diximos desuso...*: los perfectos simple y compuesto en la referencia metadiscursiva del español medio", en: *Actas del IV Congreso Internacional de Historia de la Lengua Española*, vol. I. Logroño: Universidad de La Rioja, 567-581.

ECHENIQUE ELIZONDO, Mª T. (1992): "El diasistema lingüístico de la *Leyenda del Caballero del Cisne*", en: Bartol, J. A./García Santos, J. F./de Santiago, F. J. (eds.): *Estudios filológicos en homenaje a Eugenio de Bustos Tovar*, vol. I. Salamanca: Ediciones Universidad de Salamanca, 235-241.

EISELE, G. (1981): "A comparison of early printed *Tristán* texts in sixteenth century Spanish", en: *Zeitschrift für Romanische Philologie* 97, 370-382.

FERNÁNDEZ LÓPEZ, Mª C. (1997): *Edición crítica del* Libro de Isaías *de la tercera parte de la* General Estoria. Tesis doctoral, Alcalá de Henares, Universidad de Alcalá (Departamento de Filología).

FERNÁNDEZ-ORDÓÑEZ, I. (2001): "Hacia una dialectología histórica. Reflexiones sobre la historia del leísmo, el laísmo y el loísmo". *Boletín de la Real Academia Española* 81:284, 389-464.

— (2002): "Tras la *collatio* o cómo establecer correctamente el error textual", en: *La Corónica* 30:2 (*Critical Cluster: Editar la literatura española (Edad Media y Renacimiento)*), 105-180.

FERRARIO DE ORDUNA, L. E. (1992): "Correcciones para la imprenta en un ejemplar de *Amadís de Gaula*, 1563, Biblioteca Nacional de Madrid R-2535", en: Ferrario, L.

(ed.), *Amadís de Gaula: estudios sobre la narrativa caballeresca castellana en la primera mitad del siglo XVI*. Kassel, Reichenberger, 1-19.

FIFE, J. (1992): "On defining linguistic periods: gradients and nuclei", en: *Word* 43:1, 1-14.

ForumGRS (2003) = *Forum: "The genre of the sentimental romance"*, en: *La Corónica* 31: 2, 239-319.

FRAGO GRACIA, J. A. (1999): "La lengua", en: García de la Concha, V. (coord.): *Historia de España Menéndez Pidal. XXI: La cultura del Renacimiento (1480-1580)*. Madrid: Espasa Calpe, 579-629.

— (2002): *Textos y normas*. Madrid: Gredos (Biblioteca Románica Hispánica, II, 427).

GARCÍA MARTÍN, J. M. (1999): "Función primaria de las variantes para un historiador de la lengua", en: *Cahiers de Linguistique Hispanique Médievale* 22, 7-16.

GIRÓN ALCONCHEL, J. L. (1996): "Las gramáticas del español y el español de las gramáticas en el Siglo de Oro", en: *Boletín de la Real Academia Española* 76, 285-308.

— (1998): "Sobre el reajuste morfológico de los demostrativos en el español clásico", en: *Actas del IV Congreso Internacional de Historia de la Lengua Española*, vol. I, Logroño: AHLE/Gobierno de La Rioja/Universidad de La Rioja, 493-502.

— (2000): Análisis del discurso y cambio lingüístico (sobre la historia de *cantara* indicativo)", en: Bustos, J. J. de *et al.* (eds.): *Lengua, Discurso, Texto (I Simposio Internacional de Análisis del Discurso)*, vol. I. Madrid: Visor, 309-322.

— (2002a): *Comentario de textos de clerecía: <u>Alexandre</u> y <u>Apolonio</u>*. Madrid: Arco/Libros (Colección Comentario de Textos, 15).

— (2002b): "Procesos de gramaticalización del español clásico al moderno", en: *Actas del V Congreso Internacional de Historia de la Lengua Española*, vol. I. Madrid: Gredos/Caja de Ahorros del Mediterráneo, 103-121.

— (2004a): "Cambios sintácticos en el español de la Edad de Oro", en: *Edad de Oro* 23, 71-93.

— (2004b): "Cambios gramaticales en los Siglos de Oro", en: Cano, R. (coord.): *Historia de la lengua española*. Barcelona: Ariel, 859-886.

(2004c): "Gramaticalización y gramatización", ponencia y texto presentados en el Seminario de Historia de la Lengua *La gramática histórica cien años después (1904-2004)*, Soria: Fundación Duques de Soria, 6-7-2004.

— (2005): "Gramaticalización y gramaticografía: sobre la historia del relativo compuesto", en: Corrales Zumbado *et al.* (eds.): *Nuevas aportaciones a la historiografía lingüística. Actas del IV Congreso Internacional de la Sociedad Española de Historiografía Lingüística*. Madrid: Arco/Libros, 643-651.

— (2006): "La historia del artículo como antecedente de relativas oblicuas desde el punto de vista de la gramaticalización", en: *Actas del VI Congreso Internacional de Historia de la Lengua Española*. Madrid: Arco/Libros, vol. I, 765-776.

GONZÁLEZ CALVO, J. M. (1994): "Algunas consideraciones sobre la inserción de palabras entre *haber* y participio, y cuestiones conexas, en los siglos XV y XVI", en: *Anuario de Estudios Filológicos* 17, 223-236.

    Álvaro S. Octavio de Toledo y Huerta

HAARMANN, H. (2004): "Abstandsprache – Ausbausprache", en: Ammon, U./Dittmar, N./ Mattheier, K. J./Trudgill, P. (eds.): *Sociolingustics/Soziolinguistik*, vol. I, Berlin/New York, Walter de Gruyter, 2ª ed. revisada y ampliada, 238-250.

HARRIS-NORTHALL, R. (1996): Printed books and linguistic standardization in Spain: the 1503 *Gran conquista de Ultramar"*, en: *Romance Philology* 50:2, 123-146.

HARTMAN, S. L. (1992): "Evolución lingüística interna", en: Holtus, G./Metzeltin, M. /Schmitt, C. (eds.): *Lexikon der Romanistischen Linguistik*, vol. VI:1 (*Aragonés/ Navarro, Español, Asturiano/Leonés*). Tübingen: Niemeyer, 428-440.

HAY, L. (2000): *La littérature des écrivains: questions de critique génétique*. Paris: Corti.

HERRERO RUIZ DE LOIZAGA, F. J. (2005): *Sintaxis histórica de la oración compuesta en español*. Madrid: Gredos.

KENISTON, H. (1937): *The syntax of Castilian prose: the 16th century*. Chicago: The University of Chicago Press.

KLOSS, H. (1967): "Abstand-languages and Ausbau-languages", en: *Anthropological linguistics* 9, 29-41.

LAPESA, R. (1974, [2000]): "El sustantivo sin actualizador en español", en Cano, R./Echenique, M. T. (comps.), *Estudios de morfosintaxis histórica del español*, vol. I. Madrid: Gredos (Biblioteca Románica Hispánica, II, 418), 2000, 436-454.

— (1975) [2000]: "La colocación del calificativo atributivo en español", en: Cano, R./Echenique, M. T (comps.): *Estudios de morfosintaxis histórica del español*, vol. I. Madrid: Gredos (Biblioteca Románica Hispánica, II, 418), 2000, 210-234.

LÁZARO MORA, F. Á. (1980): "RL > LL en la lengua literaria", en: *Revista de Filología Española* 60: 267-283.

LODARES, J. R. (1999): "Consideraciones sobre la historia económica y política de la lengua española", en: *Zeitschrift für Romanische Philologie* 115:1, 117-154.

LOIS, É. (2001): *Génesis de escritura y estudios culturales. Introducción a la crítica genética*. Buenos Aires: Edicial.

LÓPEZ GARCÍA, Á. (1992): "Los reajustes fonológicos del español a la luz de una teoría del cambio", en: Bartol, J. A./García Santos, J. F./de Santiago Guervós, F. J. (eds.): *Estudios filológicos en homenaje a Eugenio de Bustos Tovar*, vol. II. Salamanca: Ediciones Universidad de Salamanca, 519-530.

LÓPEZ SERENA, A. (2002): Reseña crítica de Koch, P./Oesterreicher, W.: *Gesprochene Sprache in der Romania: Französisch, Italienisch, Spanisch*. (Tübingen: Max Niemeyer, 1990), en: *Lexis* 26: 1, 255-271.

LUCÍA MEGÍAS, J. M. (1996): "La teoría de los diasistemas y el ejemplo práctico del *Libro del cavallero Zifar"*, en: *Incipit* 16, 55-114.

— (2000): *Imprenta y libros de caballerías castellanos*. Madrid: Ollero & Ramos.

— (2004): "Imprenta y lengua literaria en los Siglos de Oro: el caso de los libros de caballerías castellanos", en: *Edad de Oro* 23, 199-229.

MARTENS, G./ZELLER, H. (eds.) (1971): *Texte und Varianten: Probleme ihrer Edition und Interpretation*. München: C. H. Beck'sche Verlagsbuchhandlung.

MARTÍNEZ ALCALDE, Mª J./QUILIS MERÍN, M. (1996): "Nuevas observaciones sobre la periodización en la historia de la lengua española", en: *Actas del III Congreso Internacional de Historia de la Lengua Española*, vol. II. Madrid: Arco/Libros, 873-885.

MENÉNDEZ PIDAL, R. (1933) [1944]: "El lenguaje del siglo XVI", en: *La lengua de Cristóbal Colón*. Madrid: Espasa Calpe, 51-88.

MOLL, J. (1998): "Hacia la primera edición del *Lazarillo*", en: García de Enterría, M. C./Cordón, A. (eds.): *Actas del IV Congreso Internacional de la Asociación Internacional Siglo de Oro (AISO)*, vol. II. Alcalá de Henares: Universidad, 1049-1055.

MONTEJO GARCÍA, M. (en prensa): "*Collatio* y evolución de la lengua. Ensayo metodológico", trabajo de investigación inédito presentado para la obtención del Diploma de Estudios Avanzados (DEA) ante el Departamento de Filología Española de la Universidad Complutense de Madrid [de próxima publicación en la revista *Verba*].

NIEUWENHUIJSEN, D. (1999): *Cambios en la colocación de los pronombres átonos en la historia del español*. Barcelona: Universidad Autónoma de Barcelona (Estudios de Lingüística del Español (EliEs), 5) [en línea], <http://elies.rediris.es/elies5/>.

OCASAR ARIZA, J. L. (2005): *Coloquios de Palatino y Pinciano: transmisión textual y proceso de escritura*, tesis doctoral. Madrid: Universidad Complutense de Madrid (Departamento de Filología Española II).

OCTAVIO DE TOLEDO Y HUERTA, Á. S. (2002): "Auxiliación con *ser* de verbos intransitivos de movimiento (1450-1600): el caso de *ir(se)*", en: *Res Diachronicae* 1, 257-269.

— (2006): "Variantes textuales y variación morfosintáctica (II): las *Cartas de relación* de Cortés", en: Rodríguez Molina, J./Sáez Rivera, D. *et al.* (coords.): *Diacronía, lengua y lingüística (Actas del IV Congreso de la Asociación de Jóvenes Investigadores de Historiografía e Historia de la Lengua Española*. Madrid: Síntesis, 783-799

OCTAVIO DE TOLEDO Y HUERTA, Á. S./SÁNCHEZ LÓPEZ, C. (2006): "Cuantificadores II. Cuantificadores interrogativos y exclamativos", en: Company, C. (dir.): *Sintaxis histórica del español*, vol. II [cap. 10]. México, D.F.: Universidad Nacional Autónoma de México/Fondo de Cultura Económica.

OESTERREICHER, W. (1997): "Zur Fundierung von Diskurstraditionen", en: Frank, B./Haye, T./Tophinke, D. (eds.): *Gattungen mittelalterlicher Schriftlichkeit*. Tübingen: Gunter Narr, 19-41.

— (2002a): "El español, lengua pluricéntrica: perspectivas y límites de una autoafirmación lingüística nacional en Hispanoamérica. El caso mexicano", en: *Lexis* 26: 2, 275-304.

— (2002b): "Sprachwandel –Corpusbefunde, Sprachregeln, kognitive Konstanten", en: *Romanistisches Jahrbuch* 53, 31-55.

OESTERREICHER, W./STOLL, E./WESCH, A. (eds.) (1998): *Competencia escrita, tradiciones discursivas y variedades lingüísticas. Aspectos del español europeo y americano en los siglos XVI y XVII*. Tübingen: Gunter Narr (ScriptOralia, 112).

ORDUNA, G. (1988) [2005]: "Variantes gráficas, fonéticas, morfológicas y de léxico en dos manuscritos del siglo XV (*Rimado de Palacio*, mss. N. y E.)", en: *Homenaje a Alonso Zamora Vicente*, vol. 1. Madrid: Castalia, 191-208 [reed. en Funes, L./Lucía Megías, J. M. (eds.) (2005): *Fundamentos de crítica textual*. Madrid: Arco/Libros, 295-307].

— (1994) [2005]: "La variante y la "vida parafrástica" de la escritura medieval", *Incipit* 14, 145-158 [reed. en *Fundamentos de crítica textual*, ed. cit., 73-86].

— (2000): *Ecdótica: problemática de la edición de textos*. Ed. de L. Ferrario, Kassel: Reichenberger.

PARRILLA, C. (2002): "Diego de San Pedro", en C. Alvar y J. M. Lucía (eds.): *Diccionario filológico de literatura medieval española: textos y transmisión*. Madrid: Castalia (Nueva Biblioteca de Erudición y Crítica, 21), 394-402.

PONS RODRÍGUEZ, L. (2006): "El infinitivo no concertado latino en el castellano del siglo XV: propiedades formales", en: *Actes del XXIV Congrés International de Linguistique et Philologie Romanes*. Tübingen: Max Niemeyer (en prensa).

— (en prensa): "Una reflexión sobre el cambio lingüístico en el siglo XV", en: *Actas del V Congreso Andaluz de Lingüística General. Homenaje a J. A. de Molina Redondo*.

POUNTAIN, C. (1985): "Copulas, verbs of possession and auxiliaries in Old Spanish: the evidence for structurally interdependent changes", en: *Bulletin of Hispanic Studies* 62, 337-355.

POZUELO YVANCOS, J. M. (1981): *López de Velasco en la teoría gramatical del siglo XVI*, Murcia: Universidad de Murcia.

RALLO GRUS, A.(ed. lit.) (1982): [Villalón, Cristóbal de:] *El Crótalon de Cristóforo Gnofoso*. Madrid: Cátedra (Letras Hispánicas, 155).

RICAPITO, J. V. (ed. lit.) (1987): *A tri-linear edition of* Lazarillo de Tormes *of 1554 (Burgos, Alcalá de Henares, Amberes)*. Madison: Hispanic Seminary of Medieval Studies.

RICO, F. (ed. lit.) (1987): *Lazarillo de Tormes*. Madrid: Cátedra (Letras Hispánicas, 44).

RIDRUEJO, E. (1993): "¿Un reajuste sintáctico en el español de los siglos XV y XVI?", en: Penny, R. (ed.): *Actas del Primer Congreso Anglo-Hispano. Tomo I: Lingüística*. Madrid: Castalia, 49-60.

RIVAROLA, J. L. (1976): *Las conjunciones concesivas en español medieval y clásico: contribución a la sintaxis histórica española*. Tübingen: Max Niemeyer (Beihefte zur ZRPh, 154).

ROHLAND DE LANGBEHN, R. (1999): *La unidad genérica de la novela sentimental española de los siglos XV y XVI*. London: Queen Mary and Westfield College, Department of Hispanic Studies (Papers of the Medieval Hispanic Research Seminar 17).

ROMERO CAMBRÓN, Mª Á. (2006): "Sintaxis histórica y crítica textual: camino de ida y vuelta", en: *Actas del VI Congreso Internacional de Historia de la Lengua Española*. Madrid: Arco/Libros, vol. II, 2051-2062.

ROUDIL, J. (1968 [o 1967]): *Critique textuelle et analyse linguistique*. Den Haag: Martinus Nijhoff.

RUFFINATTO, A. (1987): "Sistema y diasistemas: sobre la *varia lectio* de *El Conde Lucanor*, I.39", en: *Dispositio. Revista Hispánica de Semiótica Literaria* 12: 30-32, 141-155.

— (2000): *Las dos caras del Lazarillo: texto y mensaje*. Madrid: Castalia (Nueva Biblioteca de Erudición y Crítica, 17).

— (ed. lit.) (2001): *La vida de Lazarillo de Tormes, y de sus fortunas y adversidades*. Madrid: Castalia (Clásicos Castalia, 265).

SÁNCHEZ LANCIS, C. (1998): "Una reflexión global sobre el cambio gramatical en español preclásico", en: Ruffino, G. (ed.): *Atti del XXI Congresso Internazionale di Linguistica e Filologia Romanza*, vol. I. Tübingen: Max Niemeyer, 349-360.

SÁNCHEZ-PRIETO BORJA, P. (1996): "Problemas lingüísticos en la edición de textos medievales (sobre la relación entre crítica textual e historia de la lengua)", en: *Incipit* 16, 19-54.

— (1998): *Cómo editar los textos medievales. Criterios para su presentación gráfica.* Madrid: Arco/Libros.

— (2006): "La lengua como problema en la edición de textos medievales", en: R.Santiago/Valenciano, A./Iglesias, S. (eds.): *Tradiciones discursivas: edición de textos orales y escritos*. Madrid: Editorial Complutense (Colección I.Universitario Menéndez Pidal, 117-62.

SANTONJA, G. (ed. lit.) (2000): *Vida del Lazarillo de Tormes castigado o Lazarillo de la Inquisición*. Madrid: Nuevo Milenio.

SEGRE, C. (1976) [1979]: "Critica testuale, teoria degli insiemi e diasistema", en: *Semiotica filologica: testo e modelli culturali*. Torino: Einaudi, 53-70.

— (1991) [1998]: "Metodologia dell'edizione dei testi", en: *Due lezioni di ecdotica.* Pisa: Scuola Normale Superiore [reed. en *Ecdotica e comparatistica romanze*, Milano: Ricciardi].

VIAN HERRERO, A. (ed. lit.) (1982): *Diálogo y forma narrativa en* El Crotalón*: estudio literario, edición y notas*, 2 vols. Tesis doctoral inédita (ref. 167/82), Universidad Complutense de Madrid.

WHINNOM, K. (ed. lit.) (1973): [San Pedro, Diego de:] *Obras completas. I: Tratado de amores de Arnalte y Lucenda. Sermón.* Madrid: Castalia (Clásicos Castalia, 54).

WILLIAMSON, R. (1998): "Escribiendo y reescribiendo su *Historia verdadera*: variantes textuales e historia lingüística en la crónica de Bernal Díaz", en: Ward, A. M. (ed): *Actas del XII Congreso de la Asociación Internacional de Hispanistas (Birmingham 1995)*, vol. 1. Birmingham: University of Birmingham, Department of Spanish Studies, 350-359.

Crítica textual, historiografía lingüística e historia de la lengua: *prop(r)io-mismo* a partir de la *Nouvelle grammaire espagnole* de Francisco Sobrino

Daniel M. Sáez Rivera

1. Necesidad de la edición de textos en historiografía lingüística

La edición de textos, entendida como dar a conocer textos antiguos a través de una reproducción moderna[1], primero se nos presenta como una de las formas de hacer historiografía lingüística pero en un segundo lugar, sobre todo, como la tarea previa, el estado primario de investigación de la historiografía lingüística misma, sin la cual ésta no es posible[2].

No obstante, se trata de una labor enormemente descuidada en la historiografía lingüística española, donde ciertos autores como Nebrija se reeditan hasta la saciedad y otros quedan olvidados. De esta manera, se configuran centros de interés historiográfico, obras y autores que se estudian una y otra vez hasta casi la extenuación, en parte, sobremanera, porque están editados y por ello resultan fácilmente accesibles. A este respecto, basta con observar la bibliografía primaria suministrada, donde abundan las ediciones de Nebrija y Correas, precisamente, autores ya citados, empleados y canonizados en la primera gramática académica (*cf.* RAE 1771: VI-VII, *apud* Gómez Asencio 2001), quizá uno de los factores principales de su conocimiento y difusión posteriores.

Por otra parte, hay que conceder que la mera edición no sólo crea el interés, sino que la edición de un texto también se debe a su propio valor: hay que aceptar que clásicos historiográficos como toda la obra de Nebrija, la de Correas o la de Covarrubias se nos presentan de una riqueza tal que suponen un filón de difícil agotamiento. Sin embargo, este valor intrínseco posee a veces condicionamientos ideológicos: se editan textos sobre todo de la época áurea, y se descuidan los textos de la transición del español clásico al moderno, pero también del

---

[1] Así la define Jauralde Pou (1981: 160)

[2] Se trata de una idea que bien recordó Koerner (1991: 24), trayendo a colación las palabras introductorias de R. H. Robins al prefacio de la primera colección de trabajos del mismo Koerner (1978: xii-xiii).

siglo XVIII y el siglo XIX. Aparte del hecho de que la gramática castellana de
Nebrija ha sido editada y aprovechada en un discurso ideológico concreto (el del
franquismo), que sigue condicionando su recepción posterior, según la opinión
de Christine Bierbach (1989), el escaso interés que hasta hace poco han despertado el siglo XVIII y el siglo XIX se debe a las peculiares condiciones ideológicas
con que nace la disciplina de la historia de la lengua y el carácter que adquiere en
España, lo cual condiciona asimismo la disciplina o subdisciplina de la historiografía lingüística. Según muestra Alberto Vàrvaro (1972-1973), el estudio histórico de la lengua surge en el siglo XIX con presupuestos románticos, por lo que
toma cada lengua como el depósito y esencia de los pueblos que la hablan: así, se
buscan y estudian los orígenes de las lengua (de lo cual el pidaliano *Orígenes del
español* resulta paradigmático) y los estudiosos se aplican en especial a las épocas más brillantes de la lengua desde un punto de vista literario. En el caso español, la época de orígenes y formación del idioma se sitúa en la Edad Media y la
época de más brillo y boato literarios resulta, claro está, nuestro Siglo de Oro, de
ahí que éstos sean los períodos más y mejor estudiados en historia de la lengua,
frente al siglo XVIII, que se suele considerar bastante plúmbeo desde un punto de
vista literario, especialmente lo que antecede a Feijoo, y el siglo XIX, que se
tomaba ya como lengua moderna y por tanto no digna de estudio (calificación
que también se suele atribuir a la lengua del XVIII[3]). A este respecto conviene
resaltar que la historiografía lingüística ha sido una verdadera avanzadilla en los
estudios lingüísticos sobre el siglo XVIII y el siglo XIX; de este modo, por ejemplo, las colecciones de Martínez Alcalde (1999) y Gómez Asencio (2001) recogen abundantemente antiguas obras lingüísticas no sólo de la época clásica sino
también moderna.

---

[3] Así, tanto para Lapesa (1981: 418) como para Cano Aguilar (1995: 255), el español
moderno comienza con el s. XVIII. De igual modo, en la última historia de la lengua española,
coordinada por Cano Aguilar (2004), también subyace la idea de que el español moderno, al
que se dedica la octava parte del volumen, empieza en el siglo XVIII, de ahí el resumen de la
historia de la Real Academia Española por Humberto López Morales (2004) o de las regulaciones legales sobre el español desde el siglo XVIII (Brumme 2004). En el mismo volumen,
Francisco Moreno Fernández (2004) estudia los cambios fónicos y, aunque se centra en el
español contemporáneo, da leves notas sobre la historia de los distintos fenómenos desde
1700. Narbona (2004: 1014) reproduce la idea de Cano (1988: 255) de que el español ya ha
alcanzado estabilidad morfosintáctica con el siglo XVIII, de ahí que su estudio realmente des-
criba problemas de cambio gramatical en el siglo XX sin reparar en su historia desde el siglo
XVIII. En cambio, Álvarez de Miranda (2004) traza una historia necesaria y confesadamente-
mente incompleta del léxico del español desde el siglo XVIII al XX. Por otra parte, no puede
dejar de ser sintomático que la *Historia de la lengua española* de Menéndez Pidal (2005), editada por Diego Catalán, sólo llegue a 1681 (la muerte de Calderón), aunque en realidad don
Ramón pensaba ir más allá hasta el mismo siglo XIX.

Suele faltar, pues, la configuración de planes editoriales que establezcan una edición estructurada de la rica historiografía lingüística española, frente a la "atomización y falta de criterio (uniformidad [...]) de las publicaciones" (Nieto 1998: 411). Este plan editorial "definido y razonable" debería poseer varios aspectos (Nieto 1998: 412):

1) Acotado en el tiempo (edición de obras de una época determinada).
2) Acotado en el contenido (precisar si nos vamos a ocupar de todos los niveles lingüísticos o sólo de alguno; por ejemplo, si escogemos el léxico, habrá que preguntarse si se editarán repertorios íntegros y si habremos de fijarnos en obras presuntamente menores).
3) Realizable desde el punto de vista económico.

Editar textos de esta u otra manera resulta perentorio e insoslayable porque la edición de textos puede poner en la mira de los estudiosos obras hasta entonces desatendidas, quizá porque éstos simplemente no podían leerlas sin desplazarse, a veces, a peregrinas bibliotecas. Así, con frecuencia una edición constituye la mejor manera de poner a disposición del investigador obras de difícil acceso, como es el caso de la obra de Voltoire *L'Interprect Ou Traduction du François Espagnol & Basque...* (A Lyon. Par A. Rovyer, Imprimeur du Roy. [1620]), manual trilingüe del que conservamos un único ejemplar salvaguardado en la Biblioteca Municipal de Burdeos (signatura nº 13189), pero cuya edición facsimilar reciente (Videgain 2000) ha permitido un más fácil acceso a tan especial obra. O bien, simplemente, la edición facilita el acceso a los textos historiográficos y ahorra muchas visitas a las bibliotecas, visitas que nunca hay que dejar de realizar, pues a mi juicio el acercamiento al texto historiográfico conviene realizarlo sobre el soporte original, ya que su configuración material nos proporciona informaciones valiosísimas.

Sin embargo, como fondo especializado que forma la historiografía lingüística[4], para su edición nos encontramos con un problema clave, principal, inevita-

---

[4] Acerca de los problemas de la edición de fondos especializados, *cf.* Nieto Jiménez (1994). El mismo Lidio Nieto (1998: 411) califica la edición de la historiografía lingüística como edición de fondos especializados. Este tipo de fondos se caracterizan (Nieto 1994: 111-112) por referirse a materias o temas específicos, insertarse en un conjunto coherente donde la relación del todo con las partes es constante (lo cual diferencia el fondo especializado de la obra especializada) y poseer criterios de unidad que permitan identificar cada obra editada dentro del conjunto del que forman parte, entendido este conjunto como un plan editorial. A este respecto, en historiografía lingüística abunda la edición de obras especializadas y suele faltar la existencia del plan; no obstante, podemos citar como planes editoriales definidos la serie de obras historiográficas que edita el propio Lidio Nieto o la colección de CD-ROM dada a la luz por la Fundación Clásicos Tavera.

ble: el problema económico. De este modo, este tipo especial de obras de baja tirada normalmente suscita poco interés (y pocas ventas), por lo que resulta escasamente rentable desde un punto de vista económico y de mínimo atractivo para las editoriales comerciales. Así, sólo suelen financiar tal tipo de fondos historiográficos diferentes instituciones, entendidas éstas como "todo ente jurídico o personal sin ánimo de lucro" (Nieto 1994: 115), las cuales se pueden permitir trabajar a fondo perdido, ya que su financiación procede de otras fuentes. Un problema añadido lo constituye la dificultad de encontrar distribuidores adecuados para tal tipo de fondos especializados, por lo que tal vez convendría eliminar escalones intermedios de modo que la relación entre editor y lector o editor y librería fuera inmediata (Nieto 1994: 121).

Ahora bien, una de las formas de hacer esa relación entre intermediarios más fluida puede radicar en las ediciones electrónicas en red, que poseen la ventaja de poseer menor coste material y de ofrecer una fácil distribución que permite el contacto directo entre editor y lector (basta una terminal de acceso a Internet). El principal coste de este tipo de edición es sobre todo personal y temporal: una vez dotado del equipo adecuado, el investigador ha de poseer la disponibilidad de tiempo y la preparación adecuadas para llevar a cabo una edición filológicamente fiable e informáticamente posible. Sin embargo, aun así sería necesaria suficiente financiación que le permitiera al investigador-editor poder consultar y obtener copia de los ejemplares suficientes en el caso de querer realizar una edición crítica (el coste de la *recensio* y la *collatio externa*), y a ser posible poder disfrutar del tiempo necesario para realizar la edición, así como se necesita apoyo económico para soportar los costes del equipo necesario y del mantenimiento del sitio electrónico donde se hubiera de insertar la edición. Dado que normalmente el filólogo no suele poseer los suficientes conocimientos informáticos, por otra parte sería recomendable la creación de equipos coordinados de informáticos y editores, lo cual también podría tener un coste añadido. Por otro lado, en fin, la edición en Internet debe tener los suficientes mecanismos de control de calidad del texto editado, esto es, se necesita un consejo editorial que compruebe la fiabilidad del texto, pues la publicación en la red no puede "abaratar" el control científico de las obras que se ofrezcan en tal medio. En todo caso, este tipo de edición supone una fácil manera de dar salida a trabajos de edición elaborados en un ámbito académico o de investigación que de otra manera difícilmente saldrían a la luz[5].

---

[5] Puedo dar testimonio personal de esta forma de proceder ya que aproveché parte de mi trabajo de investigación con el objeto de obtener el Diploma de Estudios Avanzados (DEA) –titulado *Procesos de gramaticalización en la obra de Francisco Sobrino*– para realizar una edición electrónica. En tal trabajo edité paleográficamente los *Diálogos nuevos en español y*

Otra forma de edición electrónica posible consiste en la publicación en CD-ROM o DVD, como es el caso de la serie editada en CD-ROM por la Fundación Histórica Tavera (Clásicos Tavera, Serie VIII: *Lingüística y antecedentes literarios de la Península Ibérica*) o el *Nuevo Tesoro Lexicográfico de la Lengua Española* editado por la Academia en 2001 en soporte DVD y parcialmente disponible en red[6]. A las ventajas de almacenamiento de gran información en poco espacio que tienen estos soportes informáticos, sólo se puede reprochar ciertas dificultades de archivo en bibliotecas que exigen poseer un equipamiento adecuado y al día, como es el caso de otros soportes no convencionales como el vinilo, los CD, las cintas de música y vídeo, etc., problema que tampoco es grande.

2. Necesidad de ediciones críticas en historiografía lingüística

Una vez vista la necesidad de editar las fuentes primarias de la historiografía lingüística debemos preguntarnos qué tipo de edición es la más adecuada. A este respecto tenemos varias opciones principales, conforme está tradicionalmente establecido acerca de la edición de textos literarios (Jauralde Pou 1981):

1. *Edición facsímil*: reproducción total y exacta, fotográfica, de una edición anterior, con todas sus características tipográficas y a veces materiales (tipo de papel, encuadernación, etc.), dirigida principalmente a especialistas.

2. *Edición paleográfica*: reproducción de una obra, normalmente manuscrita, respetando todas las características y convenciones gráficas del original, existiendo dos tipos, la paleográfica –que respeta todas las grafías–, y la diplomática –que además conserva la disposición especial del texto y toda una serie de signos

---

francés (1708) y el *Secretario español* (1720) como paso previo a su análisis lingüístico. El profesor Dr. D. José Manuel Lucía Megías me recomendó aprovechar esa labor para presentar alguno de los textos en red. Tras elaborar una introducción y ampliar la edición de los *Diálogos* al *Diálogo decimoquinto* de los *Diálogos ingleses y españoles* (1718) de Félix Antonio de Alvarado –texto inédito modernamente que en lo demás copiaba la obra dialogal de Sobrino–, así como con la ayuda del profesor Dr. D. José Canet, que hizo el tratamiento informático definitivo para su publicación en red, el resultado sigue en línea en los *Anexos Lemir* de la página *Parnaseo* que gestiona el propio profesor Canet: *Diálogos nuevos* (1708) de Francisco Sobrino y *Diálogo decimoquinto* (1718) de Félix Antonio de Alvarado (edición e introducción de Daniel M. Sáez Rivera) [en línea], <http://parnaseo.uv.es/Lemir/Textos/Sobrino/Index.htm>. Aprovecho la ocasión para reiterar mi agradecimiento al profesor Lucía Megías y al profesor Canet.

6   En <http://buscon.rae.es/ntlle/SrvltGUILoginNtlle> [en línea] se pueden consultar los diccionarios académicos de los siglos XVIII, XIX y XX.

no alfabéticos, especialmente los diacríticos–; también se trata de una edición para un público especializado, aunque a veces se acompaña de una transcripción o versión moderna para facilitar su lectura y ampliar su recepción.

3. *Edición crítica*: trata de reconstruir el texto perdido o presuntamente deformado durante el proceso de transmisión para acercarlo a la voluntad del autor; quizá la más valiosa desde el punto de vista científico, usualmente es conservadora a nivel gráfico –no tanto como la paleográfica–, sintáctico y léxico; una de sus características peculiares más destacadas, además de la corriente presencia de introducciones y notas interpretativas, reside en la presencia de un aparato de variantes de texto desechadas en la reconstrucción textual, acompañadas del razonamiento que fundamenta cada elección.

4. *Edición fonética*: consiste en reeditar un texto conservando tan sólo aquellos rasgos lingüísticos con valor fonético en la época (como la distribución de *b-v*); se ofrecen criterios muy variables en cuanto a separación de palabras, puntuación o acentuación.

5. *Edición modernizada*: modernización de todos los aspectos del texto, sobre todo gráficos, pero no tanto sintácticos o léxicos (en caso de modernizar también estos aspectos nos enfrentaríamos a una *versión moderna*; hoy en día está muy desprestigiado este tipo de edición).

Coincidimos con Lidio Nieto (1998: 413) en que hay que desechar de entrada la edición modernizada en todas sus variantes. Dentro de este apartado, habría que incluir como un tipo de *versión moderna* las traducciones al español actual de obras antiguas. Tal es el caso de la *Corta y compendiosa ARTE para aprender à Hablar, Leer y Escrivir la Lengua Española* (1992)[1726] de Pedro Pineda, cuyo idioma original de metalenguaje es el inglés, pero que apareció editada por las profesoras María Isabel López Martínez y Eulalia Hernández Sánchez de la Universidad de Murcia solamente en forma traducida al español de nuestros días[7].

---

[7] Tal decisión editorial, aunque redunda en una mayor facilidad de lectura del texto para un público hispanohablante, me parece un error, por diversas razones: 1) Una traducción de este tipo constituye una especie de *edición modernizada* conocida como *versión moderna* en la que se actualizan todos los aspectos del texto, tipo de edición que hoy en día está muy desprestigiada y que Lidio Nieto (1998: 413) desecha para los textos historiográficos, como acabamos de señalar. 2) Una *mera traducción no permite controlar las modificaciones que se han hecho del texto original*, hecho que se podía haber solucionado si se hubiera realizado una edición bilingüe con el texto original en una página junto al texto de la traducción en la página enfrentada y con la diacrisis tipográfica invertida (esto es, con la letra cursiva de los ejemplos como redonda y la explicación gramatical en cursiva, en lugar de la redonda del original). 3) Una traducción de este texto supone un *error de cálculo respecto al público* al que se dirige la edición: como ya revela el hecho de que la obra esté editada por una Universidad (la de Mur-

En un segundo momento, hay que reflexionar acerca del tipo de edición más adecuado, que debería depender del tipo de material con el que nos enfrentamos, con dos tipos principales (Nieto 1998: 412):

1) obras con una sola edición;
2) obras con más de una edición.

En el primer supuesto, habrá que considerar además si la edición original es legible o no: si la obra resulta fácilmente legible, Lidio Nieto (*ib.*) aboga por la edición facsimilar, pero en caso contrario recomienda la edición textual, según la entiende Alberto Blecua en su *Manual de crítica textual* (1983). Ahora bien, aunque la obra original resulte legible, la calidad de reproducción facsimilar puede ser mala y hacer de difícil lectura pasajes que quedaban muy claros en el original. Además, no nos podemos eximir de la necesidad de introducir notas aclaratorias al texto. Por otra parte, dentro de una edición textual, lo más conveniente es la edición paleográfica, la cual posee la ventaja de que la legibilidad puede ser mayor (si no se desea reproducir cada mínimo detalle del impreso original como la división de palabras), aunque también puede deturpar algo el texto ya que corremos el peligro de introducir errores fruto normalmente de malas lecturas o *lapsi calami* al transcribir, por lo que es necesaria una revisión cuidadosa. En todo caso, siempre hay que señalar el ejemplar que se reproduce, lo cual no es práctica absoluta[8]; esta necesidad se debe a que es bien sabido que no todos los ejemplares de una misma edición tienen por qué ser iguales (Blecua 1983).

---

cia), una gramática de español del siglo XVIII, con más de 300 páginas en su edición original, que se reedita en la actualidad por primera vez, casi con total seguridad sólo puede interesar a un público especializado internacional de historiadores, historiógrafos de la lingüística, historiadores de la lengua o filólogos en general, en el que podemos presuponer el conocimiento del inglés (además puedo asegurar que el texto original no ofrece dificultad de comprensión), mientras que una edición modernizada sólo puede tener como blanco un público no especializado, aunque podemos dudar que a tal público le pueda interesar un texto de naturaleza tan específica. Hay que conceder que para un público en etapa de formación (estudiantes de historia o filología) puede resultar útil este tipo de edición, pero sólo conviene recurrir a este tipo de edición cuando ya hay otras ediciones más fieles y fiables desde un punto de vista filológico, no como primera aproximación a un texto que no se ha reeditado desde el siglo XVIII.

[8] Un ejemplo de tal descuido lo presenta la edición de la *Nouvelle méthode pour apprendre en peu de temps l'espagnol* (1660), de Claude Lancelot, editada por E. Hernández y M. J. López (1990) con una larga introducción, aunque en ningún lado se menciona cuál ha sido el ejemplar reproducido, probablemente porque se parta de fotocopias. En la colección de Gómez Asencio (2001), en cambio, de forma acertada, siempre se menciona el origen del ejemplar reproducido facsimilarmente, por muy peregrino que sea (fotocopias particulares, por ejemplo). Resulta ejemplar Messner (1999, 2000), que siempre menciona la signatura del ejemplar empleado.

En el segundo supuesto, una obra con más de una edición, también nos debemos enfrentar a problemas parecidos (Nieto 1998: 413):

1) mezcla de ediciones legibles y otras dificultosas, caso en el que siempre es recomendable una edición textual, ya sea haciendo una edición sinóptica (reproducir todos los textos) o crítica (reproducir meramente las variantes); según Nieto (*ib.*) habría que respetar la ortografía, pero modernizar acentuación y puntuación;

2) en el caso de la edición textual que dé cuenta de variantes, si éstas son de poca importancia, habría que tomar como base la *editio princeps*, que coincide con el *codex optimus*;

3) en el caso de enfrentarnos a un texto que vive en variantes con frecuencia divergentes en multitud de ediciones, si la divergencia entre ediciones es muy grande o éstas son innumerables, resultará imposible dar cuenta de todas las variantes, por lo que habrá que acotar el trabajo de algún modo, por ejemplo a ediciones en vida del autor.

Por otra parte, de entre la escasa producción de ediciones, abundan las ediciones facsimilares[9] y las paleográficas[10], pero pocas son las ediciones propiamente críticas, incluso cuando serían recomendables, como se puede observar en el punto 2 de la bibliografía final, que abarca obras de 1492 a 1726 y que resumo en el cuadro siguiente:

Facsimilares	Paleográficas	Críticas	Paracríticas	Modernizadas	TOTAL
26 (60,46%)	9 (20,93%)	3 (6,98%)	4 (9,30%)	1 (2,33%)	43 (100%)

De este modo, aunque no sea la práctica habitual, para las piezas que han tenido una gran fortuna editorial urge la elaboración de ediciones críticas o al menos de *stemmas* editoriales que nos permitan conocer la tradición textual así constituida: a este respecto podemos recordar toda la obra de Oudin, la de Franciosioni, la de Francisco Sobrino, o más allá del límite fijado de 1726, incluso las distintas ediciones de la gramática académica desde 1771 o la misma evolución

---

[9] Hemos contabilizado los volúmenes que recogen diversas obras de forma unitaria, aunque recogen numerosas ediciones diferentes: tal es el caso de Martínez Alcalde (1999), Messner (1991, 2000) o Gómez Asencio (2001). Por tanto, en realidad la proporción de ediciones facsimilares con respecto al resto de ediciones es aún mayor.

[10] Hemos incluido en este apartado la obra fundacional del Conde de la Viñaza (1893), que sólo realiza ediciones parciales.

de los diccionarios académicos (para lo cual contamos afortunadamente con el *NTLLE* 2001). No basta en tales casos la reproducción facsimilar, aunque sea electrónica, como la de Gómez Asencio (2001), por muy útil que sea[11]; una edición paleográfica, como la de Sáez Rivera (2002) de los *Diálogos* de Sobrino, sólo puede constituir un primer paso, igualmente. Una edición digital como la del *Nuevo Tesoro Lexicográfico de la Lengua Española,* puede ayudar a realizar trabajos críticos como trazar la evolución de tratamiento de un lema en los diccionarios académicos, por lo que en cierta manera suple una edición crítica que nunca dejará de resultar deseable y necesaria.

Para la elaboración de ediciones críticas en historiografía lingüística contamos con ejemplos tales como la edición que hizo Ramón Trujillo de la *Gramática castellana para el uso de los americanos* de Andrés Bello (1981; 1988), o la labor editorial de Marco Gutiérrez (1998) –el cual ya ha llamado la atención (Gutiérrez 2001) sobre la necesidad o el encuentro inevitable entre la historiografía lingüística y la crítica textual–, así como la edición de Taboada Cid (1984) del *Arte kastellana* (1627) de Correas, en la cual da cuenta también del *Arte grande*, o las ediciones críticas de la *Gramática de la lengua castellana* de Nebrija por González Llubera (1926) y Quilis (1992).

Estas ediciones poseen sus virtudes y sus defectos. Las de Ramón Trujillo (1981, 1988) –aunque la segunda edición no se autodenomine crítica– destacan por la claridad y exhaustividad del aparato, pero debemos discutir la conveniencia de emplear la ortografía actual en la nueva edición despreciando la ortografía original como de "escaso interés" en aras de facilitar la lectura[12]. En un autor como

---

[11] En cuanto a las ediciones de las gramáticas de Oudin, Franciosioni o Sobrino, a mi juicio las ediciones que ha elegido Gómez Asencio (2001) para reproducir no resultan las más adecuadas: en primer lugar, en ningún momento edita la *editio princeps*, pero luego tampoco escoge el *codex optimus*: de Oudin presenta la edición parisina de Marc Orry de 1606, mas en caso de no ofrecer la *princeps* de 1597, debería haber editado la parisina de 1619 en la que sabemos que Oudin introduce numerosos cambios en respuesta a Salazar (Morel-Fatio 1901: 107); de Franciosini nos muestra una edición muy tardía, de 1707, y de Sobrino la de Bruselas por François Foppens de 1738, que es probablemente una edición pirata o contrahecha de la de 1717, que sí resulta clave, por incorporar un diccionario español-francés y francés-español, además de que incluye otros elementos interesantes, aunque en el fondo la mejor edición quizá sea la de 1732 (v. apartado 3). También resulta extraño en Gómez Asencio (2001) que el *Arte grande de la lengua castellana* de Correas se edite por la versión de 1903 del Conde de la Viñaza, que no sigue el manuscrito original sino uno muy incompleto de Bartolomé Gallardo, además de que ofrece numerosas lecturas erróneas, todo lo cual ya señalaba Emilio Alarcos García (1954: xxi) en su edición correspondiente del *Arte de la lengua castellana española*.

[12] He aquí el texto completo (Trujillo 1981: 119; 1988: 147): "Se usará en esta edición la ortografía actual, universalmente reconocida y aceptada. En general, omitimos cualquier referencia a las peculiaridades ortográficas de los textos originales consultados, ya que es éste un

Bello para el cual la ortografía era una cuestión central[13] quizá sea una postura editorial desacertada, aunque –ciertamente– la ortografía de los impresores de las ediciones originales no seguía la doctrina de Bello, pero sí coincidía a grandes rasgos con los usos del propio maestro (conforme explica el mismo Trujillo 1981: 41). Sin embargo, modernizar la ortografía resulta coherente con la acertadísima visión del editor acerca de tal gramática como un libro "vivo" cuya lectura resulta provechosa aún ahora para el conocimiento de la lengua española actual. Muy acertada resulta la edición de Marcos Gutiérrez (1998), con el único problema de la complejidad del aparato crítico y la abundancia de erratas en los capítulos introductorios. De gran interés se nos presenta el método que sigue Manuel Taboada Cid (1984)[14] en su edición del *Arte kastellana* (1627) de Correas, en la cual corrige erratas, coteja el texto con el *Arte grande* y enmienda el texto, incluso la puntuación, simplemente para hacerlo más adecuado a los ideales lingüísticos y ortográficos del propio Correas, que no cumplían a rajatabla sus impresores. No se dedica Taboada a corregir el texto para unificarlo según ciertos criterios de la época (como la distribución de *u* y *v*), o bien modernizar acentuación, puntuación o uso de mayúsculas, sino a respetar la ortografía original, esto es, el *usus scribendi* de Correas: de igual manera corrige González Llubera (1926) en su estupenda edición siempre siguiendo los criterios o usos ortográficos propios de Nebrija, incluso en la acentuación, aunque moderniza puntuación y uso de mayúsculas; esta edición destaca por utilizar un aparato positivo. Caso particular presenta la edición de Quilis (1992) autodenominada crítica, aunque en sí reproduce prácticamente los criterios y texto de otras ediciones anteriores que no se hacían pasar por tales (Quilis 1980; 1990). En las ediciones de Quilis (1980, 1990, 1992) de la *Gramática de la lengua castellana* de Nebrija, según los criterios de edición (Quilis 1980: 86-88), se moderniza levemente la ortografía: Quilis distribuye el uso de *u/v* o *i/j* para notar vocal y consonante respectivamente (según el propio uso de Nebrija y de la época), separa los grupos de preposición + artículo del tipo *ala, delos...*, menos cuando se funden dos vocales palatales, como en *del, desta* (al contrario que hacía González Llubera respetando la costumbre nebrisense), por otro lado puntúa, acentúa y coloca mayúsculas según el uso moderno[15].

---

extremo de escaso interés, cuyo tratamiento, a lo sumo, entorpecería la lectura normal del libro".

[13] *Cf.* Esteve Serrano (1980), Rosenblat (1951).

[14] Previamente, Taboada Cid (1981, 1982) nos dejó unas interesantes notas de crítica textual para una posible edición crítica de la primera gramática académica.

[15] A esta altura conviene comentar que para las mayúsculas el criterio moderno emanado de la Academia resulta incompleto, como comenta Martínez de Sousa (1987: s. v. *mayúsculas*), falta de cuidado que no se ha subsanado en la *ORAE* (1999), aunque sí parcialmente en el

En este punto nos encontramos con una serie de ediciones que nos hemos atrevido a calificar de *paracríticas*, con lo que realizamos un juicio de valor que en ningún caso quiere ser tajante. En primer lugar podemos aplicar el nuevo término a ediciones que, aunque se acerquen a una edición crítica, no se autodenominan como tales, caso de las ediciones de Quilis (1981; 1990) de la obra de Nebrija, pues, o las de Martínez Alcalde (1991)[16] sobre Mayans o la de Lliteras (1988) sobre la gramática de Salvá[17]. De igual modo podemos tildar de *paracríticas* los trabajos editoriales en los que el editor no actúa de forma sistemática ni da cuenta regular de las alteraciones efectuadas, lo que pone en liza la fiabilidad del texto, basada ésta en que el proceder editorial ha de ser controlado en todas sus fases por el lector, según recordaba Varvaro (1992: 620). Este segundo caso se da en la edición de Quilis y Rozas (1965) de la obra de Jiménez Patón, donde se comenta acerca de la corrección de erratas que "[e]n contadísimas ocasiones hemos creído conveniente avisar en nota de la corrección efectuada" (Quilis y Rozas 1965: 6). Por otro lado, estos editores acentúan, puntúan y emplean mayúsculas según las normas contemporáneas, pero en este caso deciden respetar la peculiar puntuación de Jiménez "un tanto abigarrada y descuidada" cuando no va contra el uso de nuestros días, con lo cual la puntuación real de Jiménez Patón se nos queda oscurecida (Quilis y Rozas 1965: 59). También se puede incluir dentro de este apartado de *paracrítica* la edición que hace José Rogerio Sánchez (1931) de la *Gramática castellana* de Nebrija, en la que se sigue principalmente el texto fijado por González Llubera (1926) con sólo leves correcciones. Por último, la edición por Abreu *et al.* de los *Coloquia et dictionariolum octo linguarum* (Venecia, 1656), de la estirpe de Berlaimont, se presenta como *edición interpretativa* porque, aunque se respeta el formato oblongo o apaisado original, no se hace una edición diplomática o paleográfica del testimonio escogido, sino que se realizan numerosas enmiendas (debidamente señaladas) y modernizaciones explicadas en la introducción (división de palabras, puntuación

---

DPD (2005): por tanto, convendría especificar de forma más concreta qué autor se sigue, en lugar de las referencias vagas habituales.

[16] Se trata de una edición del *Abecé español* de Mayans y Siscar mediante varios testimonios manuscritos (de cuyas variantes da cuenta), en los cuales se actualiza la puntuación, acentuación y uso de mayúsculas (salvo en los casos en que son variables en liza) según el argumento habitual de la mejor comprensión. A este respecto quizá hubiera sido preferible mantenerse fiel a los usos de Mayans, como en efecto lleva a cabo la editora al respetar "en todos los casos las grafías utilizadas por Mayans, quien, en ocasiones, escribe [sic] de forma diferente una misma palabra, incluso en un mismo párrafo" (Martínez Alcalde 1991: 77).

[17] De igual modo, la edición que hizo Lliteras (1988) de la gramática de Salvá, aunque no se autodenomina crítica, da cuenta de las variantes de todas las ediciones de la gramática de una manera semejante a la que adoptó Ramón Trujillo (1981) para tratar la gramática de Bello.

y mayúsculas; también la acentuación es moderna, aunque en algunas lenguas se ha conservado la acentuación original cuando resultaba significativa; se introduce distinción de *u/v* y, en el texto en el que se conservan las consonantes dobles sin embargo se añade la distinción de *i/j*). Por todo ello, también la podemos considerar *paracrítica* ya que, además, en ningún caso se presenta como crítica pues en ningún momento los editores pretenden reconstruir el original sino, simplemente, dar a la luz un testimonio de una tradición editorial en la que abundan las reelaboraciones, interpolaciones y ampliaciones.

El tratamiento de la puntuación a medio camino entre el respeto y la enmienda que proponen Quilis y Rozas (1965), aunque quizá sea más coherente seguir un criterio o el otro sin mezclarlos, también lo practica Alarcos García (1954) en su edición de Correas, en cuyos criterios de edición (*id.*: xxxvii) explica que no ha modificado la puntuación del manuscrito "más que en aquellos pasajes en los que era forzoso para la buena comprensión del texto". Sin embargo, esta práctica parcialmente aclimatadora a la modernidad es la que recomienda Lidio Nieto, pero no la veo adecuada por diversas razones: modernizar la acentuación y la puntuación supone una lectura crítica del texto, sí, pero que nos inhabilita la posibilidad de estudiar los sistemas de acentuación y puntuación originales que sólo ahora comenzamos a comprender, pero que no por no seguir los criterios actuales carecen de coherencia (Blecua 1983); además, alguien que pueda leer un texto en su grafía original, bien debería poder descifrarlo en su sistema acentual y puntuario original y, finalmente, la acentuación y puntuación original pueden constituir un uso escrito[18] de fundamental importancia para la doctrina lingüística del autor si este ha tenido suficiente interés y control en la impresión.

La necesidad de buenas ediciones críticas se debe a que muchas de las obras lingüísticas antiguas son plagiadas o simplemente constituyen fuente de otras muchas, y sin una edición crítica no podemos saber cuál es la edición copiada y por tanto cuál es el grado de original o fidelidad con respecto a la copia del plagiador, como es el caso de Francisco Sobrino: acerca de su *Nouvelle grammaire espagnole* (1.ª ed. 1697), sabemos que hubo de copiar la edición de 1619 de la *Grammaire espagnole expliquée en français* de César Oudin[19], o bien una edi-

---

[18] Según lo define Girón Alconchel (1996): la teoría del profesor Girón reside en el hecho de que debe diferenciarse lo que el gramático dice que hay que decir (usos prescritos) de que lo que dice que se dice (usos descritos, en los que queda consignada la variación inherente de la lengua) y de lo que realmente él emplea (usos escritos). Aunque la puntuación suela proceder normalmente del impresor, aun así se trata de un uso no desdeñable que pudiera que fuera ejemplar para el lector.

[19] Amado Alonso (1951*a*: 13-15), siguiendo la estela de Morel-Fatio (1901: 107) explica que ante las observaciones de Ambrosio de Salazar, Oudin realizó grandes reformas en su gramática para la 5.ª edición de 1619 (al menos en el aspecto de la pronunciación, que es del que

ción posterior, quizá al cuidado de su hijo Antoine Oudin, como luego hizo con los diálogos, retomados no de la edición de 1608 sino de una edición tardía de A. Oudin de 1675 que incluye una ortografía de Fray Jerónimo de Gracián que también copia Sobrino (*cf.* Sáez Rivera 2002, 2003). En este caso, nos podemos encontrar con dos tipos de situaciones (Gutiérrez 2001: 525): 1) copia más o menos literal del original y 2) ampliación; a estos casos podemos añadir –inspirándonos en Blecua (1983: 20-30)–: 3) omisión de texto; 4) reordenación; 5) sustitución.

A estas razones a favor de la edición crítica podemos aducir las que juiciosamente presenta Marco Gutiérrez (2001: 527) como ventajas de una edición crítica profunda, matizando o ampliando lo ya dicho; de este modo, el trabajo de crítica textual nos permite saber lo siguiente:

1) qué textos consultó el autor directamente y cuáles conoció y citó de forma indirecta y fragmentaria, con los cuales pudo practicar la *contaminatio*;
2) en el caso de fuentes impresas, qué ediciones manejó y en qué medida estaba el autor al corriente de las novedades editoriales y las tenía en cuenta;
3) bajo qué circunstancias tenía una obra éxito y aceptación, qué período de tiempo transcurría hasta que efectivamente llegaba a las manos de los lectores.

Por otra parte, a mi juicio también habría que estudiar la historia del texto en sí más allá del control del autor, en contra de la concepción tradicional de la crítica textual, ya que las adiciones, interpolaciones y omisiones de los correctores, editores o enmendadores nos pueden ser muy útiles, si bien no para conocer el pensar lingüístico del autor, sí para comprobar la evolución de las concepciones lingüísticas con el tiempo y su grado de aceptación, recepción y pervivencia en los nuevos tiempos. A este respecto creo conveniente ampliar a la crítica textual historiográfica la "muerte del autor" o el "sujeto débil" que postula o describe el pensamiento posmoderno y que se plasma en la revisión de la filología que hace el polémico Bernard Cerquiglini (1989), quien critica el concepto central y caduco de autor en la crítica textual de siempre.

---

se cuida Amado Alonso). De tal modo que por ejemplo añade las siguientes palabras acerca de la ç para describir su timbre ciceante: "et se prononce avec la langue grasse que nous disons en grassayant, et non pas si rudement que l's, encor que en nostre langue il se prononce de mesme". Tomando estas palabras como piedra de toque, vemos que prácticamente coinciden con la *Nouv. gr.* de Sobrino (pág. 4): "& se prononce en grassayant, & non pas si rudement que l's, encore qu'en François il se prononce de meme". Por tanto, Sobrino debería de copiar la edición de 1619, que es la que nosotros hemos empleado para cotejar ambas obras, o alguna posterior.

3. Crítica textual, historiografía lingüística e historia de la lengua: el caso de *prop(r)io-mismo* como refuerzos pronominales

El maridaje entre historia de la lengua e historiografía lingüística resulta antiguo, pues data de maestros como Rufino José Cuervo (1895) y Amado Alonso (1951*a*, 1951*b*, 1951*c*, 1951*d*, 1967, 1988), que aprovecharon los viejos tratados para estudiar fenómenos fonéticos y gramaticales de la historia del español, antorcha retomada en la actualidad por estudiosos como José Luis Girón Alconchel (1996, 1996-1997, 1997, 1998, 2004).

Ahora bien, el encuentro se ha de ampliar al de la crítica textual con la historia de la lengua y la historiografía lingüística ya maridadas, ya que muchas de las variantes que nos pueden ayudar a trazar o confirmar el *stemma* editorial de una tradición historiográfica reflejan un espacio de variación en la historia del español. Hemos podido comprobar que tal es el caso de los *Diálogos nuevos* (1.ª edición de 1708) y la *Nouvelle grammaire espagnole* (1.ª edición de 1697) de Francisco Sobrino, plagiador y ampliador de Oudin[20]: podemos trazar el *stemma* de los diálogos fijándonos simplemente en la *variatio* entre *usted/v. m.*, que se produce en las ediciones de 1708 y 1732 o simplemente la nivelación en *usted*, según el uso oral más extendido de la época y el testimonio del resto de ediciones (*cf.* Sáez Rivera 2006); así mismo, nos puede ayudar a establecer o confirmar las ramas en la tradición editorial de la *Nouvelle grammaire* el estudio de variables lingüísticas sensibles a la variación tales como el uso de *prop(r)io* o *mismo* como refuerzos pronominales, según recogen algunas ediciones de la gramática de Sobrino.

En primer lugar, vamos a proponer un *stemma* de la *Nouvelle grammaire espagnole* de Francisco Sobrino durante el siglo XVIII, a partir sobre todo de hechos macrotextuales y bibliográficos que permiten hacer una fácil filiación de las distintas ediciones y meras reimpresiones, así como fijar las ediciones pirata o contrahechas[21].

De este modo, la 1.ª edición de la *Nouvelle grammaire espagnole* data de 1697, publicada en Bruselas por Francisco Foppens, el impresor habitual de

---

[20] Uno de los intereses de una edición crítica de la gramática de Oudin arrancaría del hecho de que permitiría fijar cuál es la edición exacta que plagia Francisco Sobrino.

[21] *Post scriptum*: Una vez terminado y entregado este trabajo, se ha podido consultar la *Bibliografía cronológica de la lingüística española (1701-1800)*, recientemente publicada por Niederehe (2005). A la vista de tal obra, cabe añadir al recuento aquí realizado otras tres ediciones más: 1) Bruxelles: F. Foppens, 1719 (Niederehe 2005, n°238), probablemente derivada de la edición de 1717; 2) Paris: 1778, revisada por Nicolás de Séjournant (*id.* n°1017), que no se ha podido ver ni filiar; 3) Lyon: P. Bruyset Ponthus, 1793 (*íd.*: n° 1374), probable reimpresión de la línea lionesa que parte de 1772 y último eslabón antes de las ediciones de Avignon.

Francisco Sobrino. En 1703 (Bruselas: F. Foppens) sale una 2.ª edición corregida y aumentada con un interesante prólogo, edición que posee una reemisión de 1712, también publicada por Foppens y calificada también de 2.ª edición; una de las pocas diferencias entre la edición de 1703 y la de 1712 reside en que ésta omite un interesante privilegio real concedido por Carlos, el archiduque de Austria, y en el que aún se proclama Rey de Castilla, León y Aragón, además de archiduque de Austria y duque de Borgoña, etc.

El siguiente y crucial paso se da en la edición de 1717, siempre editada por Francisco o François Foppens en Bruselas: a partir de ese año, la gramática incorpora un breve diccionario bidireccional español-francés, como ya señalaba Cazorla (2000, 2002: 52-53)[22]. Esta nueva edición se califica de 3.ª, posee un nuevo prefacio, reproduce con algunos cambios el privilegio anterior y está plagada de errores tipográficos, hasta el punto de que al final del volumen Foppens se vio compelido a incluir una lista de erratas. En el nuevo prefacio François Foppens explica las novedades de esta última edición: la adición de más conjugaciones del paradigma en *-ir* (se trata en concreto de las conjugaciones de los verbos *introduzir, conduzir, traduzir, induzir, persuadir*) y del *Dicionario español y frances* seguido del *Dictionaire françois et espagnol*, como ya hemos comentado. Las conjugaciones citadas se añaden al final de la gramática, justo antes de los diccionarios. Por otra parte, a partir de este momento, la obra tendrá dos portadas, una española y otra francesa, pero la primera será siempre la española, por lo que los distintos repertorios bibliográficos hablan a partir de esta edición de la *Gramática nueva española y francesa*, y no de la *Nouvelle grammaire espagnole*.

A partir de aquí la tradición editorial se bifurca en tres ramas, de las cuales la principal y más importante arranca de la edición de 1732 realizada por la Viuda de Foppens en Bruselas. Esta edición, calificada de 4.ª, reordena las conjugaciones en *-ir* añadidas al final de la edición de 1717 en su lugar correspondiente en el paradigma de *-ir*, además de que añade unas "Remarques Et plusieurs façons de parler propres à la Langue Françoise & à l'Espagnolle, fort necessaires à ceux qui voudront aprendre l'une ou l'autre de ces deux Langues." (pp. 338-366) al final de la gramática, justo antes de los diccionarios. Se comenta en el "Avertissement" la muerte del autor, que curiosamente debió de morir más o menos al tiempo que su propio impresor, y posee un nuevo privilegio. La siguiente edición de esta rama es la de 1740 (calificada de 5.ª edición, en París, por Pierre Witte, el mismo editor de Vayrac), con un "Avertissement" distinto y una lista de libros

---

[22] Se remite a la obra de esta investigadora para más referencias bibliográficas de Sobrino como lexicógrafo.

disponibles en la tienda del librero al final, pero sigue el texto de 1732. Esta edición de 1740 ha de ser el punto de partida de la siguiente edición francesa, la de 1772 (En Leon de Francia: P. Bruyset Ponthus), en la cual parece producirse una novedad en la tradición, ya que se comenta en la portada que se trata de una "nueva edicion revista y corregida por una persona muy versada en ambos idiomas", lo cual se repite en 1777 (mismo lugar, mismo impresor: en el fondo se trata de una pura reemisión o reimpresión). Las ediciones de 1772-1777 eliminan todo "avertissement" inicial, poseen un nuevo privilegio y añaden "Autres Façons de parler propes aux deux Langues." (pp. 269-290), ampliación de las "Remarques..." introducidas en la presente rama editorial. Estas ediciones lionesas también incorporan las conjugaciones añadidas de verbos en *-ir* en el paradigma correspondiente; F. Sobrino es consignado como *"Maeſtro que fue de la Langua [sic] Eſpanola [sic] en la Corte, de Bruselas."*, según la portada, igual que la edición de 1740, lo cual certifica que es ésta la edición que copia, ya que se transmite un error conjuntivo. Estas ediciones a su vez se reeditaron en 1784, 1788 y 1790. Esta última edición hubo de suponer la fuente de la edición de 1798 de Avignon por Louis Chambeau (Palau, 315587) que reforma mucho la obra adjuntando nuevos diálogos y añadiendo materiales gramaticales procedentes probablemente de la edición de 1787 de los *Diálogos nuevos* por el mismo impresor (unas notas de uso acerca de las partículas *en/y*, en concreto), así como de alguna edición de otra obra de Sobrino, el *Secretario español* (1720, 1732, 1747). Esta última versión de 1798 constituye la fuente de la edición de 1801, que alcanzó una difusión notable.

Por otra parte, la edición de 1717 es la base última de una serie de ediciones pirata o contrahechas (1738, 1745, 1752) dado que emplean el nombre de François Foppens como editor cuando éste ya había muerto y reproducen el privilegio de la edición de 1717 simplemente suprimiendo el año, pero por supuesto no emplean el escudo del impresor; la caja de impresión en las cuatro ediciones sí es idéntica, como es lógico. La edición de 1738 se dice 4.ª edición e impresa por Foppens en Bruselas[23] y corrige las erratas de 1717 con ayuda de la tabla de Fop-

---

[23] Ésta es la edición que edita Gómez Asencio (2001). En el caso de no reproducir la *editio princeps* de 1697, la mejor opción quizá hubiera sido escoger la de 1732, ya que es la más completa, pues recoge todos los añadidos de la tradición, carece de las erratas de 1717, es más fiable que la de 1738 (no se trata de una edición pirata) y resulta la más ordenada, ya que reincorpora los nuevos paradigmas en *-ir* en el lugar correspondiente: pese a escapar del control absoluto del autor, éste al menos había dejado anotadas todas las modificaciones que había que introducir, como comenta el editor en el prefacio, por lo que esta edición, la de 1732, constituye según nuestro juicio el *codex optimus*, de ahí que aparezca destacado en negrita en el *stemma*.

pens, por lo que éstas no pasan a la edición de 1745 (calificada de 6.ª) ni a la de 1752 (calificada otra vez de 4.ª) –podemos dudar que 1745 sea la base de 1752, ya que también se habría transmitido el número de edición en el "Avertissement"–. La edición de 1738 trata de suplantar a la 4.ª edición por la Viuda de Foppens, pero no reordena ni amplía el manual de 1717. La edición de 1745 se califica de 6.ª porque es posterior a la 5.ª de Pierre Witte en 1740, edición que debió de conocer, aunque fuera de oídas, pero cuyo texto no sigue, ya que reproduce el de 1738, como ya hemos comentado; probablemente apuntaba al mercado francés; en cambio, la otra edición que deriva de 1738, la de 1752, se vuelve a calificar de 4.ª, quizá porque se dirige al público de Países Bajos que no conoce la 5.ª edición de Witte. La única diferencia entre estas ediciones reside prácticamente en consignar en portada y en el "Avertissement" el número de edición que trata.

En fin, la edición de Sancha en Madrid, que data de 1793, una de las últimas del siglo, reproduce parcialmente el prefacio de 1717, en el que se hace referencia a "Les deux premieres editions..." por lo que esta edición se presenta también como 3.ª y probablemente derive de esta misma edición, aunque corrige sus erratas de forma coincidente con la rama de 1738, por lo que Sancha probablemente conociera o siguiera alguna de las ediciones de esta rama, quizá la de 1752. No obstante, resultaba fácil coincidir en la corrección de erratas porque sólo bastaba con seguir cuidadosamente la tabla de Foppens al final de la edición de 1717.

Una vez trazado el *stemma* (v. apéndice), vamos a comprobar una variante microtextual, el empleo de *prop(r)io* o *mismo* como refuerzo enfático del pronombre[24], en dos pasajes en concreto[25].

---

[24] Resulta difícil decidir a qué categoría gramatical corresponde *mismo,* palabra frente a la cual los gramáticos se encuentran con un serio problema de clasificación (Marcos Marín *et alii* 1998: 185). La gran mayoría clasifican *mismo, -a, -os, -as*, debido a su flexión, como *adjetivo* (Alarcos 1999: 93; Bello 1981: 456; Moliner 1966, s. v.; Otero 1999: 1449; Stockwell *et alii* 1965: 90, 100-101), aunque sea especial por ser uno de los pocos que se puede combinar con pronombres (Alarcos: *ib.*). A este respecto, en diversos pasajes de la completísima *Gramática descriptiva de la lengua española* dirigida por I. Bosque y Violeta Demonte se sigue manteniendo esta clasificación de *mismo* como adjetivo (Demonte 1999: 207; Fernández-Sorinao 1999: 1211; Otero 1999: 1449), aunque también se califica a *mismo* con la vaga caracterización de *marcador de identidad* (Demonte 1999: 134); en cambio en el *DPD* (s. v. *mismo,* PRONOMBRES PERSONALES TÓNICOS), la clasificación elegida es como *adjetivo* que funciona como refuerzo del pronombre reflexivo *sí.* Por otro lado, Gómez Torrego (1998: 98-99) califica de *cuasideterminativos* (con comportamiento sintáctico de adjetivo pero que pertenece a una clase cerrada) no sólo a *mismo* sino también a *propio*; RAE (1973: 211, 412, 432) también tilda a *mismo* de *adjetivo*, pero lo llama además *adjetivo pronominal*; Marcos Marín *et alii* (1998:185) lo clasifican como *pronombre indefinido* por ser antónimo de *otro*; Alcina Franch y Blecua (1987: 675-679) tratan a *mismo* y *propio* como *pronombres identificativos*; Fernández Ramírez (1987: 77), en una línea similar, señala a *mismo* como *pronombre reflexivo e*

Sobrino (1697: 38-40):

Leur declinaison est comme il s'ensuit.

Nom. *Yo mismo.*	*nosotros mismos.*
Gen. *de mi mismo.*	*de nosotros mismos.*
Dat. *à mi mismo.*	*à nosotros mismos*
Accus. *yo mismo, <& à mi mismo>*	*nosotros mismos*
Ablat. *de mi mismo*	*de nosotros mismos*

Sing.	Plur. 2. Personne.	
Nom. *Tu mismo*	*vosotros mismos*	[p. 38]
Gen. *de ti mismo.*	*de vosotros mismos.*	
Dat. *à ti mismo.*	*à vosotros mismos.*	
Accus. *tu mismo, <& à ti mismo.>*	*vosotros mismos.*	
Vocat. *ô tu mismo.*	*ô vosotros mismos.*	
Ablat. *de ti mismo.*	*de vosotros mismos.*	

Sing.	Plur. 3. personne.
Nom. *El mismo.*	*ellos mismos*
Gen. *de si mismo.*	*de si mismos.*
Dat. *à si mismo.*	*à si mismos.*
Accus. *si mismo.*	*si mismos.*
Ablat. *de si mismo.*	*de si mismos.*

<Les accusatifs du nombre plurier auront aussi la preposition *a*, comme le singulier, & de meme que les noms.>

J'ai ajouté en cet endroit le premier cas à la trosieme personne, bien que le Sr. Miranda l'ait omis dans sa Grammaire; mais il faut savoir qu'il y a difference de signification entre *el* article, & *el* pronom relatif ; l'un signifiant en François, le, & l'autre, lui:

---

intensivo y *pronombre de identidad,* y se preocupa de estudiar en extenso su confluencia con *propio* (*ib.*: 82-83), entendido éste como adjetivo que se emplea en forma de pronombre reflexivo, intensivo e identificativo en lugar de *mismo*; Sobrino, siguiendo a Oudin, también clasifica *mismo-propio* como pronombres. Ante el dilema clasificatorio, he creído mejor emplear "refuerzo enfático del pronombre" como término neutro porque señala su combinatoria (aunque puede aparecer con nombres, aquí nos restringiremos a su uso junto a pronombres), pero además indica su valor principal, el de "marcador intensificativo" (P. Otero 1970: 1146) o simplemente "intensificador" (P. Otero 1999: 1457). Por último, Garrido (1991: 83-100) resume los valores de *mismo* como identificativo, intensivo, reflexivo y anafórico, este último (del tipo *Ayer se celebró una fiesta; asistieron a la misma*) muy censurado por la Academia y otras autoridades lingüísticas como el mismo Fernández Ramírez (1987: §138); en cambio podemos observar que *propio* puede recoger tres de los sentidos señalados por Garrido (identificativo, intensivo y reflexivo, con el intensivo como nuclear), pero no el anafórico.

[25] Se señalan entre paréntesis angulares las adiciones que hace Sobrino respecto a Oudin y entre corchetes toda serie de comentarios y los números de página.

comme aussi que le plurier de l'un fait *los,* & l'autre *ellos* ; & ledit *el* etant seul & separé de *mismo*, il se declinera par tous ses cas: savoir *el, del, à el, el, ou à el, del, ellos, dellos, à ellos, ellos* ou *à ellos, dellos* ; comme on verra ci-aprés ; & non pas *el, de si, à. si*: car hors la composition il n'a point de nominatif. Pour en faire le feminin, il ne faut que changer l'*o* en *a*, & dire *misma* pour *mismo* ; & au plurier *mismas* pour *mismos*. Souvent au lieu de *mismo*, & *misma*, ou use de ces dictions, *proprio & propria*, comme *yo pro-*, [p. 39] *prio, tu proprio, de si proprio, el proprio, ella propria*, avec leur plurier, y ajoutant une *s*. <Les Espagnols ecrivent plus souvent *propio & propia*, que *proprio & propria.*> [p. 40]

Sobrino (1712: 42-43)[26]:

[Ídem Sobrino 1697: 38-40 +] mais cette derniere façon de parler n'est gueres en usage, car *yo proprio, tu proprio, de si proprio,* ne se dit plus.

Sobrino (1732: 36-38)[27]

[Idem Sobrino 1697: 38-40 + oración final del apartado con algunos cambios, señalados en negrita:] Les Espagnoles **écrivoient** plus souvent *propio & propia*, que *proprio & propria*, **cependant ces deux façons de parler sont à présent également en usage.**

Sobrino (1772: 31-32)[28]:

[Idem Sobrino 1740: 31-32 hasta "[…] pour *mismos*", excepto en las siguientes formas paradigmáticas : "Nom. *Yo mismo* ô *proprio*, moi-même./Gén. *de mi mismo* ô *proprio*, de moi-même./Dat. *à mi mismo* ô *proprio*, à moi-même"; en los acusativos, la opción con complemento directo preposicional se introduce siempre con la disyunción "ô", y no con "û"]

Sobrino (1801: 25-26)[29]

[Idem Sobrino 1697: 38-40 hasta "[…] pour *mismos*", excepto en las siguientes formas paradigmáticas, en lo que sigue la variante nacida en 1740 y modificada en 1772:

---

[26] Repetido en las ediciones de 1703, 1712, 1717, 1738, 1745, 1752 y 1793.

[27] Punto de partida a su vez de 1740, que introduce en el singular de la declinación las siguientes alternativas (p. 31): "Nom. *Yo mismo,* û *proprio.* moi-même/Gen. *de mi mismo,* û *proprio.* de moi-même./Dat. *à mi mismo,* û *proprio.* à moi-même."

[28] Textualmente coincidentes en este pasaje son las ediciones lionesas de 1777 y su tradición, incluida la edición de 1798.

[29] Obsérvese que en los paradigmas *proprio* pasa a *propio* al igual que *propio* es la única forma que se señala como posible.

"Nom. *Yo mismo* ô *propio*, moi-même./Gén. *de mi mismo* ô *propio*, de moi-même./Dat. *à mi mismo* ô *propio*, à moi-même"; en los acusativos, la opción con complemento directo preposicional se introduce igualmente con la disyunción "ô"; además la sección termina con "Souvent au lieu de *mismo & misma* , on use de ces dictions; *propio & propia*, comme *yo propio, tu propio, de si propio, el propio, ella propia*, avec leur pluriel, y ajoutant une *s*.", sin referencias a *proprio*.]

En el pasaje aducido se nos presenta la variación que existe entre construcciones enfáticas con *mismo* y construcciones enfáticas con *prop(r)io*. En primer lugar (1697), Sobrino acepta la opinión de Oudin y además la completa al señalar que es más frecuente la forma *propio* frente a *proprio*. No obstante, se corrige después –en 1703, en una corrección que se mantiene en la reimpresión de 1712 y en la 3.ª edición de 1717, que lo transmite a la rama espuria de 1738, 1745 y 1752, y a la edición de Sancha de 1793. Ahora bien, el pasaje simplemente parece decir que *proprio* ya no se usa, no que *propio* ya no se emplee en lugar de *mismo*. Asimismo, en la edición de 1732 hay una diferencia textual que se transmite a 1740 y a la revisión lionesa de 1772 (con algún leve cambio adicional), de donde pasa a las ediciones posteriores del mismo lugar y siglo; se trata de una información levemente distinta: que ambas formas (*proprio* y *propio*) se usaban en la época, pero que *propio* era más frecuente antes, con lo cual se diagnostica la mayor frecuencia de la forma disimilada que luego podremos comprobar. No es de extrañar, pues, que al final la variante que se promueva ya en el siglo XIX sea la de *propio*. Obsérvese, por último, que en ningún momento se llegue a negar que *prop(r)io* ya no se use en lugar de *mismo*.

Antes de cotejar los datos de la gramática con los que proporciona la historia del español, según queda plasmado en el corpus del profesor Mark Davies[30], así como otras gramáticas y diccionarios, conviene fijar la etimología de ambas formas.

De este modo, *mismo* procede de la construcción *illemet ipsimus* reanalizada como *ille metipsimus* (Garrido 1991: 84, citando a Wartburg 1943: 239 y Espinosa 1911). Más allá va el *DCECH* (s. v.), en el que el se explica que *mismo*, antiguamente *meísmo* y *m(e)esmo*, procede del latín vulgar *MEDĬPSĬMUS, combinación del vulgar ĬPSĬMUS –forma enfática de IPSE 'el mismo, el propio'– con -MET, refuerzo del pronombre personal (*egomet, tumet* 'yo mismo', 'tú mismo') que poseía una variante coloquial -MED[31]. De todas las variantes surgidas existen dos

---

[30] [En línea] <http://www.corpusdelespanol.org/> [Consulta: 5-II-2004/10-II-2004]. Se ha empleada a veces como corpus de control CORDE, o bien para completar datos en el siglo XX tanto CORDE como CREA: [en línea] <http://www.rae.es>.

[31] Todas las gramáticas históricas dan *MEDIPSIMUS, evolución o variante de METIPSSISSIMUS, como étimo de *mismo* (M. Pidal 1940: 259; Hanssen 1945: 85; García Diego 1970: 213;

principales en pugna durante la historia del español (*mismo* vs. *mesmo*): junto a las variantes más arcaicas, *mismo* y *mesmo* conviven desde la Edad Media, pero *mesmo* es la forma más común desde el siglo XIV; sin embargo, en el siglo XVII *mismo* toma la delantera y desde el siglo XVIII *mismo* queda relegado al habla vulgar. En cuanto a *propio*, de nuevo según el *DCECH* (s. v.), procede del latín PRŎPRĬUS 'propio, perteneciente a alguno o alguna cosa', con primera documentación en documentos de los siglos X-XIII, aunque no se emplea con el sentido de *mismo* hasta el Siglo de Oro, uso ajeno a los demás romances, salvo el portugués; la pérdida de la segunda *r* por disimilación[32] también se da con menor extensión en portugués, francés e italiano, pero sólo ha logrado generalizarse en castellano y catalán.

Pasemos entonces a los datos numéricos recogidos en el apéndice II[33].

Las tres tablas hablan por sí solas, pero comentémoslas levemente.

De este modo, en la tabla 1 podemos ver cómo *prop(r)io* surge como alternativa a *mismo-mesmo* a finales del siglo XV, sobre todo como refuerzo de pronombres término de preposición, posición sintáctica en la que se dan los primeros ejemplos[34] y que siempre tendrá la proporción mayor de uso de *prop(r)io*, menos frecuente con pronombres sujeto. En el s. XVI hay una gran subida de *prop(r)io*: 223 casos (8%). A partir de ahí desciende progresivamente: 221 casos en el siglo XVII (6,08%) y 155 (5,09%) en el s. XVIII. No obstante, aumenta el uso de *propio* de repente en el siglo XIX, cuando registra su mayor porcentaje de uso (713 casos: 10,11%), algo más del doble de la media (5,05%) a lo largo de toda la historia

---

Lathrop 1989: 146; Penny 1993: 145). Sólo Hanssen (1945: 85) y Alvar-Pottier (1983: 109) no hacen referencia explícita a *MEDIPSIMUS, aunque los últimos documentan formas parecidas en sus ejemplos.

[32] También señalan el proceso en castellano García de Diego (1970: 25, 176) y Lathrop (1989: 135).

[33] En las tablas, *mismo, mesmo, propio* y *proprio* constituyen lemas para todas sus formas flexionadas en género y número. He dividido las frecuencias absolutas en empleo junto al pronombre sujeto (suj) y empleo junto al pronombre régimen de preposición (rég), incluidas las aglutinaciones con la preposición *con* (*conmigo, contigo, consigo*); luego he sumado las frecuencias absolutas y he sacado las frecuencias relativas de los totales respectivos (consigno hasta el segundo decimal y redondeo una centésima hacia arriba si el tercer decimal es igual o superior a 5).

[34] En concreto en *La Celestina* ("no seas el perro del ortolano. & pues tu no puedes de **ti propia** gozar goze quien puede. que no creas que en balde fuese criada: que quando nascesu hermosura te daré cuánto pidieres": [ADMYTE] Burgos Fadrique de Basilea 1499) y en los *Textos y documentos completos* de Cristobal Colón ("y sea todo con mucho serviçio y contentamiento de la Sancta Trinidad, porque en fin de sus días ayan la gloria del Paraíso, y no por lo que a **mi propio** toca": Biblioteca Virtual Cervantes <http://www.cervantesvirtual.com>. Se trata de sólo 2 casos en el s. XV (0,15%).

del español. Por tanto, el empleo de *prop(r)io* = *mismo* no se restringe al Siglo de Oro, como parecía dejar a entender el *DCECH*. Alcina Franch y Blecua (1987: 679) confirman que el uso de *propio* equivalente al *mismo* intensivo era muy frecuente en el siglo XIX, pero también a comienzos del siglo XX, lo cual suscribiría Fernández Ramírez (1987: 82-83), que tacha la construcción como de uso literario y afectado, y la documenta en autores que van desde Cervantes a Azorín o Ramón Pérez de Ayala (la primera mitad del siglo XX). De hecho, todavía el *DRAE* de 1956 recoge este uso («5. Mismo», *s. v. propio*), que había aparecido en la versión de 1780; *propio* llega como equivalente de *mismo* a los diccionarios no académicos de la primera mitad del siglo XX también (*cf. NTLLE*, s. v.).

Por otra parte, el hecho de que *prop(r)io* haya sido siempre la variante lingüística no dominante explica que en el texto de Sobrino se consigne en primer lugar *mismo* como forma canónica y que sólo aparezca *prop(r)io* al final de la explicación gramatical en una especie de nota final de uso. No obstante, sí se promociona *propio* como opción en el esquema paradigmático ya en la entrada del siglo que registra un mayor uso del refuerzo pronominal alternativo.

En cuanto a la pugna entre *mismo* y *mesmo* (tabla 2), los datos que nos proporciona el Corpus del Español de Davies confirman a grandes rasgos las observaciones de Corominas y Pascual: a partir del siglo XIV, *mesmo* es la forma predominante en la Edad Media, con 232 casos que suponen 73,19% del total, frecuencia que disminuye levemente al 58,90% en el siguiente siglo para desplomarse en el siglo XVI (16%). A partir del Renacimiento, pues, parecen cambiar las tornas, por lo cual no extraña que *mesmo* siga decreciendo: 8,66% (s. XVII) > 1,15% (s. XVIII) > 0,23% (s. XIX) > 0,11% (s. XX). Resulta difícil saber cuándo *mesmo* queda marcado como forma vulgar: el *DCECH* apunta ya al siglo XVII cuando la forma en -*e*- ya está "en plena decadencia", de modo que Cervantes la emplee en el *Quijote* para caracterizar a pastores y personajes rústicos como Sancho, pero Otero (1970: 1145) señala que el empleo de ese recurso no es tan consistente en la obra de Cervantes. En todo caso, resulta significativo que ni Sobrino ni Oudin consignen *mesmo* como variante de *mismo*, lo cual probablemente indique la poca fuerza de la primera forma en el siglo XVII y mínima en el XVIII; sí es seguro que a partir del siglo XVIII *mesmo* ya constituía forma rústica o vulgar, por el tipo de géneros textuales en los que aparece. Por otra parte, en fin, no creo que sea indiferente a esta evolución a favor de *mismo* la analogía con los pronombres personales tónicos a los que solía acompañar: *mí-ti-sí*.

Respecto al conflicto entre *proprio* –más cercano al étimo– y *propio*, innovación triunfante en castellano, destaquemos según la tabla 3, que no es la forma etimológica la que se documenta primero y que, tras alcanzar sus índices más altos en el siglo XVI (26,01% respecto a *propio*), disminuye progresivamente hasta desaparecer en el siglo XIX: 12,22% (s. XVII) > 8,86% (s. XVIII) > 0% (s.

XIX) = 0% (s. XX). En los diccionarios académicos aparece *proprio* como *mismo* ya en Autoridades (1737), y a partir de 1803 con remisión a *propio* y marcado como forma anticuada a partir del *DRAE* (1822), lo cual coincide con su debacle en el siglo XIX (*cf. NTLLE*, s. v.). La pugna mostrada en las ediciones de Sobrino refleja esta decadencia progresiva e inevitable de la forma etimológica sin disimilación, que queda totalmente consagrada en la edición de 1801, donde se suprimen las vacilaciones sobre si aún se puede emplear *proprio* o no, ya que sólo se propone *propio* como forma.

Por otra parte, resulta difícil explicar la repentina aparición de *prop(r)io*, su progresiva recesión frente a *mismo-mesmo* y su espectacular remontada en el siglo XIX, para decaer progresivamente en el siglo XX. En mi opinión, la súbita entrada de *prop(r)io* al teatro de operaciones de nuestra lengua sólo puede deberse a algún tipo de influencia externa. A este respecto, resulta difícil de explicar una influencia portuguesa tal en el Renacimiento, pero sí quizá italiana. De hecho, pese al *DCECH*, *proprio* en italiano (popularmente *propio*[35]) se emplea como refuerzo pronominal equivalente a *stesso* o *medesimo*[36], aunque nos encontramos con la dificultad de que *proprio* en tal uso se construye de forma prepronominal, al contrario que en castellano[37]. En este caso, quizá el ejemplo italiano desató un proceso interno del español que extraía *prop(r)io* como enfático del posesivo a otras construcciones no posesivas[38], al igual que debió de haber pasado en italiano[39]; en español, por otra parte, el esquema sintáctico de *mismo* sirve de modelo para *prop(r)io*, lo cual explica que se construya siempre pospuesto como su homólogo *mismo*. El declive de *prop(r)io* y triunfo de *mismo-mesmo* por otro lado se puede pensar influido por el francés, que ha escogido desde anti-

---

[35] *Il nuovo Zingarelli*, Bologna, Nicola Zanichelli, 1985, s. v.

[36] *Stesso* deriva de IST-IPSU y *medesimo* de METIPSIMU (Rohlfs 1968: 210), al igual que el español. *Medesimo* se emplea en la actualidad sólo en la lengua literaria (Carrera Díaz 1984: 98)

[37] Díaz Padilla (1999: 314) da como ejemplo *Conosco soltanto proprio lei* y el diccionario de Ambruzzi (1973: s. v. mismo) traduce *yo mismo* como *proprio io*. En todo caso, *stesso-medessimo* no parecen sinónimos de *proprio* (que se puede traducir mejor como 'justamente') ni poseen la misma distribución, al contrario del caso español. Curiosamente, el resto de gramáticas consultadas (Conciliani 1987; Carrera Díaz 1984, 1991; Renzi 1991; Serianni 1997) no documentan este uso *proprio* en italiano sino sólo el empleo de *proprio* como posesivo o refuerzo del posesivo. Aprovecho el final de esta nota para agradecer a la profesora Margarita Borreguero Zuloaga su resumen acerca del problema, y alguna pista bibliográfica, en comunicación personal electrónica (10-III-2004).

[38] Ésa es la explicación que da Fernández Ramírez (1987: 82-83) al valor enfático de *propio* en castellano.

[39] Se trata por tanto de un caso en el que el contacto de lenguas se establece como un catalizador de cambios a través de reanálisis o extensión, conforme lo puntualizan Harris y Campbell (1995: 122).

guo un derivado de *metipsi(ssi)mus* (*même*) para esa misma construcción: la derrota de *prop(r)io* por *mismo-mesmo* coincide con el progresivo estrechamiento de las relaciones políticas entre España y Francia, simbolizado por varios matrimonios reales durante el siglo XVII y cristalizado en la sucesión borbónica al trono español, que terminó por favorecer la influencia francesa (y quizá el modelo *même*) frente al modelo italianizante con *propio*; empero, tampoco hay que despreciar la influencia italiana en España durante el siglo XVIII, sobre todo en la primera mitad del siglo, a causa del imperio sobre asuntos políticos de Isabel de Farnesio, segunda esposa de Felipe V, aunque de todas maneras la influencia francesa preponderó sobre la italiana.

Tras el declive casi absoluto de *propio* en la segunda mitad del siglo XVIII, *propio* (pero no *proprio*) los escritores románticos lo revitalizan en el XIX, en un caso similar al del uso de *cantara* como indicativo que nunca dejó de usarse, aunque lánguidamente, en los siglos XVII y XVIII, pero que resurge con fuerza en el siglo XIX (Girón Alconchel 2000: 313), exactamente igual que *prop(r)io*; además, el hecho de que se escoja la forma más frecuente *propio* creo que nos puede hacer pensar en un rescate consciente de una forma lingüística en forma de pastiche sin reproducir la variabilidad original, como ocurre con *vos* en los géneros históricos de la época, que nunca aparece como *vos* plebeyo. Este uso remozado de *propio* igualmente recuerda a cierto mantenimiento de *vuestra merced* en el lenguaje literario, y no sólo en géneros históricos, durante el siglo XIX (Sáez Rivera 2006): de nuevo vemos un regusto arcaizante en la prosa de la época.

A lo largo del siglo XX hipotéticamente habría de desaparecer *propio = mismo* conforme se fuera imponiendo un estilo más natural y desenvuelto, sin resabios arcaizantes, pero aún podemos documentar ejemplos[40]. En la actualidad se ha desvanecido casi absolutamente el uso de *propio* como refuerzo pronominal, aunque en CREA aún podemos documentar algún caso, tanto en España como en Hispanoamérica y sólo en géneros escritos, como es lógico, así como exclusivamente en los esquemas *sí propio* (12 casos), *sí propia* (8 casos) y *ellas propias* (1 caso como refuerzo de pronombre término de preposición), lo cual indica que se trata de formas rarísimas y en retroceso, acorraladas apenas en la estructura que siempre ha sido la más frecuente (como refuerzo del pronombre reflexivo).

---

[40] En CORDE, de 1901 a 1975, todavía hemos podido localizar 141 casos de *sí propio* (hasta 1965), 43 de *sí propia* (hasta 1965), 24 de *sí propios* (hasta 1971), 2 de *sí propias* (hasta 1935); en segundo lugar, se documentan aún algunos ejemplos con el pronombre de tercera persona, del tipo *él propio* (16 hasta 1965), *ella propia* (7 hasta 1916), *ellos propios* (2 hasta 1914), mientras que el resto de formas son escasas o inexistentes (*yo propio* en el discurso de recepción de Luis Rosales en RAE sobre el conde de Villamediana, en boca del conde), *tú propia* (2 casos en 1926-1930, 1971) y *nosotros propios* (1 en 1905-1924).

4. Conclusiones

Estas conclusiones serán, más que una repetición y un resumen de ideas expuestas, una invitación: invitación a la edición sistemática y rigurosa de todo tipo de texto historiográfico sin restricción temporal ni genérica (no sólo gramáticas, diccionarios u ortografías, sino también diálogos, secretarios, nomenclaturas o cualquier otro texto que recoja notas lingüísticas); invitación a la elaboración de ediciones críticas de obras historiográficas; invitación a emplear todo tipo de soporte editorial; invitación a trazar *stemma* y tradiciones editoriales; invitación a utilizar la historia del texto historiográfico como fuente o inspiración para estudios de historia de la lengua, pero también para estudiar la evolución de las ideas lingüísticas; invitación, en fin, a trabajar más y mejor desde la base del trabajo ya hecho de los maestros sobre cuyos hombros nos subimos y cuyos nombres constantemente citamos.

5. Bibliografía

5.1. Estudios sobre ediciones en historiografía lingüística

GUTIÉRREZ, M. (2001): "Historiografía lingüística y edición crítica: propuestas para la adecuación de intereses comunes", en: Maquieira, M./Martínez, M. D./ Villayandre, M. (eds.): *Actas del II Congreso Internacional de la Sociedad Española de Historiografía Lingüística*. Madrid: Arco/Libros, 523-528.

— (1998): "En torno a la segunda edición de las *Introductiones Latinae* de Nebrija: nuevas aportaciones", en: *Revue d'Histoire de textes* 28, 239-253.

KOERNER, E. F. K. (1978): *Toward a Historiography of Linguistics: selected essays*. Amsterdam: John Benjamins [Prefacio de R. H. Robins].

— (1999): "History of Linguistics: Attainments and Challenges", en: Fernández, M. *et al.* (eds.). *Actas del I Congreso Internacional de la Sociedad Española de Historio grafía Lingüística*. Madrid: Arco/Libros, 17-29.

NIETO JIMÉNEZ, L. (1994): "La edición y distribución de fondos especializados", en: *Boletín de la ANABAD (Asociación Española de Archiveros, Bibliotecarios, Museólogos y Documentalistas)* 44/2, 111-121.

— (1998): "Problemática de las ediciones de Historiografía Lingüística", en: Hernández Alonso, C. (coord.): *Homenaje al profesor Emilio Alarcos García en el centenario de su nacimiento (1895-1995)*. Valladolid: Universidad, 411-414.

TABOADA CID, M. (1981): "Notas para una edición de las primeras gramáticas de la Real Academia Española (1771, 1772, 1781 y 1788)", en: *Verba* 8, 79-111.

— (1982): "Aclaración a mis 'Notas para una edición de las primeras gramáticas de la Real Academia Española (1771, 1772, 1781 y 1788)', en *Verba*, 8, 1981, 79-112", en: *Verba* 9, 325-328.

5.2. Ediciones (gramáticas, ortografías y diálogos) (ss. XV-XVIII)[41]

5.2.1. *Facsimilares*

ALDRETE, B. (1970[1606]): *Del origen y principio de la lengua castellana ò romance qui oi se usa en España*. Hildesheim [etc.]: Georg Olms [Reprod. facs. de la ed. de: Roma: Carlo Wllietto, 1606].

— (1993[1606]): *Del origen y principio de la lengua castellana ò romance qui oi se usa en España*. Madrid: Visor, D. L. [Ed. Lidio Nieto Jiménez].

ALEMÁN, M. (1950[1609]): *Ortografía castellana*. [Méjico]: El Colegio de México, (Gráf. de la Nación) [edición de J. Rojas Garcidueñas; estudio preliminar de Tomás Navarro].

BALBÍN, R. de/ROLDÁN, A. (eds.) (1966[1559]): *Gramática de la lengua vulgar de España: Lovaina 1559*. Madrid: CSIC.

CORRO, A. del (1988[1586]): *Reglas gramaticales para aprender la lengua española y francesa*. Madrid: Arco/Libros, D. L. [Reprod. facsímil de la ed. de Oxford; estudio y edición de Lidio Nieto].

GÓMEZ ASENCIO, J. J. (ed.) (2001): *Antiguas Gramáticas del Castellano*. Madrid: Fundación Histórica Tavera (*Clásicos Tavera, Serie VIII: Lingüística y antecedentes literarios de la Península Ibérica*, vol. 1, n.º 63) [CD-ROM].

HERNÁNDEZ, E./LÓPEZ, M. J. (eds.) (1990[1659]): *Nouvelle méthode pour apprendre en peu de temps la langue espagnole*. Murcia: Publicaciones de la Universidad de Murcia.

LOPE BLANCH, J. M. (ed.) (1979[1619]): *Gramática de la lengua española*/Jerónimo de Texeda. México, D.F.: Universidad Nacional Autónoma [Reprod. facs. de la ed. de: Paris: Nicolás Bourdin, 1619; edición y estudio de Juan M. Lope Blanch].

— (ed.) (1998[1557]): *Osservationi della lingua castigliana*/Giovanni Miranda. México, D.F.: Universidad Nacional Autónoma de México, Instituto de Investigaciones Filológicas [Edición y estudio de Juan M. Lope Blanch].

MARTÍNEZ ALCALDE, M.ª J. (comp.) (1999): *Textos clásicos sobre la Historia de la Ortografía Castellana*. Madrid: Fundación Histórica Tavera [CD-ROM].

MESSNER, D. (ed.) (1999[1670/1666]): *Diccionario muy copioso de la lengua española, y alemana (1670). Gramática, o instrucción española y alemana (1666). Con un estu-*

---

[41] Acoto el *corpus* de 1492 (*Gramática de la lengua castellana* de Antonio de Nebrija) a 1726-1739 (*Diccionario de autoridades*), esto es, me atengo a la historiografía correspondiente al español clásico, incluida la transición del español clásico al moderno. Recojo obras lingüísticas de todo tipo (gramáticas, diálogos, historias de la lengua, ortografías...), pero no incluyo repertorios lexicográficos a no ser el *Diccionario de autoridades* y otras obras que van acompañadas de otros materiales lingüísticos, como es el caso de *L'Inteprect...* de Voltoire; no me ocupo tampoco de la rica tradición de gramáticas españolas de lenguas no europeas. Este *corpus* pretende ser sólo una muestra representativa de la práctica editorial en historiografía lingüística.

dio preliminar de Dieter Messner (Bibliotheca Hispano-Lusa 14). Salzburg: Institut für Romanistik der Universität Salzburg.

— (ed.) (2000[1634/1657/1660/1675/1626]): *Los manuales de español impresos en Viena en el siglo XVII. Edición facsímil y comentario* (Bibliotheca Hispano-Lusa 16,17), 2 vols. Salzburg: Institut für Romanistik der Universität Salzburg.

MINSHEU, J. (2002[1599]): "Pleasant and delightful dialogues in Spanish and English", en: *El español en el mundo. Anuario del Instituto Cervantes*. Barcelona: Círculo de Lectores, Instituto Cervantes, Plaza & Janés, 301-449. [Ed. de M. Marañón Ripoll y L. Montero Reguera, con prólogo de J. A. Cid].

NEBRIJA, A. de (1909[1492]): *Gramática castellana* (ed. González-Llubera; reproduction phototypique de l'edition princeps [1492] publiée avec une preface par B. Walberg). Halle: Max Niemeyer.

— (1946[1492]): *Gramática castellana*. Madrid: Junta del Centenario [Texto establecido sobre la *ed. princeps* de 1492 por P. Galindo Romeo y L. Ortiz Muñoz, con introducción, notas y facsímil; prólogo de J. Ibañez Martín].

— (1976[1492]): *Gramática de la lengua española*. Madrid: Espasa-Calpe.

— (1992[1492]): *Gramática castellana*. Madrid: Fundación Antonio de Nebrija, D. L. [Facsímil del ms. y transcripción en páginas paralelas; introducción y notas de M. A. Esparza; R. Sarmiento].

— (1992[1492]): *Gramática de la lengua castellana*. Madrid: Eurohemmer, D. L. [Ed. facs.; prólogo de T. d'Outreligne; introducción y edición de R. Lozano; con diez ilustraciones de J. de Mena].

— (1992[1492]): *Gramática de la lengua castellana*. Madrid: Ediciones de Cultura Hispánica-Instituto de Cooperación Iberoamericana, 3 vols. [Vol. 1. Facsímil. - Vol. 2. Edición crítica de A. Quilis. - Vol. 3. Estudios nebrisenses coordinados por M. Alvar].

— (1993[1492]): *Gramática castellana*. Valencia: Vicent García, D. L.[Reprod. facs. de la ed. de Salamanca, 1492].

RAE (1963[1726-1737]): *Diccionario de autoridades*. Madrid: Gredos (reprod. facs. de la ed. de Madrid: Imprenta de la Real Academia Española).

ROLDÁN, A. (ed. y estudio) (1977[1555]): *Util y breve institution para aprender los principios y fundamentos de la lengua Hespañola, Lovaina 1555*. Madrid: CSIC.

VIDEGAIN, X. (ed.) (2000[1620]). *Voltoire. Interprect ou Traduction du Français, Espagnol & Basque,* [Pau], icn.

VILLALÓN, C. (1971[1558]): *Gramática castellana por el Licenciado Villalón*. Madrid: CSIC [Ed. fac. y estudio de C. García].

VENEGAS, A. (1986[1531]): *Tractado de orthographía y accentos: en las tres lenguas principales*. Madrid: Arco/Libros [Estudio y edición de L. Nieto].

YCÍAR, J. de (1973[1548]): *Orthographia pratica*. Madrid: Instituto Bibliográfico Madrileño [Ed. facsímil].

5.2.2. *Paleográficas*

CORREAS, G. (1903 [1626]): *Arte grande de la lengua castellana*. Madrid: [s. n.] [Ed. del Conde de la Viñaza; reproducida en Gómez Asencio 2001].

— (1954 [1626]), *Arte de la lengua española castellana*. Madrid: CSIC, Instituto "Miguel de Cervantes" [Edición y prólogo de E. Alarcos García].

GAUTHIER, M. [seud. de Foulché-Delbosc, Raymond] (ed.) (1919 [1591/1599/1608/1626/1619/1708]): "Diálogos de antaño" (Diálogos de Stepney, Minsheu, Oudin, Luna y Sobrino), en: *Revue Hispanique* 45, 34-238.

MINSHEU, J. (2002[1599]): "Pleasant and delightful dialogues in Spanish and English [...]", en: *El español en el mundo. Anuario del Instituto Cervantes*. Barcelona: Círculo de Lectores, Instituto Cervantes, Plaza & Janés, 301-449. [Ed. de M. Marañón Ripoll y L. Montero Reguera, con un prólogo de J. A. Cid].

NEBRIJA, A. (1992[1492], *Gramática castellana*. Madrid: Fundación Antonio de Nebrija, D. L. [Facsímil del ms. y transcripción en páginas paralelas; introducción y notas de M. A. Esparza, R. Sarmiento].

SÁEZ RIVERA, D. M. (ed.) (2002[1708/1718]): *Diálogos nuevos (1708) de Francisco Sobrino y Diálogo decimoquinto (1718) de Félix Antonio de Alvarado*, <http://parnaseo. uv.es/Lemir/Textos/Sobrino/Index.htm> [en línea]

SBARBI, J. M. (ed.) (1874[1619]): "Diálogos familiares [...] Compuestos y corregidos por I. de Luna", en: *El refranero general español*. Madrid: Imprenta de A. Gómez Fuentenebro, [155]-277 [Ed. facsimilar: Madrid: Atlas, 1980].

VERDEYEN, R. (ed.) (1925-1926[1616]): *Colloquia et dictionariolum septem linguarum, gedrukt door Fickaert te Antwerpen in 1616, opnieuw uitgegeven door prof. Dr. R. Verdeyen...* [I-III], Amberes (texto en flamenco, alemán, inglés, francés, latín, español e italiano). [Paleográfica, reproduce incluso letra gótica de las columnas flamenca y alemán]

VIÑAZA, Conde de la (1893): *Biblioteca histórica de la filología castellana*. Madrid: Imprenta y fundición de Manuel Tello.

5.2.3. *Críticas*

CORREAS, G. (1984[1627]): *Arte kastellana (1627)*. Santiago de Compostela: Universidad [Introducción, edición y notas por M. Taboada Cid].

NEBRIJA, A. (1926[1492]): *Gramática castellana*. Oxford: University Press [Edited with an introduction by Ig. González-Llubera].

— (1992[1492]): *Gramática de la lengua castellana*. Madrid: Ediciones de Cultura Hispánica: Instituto de Cooperación Iberoamericana, 1992. 3 vols. Contiene: [Vol. 1. Facsímil. - Vol. 2. Edición crítica de A. Quilis. - Vol. 3. Estudios nebrisenses (coordinados por M. Alvar)].

5.2.4. *Ediciones paracríticas*

ABREU, M. H./GARCÍA DINI, E./GIACCHERINI, E./PAGANI, W./RIZZA, R./WAENTIG, W. W. (a cura di R. Rizza) [1996]: *Colloquia, et dictionariolum octo linguarum. Latinae, Gallicae, Belgicae, Teutonicae, Hispanicae, Italicae, Anglicae, Portugallicae*. Mauro Baroni editore, Viareggio-Lucca. [Edición interpretativa]

NEBRIJA, A. de (1931[1492]): *Gramática castellana*. Madrid: Hernando. [Notas preliminares por... J. Rogerio Sánchez; sigue texto de González Llubera 1926].
— (1981[1492]) *Gramática de la lengua castellana*. Madrid: Editora Nacional [Estudio y edición A. Quilis].
JIMÉNEZ PATÓN, B. (1965 [1614]): *Epítome de la ortografía latina y castellana. Instituciones de la gramática española*. Madrid: Consejo Superior de Investigaciones Científicas [Estudio y edición de A. Quilis y J. M. Rozas].

5.2.5. *Ediciones modernizadas*

PINEDA, P. (1992[1726]): *Corta y compendiosa ARTE para aprender à Hablar, Leer y Escrivir la Lengua Española*. Murcia: Universidad de Murcia [Estudio introductorio, traducción y notas de M. I. López Martínez y E. Hernández Sánchez].

5.3. OTRA BIBLIOGRAFÍA CRÍTICA

ALARCOS LLORACH, E. (1999): *Gramática de la lengua española*. Madrid: Espasa.
ALCINA FRANCH, J./BLECUA, J. M. (⁵1987): *Gramática española*. Barcelona: Ariel [1.ª ed. de 1975]
ALONSO, A. (1951a): "La pronunciación francesa de la *ç* y de la *z* españolas", en: *Nueva Revista de Filología Hispánica* V: 1, 1-37.
— (1951b): "Formación del timbre ciceante en la *c, z* española", en: *Nueva Revista de Filología Hispánica* 5: 3, 263-312.
— (1951c): "Identificación de gramáticos españoles clásicos", en: *Revista de Filología Española* 35, 221-236.
— (1951d): "Cronología de la igualación *c-z* en español", en: *Hispanic Review* 29, 37-58, 143-164.
— (1967): *De la pronunciación medieval a la moderna*, I. Madrid: Gredos.
— (1988): *De la pronunciación medieval a la moderna*, II. Madrid: Gredos.
ALVAR, M./POTTIER, B.(1983): *Morfología histórica del español*. Madrid: Gredos.
ÁLVAREZ DE MIRANDA, P. (2004): "El léxico español, desde el siglo XVIII hasta hoy", en Cano, R. (coord.). *Historia de la lengua española*. Barcelona: Ariel, 1037-1064.
AMBRUZZI, L. (²1973): *Nuovo dizionario spagnolo-italiano e italiano-spagnolo*. Torino: Paravia.
BIERBACH, C. (1989): "«La lengua, compañera del imperio»? ou «la filología, compañera del imperialismo»? – Nebrija (1492) au service de la politique linguistique du Franquisme", en: Py, B./Jeanneret, R. (eds.): *Minorisation linguistique et interaction. Actes du Symposium organisé par l'Association Internationale de Linguistique Apliquée et La Commission interuniversitaire Suisse de Linguistique Apliquée, Neuchâtel 16-18 septembre 1987*, I. Neuchâtel/Genéve: Université de Neuchâtel, Faculté des Lettres/Droz, 217-232.
BRUMME, J. (2004): "Las regulaciones legales de la lengua (del español y las otras lenguas de España y América)", en: Cano, R. (coord.): *Historia de la lengua española*. Barcelona: Ariel, 945-972.
CANO AGUILAR, R. (coord.) (2004): *Historia de la lengua española*. Barcelona: Ariel.

CARRERA DÍAZ, M. (1984): *Curso de lengua italiana: I. Parte teórica*. Barcelona: Ariel.

— (1991): *Manual de gramática italiana*. Barcelona: Ariel.

CAZORLA, C. (2000): "Una incursión en lexicografía bilingüe del siglo XVIII: la obra de Francisco Sobrino", en: Muñoz, M. D. *et al.* (ed.): *Actas del III Congreso de Lingüística General*. Cádiz: Área de Lingüística General de la Universidad de Cádiz/Servicio de Publicaciones de la Universidad de Cádiz/Servicio de Publicaciones de la Universidad de Alcalá, 607-616.

— (2002): *Lexicografía bilingüe de los siglos XVIII y XIX con el español y el francés* (tesis doctoral inédita presentada en la Facultad de Filología. Departamento de Filología Española I, Universidad Complutense de Madrid, mayo de 2002).

CERQUIGLINI, B. (1989): *Éloge de la variante. Histoire critique de la philologie*. Paris: Seuil.

CONCILIANI, G. (1987): *La grammatica degli italiani: la lingua italiana nella norma, nell'uso e nella sua storia*. Palermo: Palumbo.

CUERVO, R. J. (1895): "Los casos enclíticos y proclíticos. Del pronombre de tercera persona en castellano", en: *Romania* 24, 95-113/219-263.

DCECH = Corominas, J./Pascual, J. A. (1981): *Diccionario crítico-etimológico castellano e hispánico*. Madrid: Gredos.

DEMONTE, V. (1999): "El sintagma adjetival", en: Bosque, I./Demonte, V. (dirs.): *Gramática descriptiva de la lengua española*, I. Madrid: Espasa-Calpe, 129-217.

DÍAZ PADILLA, F. (1999): *Gramática analítico descriptiva de la lengua italiana*, T. I. Oviedo: Servicio de Publicaciones de la Universidad de Oviedo.

DPD = RAE (2005): *Diccionario panhispánico de dudas*. Madrid: Santillana.

ESPINOSA, A. M. (1911): "*Metipsimus* in Spanish and French", en: *Publications of the Modern Languages Association* 26, 356-378.

ESTEVE SERRANO, A. (1980): *Estudios de teoría ortográfica del español*. Murcia: Universidad de Murcia.

FERNÁNDEZ RAMÍREZ, S. (1987): *Gramática española: el pronombre*. Madrid: Arco/Libros [Vol. preparado por J. Polo].

FERNÁNDEZ SORIANO, O. (1999): "El pronombre personal. Formas y distribuciones. Pronombres átonos y tónicos", en: Bosque, I./Demonte, V. (dirs.): *Gramática descriptiva de la lengua española*, I. Madrid: Espasa-Calpe, 1275-1316.

GARCÍA DE DIEGO, V. (1970): *Gramática histórica española*. Madrid: Gredos.

GARRIDO, J. (1991): "Construcciones con *mismo*", en: *Elementos de análisis lingüístico*. Madrid: Fundamentos, 83-100.

GIRÓN ALCONCHEL, J. L. (1996): "Las gramáticas del español y el español de las gramáticas en el Siglo de Oro", en: *Boletín de la Real Academia Española* 75, 285-308.

— (1996-1997): "La morfología de los futuros de Nebrija a la Academia (1771)", en: *Anuario de Lingüística Hispánica* 12, 55-72.

— (1997): "La doctrina y el uso de los futuros en las gramáticas renacentistas", en: *Historiographia Lingüística* 24, 15-28

— (1998): "Sobre el reajuste morfológico de los demostrativos en el español clásico", en: *Actas del IV Congreso Internacional de Historia de la Lengua Española*, I. Logroño: Universidad de la Rioja, 493-502.

— (2000): "Análisis del discurso y cambio lingüístico (sobre la historia de *cantara* indicativo)", en: Bustos Tovar, J. J. *et al.* (eds.): *Lengua, discurso y texto (I Simposio Internacional de Análisis del Discurso)*, I. Madrid: Visor-UCM, 309-322.

— (2004): "Gramaticalización y gramaticografía: sobre la historia del relativo compuesto", en: Corrales Zumbado, J. *et al.* (eds.): *Nuevas aportaciones a la historiografía lingüística: Actas del IV Congreso Internacional de la SEHL.* I. Madrid: Arco/Libros, 643-652.

GÓMEZ TORREGO, L. (1998): *Gramática didáctica del español.* Madrid: SM.

HARRIS, A. C./CAMPBELL, L. (1995): *Historical Syntax in Cross-Linguistic Perspective.* Cambridge: Cambridge University Press.

Il nuevo Zingarelli gigante. Bologna: Nicola Zanichelli, 1985.

JAURALDE POU, P. (1981): "Las ediciones", en: *Manual de investigación literaria.* Madrid: Gredos, 160-171.

LATHROP, T. A. (1989): *Curso de gramática histórica española.* Barcelona: Ariel.

LÓPEZ MORALES, H. (2004): "La actuación de las Academias en la historia del idioma", en: Cano, R. (coord.): *Historia de la lengua española.* Barcelona: Ariel, 919-944.

MARCOS MARÍN, F. *et al.* (1998): *Gramática española.* Madrid: Síntesis.

MENÉNDEZ PIDAL, R. (1940): *Manual de gramática historica española.* Madrid: Espasa-Calpe.

MOLINER, M. (1966): *Diccionario de uso del español.* Madrid: Gredos.

MOREL-FATIO, A. (1901): *Ambrosio de Salazar et l'étude de l'espagnol en France sous Louis XIII.* Paris: Alphonse Picard et fils (*Bibliothèque espagnole* I).

MORENO FERNÁNDEZ, F. (2004): "Cambios vivos en el plano fónico del español: variación dialectal y sociolingüística", en: Cano, R. (coord.): *Historia de la lengua española.* Barcelona: Ariel, 973-1010.

NARBONA, A. (2004): "Cambios y tendencias gramaticales en el español moderno", en: Cano, R. (coord.): *Historia de la lengua española.* Barcelona: Ariel, 1011-1036.

NIEDEREHE, H. J. (2005): *Bibliografía cronológica de la lingüística, la gramática y la lexicografía del español (BICRES III). Desde el año 1701 hasta el año 1800.* Amsterdam/Philadelphia: John Benjamins.

OTERO, C. P. (1970): "The Syntax of *mismo*", en: *Actes du Xe Congrès International des Linguistes*, II. București: Éditions de l'Academie de la République Socialiste de Roumanie, 1145-1151.

— (1999): "Pronombres reflexivos y recíprocos", en: Bosque, I./Demonte, V. (eds.), *Gramática descriptiva de la lengua española*, I. Madrid: Espasa-Calpe, 1427-1517.

PENNY, R. (1993): *Gramática histórica del español.* Barcelona: Ariel.

RAE, 1973, *Esbozo de una nueva gramática de la lengua española.* Madrid: Espasa-Calpe.

RENZI, L. (ed.) (1991): *Grande grammatica italiana di consultazione.* Bologna: Mulino.

ROHLFS. G. (1968): *Grammatica storica della lingua italiana e dei suoi dialetti: morfologia.* Torino: Giulio Einaudi.

ROSENBLAT, Á. (1951): "Las ideas ortográficas de Bello", en: Bello, A: *Estudios gramaticales.* Caracas: Edic. del Ministerio de Educación.

SÁEZ RIVERA, D. M. (2003): "La duplicación de clíticos en la obra de Francisco Sobrino", en: *Res Diachronicae* 2, 332-342.

— (2006): "*Vuestra merced > usted*: nuevos datos y perspectivas", en: *Actas del VI Congreso Internacional de Historia de la Lengua Española*. Madrid: Arco/Libros, vol. III, 2899-2912.

SERIANNI, L. (1997): *Italiano: grammatica, sintassi, dubbi. Con un glosario di Giuseppe Patola*. Milano: Garzani Editore [Con la colaboración de A. Castelvecchio].

STOCKWELL, R. P. *et al.* (1965): *The Grammatical Structures of English and Spanish*. Chicago: The University of Chicago Press.

WARTBURG, W. (1943): *Problemas y métodos de la lingüística*. Madrid: CSIC.

5.4. OTRAS EDICIONES DE TEXTOS HISTORIOGRÁFICOS

BELLO, A. (1981 [¹1847]): *Gramática de la lengua castellana destinada al uso de los americanos*. Santa Cruz de Tenerife: Instituto Universitario de Lingüística Andrés Bello, Cabildo Insular de Tenerife [Edición crítica de R. Trujillo].

— (1988 [¹1847]): *Gramática de la lengua castellana destinada al uso de los americanos con las notas de Rufino José Cuervo*, 2 vols. Madrid: Arco/Libros [Estudio y edición de R. Trujillo].

GUTERRIUS CERASINAUS, A. (1998[1.ª ed.: 1485]): *Ars grammatica*. Burgos: Servicio de Publicaciones, Universidad de Burgos [Multiedición crítica de M. A. Gutiérrez].

MAYANS Y SISCAR, G. (1991): *Abecé español*. Madrid: Arco/Libros [Estudio y edición de M. J. Martínez Alcalde].

NTLLE = RAE (2001): *Nuevo Tesoro Lexicográfico de la Lengua Española*. Madrid: Espasa-Calpe [DVD-ROM].

QUILIS, A. (1997 [1610]): *Arte y reglas de la lengua tagala [de] Fray Francisco de San José*. Madrid: Cultura Hispánica (Estudio y edición de A. Quilis; estudio de la ed. de: En el Partido de Bataan: Thomas Pinpin Tagalo, 1610].

SALVÁ, V. (1988 [¹1830]): *Gramática de la lengua castellana*. Madrid: Arco/Libros [Estudio y edición de M. Lliteras].

APÉNDICE I
Stemma editionum de la *Nouvelle grammaire espagnole* de Francisco Sobrino (s. XVIII)

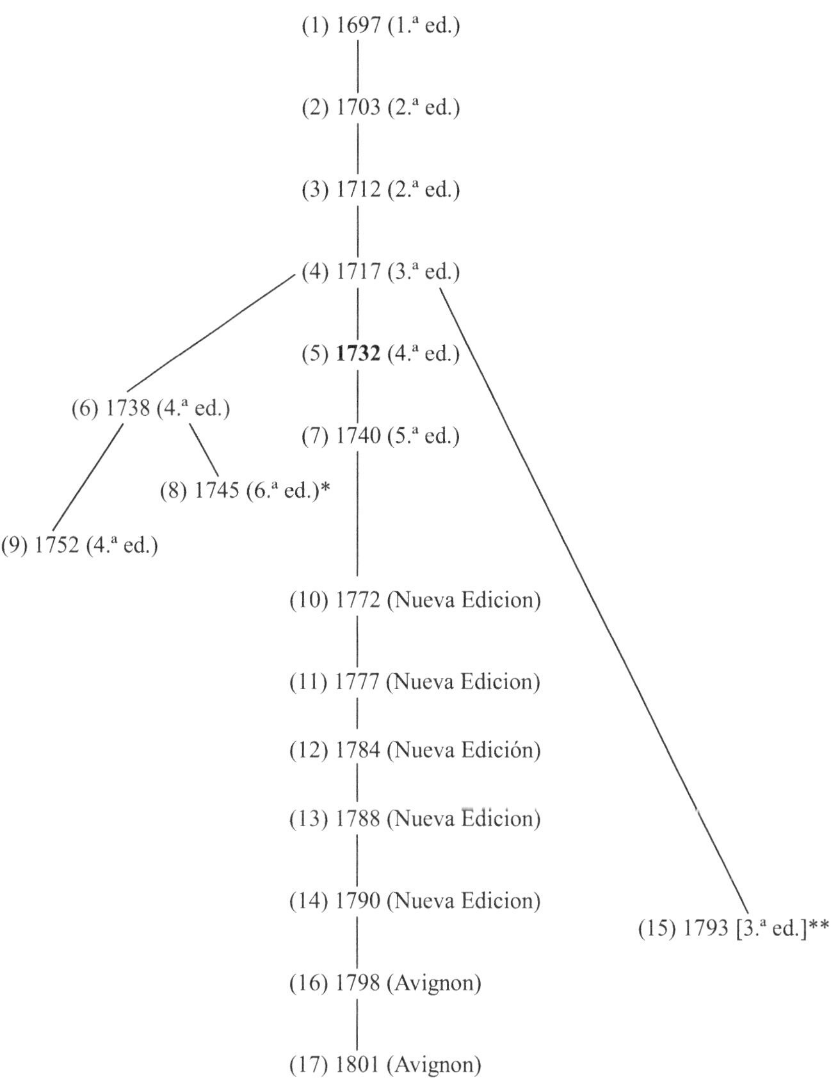

* Probable conocimiento de la ed. de 1740.
** Probable *contaminatio* o mero conocimiento de la rama de 1738.

Ediciones (1697-1801)

(1)   SOBRINO, Francisco, 1697, *Nouvelle grammaire espagnole, mise en bon ordre et expliquée en françois.* A Bruselle. Chez François Foppens.

(2)   SOBRINO, Francisco, 1703, *Nouvelle grammaire espagnolle et françoise...* A Bruselle. Chez François Foppens.

(3)   SOBRINO, Francisco, 1712, *Nouvelle grammaire espagnole et françoise...* A Bruselle. Chez François Foppens.

(4)   SOBRINO, Francisco, 1717, *Gramatica nueva española y francesa... Corrigida y aumentada en esta tercera Edicion de un Pequeño Dicionario Español y Francés por el mismo autor. Grammaire nouvelle espagnolle et françoise... Corrigée & augmentée en cette troisiéme Edition d'un petit Dictionaire François et Espagnol par le même Auteur.* En Bruselas. Por Francisco Foppens.

(5)   SOBRINO, Francisco, 1732, *Gramatica nueva española y francesa... Corregida, y augmentada Considerablemente, en esta quarta Edicion. Grammaire nouvelle espagnole et françoise... Corrigée & augmentée considerablement en cette quatriéme Edition.* En Bruselas. En Casa de la Viuda de Francisco Foppens.

(6)   SOBRINO, Francisco, 1738, *Gramatica nueva española y francesa... Corrigida y aumentada en esta quarta Edicion de un Pequeño Dicionario Español y Francés por el mismo autor. Grammaire nouvelle espagnolle et françoise... Corrigée & augmentée en cette quatriéme Edition d'un petit Dictionaire François et Espagnol par le même Auteur.* En Bruselas. Por Francisco Foppens. [Editada en Gómez Asencio 2001].

(7)   SOBRINO, Francisco, 1740, *Gramatica nueva española y francesa, Por ___, Maestro que fue de la Lengua Española. Corregida, y augmentada considerablemente. Quinta edicion. Grammaire nouvelle espagnole et françoise... Corrigée & augmentée considerablement. Cinquiéme edition.* En Paris. En Casa de Pedro Witte.

(8)   SOBRINO, Francisco, 1745, *Gramatica nueva española y francesa... Corrigida y aumentada en esta sexta Edicion de un pequeño Dicionario Español y Francés por el mismo autor. Grammaire nouvelle espagnolle et françoise... Corrigée & augmentée en cette sixiéme Edition d'un petit Dictionaire François et Espagnol par le même Auteur.* A Brusselles. Chez François Foppens.

(9)   SOBRINO, Francisco, 1752, *Gramatica nueva española y francesa... Corrigida y aumentada en esta quarta Edicion de un Pequeño Dicionario Español y Francés por el mismo autor. Grammaire nouvelle espagnolle et françoise... Corrigée & augmentée en cette quatriéme Edition d'un petit Dictionaire François et Espagnol par le même Auteur.* En Bruselas. Por Francisco Foppens.

(10) SOBRINO, Francisco, 1772, *Gramatica nueva española y francesa... Nueva Edicion, revista y corregida por una Persona muy versada en ambos idiomas. Grammaire nouvelle espagnole et françoise... Nouvelle Édition, revue & corrigée para une Personne fort versée dans les deux Langues.* En Leon de Francia. En casa de Pedro Bruyset.

(11) SOBRINO, Francisco, 1777, *Gramatica nueva española y francesa... Nueva Edicion, revista y corregida por una Persona muy versada en ambos idiomas. Grammaire*

nouvelle espagnole et françoise… Nouvelle Édition, revue & corrigée para une Personne fort versée dans les deux Langues. En Leon de Francia. En casa de Pedro Bruyset.

(12) SOBRINO, Francisco, 1784, *Gramatica nueva española y francesa… Nueva Edicion, revista y corregida por una Persona muy versada en ambos idiomas. Grammaire nouvelle espagnole et françoise… Nouvelle Édition, revue & corrigée para une Personne fort versée dans les deux Langues.* En Leon de Francia. En casa de Pedro Bruyset.

(13) SOBRINO, Francisco, 1788, *Gramatica nueva española y francesa… Nueva Edicion, revista y corregida por una Persona muy versada en ambos idiomas. Grammaire nouvelle espagnole et françoise… Nouvelle Édition, revue & corrigée para une Personne fort versée dans les deux Langues.* En Leon de Francia. En casa de Pedro Bruyset.

(14) SOBRINO, Francisco, 1790, *Gramatica nueva española y francesa… Nueva Edicion, revista y corregida por una Persona muy versada en ambos idiomas. Grammaire nouvelle espagnole et françoise… Nouvelle Édition, revue & corrigée para une Personne fort versée dans les deux Langues.* En Leon de Francia. En casa de Pedro Bruyset.

(15) SOBRINO, Francisco, 1793, *Gramatica nueva española y francesa… Grammaire nouvelle espagnolle et françoise…* En Madrid. En la imprenta de Sancha.

(16) SOBRINO, Francisco, 1798, *Gramática nueva española y francesa… Nueva Edicion, revista y corregida por una Persona muy versada en ambos idiomas. Grammaire nouvelle espagnole et françoise… Nouvelle Édition, revue & corrigée para une Personne fort versée dans les deux Langues.* En Aviñón. A costa de Chambeau y C. Libreros.

(17) SOBRINO, Francisco, 1801, *Gramática nueva española y francesa… Nueva Edicion, revista y corregida por una Persona muy versada en ambos idiomas. Grammaire nouvelle espagnole et françoise… Nouvelle Édition, revue & corrigée para une Personne fort versée dans les deux Langues.* En Aviñón. A costa de Chambeau y C. Libreros.

APÉNDICE II: TABLAS DE PROPORCIÓN DE USO DE *MISMO-MESMO/PROP(R)IO*

TABLA 1: *mismo-mesmo* vs. *prop(r)io*

	XIII	XIV	XV	XVI	XVII	XVIII	XIX	XX	TOTAL
mismo-mesmo (suj)	202	88	282	1776	1356	1140	2304	1686	8834
mismo-mesmo (rég)	536	229	1022	3355	2061	1749	4032	2852	15836
mismo-mesmo	738 (100%)	317 (100%)	1304 (99,85%)	5131 (92%)	3417 (93,92%)	2889 (94,91%)	6336 (89,89%)	4538 (99,98%)	24670 (94,95%)
prop(r)io (suj)	0	0	0	91	87	39	59	0	276
prop(r)io (rég)	0	0	2	132	134	116	654	1	1035
prop(r)io	0 (0%)	0 (0%)	2 (0,15%)	223 (8%)	221 (6,08%)	155 (5,09%)	713 (10,11%)	1 (0,02%)	1311 (5,05%)

TABLA 2: *mismo* vs. *mesmo*

	XIII	XIV	XV	XVI	XVII	XVIII	XIX	XX	TOTAL
mismo (suj)	165	25	97	1478	1230	1127	2282	1684	8008
mismo (rég)	421	60	439	2832	1891	1723	4008	2849	14244
mismo	586 (79,40%)	85 (26,81%)	536 (41,10%)	4310 (84%)	3121 (91,34%)	2850 (98,65%)	6290 (99,27%)	4533 (99,89%)	22252 (90,50%)
mesmo (suj)	37	63	185	298	126	13	22	2	746
mesmo (rég)	115	169	583	523	170	26	24	3	1592
mesmo	152 (20,60%)	232 (73,19%)	768 (58,90%)	821 (16%)	296 (8,66%)	39 (1,15%)	46 (0,23%)	5 (0,11%)	2338 (9,50%)

TABLA 3: *propio* vs. *proprio*

	XIII	XIV	XV	XVI	XVII	XVIII	XIX	XX	TOTAL
propio (suj)	0	0	0	80	70	33	59	0	236
propio (rég)	0	0	2	85	124	111	654	1	999
propio	0 (0%)	0 (0%)	2 (100%)	165 (73,99%)	194 (87,78%)	144 (91,14%)	713 (100%)	1 (100%)	1235 (94,85%)
proprio (suj)	0	0	0	11	17	9	0	0	31
proprio (rég)	0	0	0	47	10	5	0	0	36
proprio	0 (0%)	0 (0%)	0 (0%)	58 (26,01%)	27 (12,22%)	14 (8,86%)	0 (0%)	0 (0%)	67 (5,15%)

LA EDICIÓN COMO CONSTRUCCIÓN DEL OBJETO DE ESTUDIO.
EL EJEMPLO DE LOS CORPUS ORALES[1]

ARACELI LÓPEZ SERENA

> 'That's another thing we've learned from your nation', said Mein Herr, 'map making. But we've carried it much further than you. What do you consider the *largest* map that would really be useful?'
> 'About six inches to the mile'
> 'Only six inches!', exclaimed Mein Herr. 'We very soon got to six yards to the mile. Then we tried a hundred yards to the mile. And then came the grandest idea of all. We actually made a map of the country on the scale of a mile to a mile.'
> 'Have you ever used it much?', I enquired.
> 'It has never been spread out yet', said Mein Herr. 'The farmers objected: they said it would cover the whole country, and shut out the sunlight! So we now use the country itself, as its own map, and I assure you it does nearly as well'.
>
> (Lewis Carroll, *Sylvie and Bruno Concluded*)

1. El problema de la edición de corpus orales se plantea, con frecuencia, como una disyuntiva entre la legibilidad del texto editado y la fidelidad a la interacción que se pretende representar[2]. Este ideal de fidelidad absoluta al original, que subyace al deseo de reproducir con todo lujo de detalles –y respetando su carácter polifacético[3]– las actuaciones comunicativas que se quiere estudiar –y que también invocan, en ocasiones, los editores de textos o manuscritos antiguos, que se duelen de la pérdida de rasgos del documento original como la caligrafía, la dis-

---

[1] La redacción de este trabajo ha sido posible gracias a una beca del *Deutscher Akademischer Austauschdienst* (DAAD) para la realización de una estancia de investigación postdoctoral en la Universidad de Tubinga durante el verano de 2005. Agradezco a Johannes Kabatek, de dicha universidad, a Lola Pons, de la Universidad de Sevilla, y a Javier Rodríguez Molina, del CSIC, sus valiosos comentarios sobre versiones anteriores del texto que han contribuido sustancialmente a mejorar el resultado final, de cuyas carencias yo soy, naturalmente, la única responsable.

[2] *Cf.,* por ejemplo, Blanche-Benveniste/Jeanjean (1987: 115); Gadet (1989: 44); Teberosky (1998: 15); Bilger (2000b: 78; 2002: 50).

[3] *Cf.* Borreguero (2000).

posición formal de la página o incluso el olor del papel (*cf.* Branca 1997)–, es, obviamente, inalcanzable. Pero además, como se desprende de la cita de Lewis Carroll que encabeza estas líneas, aun cuando fuera posible, constituiría un auténtico despropósito. Una edición que se asemejara al mapa desarrollado por los compatriotas de Mein Herr sería completamente inútil, no sólo porque se podría ahorrar su confección recurriendo, como al final terminan por hacer, directamente a la realidad, sino porque, como expresa de forma insuperable Carroll, una reproducción a escala real de lo que se pretende investigar nos privaría de la luz (*the sunlight*), necesaria para todo análisis, que proporcionan la segmentación, la reducción, la simplificación y la abstracción de la materia de estudio en que consiste su conversión en objeto de investigación[4].

En este sentido, la edición de cualquier tipo de corpus, entre ellos los orales, no puede ser considerada como una tarea meramente artesanal, al servicio del estudio lingüístico propiamente dicho, esto es, como una labor de carácter exclusivamente práctico, cuyo cometido se limita a la simple y llana recolección, para su posterior análisis, de datos lo más fieles posibles al original que pretenden "reflejar", en los que el editor ha de procurar no dejar huella alguna de su intervención. Más bien ocurre todo lo contrario. Y es que, como pone de relieve Dominique Willems, por poco que nos detengamos a considerarlo, el término *datos* (en francés, *données* hace aún más transparente su significado etimológico de lo *dado*) es particularmente desafortunado, puesto que, en este ámbito, no hay nada que esté dado de antemano, sino que cualquier colección de datos, esto es, cualquier corpus, presupone una selección previa y, por tanto, una teoría (Willems 2000: 149)[5]. De ahí que la edición de corpus orales, lejos de constituir una cuestión menor, y a pesar de la escasa atención que ha merecido en la bibliografía lin-

---

[4] En la diferenciación entre *materia* y *objeto* de estudio sigo, entre otros, a Milagros Fernández Pérez (1993: 213-215; 1999: 23). La materia se identifica con la realidad fenomenológica en toda su heterogeneidad y complejidad. A partir de esta materia compleja, los científicos, en virtud de determinados criterios e intereses de la investigación, delimitan y perfilan sus objetos de estudio específicos. También Gimeno (1995: 22) realiza esta distinción. *Cf.,* asimismo, Martí (1998: cap. 6). Una diferenciación similar, aunque con otra terminología, se encuentra en Bernardo (1999). En este contexto es también de obligada consulta Lehmann (2004: 3), que coincide en que "the "real" world is complex and multifaceted, and no human cognition is interested in a true copy of it".

[5] O, en palabras de Émile Benveniste (1954[1966]: 117, *apud* Lehmann, 2004: 1): "Le donné linguistique est un résultat; et il faut chercher de quoi il résulte". *Cf.* también Iannàccaro (2000). De hecho, como señala Lehmann (2004: 2, 6), este significado de 'lo dado' es, además, de carácter relacional, en el sentido de que algo no constituye un dato en y por sí mismo, sino que funciona como un dato para alguien (o para una comunidad científica), desde una perspectiva determinada.

güística hispánica, se preste a reflexiones de naturaleza muy diversa, de índole no sólo práctica, sino también teórica. En el reducido espacio de las páginas que siguen, en las que no pretendo ofrecer más que una primera aproximación panorámica a esta problemática, trataré de esbozar algunas de las más importantes.

Vaya por delante que mi propósito no es, en cualquier caso, ofrecer un inventario de las diferentes posibilidades teóricas o metodológicas (entre ellas las puramente materiales) que se hayan propuesto y/o puesto en práctica en la edición de corpus orales. Tampoco pretendo comparar las ventajas e inconvenientes de tales o cuales sistemas de registro, transcripción y edición, a la luz de los diferentes objetivos de investigación formulados hasta la fecha[6], ni analizar las diversas tareas que forman parte del laborioso proceso de recogida, selección y tratamiento de los datos en la confección de corpus[7]. Mis consideraciones se desarrollan, como se verá, en un plano mucho más general.

Tras una escueta alusión a los orígenes del empleo del término *corpus* en el sentido en que se utiliza en la lingüística actual, me ocuparé, en § 2, entre otras cosas, de los distintos tipos de corpus que se pueden distinguir en el panorama lingüístico contemporáneo, así como, también muy brevemente, de algunas de las cuestiones que, en este ámbito, atañen a la lingüística aplicada, para pasar, muy por encima, en § 3, por la polémica metodológica entre partidarios de los corpus y partidarios de la introspección como fuentes de datos para el estudio y examinar, ya con mayor detenimiento, en § 4, la paradoja que supone el hecho de que la transcripción implique el estudio de lo hablado a través de la escritura. En esta misma línea, me interesa también llamar la atención sobre los diferentes filtros analíticos que, junto con la transcripción y edición de los materiales, se interponen entre las interacciones comunicativas y su estudio, con el objeto de discutir, finalmente, en § 5, la pertinencia de la cada vez más extendida costumbre de proponer requisitos generales aplicables a todo tipo de transcripción.

2. Tradicionalmente, el término *corpus* ha servido para designar un conjunto determinado de fuentes documentales. En la lingüística actual, de acuerdo con Claire Blanche-Benveniste, la primera utilización del término, en francés, aplicado a una colección de datos de una lengua viva se remontaría, según esta autora, al *Trésor de la Langue Française* de 1961 (Imbs, dir. 1961). En inglés, *The Survey of English Usage* y *The Survey of Spoken English*, compilados por Jan Svartvik y Randolph Quirk, recibieron en 1979 el título de *A Corpus of English*

---

[6] Comparativas de este tipo se ofrecen, por ejemplo, en O'Connell/Kowal (1994) y Bilger (2000b).

[7] Enumeradas y tratadas por extenso, por ejemplo, por Torruella/Llisterri (1999).

Conversation (*cf.* Blanche-Benveniste 2000a: 11). Más reciente aún es su empleo como denominación de una dirección propia de la lingüística, conocida en inglés como *corpus linguistics* y en español, como *lingüística del corpus* o *lingüística de corpus* (*cf.* Klöden 2002 e *infra*, nota 20), que empieza a perfilarse como subdisciplina propia en la década de los noventa.

Por lo que respecta al español, el *Diccionario de la Real Academia Española de la Lengua* no recoge, hasta la edición de 1989, más que el significado religioso del término y sólo a partir de este año admite como segunda acepción la de "conjunto de datos, textos u otros materiales científicos que pueden servir de base a su investigación" (RAE 1989, *s. v. corpus*). Sin embargo, *corpus* se empleaba ya mucho antes con este sentido en títulos de obras como *Corpus de conjuntos arqueológicos* (Almagro 1950), o *Corpus de toponimia catalana* (Badía/Marsá 1952)[8]. Y en la lingüística hispánica, al menos a partir de los años 80, se convirtió en un habitual de títulos, subtítulos e introducciones de tesis doctorales como *El corpus documental latino del reinado de Alfonso VIII: estudio de aspectos lingüísticos* (Pérez González 1982).

Con estos antecedentes, parece que, a primera vista, cabría esperar un cierto acuerdo en cuanto a qué constituye (y qué no) un corpus lingüístico, así como la existencia de una definición consensuada, relativamente genérica, de la noción de corpus lingüístico como colección de datos lingüísticos que sirven de muestra o base documental a un estudio (*cf.* Sinclair 1996; Habert/Nazarenko/Salem 1997: 11; Bruxelles/Traverso 2002: 59). La situación es, sin embargo, algo más compleja. Al margen de la diferenciación que se suele establecer, desde un punto de vista medial[9], entre corpus *textuales* y corpus *orales*[10], tampoco en el seno de estos últimos impera la homogeneidad. Como señalan Llisterri *et al.* (2005), "[l]a noción de corpus oral recubre muy diversos tipos de recursos lingüísticos, cuyo [único] denominador común es que todos ellos reflejan, de un modo más o menos directo, la lengua hablada"[11]. Existen, por tanto, distintos tipos de corpus orales, cuya

---

[8] Las referencias completas de estas obras son, respectivamente, Martín Almagro Basch (bajo la dirección de Marcel Edouard Mariën) (1950), *Corpus de conjuntos arqueológicos*. Madrid: Instituto Español de Prehistoria del CSIC y Antonio Badía Margarit y Francisco Marsá (1952), *Corpus de toponimia catalana: memoria de los trabajos realizados en el período 1948-1952*. Zaragoza: Instituto de Estudios Pirenaicos/CSIC.

[9] Sobre el concepto de *medio* opuesto a *concepción*, *cf.* Koch/Oesterreicher (1985, 1990 [2006], 2001) y López Serena (2002).

[10] De la distinción terminológica entre *texto* y *discurso* me he ocupado, someramente, en López Serena (2004a). Allí se remite a otros trabajos en los que se discute más extensamente esta cuestión.

[11] *Cf.* también, al respecto, Caravedo (1996: 221).*Cf.* asimismo el resto de contribuciones incluidas en el número especial que la revista *Oralia* dedica a los corpus del español hablado, en el que aparece el trabajo de Llisterri *et al.* (2005).

constitución, desarrollo y explotación están determinados por aproximaciones teóricas y objetivos de investigación distintos. A grandes rasgos, se suele diferenciar entre (i) corpus de lengua oral (*spoken language corpora*) y (ii) corpus orales (*speech corpora*), también llamados bases de datos orales (*speech data bases*).

Los primeros, propios de la llamada lingüística de corpus, que engloba orientaciones como el estudio de la lengua hablada o coloquial, el análisis del discurso o el análisis de las interacciones comunicativas, han estado constituidos, tradicionalmente, por transcripciones de producciones lingüísticas más o menos espontáneas. Éste es el caso de los corpus desarrollados de acuerdo con las pautas del *Proyecto para el estudio coordinado de la norma hablada culta en las principales ciudades de España e Hispanoamérica*, a partir de los cuales elabora José Antonio Samper su *Macro-corpus de la norma lingüística culta de las principales ciudades del mundo hispánico*, actualmente disponible en soporte informático (Samper 1993/1998)[12]. También son de este tipo muchos de los corpus de

---

[12] Una lista de los principales corpus realizados de acuerdo con los principios de este proyecto se encuentra en Cortés (1994: 57). Sobre las premisas, trayectoria y logros del *Proyecto*, se puede ver Lope Blanch (1986). También se puede consultar el *Cuestionario para el estudio coordinado de la norma lingüística culta de las principales ciudades de Iberoamérica y de la Península Ibérica* (Cuestionario 1971, 1972, 1973). Si bien en un principio, el *Proyecto del estudio de la norma culta* fue acogido con gran entusiasmo –para Manuel Alvar éste era "sin duda [...] el más ambicioso proyecto que se [hubiera] hecho nunca para las hablas vivas del mundo hispánico" (Alvar 1969: 68), mientras que, en opinión de Manuel Criado de Val se trataba de "la empresa más grande y audaz en la lingüística española contemporánea" (citado por Cortés 2001: 93, sin mencionar la fuente)–, las críticas no tardarían en surgir. Así, después de haberse expresado en términos elogiosos, Criado (1975) daba a un breve artículo aparecido a este respecto en la revista *Yelmo* el título de "Un gran proyecto en crisis" y lamentaba, en relación con el predomino de la encuesta lexicográfica premeditada sobre el registro de conversaciones espontáneas, que "se [perdiera] la ocasión de llevar por caminos y técnicas verdaderamente actuales y posibles [...] un plan de estudio tan ambicioso" (Criado 1975: 5). Por otra parte, Hidalgo (1990: 47-48) constataba, a principios de los 90, que diversos autores de renombre se habían distanciado en sus trabajos de las "difusas" directrices del *Proyecto*, que no había convencido a la totalidad de la comunidad científica por estar basado en un principio insostenible que reflejaba parcialmente las tradiciones saussureana y chomskiana: que el lenguaje fuera un sistema invariable de estructuras cuyo punto culminante fuera el habla de una comunidad lingüística homogénea ideal. Para Hidalgo, si la adhesión tenaz de la mayoría de los investigadores a esta idea bien pudiera haberse visto favorecida por el papel histórico que las capitales latinoamericanas tuvieron como irradiadoras de una norma ciertamente bastante homogénea en un gobierno tradicionalmente centralizado, la situación actual, surgida a raíz de los movimientos migratorios del campo a la ciudad, reviste una honda complejidad de la que los estudios sociolingüísticos han de hacerse eco, abandonando la ilusión de una norma culta única. En definitiva, el entramado social es infinitamente complejo e imposible de aprehender por las coordenadas del *Proyecto* que, como señala Cortés, "se basa en una concepción errónea y simplista de naturaleza purista, como es que la variación diatópica-diastrática puede ser dividida en dos tipos: culto e inculto" (Cortés 2001: 93).

los diferentes centros españoles del Instituto Cervantes que se reseñan en Arrarte/Llisterri (1994) y Fernández/Llisterri (1996), así como el corpus oral que forma parte del banco de datos CREA-CORDE de la Real Academia española (*cf.* Pino/Sánchez 1999)[13], el *Corpus de Conversaciones Coloquiales* del grupo *Val.Es.Co.* (*cf.* Briz y grupo Val.Es.Co., 2000), el *Corpus Oral de Referencia del Español Contemporáneo*[14] (*cf.* Ballester/Santamaría/Marcos 1993), y los corpus elaborados en el seno del *Proyecto para el Estudio Sociolingüístico del Español del España y de América* (PRESEEA), coordinado por Francisco Moreno Fernández y dependiente de la Comisión de Sociolingüística de la ALFAL[15]. Últimamente, sin embargo, aunque la transcripción continúa siendo lo fundamental, se tiende, gracias a las posibilidades que ofrece la edición en CD-ROM, a la confección de corpus "alineados", en los que es posible consultar simultáneamente las transcripciones y sus correspondientes registros sonoros o audiovisuales, como ocurre en el *Corpus integrado de referencia para las lenguas romances* (*cf.* Cresti/Moneglia 2005)[16].

Los corpus o bases de datos orales, por su parte, son característicos de orientaciones de la lingüística aplicada como las tecnologías del habla y la fonética experimental. Tienen como núcleo la señal sonora y suelen ofrecer materiales mucho más controlados (Llisterri 1996; Llisterri *et al.* 2005: 1). Por lo común, los expertos en tecnologías del habla y/o fonética experimental y, en general, quienes trabajan en lingüística aplicada concentran sus esfuerzos en la confección de materiales etiquetados conforme a algún estándar internacional, con los que desarrollar bases de datos informatizadas que puedan ser aprovechadas por diferentes disciplinas, así como en el desarrollo de procedimientos automáticos de conversión del habla en texto y viceversa, entre los que se cuentan, naturalmente, los sistemas de transcripción automática (como los propuestos por Di Cristo *et al.* 2002 o Mertens 2004).

---

[13] El corpus CREA-CORDE es accesible a través de un enlace en la página de la Real Academia (www.rae.es).

[14] *Cf.* [http://www.lllf.uam.es/corpus/corpus.html].

[15] Este corpus estará formado por los materiales que proporcionen los centros que se asocien al proyecto y que sigan las directrices, expuestas en diversas ocasiones por el propio Moreno Fernández (1996; 1997, ed.: 137-167; *cf.* también Moreno Fernández *et al.*, 2000). *Cf.* [http://www.linguas.net/ linguas.net_non_ssl/preseea/contenido/home.asp]. Ya ha sido editado el corpus correspondiente a *El español hablado de Valencia, I. Nivel sociocultural alto* (Gómez Molina, coor., 2001). Para obtener información básica sobre estos corpus se puede consultar la página de Internet de Llisterri: [http://liceu.uab.es/~joaquim/language_resources/spoken_res/Corp_leng_oral_esp.html].

[16] Sobre este proyecto, véase la información contenida en la dirección de Internet [http://dit12.dit.unifi.it/coralrom/index.html].

Los corpus o bases de datos orales se emplean en ámbitos diversos, como la lexicografía –en la que sirven para incluir nuevas palabras o excluir las desusadas de los diccionarios, para localizar lexemas co-ocurrentes en ciertas combinaciones sintácticas, o para trabajar sobre fraseología, detectar neologismos y obtener ejemplos reales con que ilustrar los diferentes lemas–, o la confección de herramientas lingüísticas informatizadas como diccionarios, para la corrección de textos informatizados o para la traducción automática y otras tareas basadas en el tratamiento automático del lenguaje. Además, "las bases de datos orales proporcionan datos importantes para la modelización de los fenómenos segmentales y suprasegmentales en la conversión de texto a habla y son esenciales para el entrenamiento y la validación de los sistemas de reconocimiento y de diálogo en entornos de comunicación persona máquina, cuyas aplicaciones se extienden desde la oferta de servicios telefónicos automatizados hasta las ayudas para personas con discapacidades" (Torruella/Llisterri 1999: 4-5; *cf.* también Bilger 2000a: 7).

En la lingüística aplicada, un corpus se concibe como "un conjunto estructurado de materiales lingüísticos en el que se distinguen diversos niveles de representación correspondientes a diferentes grados de elaboración de los datos que los constituyen" (Llisterri 1999: 2). "Para cada nivel de representación suele establecerse un conjunto de "etiquetas" que se asocian a un determinado fragmento de corpus –un segmento sonoro, una unidad prosódica, una palabra, etc.– y definen sus propiedades" (*ibid.*). Además de establecer un inventario de etiquetas, es decir, de los fenómenos y características que se desea anotar en el corpus, es preciso desarrollar un sistema "de codificación tanto de los fenómenos representados en los diferentes niveles del corpus como de sus correspondientes etiquetas" (*ibid.*). Para esto se suele recurrir al SGML (*Standard Generalized Markup Language*), que es un lenguaje jerárquico de codificación plenamente estandarizado. También es deseable la estandarización de la representación ortográfica del corpus, que propugnan el *Network of European Reference Corpora* (NERC) (*cf.* Calzolari *et al.* eds., 1995), así como el Grupo de Trabajo sobre Textos Orales de EAGLES (*Expert Advisory Group on Language Engineering Standards*) (*cf.* EAGLES 1996), entre otros, que han fomentado la *Text Encoding Initiative* (TEI), una de cuyas guías está dedicada a la transcripción de corpus orales (*cf.* Johansson 1995a, 1995b)[17].

---

[17] Sobre la TEI se pueden ver también, entre otros trabajos, Burnard (1992) y Mylonas/ Renear (eds.) (1999). En Llisterri (1999) se recogen también otras propuestas para la representación ortográfica en el campo de las tecnologías del habla, así como para la representación fonética de elementos segmentales y suprasegmentales y el etiquetado fonético de corpus orales, en las que no me puedo extender aquí. Generalmente, los analistas del discurso hablado no

Las diferencias fundamentales entre las dos tradiciones de investigación que subyacen a la elaboración de corpus de lengua oral y de bases de datos orales se ofrecen en la siguiente tabla, reproducida a partir de Llisterri (1996):

	Lingüística de corpus	**Tecnologías del habla y fonética experimental**
Materiales	Habla espontánea, no preparada (*unelicited speech*)	Corpus controlado (*elicited speech*)
Ámbito	Discurso, diálogo	Enunciado
Grabación	Entorno natural	Entorno controlado
Transcripción	Transcripción ortográfica enriquecida	Transcripción fonética y ortográfica alineada con la señal sonora
Orientación	Representación simbólica categorial	Señal sonora, representación temporal continua

Como se observa, mientras que en la lingüística de corpus predomina el interés por el registro de actuaciones lingüísticas en condiciones lo más "naturales" posibles[18], cuyo análisis, no obstante, se suele realizar a partir de transcripciones ortográficas, "tanto en fonética como en tecnologías del habla difícilmente se concibe un corpus que no vaya acompañado del correspondiente registro sonoro en formato digital" (Torruella/Llisterri 1999: 8-9), cuya necesidad obliga a anteponer la calidad acústica de la muestra a su "naturalidad".

A las diferencias reflejadas en la tabla cabe añadir, finalmente, una última distinción metodológica. Como señalan Church y Mercer (1993) (*apud* Llisterri

---

conocen los corpus confeccionados en el ámbito de la lingüística aplicada, que, por ser fruto, en su mayoría, de iniciativas empresariales privadas tampoco son, en general, de fácil acceso. Para hacerse una primera idea del tipo de material desarrollado en este campo, se puede consultar Llisterri *et al.* (2005). También resulta muy útil acceder a los contenidos de las revistas *Literary and Linguistic Computing* o *Computers and the Humanities*. Además, a lo largo de diversos números de *Literary and Linguitics Computing*, René Pellen y Jacques Pradines han ido publicando una bibliografía sobre informática y humanidades que abarca desde el año 1984 a 1993 (*cf.* Pellen/Pradines, 1988, 1990, 1991, 1994).

[18] De ahí las conocidas discusiones, en este ámbito, del problema de la llamada "paradoja del observador". De la irrelevancia de esta paradoja en la constitución de corpus útiles para el estudio de las variedades me ocupo más adelante.

1996: 3), mientras que la investigación sobre la lengua oral en la tradición de la lingüística de corpus ha estado esencialmente basada en métodos heurísticos (*knowledge-based*), la aproximación dominante en el reconocimiento del habla ha sido la estadística.

Aunque en la actualidad asistimos a una cierta convergencia entre los métodos y materiales de la lingüística de corpus, las tecnologías del habla y la fonética experimental –que está conduciendo a una disipación de las fronteras entre las características definitorias de los corpus elaborados por parte de estas tres disciplinas (*cf.* Llisterri 1996)–, es posible clasificar, a su vez, los dos grandes tipos de corpus orales opuestos en la tabla anterior, atendiendo, además de a los criterios específicos que sirven para distinguir entre (i) corpus para la descripción fonética de la lengua, (ii) corpus para el desarrollo de sistemas en el ámbito de las tecnologías del habla y (iii) transcripciones ortográficas de lengua hablada, a criterios generales, como (a) el porcentaje y la distribución de los diferentes tipos de texto que conforman la totalidad del corpus, (b) la cantidad de texto que se recoge de cada documento, (c) el tipo de codificación y de anotación o (d) la documentación que acompaña a los textos (*cf.* Torruella/Llisterri 1999)[19].

Claro que, en realidad, lo interesante no son tanto las diferentes taxonomías posibles, sino la constatación del hecho de que las cuestiones que preocupan a los lingüistas embarcados en la tarea de elaborar y explotar uno y otro tipo de corpus son bien distintas. A este respecto, las consideraciones que, a mi modo de ver, dan pie a reflexiones teóricas de más hondo calado son las que afectan a los corpus de lengua oral, en los que me centraré en adelante.

3. De espaldas casi por completo a la lingüística aplicada, en el campo de la lingüística teórica se ha librado, durante largo tiempo, una batalla metodológica entre

---

[19] Desde una perspectiva más técnica, Torruella y Llisterri (1999) diferencian, en relación con la constitución y estructuración interna de los corpus informatizados, entre:

- Archivo/colección (informatizado) (*Archive/Collection*).- Es un repertorio de textos en soporte informático sin buscar ningún tipo de relación entre ellos.
- Biblioteca de Textos Electrónicos (*Electronic text library*).- Es una colección de textos en soporte informático, guardados en un formato estándar, siguiendo ciertas normas de contenido, pero sin un criterio riguroso de selección.
- Corpus Informatizado (*Computer corpus*).- Es una colección de textos seleccionados según criterios lingüísticos, codificados de modo estándar y homogéneo, con la finalidad de poder ser tratados mediante procesos informáticos y destinados a reflejar el comportamiento de una o más lenguas".

Otra propuesta de clasificación de los corpus se puede ver en Atkins/Clear/Ostler (1992).

defensores y detractores de los corpus como fuentes de datos para la contrastación de las teorías[20]. En efecto, como señala Dominique Willens, "[d]e la grammaire traditionnelle a la linguistique du corpus, en passant par la grammaire generative, le rapport entre données linguistiques et theorie a connu une evolution spectaculaire" (Willens 1998: 79; *cf.* también Coppieters 1997). Pero el debate lingüístico se remonta, en última instancia, al dilema epistemológico entre el Positivismo lógico, fundamentado en la inducción y en el establecimiento de leyes generales a partir de la observación, y el Falsacionismo popperiano, que antepone la conjetura teórica especulativa a la inferencia de leyes generales a partir de la observación[21].

En un artículo relativamente reciente, Charles Fillmore caricaturizaba esta polémica, que enfrenta, sobre todo, a los "lingüistas de sillón", continuadores de la gramática generativo-transformacional (GGT) –y valedores, por tanto, de la introspección como el método más adecuado para la obtención de datos sobre la gramaticalidad o agramaticalidad de las construcciones y, en general, sobre la competencia lingüística–, con los lingüistas de corpus, en los siguientes términos:

> Armchair linguistics does not have a good name in some linguistics circles. A caricature of the armchair linguist is something like this. He sits in a deep soft comfortable armchair, with his eyes closed and his hands clasped behind his head. Once in a while he opens his eyes, sits up abruptly shouting, "Wow, what a neat fact!", grabs his pencil, and writes something down. Then he paces around for a few hours in the excitement of having come still closer to knowing what language is really like. (There isn't anybody exactly like this, but there are some approximations).
>
> Corpus linguistics does not have a good name in some linguistics circles. A caricature of the corpus linguist is something like this. He has all of the primary facts that he needs, in the form of a corpus of approximately one zillion running words, and he

---

[20] Obviamente, la utilización de corpus como fuentes de datos sólo tiene sentido en el seno de una lingüística concebida, no como ciencia lógica (en la tradición platónica, aristotélica y estoica que reviven los racionalistas franceses y llega hasta nuestros días de la mano de autores como Hjelmslev, Coseriu o Chomsky), ni tampoco como ciencia hermenéutica (al estilo de la filología tradicional heredera, en última instancia, de la escuela alejandrina), sino únicamente como ciencia empírica, en la estela del estructuralismo antropológico norteamericano (*cf.* Lehmann 2004: 9-11).

[21] Las diferencias, en Filosofía de la Ciencia, entre el Positivismo Lógico, desarrollado por el Círculo de Viena, y el Racionalismo Crítico con el que Karl Popper sustituyó, debido a sus numerosos problemas de justificación, el criterio de la inducción por el de la falsabilidad como pilar fundamental del conocimiento científico, serían muy largas de explicar con todo el detalle que merecen. Para una primera introducción en estas cuestiones, se pueden ver los manuales de Chalmers (1976[1982]), Echeverría (1999) y Diéguez (2005), así como las entradas pertinentes en el diccionario de Ferrater (1994). En relación con la lingüística, he tenido oportunidad de abordarlas, desde otros puntos de vista, en trabajos anteriores (*cf.* López Serena 2003, 2004a, 2005).

sees his job as that of deriving secondary facts from his primary facts. At the moment he is busy determining the relative frequencies of the eleven parts of speech as the first word of a sentence versus as the second word of a sentence. (There isn't anybody exactly like this, but there are some approximations) (Fillmore 1992: 35).

En Europa, al menos por lo que se refiere al estudio de las lenguas románicas, esta controversia, si es que alguna vez la hubo, hace tiempo que ha dejado de preocupar a los lingüistas. Tal como afirman Claus Pusch y Wolfgang Raible, en el Viejo Continente,

[o]ne may seriously question the assumption that there has ever been such a thing as Romance linguistics without corpora. It appears indeed absurd to attempt to study the synchronic structure and the diachronic development of (a group of) individual historical languages without falling back upon 'authentic' language facts extracted from 'real life' communicational events (Pusch/Raible 2002: 1).

Con todo, como recuerda Mario Barra Jover, la "polémica sobre lo que debe considerarse un dato legítimo en lingüística", que siempre ha acompañado al "desarrollo de las gramáticas formales" (Barra 2001: 179), ha experimentado recientemente una polarización de las posiciones, a la que, en opinión de este autor, han contribuido los siguientes factores:

En primer lugar, el desplazamiento del centro de interés, desde los años ochenta, hacia todo lo que atañe al acto de enunciación [...]. En segundo, el desarrollo de los trabajos sobre la lengua coloquial. Para terminar, la elaboración de corpus informatizados cada vez más sofisticados y que abarcan todo el espectro diacrónico y diastrático. Estos tres factores han acentuado la disposición crítica de algunos lingüistas ante lo que se ha dado en llamar "ejemplos artificiales" o "de laboratorio" y ante la rama de la lingüística, la sintaxis formal, que se sirve de ellos para proceder a una demostración (Barra 2001: 179).

La posición generalizada entre los estudiosos de la lengua hablada en su contexto comunicativo es que

un ejemplo inventado a) no es interpretable porque carece de la contextualización que haría de él un verdadero enunciado [omito nota]; b) no da ninguna garantía cuando recibe el calificativo de gramatical o agramatical, dado que la verdadera producción oral puede ir contra nuestras previsiones [omito nota]; c) es gratuito porque los lingüistas <sic> disponen actualmente del suficiente material "real" como para ahorrarse los esfuerzos de imaginación [omito nota] (*ibid.*).

Por lo que concierne al otro lado del Atlántico, y a la lingüística anglosajona, en general, esta contienda no ha dejado en ningún momento de hacer correr ríos de tinta, de modo que hace aproximadamente una década Fillmore se veía en la obligación de volver sobre ella –si bien, como se observa, con grandes dosis de sentido del humor–, para tratar de zanjarla con la siguiente afirmación: mientras que el problema de la "lingüística de sillón" es el de la ausencia de fiabilidad y de legitimidad empírica, debido al manejo exclusivo de datos procedentes de la introspección[22], el inconveniente de la lingüística de corpus estriba en la posible falta de interés de muchos de los datos que se pueden extraer de los corpus, que no siempre contienen los hechos que resultan pertinentes para el estudio[23]. En su opinión, por tanto, ningún corpus, independientemente de su tamaño, es capaz de contener toda la información sobre todas las áreas del léxico o la gramática que interesa analizar y, a la vez, cualquier corpus que se examine suele mostrar hechos de los que no hubiera sido fácil percatarse de ninguna otra manera[24]. De ahí que se muestre a favor de una conciliación entre las dos posturas, que es, precisamente, como digo, la actitud por la que se decanta la mayoría de los estudiosos en la actualidad[25].

En esta misma línea, Willems, que, además de los datos procedentes de la observación y de la introspección, distingue un tercer tipo de datos, que denomina *données "élicitées"*[26], y que identifica con los procedentes de los tests lingüísticos de todo tipo que se emplean en la investigación psicolingüística contemporánea, considera que el problema no reside tanto en el uso privilegiado o incluso exclusivo de un tipo u otro de datos, como en (1) su carácter poco exhaustivo, (2) su heterogeneidad, (3) su dependencia con respecto a la teoría y (4) el estatuto teórico poco claro de las diversas manipulaciones que se operan sobre ellos (paráfrasis, interpretaciones, etc.) (Willems 1998: 81-82; *cf.* también Willems 2000).

---

[22] *Cf. infra*, nota 22.

[23] En palabras de Wallace Chafe, "behavioral data are verifiable but indirect, introspective date are direct but difficult to verify" (Chafe 1992: 83). También se muestra de acuerdo Barra (2001: 181), para quien "los ejemplos que se observan [en los corpus] no son más que una pequeña muestra de lo que se quiere descubrir. Respecto a esta muestra, hay cosas que, aun no apareciendo, son posibles y cosas que no aparecen y que tampoco son posibles".

[24] De acuerdo, Lehmann (2004: 20).

[25] Precisamente por la posibilidad de combinar el uso de introspección y corpus en ciertos estudios, Rocío Caravedo (1999: 13) acuña el término de "lingüística *del* corpus" (en vez de "lingüística *de* corpus" para hacer referencia a la "actitud científica respecto de la relación directa entre teoría y datos [que] implica el reconocimiento de la prioridad de la observación en la actividad analítica y sintética del razonamiento científico, y concomitantemente de la necesidad de un proceso de selección y de reconstrucción de la porción de realidad investigada en la forma de una nueva totalidad denominada corpus".

[26] *Cf.* también Iannàcaro (2000: 57), Lehmann (2004: 21).

También para Mario Barra "la oposición entre ejemplo real y ejemplo artificial carece [...] de sentido [puesto que] [e]l ejemplo de una lengua X producido por un lingüista hablante nativo de tal lengua es tan real como otro cualquiera, en la medida en que está producido con los mismos medios "naturales" (Barra 2001: 181). En su opinión, sería "más pertinente buscar una oposición entre los ejemplos que existen independientemente de la investigación en la que funcionan como datos y los ejemplos que sólo existen en función de esta investigación [...] [y que son, por tanto] ejemplos *ad hoc*" (*ibid.*).

De hecho, la polémica, sustentada en parte, como se ha dicho, en la creencia de la superioridad empírica de los métodos de observación y registro manejados por la lingüística de corpus, según la cual, tal como lo expresa Elinor Ochs, el empleo de medios técnicos retrasaría los problemas de la observación selectiva, al menos hasta el momento de la transcripción[27], se diluye aún más a la luz de la consideración, en la que ahondaré en el siguiente apartado, de que la transcripción no constituye, en absoluto, el único, ni tan siquiera el primer filtro interpretativo que requiere la toma de decisiones teóricas. Esto obliga, por tanto, a matizar el estatuto empírico de los materiales proporcionados por la grabación[28].

4. En efecto, tampoco una vez que se está de acuerdo en la necesidad de basar los estudios en corpus –en nuestro caso, de lengua hablada– se terminan los problemas teóricos. Para empezar, hemos de vérnoslas con la paradoja de que la lengua hablada se estudie, no directamente sobre los corpus constituidos por grabaciones sonoras o videomagnéticas, sino a partir de sus transcripciones, algo que, como hemos visto anteriormente, marca una clara diferencia entre los corpus de

---

[27] "[T]he problems of selective observation are not eliminated with the use of recording equipment. They are simply **delayed** until the moment at which the researcher sits down to transcribe the material from the audio- or videotape" (Ochs 1979: 44). En negrita en el original.

[28] Con esto tampoco quiero decir que los datos de la observación, seleccionados en las grabaciones y analizados, normalmente, tras la nueva selección –y, por tanto, manipulación, empobrecimiento, o como se quiera llamar– que supone su transcripción y los datos de la instrospección sean completamente equivalentes en cuanto a su legitimidad científica. Al problema de que toda obtención de datos, en tanto que ineludiblemente guiada por la teoría, sea, en cierto modo, una *construcción*, se une, en el recurso a la introspección, el problema de la *subjetividad* de los datos. En la GGT, esto se agrava por el siguiente motivo: los datos introspectivos, para tener validez como evidencia, deben ser objetivos. El único modo de conferir a las introspecciones objetividad sería su consideración como normas intersubjetivas de la comunicación. Para Chomsky, sin embargo, "el aspecto comunicativo [...] no tiene demasiada importancia [...], y de esta forma cierra la vía hacia la fundamentación objetiva de sus datos" (Fernández 1986: 49). *Cf.* también Bernárdez (1995: 34-41), López Serena (2003) y Lehmann (2004: 15-16).

lengua hablada elaborados por la lingüística de corpus y los corpus orales de que se sirve la lingüística aplicada.

En efecto, la mayoría de los estudiosos de la lengua hablada o coloquial se muestra convencida de que "la descripción del lenguaje oral no es posible sin lo escrito" (Teberosky 1998: 11; Álvarez Muro 2000: 22)[29]. Este problema no se restringe, sin embargo, únicamente a la edición de corpus orales. La reflexión lingüística occidental manifiesta, prácticamente en todas sus esferas, una orientación abiertamente escriptista. Ésta se refleja en el hecho de que el grueso del saber gramatical occidental descansa sobre la lengua escrita, de la que procede no sólo la mayoría de los materiales sobre los que se ha realizado el análisis lingüístico –y que ha constituido, por tanto, implícitamente, el objeto de estudio exclusivo de la

---

[29] Sirvan de muestra las siguientes citas: "Los porqués de la transcripción, de hecho, parecen más que justificados y evidentes, tanto en su vertiente teórica como práctica. Aun cuando el progreso tecnológico nos permite contar hoy en día con técnicas (audiovisuales) que ponen en entredicho el famoso adagio de *Verba volant, scripta manent*, el análisis de muchos aspectos del discurso –en especial los "más" verbales o lingüísticos– conlleva la necesidad de un soporte gráfico (escrito) permanente. Sin él, no sólo no es posible el análisis por parte de los responsables de la investigación, sino que –a pesar de que a menudo se olvide– se hace imposible el traslado de los datos, su uso por parte de otros investigadores o la discusión de las interpretaciones, y sabido es que compartir datos y contrastar análisis es una fase inevitable en cualquier disciplina científica" (Payrató 1995: 46); "¿[Q]ué sentido cumple [...] el trasvase de lo oral a lo escrito? [...] [A]l parecer no se puede aplicar el procesamiento analítico sobre el discurso oral antes de haberlo fijado en el código escrito. Esa fijación de la inasible materialidad del flujo discursivo hace posible las operaciones analíticas. Estas exigen, entre otras cosas, diversos tipos de conexiones razonadas y recurrentes entre las secuencias, en distintas direcciones retrospectivas y prospectivas. Tales conexiones, que se logran a través de la inmovilidad de lo gráfico, son difícilmente realizables si quedan libradas a los mecanismos memorísticos que exigiría el razonamiento aplicado de modo directo a la oralidad" (Caravedo 1996: 222); "Why is the Western scientific tradition so much more attuned to visual information than to auditory? Certainly this preference has something to do with the different relations of the two types of information to time. What is heard is, by its very nature, constantly changing, whereas what is seen stays put long enough to be examined, manipulated, and pondered over. To the extent that we can succeed in making spoken language visible, we can subject it at our leisure to kinds of scrutiny and comparison that would be difficult if not impossible with the spoken language itself" (Chafe 1995: 54); "Los sistemas de escritura han sido importantes para el desarrollo del análisis lingüístico [...]: para que entendamos el cambio de los sonidos lingüísticos a lo largo del tiempo (lingüística histórica) y para poder segmentar fragmentos sonoros significativos en unidades de análisis como las oraciones, y estas a su vez en palabras con sus componentes (morfemas, fonemas)..." (Duranti 1997[2000]: 175). *Cf.* también Blanche-Benveniste 1998: 50; Gadet 1989: 43; Criado de Val 1980: 1971; Narbona (1988[1989]: 158; Vigara, 1992: 30, Caravedo 1999 o Agudo, 2000: 695, entre otros). Sobre la relación entre la escritura y la reflexión sobre el lenguaje, *cf.* Goody (1968[1996]: 12-13; 1987: 186, 188); Harris (1980: 6, 14-16; 1996: 38), Biber (1988: 3-4); Toolan (1996: 20-21, 54); Ferreiro (2002: 166-168), Lara (2002) y Bernardelli/Pellerey (1999:1, 8-9).

mayor parte de la reflexión sobre el lenguaje–, sino también el modelo de la comunicación humana que ha dado lugar a su concepción en los términos de codificación y descodificación de mensajes[30], que el modelo de la comunicación ostensivo-inferencial de Sperber y Wilson (1986[1994]) propone superar.

Como señala Duranti, parece que

[h]asta el nacimiento de la sociolingüística urbana en los años 60, el interés por los temas de la representación ortográfica en la cultura occidental estaba fundamentalmente restringido a los escritores de ficción que deseaban reproducir (o simplemente dar una impresión) de algunos dialectos no estándarizados <sic>, generalmente en un diálogo. Con la excepción de fonetistas y fonólogos, los gramáticos occidentales (especialistas en sintaxis y semántica) que trabajaban sobre su propia lengua no parecían tener dudas acerca del modo de representar los ejemplos que creaban para su argumentación (Duranti 1997[2000]: 177).

De hecho, hasta que no se generalizó el uso de grabaciones y transcripciones de interacciones orales en la lingüística, no se advirtió la contradicción, inherente a la lingüística teórica de la mayor parte del siglo XX, entre la proclamación programática saussureana de la lengua hablada como objeto *único* y verdadero de la ciencia del lenguaje[31], –asumida, más o menos explícitamente, por el grueso de la lingüística posterior[32]–, y el análisis exclusivo de documentos escritos[33]. La situación se prolonga hasta la Gramática Generativa de Noam Chomsky, en la que, pese a haberse erigido en objeto de estudio la lengua de un *hablante-oyente* ideal –y no, curiosamente, la de un *escritor-lector* ideal–, en la práctica, los productos lingüísticos analizados por los generativistas distan mucho de proceder, efectivamente, de la lengua *hablada-oída*[34].

---

[30] Para una discusión más extensa y detallada de las diferentes implicaciones del escriptismo en la lingüística contemporánea, *cf.* López Serena (2005).

[31] Para Harris (1998: 19) la primacía de la lengua hablada reviste, en la lingüística inmanentista u ortodoxa del siglo XX, una relevancia mucho mayor que la que le otorga su consideración como mera tesis sobre la relación entre escritura y habla. Se trata, en realidad, de un principio vital para la lingüística segregacional, que permite la reducción de la comunicación oral a los aspectos puramente verbales, restringiéndose así la significación lingüística al significado de las secuencias de sonidos articulados y dejándose, por tanto, de lado, todo el resto de factores contextuales que inciden en el sentido de cualquier acto comunicativo real. *Cf.* también *infra*, nota 38.

[32] Biber (1988: 6) recoge afirmaciones en esta línea desde Sapir a Fillmore, pasando por Bloomfield, Hall o Postal.

[33] Lo señalan también Linell (1982/2005²: 41-42 y *passim.*), Ehlich (1994: 29), Cano (1996: 376), Miller/Weinert (1998: 5) y Barbe (2001: 95), entre otros.

[34] Biber señala que los datos primarios para el análisis en el paradigma generativo-transformacional, las intuiciones gramaticales, aunque no están tomados de realizaciones ni orales,

Con todo, no se trata sólo de que la reflexión lingüística se haya realizado tradicionalmente *a través del prisma de la escritura*, sino que la mayoría de los autores está convencida de que la escritura no es únicamente concomitante, sino también necesaria para el surgimiento y posterior desarrollo de dicha reflexión. Como señala Sylvain Auroux, *a nuestros ojos*,

> [l]es traditions linguistiques apparaissent toujours *après* la constitution du système d'écriture [étant donné que] [n]os connaissances des origines des traditions linguistiques dépendent des textes qui les ont conservées. En un certain sens, il n'est donc pas étonnant qu'elles nous apparaissent postérieures à l'écriture[...]. Mais le problème de fond du rapport de l'écriture et du savoir linguistique doit s'exprimer en termes de causalité. Le savoir linguistique peut-il exister sous forme d'un corpus oral, éventuellement susceptible de jouer un rôle dans la naissance de l'écriture, ou bien n'est-il qu'un des produits de l'écriture? (Auroux 1994: 36-37. *Cf.* también Goody 1987: 117).

Las respuestas a esta pregunta oscilan entre la consideración de que la invención de la escritura posibilita y fomenta la reflexión sobre el lenguaje (Auroux 1989: 21 y 1994: 8-9, 39; Havelock 1986[1996]: 61) y la convicción de que la escritura es fruto de una reflexión lingüística previa de la cual es el primer producto (Desbordes 1989: 155; Meillet 1912-1913)[35]. Ambas posturas, que dan por hecho que entre la escritura y la reflexión sobre el lenguaje hay una relación de causa-efecto, en uno u otro sentido, han sido las preferidas por los lingüistas que se han interesado por esta cuestión. Muy pocos (*cf.* Itkonen 1991: 10-11 y Raible 1994: 3) sostienen que la reflexión lingüística sea anterior a la invención de la escritura y, por tanto, absolutamente posible sin ella, y no conozco ningún trabajo que reivindique que la reflexión lingüística haya sido posterior a la escritura, pero independiente de ésta.

Así pues, en el marco de esta opinión generalizada sobre la vinculación entre escritura y reflexión lingüística, los analistas discuten sobre la bondad de los distintos métodos de transcripción; debaten sobre las elecciones teóricas que entrañan determinadas "convenciones de transcripción, variables según los objetivos del estudio y según los investigadores" (Blanche-Benveniste 1998: 50; *cf.* tam-

---

ni escritas, están mucho más próximos en su forma al estereotipo de escritura que al habla: "Althoguh these data [grammatical intuitions] are not taken from actual speech or actual writing, they are much closer to stereotypical writing than speech in their form" (Biber 1988: 7). *Cf.* también Harris (1980: 18) y Miller/Weinert (1998: 4). Para Olson, la teoría chomskiana apela únicamente a un tipo específico de lengua, la prosa escrita explícita característica de la reflexión científica y filosófica (Olson 1977: 271).

[35] A. Meillet, *Bulletin de la Societé de Linguistique de Paris*, 1912-1913, recogido por Auroux (1994: 39).

bién Ochs 1979 y Edwards 1992, 1993, 1995, entre otros); admiten que el perfeccionamiento de los medios técnicos ha sacado a la luz una enorme cantidad de elementos del discurso oral imposibles de registrar por escrito; pero, como señala Gadet (1989: 43), no discuten "jamás [–o casi–] sobre la necesidad misma de la transcripción"[36], algo que "[n]o se entiende muy bien", si se tiene en cuenta "que la grabación misma (reproducible cuantas veces se quiera y de fácil manipulación) constituye un material perfectamente utilizable" (Narbona 1994: 732)[37].

Claro que, como advierten Ron y Suzanne Scollon (1995: 24), la propia grabación sonora puede resultar insuficiente y reduccionista, en la medida en que obliga a prescindir de aspectos no fónicos esenciales de la comunicación inmediata, como la gestualidad. También en esta línea, Malcolm Ashmore, Katie MacMillan y Steven D. Brown (2004: 349) denuncian el fetichismo que profesan los analistas del discurso a la grabación (*tape fetishism*), en el sentido de que éstos suelen considerar la cinta de audio o de vídeo como evidencia directa de la interacción. En su opinión, las prácticas y los resultados de la grabación no han suscitado reflexiones similares a las auspiciadas por la transcripción, que ha sido objeto de discusión tanto en artículos especializados (Ochs 1979; Jefferson 1985, 1996; Cook 1990; Psathas/Anderson 1990; Mishler 1991; Edwards/Lampert 1993; O'Connell/ Kowal 1994; Green *et al.* 1997) como en libros de texto y estados de la cuestión (Potter/Wetherell 1987; Potter 1996; Pomerantz/Fehr 1997; Hutchby/Wooffitt 1998; Silverman 1998; Ten Have 1999; Wooffitt 2001), en los que se suele admitir que se trata de una práctica interpretativa, guiada por una cierta teoría, cuyos resultados no se pueden confundir en modo alguno con los datos (ni en la práctica, ni epistemológicamente). Así lo afirman, desde la célebre contribución de Elinor Ochs (1979), titulada "Transcription as theory"[38], autores como Potter y Wetherell (1987)[39], Jane

---

[36] La traducción es mía. Sobre las consecuencias de la transcripción *cf.* Linell (1988: 56). Miller/Weinert (1998: 12) dudan entre la conveniencia de disponer de una transcripción y los peligros que esto encierra. También Toolan (1996: 4-5) expresa una opinión crítica al respecto. *Cf.,* asimismo, Blanche-Benveniste (1998: 51). Álvarez Muro se refiere, en este sentido, a "la paradoja que significa transcribirla [la oralidad], para poder analizarla con mayor facilidad" (Álvarez Muro 2000: 19). También Blanche-Benveniste/Jeanjean (1987: 115) consideran paradójica toda transcripción de la lengua oral.

[37] En López Serena (2004b) abordo esta misma cuestión desde otro punto de vista.

[38] "Transcription is a selective process reflecting theoretical goals and definitions. [...] [T]he transcriber should be conscient of the filtering process. [...] Furthermore, the transcript should reflect the particular interests –the hypothesis to be examined– of the researcher" (Ochs 1979: 44).

[39] "The idea that transcription is 'simply putting the words down on paper' is very far from reality. Transcription is a constructive and conventional activity. The transcriber is struggling to make clear decisions about what exactly is said, and then to represent those words in a

Edwards (1992)[40] o Guy Cook (1990), para quien "it is a truism to note that all transcription is in some sense interpretation" (Cook 1990: 12).

Tanto es así que, mientras que, tal como señalan Ashmore, MacMillan y Brown (2004), la práctica de reconocer como lugar común la identificación de transcripción e interpretación se está convirtiendo, ella misma, en un lugar común, se sigue sin tener en cuenta que tanto la propia grabación como su posterior escucha se interponen entre la realidad y el análisis (Ashmore/MacMillan/Brown 2004: 349-350).

En efecto, por muy avanzadas que sean las técnicas de registro audiovisual que se empleen, la grabación siempre tendrá como resultado una determinada selección de los hechos[41]. Si tenemos en cuenta que en una interacción comunicativa entran en funcionamiento, además de los elementos puramente lingüísticos, como el texto y el cotexto, otros paralingüísticos, como la voz, los gestos, etc., así como las características psicofísicas de la situación, el conocimiento general o específico, individual y compartido, de los hablantes sobre el mundo, sobre sí mismos y sobre el objeto de la comunicación, etc., es evidente que ninguna grabación, por muy sofisticada que sea, podrá dar cuenta de todo esto.

Pero además, a este primer filtro analítico sobre la realidad que supone su registro sonoro o audiovisual, se suma, posteriormente, el constituido por la propia práctica de escuchar o/y ver la grabación. Ya lo advirtieron, con meridiana claridad, Martine Raingeard y Ute Lorscheider en un trabajo pionero sobre la edición de corpus de francés hablado, que apareció en el número fundacional de la revista *Recherches sur le français parlé*:

> Même dans les meilleures conditions techniques, l'enregistrement opère une première sélection de la donnée orale; la perception des transcripteurs et le code de transcription adopté constituent ensuite un degré supplémentaire dans ce processus de décalage. La transcription ne peut donc être un simple recopiage de la donnée oral, elle en est nécessairement un filtrage (Raingeard/Lorscheider 1977: 15).

---

conventional orthographic system" (Potter/Wetherell 1987: 165, *apud* Ashmore/MacMillan/Brown 2004: 350-351).

[40] "The transcript [...] does not merely mirror interaction events. Rather, it provides a selective and interpretive record of them which may affect researchers' perceptions of the data in various ways" (Edwards 1992: 129; *cf.* también Edwards 1993 1995).

[41] O, en palabras de Payrató (1995: 46): "por su naturaleza, el producto original es irreproducible con absoluta fidelidad, sea cual sea el medio de reproducción: exclusivamente escrito o auditivo [...] o audiovisual. Incluso las reproducciones audiovisuales, en apariencia las más fieles, dan en realidad un solo punto de vista (la perspectiva única de la cámara que graba), lo que termina con el mito de su perfección".

En Filosofía de la Ciencia hace tiempo que se ha asumido que la observación está guiada por la teoría y que, por tanto, toda percepción, ya sea visual o auditiva, es de carácter interpretativo. El fenómeno de la percepción interpretativa, sobre el que también llaman la atención los fonetistas (*cf.* Oller/Eilers 1975; Warren 1976; Raingeard/Lorscheider 1977: 20; Vieregge 1984; Blanche-Benveniste/Jeanjean 1987; Kent 1996; Abou Haidar, 2002; Pallaud, 2002), constituye, por tanto, un segundo filtro entre la realidad y el análisis, que suele ser fuente de numerosos errores de transcripción, cuya identificación ha interesado, sobre todo, a los estudiosos del francés hablado, que han dedicado algunos trabajos a enumerar las equivocaciones más frecuentes que cometen los transcriptores y las implicaciones de estos errores para la descripción de la gramática de la lengua hablada (*cf.* Warren 1976; Amorosa/von Benda/Wagner/Keck 1985; Pye/Wilcox/Siren 1988; Bilger/Blasco/Cappeau/Pallaud/ Sabio/Savelli 1997; Cappeau 1997).

Es más, la existencia de diferentes "lecturas" de una misma grabación por parte de diferentes transcriptores de la misma ha llevado a Blanche-Benveniste (2000b: 61) a comparar la labor de transcribir producciones orales con el trabajo filológico de edición de textos antiguos a partir de las variantes contenidas en los diferentes manuscritos, comparación que ya propuso Jacques Monfrin en el prefacio a Blanche-Benveniste/Jeanjean (1987).

5. También en los estudios sobre el francés hablado es muy frecuente que el problema de la transcripción se aborde, como apunté al principio de este trabajo, como una disyuntiva entre la legibilidad del texto editado y la fidelidad a la interacción que pretende plasmar.

Esta preocupación por lograr la máxima fidelidad posible al original, que, por más que parezca apelar al sentido común, es, como he anticipado, epistemológicamente inviable, está estrechamente vinculada a los desvelos de la sociolingüística laboviana por conseguir captar actuaciones lingüísticas *naturales* en situaciones comunicativas *auténticas*, respondiendo a la paradójica premisa de que "[t]o obtain the data most important for linguistic theory, we have to observe how people speak when they are not being observed" (Labov 1973: 113, *apud* Gadet 2000: 60). Tal es así, que Françoise Gadet considera que no sería exagerado afirmar que la reflexión sobre la paradoja del observador –que goza incluso de una entrada propia en diccionarios de sociolingüística como el de Moreau (1997)– ha constituido el motor de las reflexiones metodológicas en sociolingüística (Gadet 2000: 61). Pero, como argumenta Uli Reich (2002), aunque el requisito de la autenticidad de los registros sea, en cierto modo, legítimo –aunque, insisto, quimérico– en el marco del estudio de las correlaciones entre variantes lingüísticas y grupos sociales –no en vano se trata de buscar los rasgos de los sociolectos *auténticos* de los informantes, que se presupone salen a la luz únicamente en situaciones de máxima espontaneidad y, por tanto, *naturalidad*–, desde una perspectiva diafásica o concepcional, centrada en la incidencia de las diferentes condiciones situacionales de la comunicación en la configuración lingüística de los discursos, el concepto de autenticidad carece de sentido. En efecto, en el continuo entre inmediatez y distancia comunicativa que permite comprender la dinámica propia del edificio variacional de las lenguas, esto es, su diasistema[42] –y para el que, más que la pertenencia a determinados grupos sociales, interesan aspectos como el carácter público o privado de la comunicación, la familiaridad entre los interlocutores, el grado de anclaje en la situación y acción comunicativas, la proximidad o distancia física entre los interlocutores o el grado de implicación emocional del emisor con respecto al receptor y al referente de la comunicación, etc.–, no hay ningún tipo de discurso que sea más "auténtico" que otro. De hecho, desde esta perspectiva, la tan traída y llevada paradoja del observador no constituye problema alguno, sino que es, simplemente, el resultado de una determinada combinación de los valores graduales de los parámetros situacionales que definen el continuo concepcional (*cf.* Reich 2002: 35), que en este caso afectaría, entre otras cosas, a la privacidad de la comunicación, a la relación de familiaridad entre los interlocutores y al grado de fijación temática.

Puesto que la reproducción exacta del evento comunicativo en cuestión es, como ya se ha advertido, imposible, sería preferible anteponer o sustituir, sin más, este requisito de la pretendida fidelidad al original, irremisiblemente abocado al fracaso, por el de la rentabilidad teórica de la transcripción, de acuerdo con el objeto de estudio, los métodos y la finalidad de la investigación a la que esté destinada. De hecho, es a tenor de la teoría y de los objetivos de la investigación como habría de decidirse el número y la naturaleza de los fenómenos que se considera necesario "transcribir" y/o anotar.

En general, además de los aspectos estrictamente verbales (fonológicos, léxicos, sintácticos, textuales o discursivos: solapamientos, suspensiones voluntarias del enunciado, interrupciones...) a los que se suelen subordinar los demás, se suelen tener también en cuenta "aspectos ideológicos o argumentativos[43], aspectos interactivos (por ejemplos los cambios de turno, los llamados *back-channels* o "respuestas mínimas"), aspectos psicolingüísticos relacionados con la producción lingüística (por ejemplo la interrelación verbal – no verbal) o [...] aspectos psicosociológicos (como la construcción del propio individuo a través del dis-

---

[42] Sobre los conceptos de variación *concepcional* e *inmediatez* y *distancia* comunicativa y su aplicación al estudio de la variación lingüística, en conjunción con el modelo de la cadena variacional en el marco del estudio de la oralidad y la escrituralidad, *cf.* Koch/Oesterreicher (1985, 1990[2006], 2001) y López Serena (2002).

[43] Scollon y Scollon (1995: 24) hablan, a este respecto, de *fonocentrismo*.

curso que va elaborando)" (Payrató 1995: 53)[44]. En la antropología lingüística, además, se han desarrollado, "[e]n un intento de expandir los límites del análisis conversacional más allá de la comunicación verbal", convenciones diseñadas para integrar información como las miradas que los interlocutores dirigen hacia determinados puntos o se cruzan entre sí (*cf.* Goodwin 1979 1981: 131-133; Duranti 1997[2000]: 205), o "las relaciones complejas aunque sistemáticas entre el habla, los gestos y el espacio", para cuya representación Brenda Farnell (1995) "emplea el código Laban (o Labanotación), un sistema complejo de símbolos inventado por Rudolph Laban (1956[1975]) para describir los movimientos de la danza" (Duranti 1997[2000]: 208).

Pero, en cualquier caso, el número, la naturaleza y el modo de representación de los diferentes aspectos por los que, a la hora de acometer la transcripción y la edición de una interacción oral, se decante cada investigador, variarán de acuerdo con la finalidad y el marco teórico en que se desarrolle la misma. Y lo mismo cabe decir de los requisitos que se exijan a cada transcripción.

Lluís Payrató destaca, a este respecto, los de (i) *globalidad o complejidad* (que la transcripción sea completa, no parcial, que no simplifique ningún fenómeno), (ii) *omnifuncionalidad* (que permita usos y/o aplicaciones múltiples y diversos) y (iii) *claridad* (que se trate de un sistema de aprendizaje y utilización fácil, sencillo y cómodo, sin ambigüedades y tan económico como sea posible) (Payrató 1995: 52). En su opinión, estos tres criterios compondrían el núcleo de las propuestas que, desde el artículo fundacional de Ochs (1979), han realizado autores como John Du Bois (1991) o Jane Edwards (1993)[45].

---

[44] Payrató (1995: 48 *s.*) comenta algunas de las elecciones realizadas, en este sentido, por distintos sistemas de transcripción herederos de la etnografía lingüística norteamericana y se refiere también a sistemas de transcripción de la gestualidad y la proxémica propios de la semiótica (*cf.* Scherer y Ekman, eds. 1982 y Poyatos 1994), así como a los surgidos en el seno de la psicolingüística y el estudio del lenguaje infantil, por ejemplo, el programa CHILDES (*cf.* MacWhynney 1991). *Cf.* también las convenciones de transcripción que reseña Blanche-Benveniste (1997).

[45] Las reproduzco siguiendo la traducción al español que ofrece Payrató (1995: 54 *ss.*):

Du Bois (1991):

(I) Definir buenas categorías: (1) definir categorías de transcripción que establezcan las distinciones necesarias entre los fenómenos discursivos; (2) definir categorías suficientemente explícitas; (3) definir categorías suficientemente generales; (4) distinguir los tipos de datos;

(II) Accesibilidad del sistema: (1) usar notaciones familiares; (2) usar notaciones motivadas; (3) usar notaciones fáciles de aprender; (4) segregar las notaciones poco familiares; (5) usar notaciones que faciliten (y rentabilicen al máximo) el acceso a los datos; (6) mantener una apariencia consistente (estable) a lo largo de los diversos modos de acceso;

A este respecto, Daniel O'Connell y Sabine Kowal (1994), que llevan a cabo una revisión de cuatro de los sistemas actuales de transcripción que han sido descritos con mayor explicitud[46], y que reconocen que los criterios de Du Bois son los más detallados, realizan una serie de críticas fundamentales, de las que destacaré solamente una. Al introducir la primera de sus máximas, la que aboga por la definición de buenas categorías, Du Bois (1991: 78) afirma que la tarea prioritaria a la hora de diseñar un sistema de transcripción del discurso no es la elección de los símbolos, sino la definición de las categorías de análisis que han de ser representadas por los símbolos. Sin embargo, de nuevo, y tal como señalan O'Conell y Kowal (1994: 83), la definición de categorías no puede ser cometido del desarrollo de un sistema de transcripción de validez pretendidamente general, sino que necesariamente ha de estar de acuerdo con los objetivos específicos de la investigación. Es más, si se acepta que los elementos que interesa reflejar en la transcripción y edición de un corpus de lengua hablada están directamente determinados por la orientación teórica que guía el conjunto de la investigación,

---

(III) Robustez: (1) usar caracteres ampliamente disponibles; (2) evitar contrastes invisibles; (3) evitar contrastes frágiles;

(IV) Economía: (1) evitar notaciones prolijas; (2) usar notaciones breves para fenómenos de alta frecuencia; (3) usar notaciones discriminables para fenómenos internos de la palabra; (4) minimizar notaciones en posición interior de palabra; (5) usar el espacio de manera significativa;

(V) Adaptabilidad: (1) permitir transiciones sin fisuras [...] entre los diversos grados de precisión; (2) permitir la integración sin fisuras de categorías de transcripción definidas por el usuario; (3) permitir la integración sin fisuras de rasgos de presentación; (4) permitir la integración sin fisuras de información de clasificación; (5) permitir la integración sin fisuras de información de codificación definida por el usuario.

Edwards (1993):

(I) Principios de elaboración de categorías: (1) las categorías deben ser sistemáticamente discriminables; (2) las categorías tienen que ser exhaustivas; (3) las categorías deben ser sistemáticamente contrastivas;

(II) Principios de legibilidad: (1) proximidad de hechos relacionados; (2) separación visual de hechos distintos; (3) iconicidad temporal-espacial; (4) prioridad lógica; (5) marcaje mnemotécnico; (6) eficiencia y carácter compacto;

(III) principios para el tratamiento computacional: (1) sistematicidad; (2) predictibilidad de la codificación.

Payrató reseña también la propuesta de Ehlich (1993), que contiene únicamente tres requisitos: a) simplicidad y validez, b) buena legibilidad y enmendabilidad y c) mínimo adiestramiento del transcriptor y del usuario.

[46] Se trata de: (1) Du Bois (1991); (2) Ehlich/Rehbein (1976, 1979, 1981), Ehlich (1993); (3) Jefferson (1984a, 1989, etc.) y (4) MacWhinney (1991).

huelgan todas las pretensiones de dictar ciertas normas generales, válidas para todo tipo de transcripciones[47].

6. En los estudios del español coloquial, que durante largo tiempo restringieron el análisis a materiales procedentes de la mímesis literaria de esta modalidad, de los que entresacaban, sobre todo, el léxico colorista, las frases hechas y las estructuras estereotipadas, el uso de grabaciones y transcripciones de realizaciones coloquiales no ficticias reportó a la investigación femológica[48] hispánica tal bocanada de aire fresco, que, entre nosotros, apenas se ha visto la necesidad de examinar de manera crítica el propio proceso de grabación, transcripción y edición de los corpus, así como sus implicaciones metodológicas. Incluso llega a olvidarse, en ocasiones, que las primeras grabaciones de realizaciones lingüísticas orales y sus correspondientes transcripciones no se efectuaron con el propósito de estudiar la especificidad de la lengua hablada, sino con el objeto de que sirvieran como fuentes materiales para el análisis de la variación lingüística diatópica y, sobre todo, diastrática. Sólo una vez ante los primeros corpus de lengua hablada, los gramáticos se percataron de aspectos que hasta entonces les habían pasado desapercibidos.

Hoy en día, el procesamiento informático de los corpus ha multiplicado sus posibilidades de explotación por parte de la lingüística tanto teórica como aplicada. Con todo, el progreso técnico no ha conseguido anular los condicionamientos que el registro, la transcripción y la edición de los corpus imponen al estudio. Lo que observamos en los corpus de los que dependen nuestros análisis y, por tanto, la mayor parte de nuestro caudal de conocimientos sobre la lengua, sigue estando directamente determinado por las decisiones teóricas y metodológicas que adoptamos a la hora de elaborarlos y que, naturalmente, están obliga-

---

[47] Un argumento similar se esgrime en López Serena (2004a) en contra de propuestas de requisitos generales para el establecimiento de tipologías textuales como la de Isenberg. Aun así, O'Connell y Kowal (1994) proponen las siguientes, que reproduzco también siguiendo la versión española de Payrató (1995):

(1) función unitaria de la notación;
(2) integridad de las palabras como unidades;
(3) descripción de fenómenos no fonológicos (en lugar de su transcripción);
(4) medida exacta (eliminando notaciones numéricas aproximadas);
(5) parsimonia: transcribir sólo lo que contribuya sistemáticamente al análisis de los datos y presentar al lector sólo lo que haga inteligible el análisis de los datos.

[48] Aunque en España está cada vez más extendido el uso de este neologismo, quizá conviene aclarar que se trata del término acuñado por Gregorio Salvador (1977/1987) para referirse a todo lo relativo a la lengua oral.

das a sesgar la realidad para construir un objeto de estudio que seamos capaces de analizar.

En cualquier caso, por más medios técnicos de que dispongamos, el objetivo no puede ser, de ningún modo, confeccionar corpus que se asemejen al mapa del que habla Lewis Carroll, esto es, que reproduzcan con tanta fidelidad el original que resulten tan inútiles para el análisis como la realidad misma antes de ser reducida a una escala asequible a la reflexión humana, es decir, convertida en objeto de estudio (*cf.* Cook 1995: 45). Tampoco la célebre obra de Robert E. Pittenger, Charles F. Hockett y John Daheny (1960), que se suele citar como una transcripción de cinco minutos de grabación en 172 páginas (!) lo pretende. Adelantándose a los tiempos, Pittenger, Hockett y Daheny dividen físicamente la página en dos mitades, con lo que alinean, la parte superior, que contiene la transcripción, con el resto del contenido del grueso de las famosas 172 páginas, que no pertenece a la edición del corpus, sino a su *análisis*. Y éste, que es, obviamente, posterior al establecimiento del objeto de estudio, no sólo puede, sino que debe superar a la realidad de la que pretende dar cuenta, confiamos en que no sólo en tamaño, sino también y, sobre todo, en profundidad.

Bibliografía

ABOU HAIDAR, L. (2002): "Introduction", en *ídem* (ed.), *Transcripcion de la parole normale et pathologique. Revue Parole*, 22/23/24.

AGUDO RÍOS, J. Á. (2000): "La repetición en el discurso oral", en: de Bustos Tovar, J. J. *et al.* (eds.), vol. I., 695-709.

ALVAR LÓPEZ, M. (1969): *Estructuralismo, Geografía Lingüística y Dialectología actual*. Madrid: Gredos (Biblioteca Románica Hispánica. II. Estudios y Ensayos).

ÁLVAREZ MURO, A. (2000): *Poética del habla cotidiana*. Mérida, Venezuela: Universidad de Los Andes, Grupo de Lingüística Hispánica.

AMOROSA, H./VON BENDA, U./WAGNER, R./KECK, A. (1985): "Transcribing Phonetic Detail in the Speech of Unintelligible Children: a Comparison of Procedures", en: *British Journal of Disorders of Communication* 20, 281-287.

ARRARTE, G./LLISTERRI, J. (1994): *Informe sobre recursos lingüísticos para el español (I). Corpus escritos y orales disponibles y en desarrollo en España*. Alcalá de Henares: Instituto Cervantes (2ª ed).

ASHMORE, M./REED, D. (2000): "Innocence and nostalgia in Conversation Analysis: The dynamic relations of tape and transcript", en: *Forum: Qualitative Social Research*, 1 (3) <en http://qualitative-research.net/fqs-texte/3-00/3-00ashmorereed-e.htm>.

ASHMORE, M./MACMILLAN, K./BROWN, S. D. (2004): "It's a scream: professional hearing and tape fetishism", en: *Journal of Pragmatics* 26, 349-374.

ATKINS, S./CLEAR, J./OSTLER, N. (1992): "Corpus Design Criteria", en: *Literary and Linguistic Computing* 7(1), 1-16.

AUROUX, S. (1989): "Introduction" en: Auroux, S. (dir.): *Histoire des idées linguistiques.* Tomo 1. *La naissance des métalangages en Orient et en Occident.* Liège/Bruxelles: Pierre Mardaga, 18-37.

— (1994): *La révolution technologique de la grammatisation. Introduction à l'histoire des sciences du langage.* Paris: Pierre Mardaga.

— (dir.) (1989): *Histoire des idées linguistiques.* Tomo 1. *La naissance des métalanga- ges en Orient et en Occident.* Liège/ Bruxelles: Pierre Mardaga

BALLESTER, A./SANTAMARÍA, C./MARCOS MARÍN, F. (1993): "Transcription Conventions used for the Corpus of Spoken Contemporary Spanish", en: *Literary and Linguistic Computing* 8 (4), 283-292.

BARBE, K. (2001): "The dilemma with dichotomies", en: *Language & Communication* 21, 89-103.

BARRA JOVER, M. (2001): "Corpus diacrónico, constatación e inducción", en Jacob, D./Kabatek, J. (eds.): *Lengua medieval y tradiciones discursivas en la Península Ibé- rica. Descripción gramatical – pragmática histórica – metodología.* Madrid/Frank- furt: Iberoamericana/Vervuert, 177-197.

BENVENISTE, É. (1954 [1966]): "La classification des langues", en: *Conférences de l'Ins- titut de Linguistique de l'Université de Paris* 11, 33-50. Reproducido en: É. Benveniste, *Problèmes de linguistique générale.* Paris: Gallimard, 99-118 (Bibliothèque des Sciences Humaines).

BERNARDELLI, A./PELLEREY, R. (1999): *Il parlato e lo scritto.* Milano: Strumenti Bompiani.

BERNÁRDEZ, E. (1995): *Teoría y epistemología del texto.* Madrid: Cátedra.

BERNARDO PANIAGUA, J. M. (1999): "Epistemología e historia de la lingüística", en: López García, Á. (ed.): *Lingüística general y aplicada.* Valencia: Universidad de Valencia, 377-403.

BIBER, D. (1988): *Variation across speech and writing.* Cambridge: Cambridge Univer- sity Press.

BILGER, M. (2000a): "Présentation générale", en: *ídem* (ed.) (2000a), 7-9.

— (2000b): "Petite typologie des conventions de transcription de l'oral. Quelques aspects pratiques et théoriques", en: *ídem* (ed.) (2000b), 77-92.

— (2002): "Corpus de français parlé: recueil et analyse", en: Pusch, C./Raible, W. (eds.), 45-58.

— (ed.) (2000a): *Corpus: méthodologie et applications linguistiques.* Paris: Honoré Champion Éditeur/Presses Universitaires de Perpignan.

— (ed.) (2000b): *Linguistique sur corpus. Études et Réflexions.* Número monográfico de la revista *Cahiers de L'Université de Perpignan,* 31.

BILGER, M./BLASCO, M./CAPPEAU, P./PALLAUD, B./SABIO, F./SAVELLI, M. J. (=Groupe GEDO) (1997): "Transcription de l'oral et interprétation. Illustration de quelques diffi- cultés", en: *Recherches sur le français parlé* 14, 57-86.

BLANCHE-BENVENISTE, C. (1997): "Transcriptions et technologies", en: *Recherches sur le français parlé* 14, 87-99.

— (1998): *Estudios lingüísticos sobre la relación entre oralidad y escritura.* Barcelona: Gedisa. Trad. esp. de L. Varela.

— (2000a): "Chapitre Premier. Types de corpus. Introduction", en: Bilger, M. (ed.): 11-15.

— (2000b): "Transcription de l'oral et morphologie", en: Guille, M./Kiesler, R. (eds.): *Romania una et diversa. Philologische Studien für Theodor Berchem zum 65. Geburtstag*. Vol. 1. *Sprachwissenschaft*. Tübingen: Gunter Narr Verlag, 61-74.

BLANCHE-BENVENISTE, C./JEANJEAN, C. (1987): *Le français parlé. Transcription et Édition*. Paris: Didier Érudition (Centre National de la Recherche Scientifique. Institut National de la Langue Française. Publications du trésor général des langues et parlers français).

BORREGUERO ZULOAGA, M. (2000): "Una propuesta de análisis del discurso multimedial: la textología semiótica", en: Bustos Tovar, J. J. *et al.* (eds.), vol. I., 987-1003.

BRANCA, S. (1997): "Transcription et édition de manuscrits. Quelques problèmes autour de la "représentatation" des textes", en: *Recherches sur le français parlé* 14, 101-115.

BRIZ GÓMEZ, A./GRUPO VAL.ES.CO (2001): *Corpus de conversaciones coloquiales*. Anejo I de *Oralia*. Madrid: Arco/Libros.

BRUXELLES, S./TRAVERSO, V. (2002): "Les corpus de langue parlée en interaction au GRIC", en: Pusch, C./Raible, W. (eds.), 59-70.

BURNARD, L. (1992): "The Text Encoding Initiative: A progress report", en: Leitner, G. (ed.): *New Directions in English Language Corpora. Methodology, Results, Software Developments*. Berlin/New York: Mouton de Gruyter (Topics in English Linguistics, 9).

BUSTOS TOVAR, J. J. de/CHARAUDEAU, P./GIRÓN ALCONCHEL, J. L./IGLESIAS RECUERO, S./ LÓPEZ ALONSO, C. (eds.) (2000): *Lengua, Discurso, Texto (I Simposio Internacional de Análisis del Discurso)*. Madrid: Universidad Complutense/Visor, 2 vols.

CALZOLARI, N./BAKER, M./KRUYT, J. G. (eds.) (1995): *Towards a Network of European Reference Corpora*. Pisa: Giardini Editori (Lingüística Computazionale, XI).

CANO AGUILAR, R. (1996): "Lenguaje 'espontáneo' y retórica epistolar en cartas de emigrantes españoles a Indias", en: Kotschi, T./Oesterreicher, W./Zimmermann, K. (eds.): *El español hablado y la cultura oral en España e Hispanoamérica*. Madrid/Frankfurt: Iberoamericana/Vervuert,. 375-404.

CAPPEAU, P. (1997): "Données erronnées: Quelles erreurs commettent les transcripteurs? ", en: *Recherches sur le français parlé* 14, 117-126.

CARAVEDO, R. (1996): "La escritura de la oralidad. Reflexiones críticas y autocríticas sobre la transcripción de un corpus", en: *Lexis* 20 (1-2), 221-235.

— (1999): *Lingüística del Corpus. Cuestiones teórico-metodológicas aplicadas al español*. Salamanca: Ediciones Universidad (Gramática española: Enseñanza e investigación. I. Apuntes metodológicos).

CHAFE, W. (1992): "The importance of corpus linguistics to understanding the nature of language", en: Startvik, J. (ed.), 79-97.

— (1995): "Adequacy, user-friendliness, and practicality in transcribing", en: Leech, G./Myers, G./Thomas, J. (eds.), 54-61.

CHALMERS, A. F. (1976 [1982]): *¿Qué es esa cosa llamada ciencia? Una valoración de la naturaleza y el estatuto de la ciencia y sus métodos*. Madrid: Siglo XXI. (Trad. de E. Pérez Sedeño del original inglés de 1976, University of Queensland Press).

CHURCH, K. W/MERCER, R. L. (1993): "Introduction to the Special Issue on Computational Linguistics Using Large Corpora", en: *Computational Linguistics* 19 (1), 1-24.

COOK, G. (1990): "Transcribing infinity: Problems of context presentation", en: *Journal of Pragmatics* 14, 1-24.

— (1995): "Theoretical issues: transcribing the untranscribable", en: Leech, G./Myers, G./Thomas, J. (eds.), 35-53.

COPPIETERS, R. (1997): "Quelques réflexions sur la question des données: Corpus et intuitions", en: *Recherches sur le français parlé* 14, 21-40.

CORTÉS RODRÍGUEZ, L. (1994): *Tendencias actuales en el estudio del español hablado.* Almería: Universidad de Almería.

— (2001): *El estudio del "español hablado" entre 1950-1999. Períodos, corrientes y bibliografía.* Manuscrito preparatorio de Cortés (2002).

— (2002): *Los estudios del español hablado entre 1950 y 1999. Períodos, disciplinas y corrientes.* Madrid: Arco/Libros (Anejo de la revista *Oralia*).

CRESTI, E./MONEGLIA, M. (eds.) (2005): *C-ORAL-ROM. Integrated Reference Corpora for Spoken Romance Languages.* Amsterdam: John Benjamins.

CRIADO DE VAL, M. (1958): "Metodología para un estudio del español hablado", en: *Gramática española.* Madrid: Saeta, 211-224.

— (1964): "Encuesta y estructuración del español hablado", en: *Presente y futuro de la lengua española. Actas de la Asamblea de Filología del I Congreso de Instituciones Hispánicas.* Madrid: Ediciones Cultura Hispánica/OFINES, vol. I, 463-470.

— (1975): "Un gran proyecto en crisis: El estudio coordinado de la norma lingüística culta de las principales ciudades de Iberoamérica y de la Península Ibérica", en: *Yelmo* 25, 5-6.

— (1980): *Estructura general del coloquio.* Madrid: CSIC.

Cuestionario para el estudio coordinado de la norma lingüística culta de las principales ciudades de Iberoamérica y de la Península Ibérica, 1971. Tomo III. *Léxico.* Madrid: Comisión de Lingüística Iberoamericana (P.I.L.E.I.)/CSIC (Publicaciones del Departamento de Geografía Lingüística).

— (1972): Tomo II. *Morfología.* Madrid: Comisión de Lingüística Iberoamericana (P.I.L.E.I.)/CSIC (Publicaciones del Departamento de Geografía Lingüística).

— (1973): Tomo I. *Fonética y Fonología.* Madrid: Comisión de Lingüística Iberoamericana (P.I.L.E.I.)/CSIC (Publicaciones del Departamento de Geografía Lingüística).

DESBORDES, F. (1989): "Les idées sur le langage avant la constitution des disciplines spécifiques", en: Auroux, S. (dir.), tomo 1, 149-161.

DI CRISTO, A./HIRST, D./BOUDOURESQUES, N./LOUIS, M. (2002): "Écrire l'intonation: le système INTSINT, fondements théoriques et illustrations", en: Bilger, M. (ed.), 175-211.

DIÉGUEZ LUCENA, Antonio (2005): *Filosofía de la ciencia.* Málaga: Servicio de Publicaciones e Intercambio Científico de la Universidad de Málaga.

DURANTI, A. (1997/2000): "Transcripciones: de la escritura a las imágenes digitalizadas", capítulo 5 de *Antropología lingüística.* Madrid: Cambridge University Press, 173-223. [Trad. esp. de P. Tena del original inglés *Linguistic Anthropology.* Cambridge: Cambridge University Press, 1997.]

EAGLES (1996): *Preliminary Recommendations on Spoken Texts*. EAGLES Document EAG-TCWG-STP/P, Mayo de 1996. [Documento de Internet disponible en <http://www.ilc.pi.cnr.it/EAGLES96/spokentx/spokentx.html>.]

ECHEVERRÍA, J. (1999): *Introducción a la metodología de la ciencia. La filosofía de la ciencia en el siglo XX*. Madrid: Cátedra.

EDWARDS, J. A. (1992): "Design principles in the transcription of spoken discourse", en: Startvik, J. (ed.), 129-144.

— (1993): "Principles and Contrasting Systems of Discourse Transcription", en: Edwards, J. A./Lampert, M. D. (eds.), 3-31.

— (1995): "Principles and alternative systems in the transcription, coding and mark-up of spoken discourse", en: Leech/Myers, G./Thomas, J. (eds.), 19-34.

EDWARDS, J. A./LAMPERT, M. D. (eds.) (1993): *Talking Data: Transcription and Coding in Discourse Research*. Hillsdate, New Jersey: Lawrence Erlbaum Associates Publishers.

EHLICH, K. (1993): "HIAT: A Transcription System for Discourse Data", en: Edwards, J. A./Lampert, M. D. (eds.), 123-148.

— (1994): "Funktion und Struktur schriftlicher Kommunikation", en: Günther, H./Ludwig, O. (eds.), 18-41.

FARNELL, B. (1995): *Do You See What I Mean?: Plains Indian Sign Talk and the Embodiement of Action*. Austin: University of Texas Press.

FERNÁNDEZ, A./LLISTERRI, J. (1996): *Informe sobre recursos lingüísticos para el español (II): Corpus escritos y orales disponibles y en desarrollo en España*. Alcalá de Henares: Instituto Cervantes.

FERNÁNDEZ PÉREZ, M. (1986): *La investigación lingüística desde la Filosofía de la Ciencia (A propósito de la lingüística chomskiana)*. Santiago de Compostela: Universidad (*Verba. Anuario Galego de Filoloxia*, Anexo 28).

— (1993): "Sociolingüística y Lingüística", en: *Lingüística Española Actual* 15/2, 149-248.

— (1999): *Introducción a la Lingüística. Dimensiones del lenguaje y vías de estudio*. Barcelona: Ariel (Ariel Lingüística).

FERRATER MORA, J. (1994): *Diccionario de Filosofía*, 4 vols. Barcelona: Ariel (Nueva edición revisada, aumentada y actualizada por el profesor Josep-Maria Terricabras.

FERREIRO, E. (2002): "Escritura y oralidad: unidades, niveles de análisis y conciencia metalingüística", en: *ídem* (comp.), 151-171.

— (comp.) (2002): *Relaciones de (in)dependencia entre oralidad y escritura*. Barcelona: Gedisa.

FILLMORE, C. J. (1992): *"Corpus linguistics* or *Computer-aided armchair linguistics"*, en: Startvik, J. (ed.), 35-60.

GADET, F. (1989): *Le français ordinaire*. Paris: Armand Colin.

— (2000): "Derrière les problèmes méthodologies du recueil des données", en: Bilger, M. (ed.), 2000b, 59-75.

GIMENO MENÉNDEZ, F. (1995): *Sociolingüística histórica (siglos X-XII)*. Madrid: Visor Libros/Universidad de Alicante (Biblioteca Filológica Hispánica, 25).

GIOVANNONI, D.-C./SAVELLI, M. J. (1990): "Transcrire, traduire, orthographier le français parlé. De l'impossible copie à la falsification des données orales", en: *Recherches sur le français parlé* 10, 19-37.

GÓMEZ MOLINA, J. R. (coord.) (2001): *El español hablado de Valencia. Materiales para su estudio. I. Nivel Sociocultural alto* (PRESEEA). Valencia: Facultad de Filología/Universidad de Valencia (Cuadernos de Filología, anejo XLVI).

GOODY, J. (1968 [1996]): "Introducción", en *idem* (comp.): *Cultura escrita en sociedades tradicionales*. Barcelona: Gedisa, 11-38. [Trad. de Gloria Vitale y Patricia Willson del original inglés *Literacy in Traditional Societies*. Cambridge: Cambridge University Press, 1968.]

GREEN, J./FRANQUIZ, M./DIXON, C. (1997): "The myth of the objective transcript: Transcribing as a situated act", *TESOL Quaterly* 31, 172-176.

GÜNTHER, H./LUDWIG, O. (eds.) (1994): *Schrift und Schriftlichkeit/Writing and Its Use. Ein interdisziplinäres Handbuch internationaler Forschung/An Interdisciplinary Handbook of International Research*. Berlin/New York: Walter de Gruyter.

HABERT, B./NAZARENKO, A./SALEM, A. (1997): *Les linguistiques de corpus*. Paris: Armand Colin.

HARRIS, R. (1980): *The Language-Makers*. Ithaca, New York: Cornell University Press.

— (1996): *The language connection. Philosophy and Linguistics*. Bristol: Thoemmes Press.

— (1998): "The Integrationist Critique of Orthodox Linguistics", en: Harris, R./Wolf, G. (eds.): *Integrational Linguistics: A First Reader*. Oxford: Pergamon, 15-26.

HAVELOCK, E. A. (1986 [1996]): *La musa aprende a escribir. Reflexiones sobre oralidad y escritura desde la Antigüedad hasta el presente*. Barcelona: Paidós, 1996 (Paidós Studio, 114). [Trad. esp. de L. Bredlow Wenda del original inglés *The Muse Learns to Write. Reflections on Orality and Literacy from Antiquity to the Present*. London/New Haven: Yale University Press, 1986.]

HIDALGO, M. (1990): "The Emergence of Standard Spanish in the American Continent: Implications for Latin American Dialectology", en: *Language Problems and Language Planning* 14, 1, primavera 1990, 47-63.

HUTCHBY, I./WOOFFITT, R. (1998): *Conversation Analysis: Principles, Practices and Applications*. Oxford: Polity Press.

IMBS, P. (dir.) (1961): *Trésor de la langue française: dictionaire de la langue du XIXe.et du XXe.siècle*. Paris: Éditions du CNRS.

IANNÀCARO, G. (2000): "Per una semantica più puntuale del concetto di "dato linguistico: un tentativo di sistematizzazione epistemologica", en: *Quaderni di Semantica* 21 (1), 51-79.

ITKONEN, E. (1991): *Universal History of Linguistics. India, China, Arabia, Europe*. Amsterdam/Philadelphia: John Benjamins.

JEFFERSON, G. (1985): "An exercise in the transcription and analysis of laughter", en: Van Dijk, T. (ed.): *Handbook of Discourse Analysis*, vol. 3, 25-34 (Discourse and Dialogue).

— (1996): "A case of transcriptional stereotyping", en: *Journal of Pragmatics* 26, 159-170.

JOHANSSON, S. (1995a): "The approach of the Text Encoding Initiative to the encoding of spoken discourse", en: Leech, G./Myers, G./Thomas, J. (eds.), 82-98.

— (1995b): "The Encoding of Spoken Texts", en: Ide, N./Véronis, J. (eds): *The Text Encoding Initiative. Background and Context.* Número monográfico de *Computers and the Humanities*, 29 (1). Dordrecht: Kluwer Academic Publishers, 149-158.

KENT, R. D. (1996): "Hearing and Believing: some Limits to the Auditory-perceptual Assessment of Speech and Voice Disorders", en: *American Journal of Speech-Language Pathology* 5 (3), 7-23.

KLÖDEN, H. (2002): "Romanistische Korpuslinguistik: Leistungen, Grenzen, Perspektiven", en: Pusch, C./Raible, W. (eds.), 7-18.

KOCH, P./OESTERREICHER, W. (1985): "Sprache der Nähe – Sprache der Distanz. Mündlichkeit und Schriftlichkeit im Spannungsfeld von Sprachtheorie und Sprachgeschichte", en: *Romanistisches Jahrbuch* 36, 15-43.

— (2001): "Gesprochene Sprache und Geschriebene Sprache/Langage parlé et langage écrit", en: Holtus, G./Metzeltin, M./Schmitt, C. (eds.): *Lexikon der Romanistischen Linguistik,* vol. 1/2. Tübingen: Max Niemeyer, 584-628.

— (1990 [2006]): *Lengua hablada en la Romania: español, francés, italiano.* Madrid: Gredos (Biblioteca Románica Hispánica) [Trad. esp de Araceli López Serena de *Gesprochene Sprache in der Romania: Französisch, Italienisch, Spanisch.* Tübingen: Max Niemeyer (Romanistische Arbeitshefte, 31).]

LABAN, R. (1975): *Laban's Principles of Dance and Movement Notation.* London: Mac Donald and Evans.

LABOV, W. (1973): "Some principles of linguistic methodology", en: *Language in Society* 1, 97-120.

LARA, L. F. (2002): "La escritura como tradición y como instrumento de reflexión. El surgimiento del español escrito", en: Ferreiro, E. (comp.), 53-61.

LEECH, G./MYERS, G./THOMAS, J. (eds.) (1995): *Spoken English on Computer. Transcription, mark-up and application.* New York: Longman Publishing.

LEHMANN, C. (2004): "Data in linguistics", en: *The Linguistic Review* 21 (3/4), 275-310. [Manuscrito accesible en <http://www.unierfurt.de/sprachwissenschaft/personal/ lehmann/d_lehmann.html> (1-28).]

LINELL, P. (1982/2005²): *The Written Language Bias in Linguistics.* London: Routledge. [Cito a partir de la primera edición, realizada por la University of Linkoping: Department of Communication Studies.]

— (1988): "The impact of literacy on the conception of language", en: Säljö, R. (ed.): *The written world: Studies in literate thought and action.* Berlin: Springer, 41-58.

LLISTERRI, J. (1996): "Els corpus lingüístics orals", en: Payrató, L./Boix, E./Lloret, E./ Lorente, M. R. (eds.): *Corpus, Corpora. Actes del 1er i 2on Col.loquis Lingüístics de la Universitat de Barcelona (CLUB-1, CLUB-2).* Barcelona: Promociones y Publicaciones Universitarias SA., 27-70. <Se puede consultar en http://liceu.uab.es/~joaquim/ publicacions/UB_Corpus_96.pdf. Cito a partir de esta versión, paginación de 1 a 28>.

— (1999): "Transcripción, etiquetado y codificación de corpus orales", en: Gómez Guiovart, J./Lorenzo Suárez, A./Pérez Guerra, J./Álvarez Lugrís, A. (eds.): *Panorama de la investigación en lingüística informática. RESLA, Revista Española de Lingüística Aplicada.* Volumen monográfico, 53-82. <http://liceu.uab.es/~joaquim/publicacions/RESLA_99.pdf; sin paginación>.

LLISTERRI, J./MACHUCA, M. J./DE LA MOTA, C./RIERA, M./RÍOS, A. (2005): "Corpus orales para el desarrollo de las tecnologías del habla en español", *Oralia. Análisis del discurso oral*, 8, 289-227. [Cito a partir de la versión electrónica, que se puede consultar en <http://liceu.uab.es/~joaquim/publicacions/ Oralia_04.pdf>. Cito a partir de esta versión electrónica, paginación de 1 a 34.]

LOPE BLANCH, J. M. (1986): *El estudio del español hablado culto. Historia de un proyecto.* México, D.F.: UNAM.

LÓPEZ SERENA, A. (2002): "Reseña crítica de P. Koch y W. Oesterreicher, 1990, *Gesprochene Sprache in der Romania: Französisch, Italienisch, Spanisch.* Tübingen: Max Niemeyer, 1990", en: *Lexis* 26, 255-271.

— (2003): "Algunos aspectos epistemológicos de la lingüística contemporánea", en: *Res Diachronicae. Anuario de la Asociación de Jóvenes Investigadores de Historiografía e Historia de la Lengua Española*, 2, 212-220.

— (2004a): "Criterios para la constitución y evaluación de tipologías discursivas en la actual lingüística de la comunicación", en: *Actas del VI Congreso de Lingüística General. Santiago de Compostela, 7-11 de mayo de 2004* (en prensa).

— (2004b): "Teoría lingüística y Lingüística histórica en sincronía y diacronía. Aportaciones mutuas", en: *Actas del V Congreso Andaluz de Lingüística General.* Granada, noviembre de 2004 (en prensa).

— (2005): "Las limitaciones de la lingüística del código: ¿constricciones epistemológicas o escriptismo velado?", en: *Estudios de Historia de la Lengua e Historiografía Lingüística. Actas del III Congreso Nacional de la Asociación de Jóvenes Investigadores de Historiografía e Historia de la Lengua Española. Jaén, 27, 28 y 29 de marzo de 2003.* Madrid: CERSA, 255-264.

MACWHINNEY, B. (1991): *The CHILDES Project: Tools for Analyzing Talk.* Hillsdale, N. J.: L. Erlbaum.

MARTÍ SÁNCHEZ, M. (1998): *En torno a la cientificidad de la Lingüística: Aspectos diacrónicos y sincrónicos.* Alcalá de Henares. Universidad de Alcalá de Henares.

MERTENS, P. (2004): "Le prosogramme: une transcription semi-automatique de la prosodie", en: *Cahiers de l'Institut de Linguistique de Louvain* 30 (1-3), 7-25. [También disponible como documento electrónico en <http://bach.arts.kuleuven.be/pmertens/ publications.html>.]

MILLER, J./WEINERT, R. (1998): *Spontaneous Spoken Language. Syntax and Discourse.* Oxford: Clarendon Press/Oxford University Press.

MISHLER, E. G. (1991): "Representing discourse: The rhetoric of transcription", en: *Journal of Narrative and Life History* 1 (4), 255-280.

MOREAU, M. L. (1997): *Sociolinguistique. Concepts de base.* Sprimont: Madarga.

MORENO FERNÁNDEZ, F. (1996): "Metodología del Proyecto para el estudio Sociolingüístico del Español de España y de América", en: *Lingüística* 8, 257-287.

— (ed.) (1997): *Trabajos de sociolingüística hispánica.* Alcalá de Henares: Universidad de Alcalá de Henares.

— *et al.* (2000): "La sociolingüística de Alcalá de Henares en el "Proyecto para el estudio sociolingüístico del español de España y América (PRESEEA)", en: *Oralia* 3, 149-168.

MYLONAS, E./RENEAR, A. (eds.) (1999): *Selected Papers from TEI 10: Celebrating the Tenth Anniversary of the Text Encoding Initiative.* Número especial de *Computers and the Humanities*, 33 (1-2).

NARBONA JIMÉNEZ, A. (1988 [1989]): "Sintaxis coloquial: problemas y métodos", en: *LEA* 10/1, 81-106. Reproducido en *Sintaxis española: nuevos y viejos enfoques.* Barcelona: Ariel, 1989, 149-169.

— (1994): "Hacia una sintaxis del español coloquial", en: *Actas del Congreso de la Lengua Española, Sevilla, 7 al 10 de octubre de 1992.* Madrid: Instituto Cervantes, 721-740.

NELSON, G. (1997): "Standardizing Wordforms in a Spoken Corpus", en: *Literary and Linguistic Computing* 12 (2), 79-85.

OCHS, E. (1979): "Transcription as Theory", en: Ochs, E./Schieffelin, B. B. (eds.): *Developmental Pragmatics.* New York/San Francisco/London: Academic Press, 43-72.

O'CONNELL, D./KOWAL, S. (1994): "Some Current Transcription systems for spoken discourse: a critical analysis", en: *Pragmatics* 4:1, 81-107.

OLLER, D. K./EILERS, R. (1975): "Phonetic Expectation and Transcription Validity", en: *Phonetica* 31, 288-304.

OLSON, D. (1977): "From Utterance to Text: The Bias of Language in Speech and Writing", en: *Harvard Educational Review* 47, 257-281.

PALLAUD, B. (2002): "Erreurs d'écoute dans la transcription de données orales", en: Abou Haidar, L. (ed.), 267-294.

PAYRATÓ, L. (1995): "Transcripción del discurso coloquial", en: Cortés Rodríguez, L. (ed.): *El español coloquial. Actas del I Simposio sobre Análisis del discurso oral. Almería, 23-25 de noviembre de 1994.* Almería: Universidad, Servicio de Publicaciones, 45-70.

PELLEN, R./PRADINES, J. (1988): "L'Informatique et les Humanités. Bibliographie 1984-1987, d'après quelques périodiques spécialisés", en: *Literary and Linguistic Computing* 3 (4), 255-260.

— (1990): "L'Informatique et les Humanités. Bibliographie 1986-1989, d'après quelques périodiques spécialisés", en: *Literary and Linguistic Computing* 5 (1), 24-35.

— (1991): "L'Informatique et les Humanités. Bibliographie 1988-1990, d'après quelques périodiques spécialisés", en: *Literary and Linguistic Computing* 6 (3), 210-221.

— (1994): "L'Informatique et les Humanités. Bibliographie 1989-1993, d'après quelques périodiques spécialisés", en: *Literary and Linguistic Computing* 9 (4): 303-316.

PÉREZ GONZÁLEZ, M. (1982): *El corpus documental latino del reinado de Alfonso VIII: estudio de aspectos lingüísticos.* Valladolid: Universidad [Tesis doctoral inédita].

PINO MORENO, M./SÁNCHEZ SÁNCHEZ, M. (1999): "El subcorpus oral del banco de datos *CREA-CORDE* (Real Academia Española): procedimientos de transcripción y codificación", en: *Oralia* 2, 83-138.

POMERANTZ, A./ FEHR, B. J. (1997): "Conversation Analysis: An approach to the study of social action as sense making practices", en: Van Dijk, T. A. (ed.): *Discourse As*

Social Interaction. London: Sage, 64-92. Hay traducción española: *El discurso como interacción social*. Barcelona: Gedisa, 2000.

POTTER, J. (1996): *Representing Reality: Discourse, Rhetoric and Social Construction*. London: Sage.

POTTER, J./WETHERELL, M. (1987): *Discourse and Social Psychology: Beyond Attitudes and Behaviour*. London: Sage.

PSATHAS, G./ANDERSON, T. (1990): "The 'practices' of transcription in conversation analysis", en: *Semiotica* 78, 75-99.

PUSCH, C./RAIBLE, W. (2002): "Romance corpus linguistics and spoken language studies – an introduction to the present volume", en: *idem* (eds.): 1-6.

— (eds.) (2002): *Romanistische Korpuslinguistik/ Romance Corpus Linguistics. Korpora und gesprochene Sprache/Corpora and Spoken Language*. Tübingen: Gunter Narr.

PYE, C./WILCOK, K. A./SIREN, K. A. (1988): "Refining Transcriptions: the Significance of Transcriber 'Erros'", en: *Journal of Child Language* 15, 17-37.

RAIBLE, W. (1994): "Allgemeine Aspekte von Schrift und Schriftlichkeit/General Aspects of Writing and Its Use", en: Günther, H./Ludwig, O. (eds.): vol. 1, 1-17.

RAINGEARD, M./LORSCHEIDER, U. (1977): "Édition d'un corpus de français parlé", en: *Recherches sur le français parlé* 1, 14-30.

REICH, U. (2002): "Erstellung und Analyse von Corpora in diskursvariationeller Perspektive: Chancen und Probleme", en: Pusch, C./Raible, W. (eds.): 31-44.

SALVADOR, G. (1977/1987): "La investigación de textos hablados", en: *RSEL* 7, 59-68. [Recogido posteriormente en *Estudios dialectológicos*. Madrid: Paraninfo, 1987, 31-37.]

SAMPER, J. A. (1993/1998): *Macro-corpus de la norma lingüística culta de las principales ciudades del mundo hispánico*. Las Palmas: Universidad de Las Palmas/ALFAL. CD-ROM 1998.

SCOLLON, R./SCOLLON, S. (1995): "Somatic Communication: How Useful is 'Orality' for the Characterization of Speech Events and Cultures?", en: Quasthoff, U. M. (ed.): *Aspects of Oral Communication*. Berlin/New York: Walter de Gruyter, 19-29.

SILVERMAN, D. (1998): *Harvey Sacks: Social Science and Conversation Analysis*. Oxford: Policy Press.

SINCLAIR, J. (1996): *Preliminary recommendations on Corpus Typology* (Rapport technique EAGLES).

SPERBER, D./WILSON, D. (1986 [1994]): *La relevancia. Comunicación y cognición*. Madrid: Visor, 1994 (Visor Lingüística y conocimiento, 19). Trad. esp. de E. Leonetti del original inglés *Relevance: communication and cognition*. Cambridge MA: Harvard University Press, 1986 (The Language and Thought Series).

STARTVIK, J. (ed.): *Directions in Corpus Linguistics. Proceedings of Nobel Symposium 82. Stockholm, 4-8 August 1991*. Berlin/New York, Mouton de Gruyter.

STARVIK, J./QUIRK, R. (eds.) (1979): *A Corpus of English Conversation*. Lund: C.W.K Gleerup (Lund Studies in English, 56).

TEBEROSKY, A.(1998): "Introducción", en: Blanche-Benveniste, C. (1998) 9-17.

TEN HAVE, P. (1999): *Doing Conversation Analysis: A Practical Guide*. London: Sage.

TOOLAN, M. (1996): *Total Speech. An Integrational Linguistic Approach to Language.* Durham y London: Duke University Press.

TORRUELLA, J./LLISTERRI, J. (1999): "Diseño de corpus textuales y orales", en: Blecua, J. M./Clavería, G./Sánchez, C./Torruella, J. (eds.): *Filología e informática. Nuevas tecnologías en los estudios filológicos.* Barcelona: Seminario de Filología e Informática, Departamento de Filología Española, Universidad Autónoma de Barcelona/Editorial Milenio, 45-77 <http:// liceu.uab.es/~joaquim/publicacions/ Torruella_Llisterri_99.pdf>.

VIGARA TAUSTE, A. Mª (1992): *Morfosintaxis del español coloquial. Esbozo estilístico.* Madrid: Gredos (Biblioteca Románica Hispánica, II, 376).

VIEREGGE, W. H. (1984): *Problems in Phonetic Transcription.* Nijmegen: Inst. Fonetik.

WARREN, R. M. (1976): "Auditory Illusions and Perceptual Processes", en: Lass, N. J. (ed.): *Contemporary issues in Experimental Phonetics.* New York: Academic Press.

WILLEMS, D. (1998): "Données et théories en linguistique: réflexiones sur une rélation tumultueuse et changeante", en: Bilger, M./van den Eynde, K./Gadet, F. (eds.): *Analyse linguistique et approches de l'oral. Recueil d'études offert en hommage à Claire Blanche-Benveniste.* Lovaina/Paris: Peeter, 79-87.

— (2000): "Chapitre III. Diversité des domaines d'aplication. Introduction. Objet d'étude, théories et données, sur la place des corpus dans la recherche linguistique contemporaine", en Bilger, M. (ed.), 149-155.

WOOFFITT, R. (2001): "Researching psychic practitioners: Conversation analysis", en: Wetherell, M./Taylor, S./Yates, S. (eds.): *Discourse As Data: A Guide for Analysis.* London: Sage (in association with the Open University), 49-92.

Autores

María Elena Bédmar Sancristóbal
Avda. de los Ángeles, 71, 3º D
E - 28903 Getafe Madrid
elenabs@ya.com

Marta Fernández Alcaide
Departamento de Lengua Española, Lingüística y Teoría de la Literatura.
Facultad de Filología. Universidad de Sevilla
C/ Palos de la Frontera s/n
E - 41004 Sevilla
mfdezalcaide@us.es

Araceli López Serena
Departamento de Lengua Española, Lingüística y Teoría de la Literatura
Facultad de Filología. Universidad de Sevilla
C/ Palos de la Frontera s/n
E - 41004 Sevilla
cheilop@us.es

Álvaro Octavio de Toledo y Huerta
Departamento de Lengua Española, Teoría de la Literatura y Literatura Comparada
Facultad de Filología. Universidad Complutense de Madrid
Edificio B.7ªplanta. Ciudad Universitaria
E - 28040 Madrid
aoctavio@filol.ucm.es

Lola Pons Rodríguez
Departamento de Lengua Española, Lingüística y Teoría de la Literatura
Facultad de Filología. Universidad de Sevilla
C/ Palos de la Frontera s/n
E - 41004 Sevilla
lolapons@us.es

Javier Rodríguez Molina
Instituto de la Lengua Española
Consejo Superior de Investigaciones Científicas
C/ Duque de Medinaceli 6
E - 28014 Madrid
siseian@yahoo.es

Daniel Sáez Rivera
CES Felipe II Edificio Gobernador
C/ Capitán s/n
E - 28300 Aranjuez (Madrid)
dmsaez@cesfelipesegundo.com